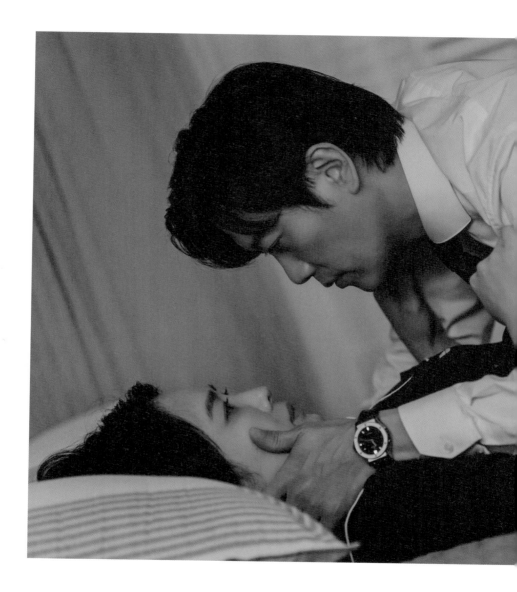

트롤리

일러두기

- 이 책은 류보리 작가의 드라마 대본 집필 형식을 최대한 따랐습니다.
- 드라마 대사는 글말이 아닌 입말임을 감안하여 한글맞춤법에서 벗어난 표현이라 해도 그 표현을 그대로 살렸습니다. 그 외 지문은 한글맞춤법을 따랐습니다.
- 이 책은 작가의 최종 대본으로, 방송되지 않은 부분이 포함되어 있습니다.

용어 정리

[E] Effect(효과). 대사와 음악을 제외한 효과음을 뜻하며, 보통 등장인물은 보이지 않고 소리만 나는 경우에 사용한다.

[F] Filter(필터). 전화기 너머의 목소리나 마음속으로 하는 이야기들을 표현할 때 사용된다.

[Na] Narration(내레이션). 장면에 나타나지 않으면서 장면의 진행에 따라 그 내용이나 줄거리를 장외(場外)에서 해설하는 일, 또는 그런 해설을 말한다.

[O.L] over-lap(오버랩). 앞 장면에 겹쳐서 다음 장면이 나오는 기법이다. 대사에서 앞사람의 말을 끊고 말할 때 쓰인다.

[V.O.] voice-over(보이스오버). 화면에 나타나지 않는 인물이 들려주는 정보나 해설 등을 말한다.

[몽타주] 따로따로 편집된 장면들을 짧게 끊어서 붙인 화면을 말한다.

[인서트] 일반적인 뜻은 화면의 특정 동작이나 상황을 강조하기 위해 삽입한 화면을 말한다. 그러나 이 책에서는 이전에 있었던 일이지만 화면상으로 처음 등장하는 과거 신을 지칭한다.

[플래시백] 회상을 나타내는 장면. 지금 일어나고 있는 사건의 인과를 설명할 때 쓰이기도 하고, 인물의 성격을 설명하기 위해 쓰이기도 한다. 특히 이 책에서는 이전에 화면으로 나왔던 신을 그대로 불러오는 것을 지칭한다.

1

류보리 대본집

트롤리

위즈덤하우스

차례

기획의도   030

등장인물   033

배경   068

1회: 시작(始作)   073

2회: 사고(事故)   131

3회: 귀책(歸責)   185

4회: 방문(訪問)   243

5회: 조우(遭遇)   297

6회: 통증(痛症)   353

7회: 약속(約束)   409

8회: 최선(最善)   461

기획의도

1. '선택'에 대한 이야기

윤리학에 등장하는 '트롤리 딜레마'라는 문제가 있다.

"기차선로 위에서 일하고 있는 인부 다섯 명을 향해
브레이크가 고장난 트롤리 전차가 달려오고 있다.
그리고 당신은 이 트롤리의 진행방향을 바꿀 수 있는
선로변환기 옆에 서 있다.

트롤리가 지금 이대로 직진한다면
이 인부 다섯 명은 죽는다.

하지만 당신이 트롤리의 진행방향을 옆 선로로 바꾼다면
이 다섯 명은 살지만
대신, 옆 선로에서 일하고 있는 인부 한 명이 죽게 된다.

당신은 트롤리의 진행방향을 바꿀 것인가?"

이제 이 난제를 조금 변주해보자.

트롤리가 그대로 직진해 달린다면 파괴되는 것은
당신이 꿈꿔온 세상이다.

그런데 이때, 옆 선로에서 일하고 있는 인부가
당신이 사랑하는 사람이라면,
혹은
당신이 그 무엇과도 바꿀 수 없다고 생각해온 당신의 믿음, 신념이라면…
당신은 오랫동안 갈망해온 세상을 무사히 지켜내기 위해
트롤리의 선로를 바꿀 것인가?

…어쩌면 당신은
나 대신 누군가가 대신 선택해주길 바라면서
선로변환기의 손잡이를 놓고 도망쳐버리고 싶을지도 모른다.

하지만 이것은
정답이 없는 선택의 순간에 마주한 외로움과 두려움 속에서
끝내는 도망치지 않고
최선을 다해 '선택'하는 것에 대한 이야기다.

2. 남겨져버린 사람들의 이야기

범죄를 저지른 후 극단적 선택을 하는 이들이 있다.

대한민국에서 피의자가 사망하면 공소권이 없어지기 때문에
경찰과 검찰은 더 이상 사건을 수사하지 않고,
수사가 이미 끝났더라도 그 결과는 공표되지 않는다.

그렇기에 이 죽음이라는 '선택'은 모든 것을 정지시켜버리고 만다.

공소권이 없어지며 더 이상 진실을 밝힐 수 없게 되어버린,
멈춰버린 시간 속에
덩그러니 남겨져버린 사람들이 있다.
죽은 이가 저지른 일의 피해자. …그리고 죽은 이의 가족, 친구.
증오하는 이 혹은 사랑하는 이를 한순간에 잃은 사람들.

서로와 스스로를 향한 비난과 자책과 후회와 외로움 속에서
때론 굴복하고 포기하기도 하지만
그럼에도 불구하고 결국은 도망치지 않기를 선택하고
계속해서 살아가고 살아나가는, 살아가야 할…

남겨진 사람들의 이야기를 하려 한다.

김혜주 (여, 39 / 책수선가, 그리고… 국회의원의 '숨겨진' 아내)

"여보. 지금 나는 당신이… 낯설어."

김혜주. 태어날 때부터 이 이름은 아니었다. 태어나자마자 탯줄도 떨어지기 전에 충청북도 영산시 외곽의 보육원 문 앞에 버려진 그녀에겐 원장 수녀의 성씨를 따라 김재은이라는 이름이 붙여졌다. 재은은 특별히 잘나지는 않았지만 그렇다고 부족하지도 않은 아이였다. 사람들은 재은을 두고 '착한' 아이라고 했다. 하지만 그녀의 착함은 '바보 같은' 착함이 아니다. 선(善)하다는 말이 사실은 맞을 것이다. 사람들을 돕기 좋아하고 그것을 굳이 티내려고도 하지 않는, 타고난 천성이 선한 사람이다.

김재은이었던 때의 그녀는 미래의 자신이 국회의원의 아내가 되어 있을 것이라고는 상상도 하지 못했다. 그 시절 재은이 꿈꾼 미래의 최대치는, 장학금을 받으며 대학에 가는 것이었다. 하지만 20년 전 그날, 그녀의 인생은 송두리째 흔들려버렸다.

진승호. 가장 친한 친구인 승희의 쌍둥이 오빠이자 같은 학교의 전교회장. 그날은 승호가 서울대 법대 수시모집에 합격한 날이었다. 영산고 개교 이래 최초의 서울대 법대생 탄생 소식에 모두가 들떠 있었던 날 밤, 이미 몇 번이나 승호의 구애를 거절했었던 재은은 밤늦게 찾아와 힘으로 밀어붙이는 승호에게서 간신히 벗어나 도망쳤다.

처음부터 경찰에 신고하려던 것은 아니었다. 승호가 잠깐 실수한 것일 거라고 재은은 스스로를 다독였다. 무엇보다도 승호는, 제일 친한 친구의 가족이었다. 하지만 무서웠다. 그래서 사과를 받고 싶었다. 사과만 받으면 될 거라고 생각했다. 이제 승호는 서울에 갈 것이고 그렇다면 그를 더 이상 마주칠 일은 없을 테니까.
하지만 밤늦게 찾아간 승호의 집에서 재은은 모욕을 당했다.
서울대 법대에 갈 우리 아들이 너한테 마음이 있었다고? 말이 되는 소릴 해야지. 그리고 솔직히, 여기저기 타박상 좀 생긴 것 말고 다른 데 손을 댄 건 아니잖니?

그 길로 재은은 경찰서를 찾아갔다.
그리고 그날 밤 승호는 목을 맸다.

경찰 수사는 바로 종결되었다. 피의자가 사망하면 공소권 없음으로 더 이상 수사를 하지 않는다 했다. 그냥 거기서 모든 게 다 끝나버린 거였다.

하지만 아들을 잃은 승호의 엄마와 가장 친했던 친구 승희는 재은을 비난하고 원망했다.
너는 대학 등록금을 뜯어내려고 승호를 모함했어.
너는 거짓말쟁이 살인자야.

하지만 거짓말쟁이로 몰린 억울함은 조금도 내보일 수 없었다. 자신으로 인해 한 사람이 죽었다는 자책과 죄책감은 그 후로도 아주 오래도록 그녀를 괴롭혔다.

도망치듯 영산을 떠나 서울에 온 그녀가 가장 먼저 한 일은 이름을 바꾸는 것이었다. 휘황찬란한 네온사인이 번쩍이는 강남역 길가에 쳐진 역술인의 천막에서 3만 원을 주고 지은 이름이 혜주다. 별 반짝일 혜(嘒), 아침 주(調). 그날밤 이후 숨 쉬는 모든 시간이 고통스러웠던 그녀는 이 이름이 좋았고, 그렇게 혜주가 되었다.

그 후 닥치는 대로 일을 하며 살아가던 혜주는 노인복지관에 아르바이트로 취직했다. 업무일과 후에도 혜주는 동네의 소외된 사람들을 살뜰히 챙겼다.

그러다 남중도를 만났다.

늘 하던 대로 사비로 도시락을 샀던 날이었다. 산동네에 홀로 사는 노인들에게 전해드리려 스스로 나서서 하는 일이었다. 그날 밤, 마지막으로 들른 집에서 혜주는 중도를 마주쳤다. 혜주에게 중도는 초면이었지만 할머니에겐 아니었다. 정체는 모르겠지만 한 달에 두어 번씩 들러 말동무도 해주고 생활비도 적게나마 주고 간다는 젊은 남자. 할머니는 밥을 먹고 가라며 혜주를 잡았지만 중도가 어색했던 혜주는 바로 할머니 집을 나왔다. 혜주의 기억에 그날 두 사람은 서로 이름도 묻지 않았던 것 같다.

그 후로도 혜주는 가끔씩 다른 노인들의 집에서 중도를 마주치거나 혹은 중도의 흔적을 만났다. 대체 뭐 하는 사람일까 궁금하기도 했지만 일부러 중도를 찾진 않았다. 하지만 각박하게만 느껴지는 서울에도 이렇게 선한 사람이 또 있다는 것이 반가웠다.

몇 달이 흘렀다.

어둠이 가시지도 않았던 그 새벽, 혜주는 복지관에 익명으로 종종 돈과 쌀을 두고 가던 사람과 마주쳤다. 중도였다. 당황한 중도는 허둥지둥 혜주에게, 아무에게도 말하지 말아달라 신신당부를 했다. 혜주는 그리 하겠다 대답했다.

얼마 후 혜주는 산동네에서 다시 중도를 마주쳤다.

두 사람은… 사랑에 빠졌다.

변호사라는 중도의 직업은 솔직히 부담스러웠다. 고졸에 계약직인 자신과 작은 법률사무소를 운영하고 있다 해도 서울대 법대를 나온 변호사라니. 아무리 중도가 시장 칼국수집 아들이라고 해도 자신이 마음 편히 만날 상대는 아니라고 생각했다. 게다가… 서울대 법대라면 승호가 합격했던 대학의 같은 학과라 더 마음이 불편했다(승호가 대학에 진학했더라도 중도와 같은 시기에 학교를 다니진 않았겠지만).

혜주는 중도를 몇 번 밀어내보았지만 결국 알았다.

자신이 이 선한 사람을 많이 좋아한다는 것을.

그렇게 두 사람은 연애를 시작했다. 행복했다.

하지만 장차 정치를 하고 싶다는 중도의 말에 혜주는 아연실색했다. 정치에 관심이나 지식도 없었을뿐더러 이 남자가 공인이 된다면 애써 도망쳐온 자신의 과거도 드러날 것만 같았다. 과거와 다시 만날 수 있는 조금의 가능성도 차단하고 싶었다. 승호는 여전히 꿈속에 종종 나타나 혜주의 목을 졸랐다.

결국 혜주는 이별을 고했다.

이유를 설명하진 않았지만 중도는 정치인이라는 자신의 꿈을 부담스러워하는 혜주를 그대로 이해하는 듯했다.

하지만… 혜주는 중도가 많이 그리웠다.

계절이 한 번 바뀌었고, 산동네에서 혜주는 중도를 다시 마주쳤다.
그날 혜주는 알았다. 나는 이 남자를, 사랑한다….

중도는 말했다.
약속할게. 내가 정치를 하더라도 당신이 원하는 삶을 살 수 있게 약속할게.
다가올 미래가 두려웠지만 혜주는 중도의 손을 잡았다.
이 선한 남자를 사랑했고, 그의 약속을 믿었다.

더 좋은 세상을 만들고 싶다는 그의 선의를 혜주는 조금도 의심하지 않았다.
그건 지금도 마찬가지다. 정치인이 된 지금도 그의 선한 마음과 의지는 전혀
변하지 않았다.

두 사람이 결혼했을 때 혜주는 겨우 스물셋이었다. 중도가 첫 아내와 일찍 사
별하고 아들이 하나 있다는 것은 별문제가 아니었다.
내가 사랑으로 키우면 되니까.

혜주는 지훈을 사랑했고 이듬해 지훈에게는 여동생이 생겼다. 7년 반 전 중
도는 비례대표로 국회의원이 되었고, 그다음 총선에서는 신양구에 출마해 당
선되었다. 지금 중도는 인지도와 호감도가 꽤 높은 젊은 정치인이다.

그동안 혜주는 한 번도 사람들 앞에 나선 적이 없다. 선거운동도, 언론노출도
전혀. 이를 두고 중도의 정치 동료들, 특히 선거캠프에서는 큰 반발이 있었다.
하지만 혜주의 조용한 삶을 지켜주겠다는 중도의 의지는 굳건했다. 혜주는
중도에게 미안한 만큼 고맙다.
중도가 비례대표로 총선에 출마한다는 것을 혜주는 아무에게도 말하지 않았

다. 하지만 복지관 사람들은 집권당의 비례대표 3번이었던 중도를 TV에서 알아봤다. 그들의 당선 축하가 진심이었음을 혜주는 안다. 하지만 곧 복지관 사람들은 혜주를 불편해하기 시작했다. 결국 혜주는 복지관 일을 그만두고 책수선 일을 본격적으로 하기 시작했다. 도서관에서 우연히 알게 되어 조금씩 배우다 틈틈이 독학을 하고 있던 때였다.

책수선으로 큰돈을 버는 것은 아니다. 아직 간이사업자(영세사업자) 신세이고 아마 앞으로도 그럴 것이다. 하지만 이 일이 좋다.

누군가가 소중히 아껴온 책들을 수선하는 작업은 보람차다. 책장이 뜯어지고 벌레 먹고 빛이 바랜 책들을 꿰매고 말리고 약품처리를 하고 때로는 새로운 표지를 입혀 수선을 마친 책의 모습은 원모습과는 달라질 때가 많다. 그래서 혜주는 이 일에 '보존'이나 '복구'가 아닌, 새로운 것을 덧대 만드는 '수선'이라는 말을 쓴다. 수선된 책을 보며 때때로 혜주는 자신의 지난날을 생각한다. 내 지난날의 상처도 이렇게 잘 수선되었기를, 혜주는 진심으로 소망한다.

그렇게 혜주는 만나는 사람이라봤자 알음알음 찾아오는, 한 달에 대여섯 명뿐인 고객들이 전부인 조용한 삶을 살고 있다.

정치에 대해서는 여전히 관심도 지식도 없다. 더 알고 싶지도 않다. 많은 사람들이 중도를 사랑한다는 것은 안다. (물론 그를 싫어하는 사람들도 많다) 뉴스를 잘 보지도 않고 우연히 뉴스에서 중도를 봐도 그 이상을 찾아보지는 않는다. 그 정도만 알면 충분하다고 생각한다.

지훈이 내 배로 낳은 아이는 아니지만 윤서와 똑같은 사랑을 주었다고 혜주는 양심에 거리낌 없이 말할 수 있다.

하지만 어느 순간 엇나가기 시작한 지훈은 이제 통제불능이다. 지훈 앞에서 울며 매달려도 봤지만 정말… 자식은 부모 마음대로 되지 않는 존재일까.

하지만 포기하고 남남처럼 살 수도 없다. 지훈을 사랑하기 때문이다. 대체 지훈이는 왜 이렇게 된 걸까. 혜주는 계속 고민하고… 슬퍼한다.

지훈이 사고를 칠 때마다 중도는 사과문을 발표하고 허리를 숙였으며, 상대당은 '제 집안도 단속하지 못하는 남중도는 정치 부적격자'라며 비난했다. 중도가 지역구에 출마했던 지난 총선 때도 지훈은 중도의 가장 큰 약점이었다. 가정 관리도 못 하는 사람이 지역구 관리를 어떻게 하겠냐는 것. 그래서 지훈은 선거 기간 중 가장 쉬운 공격의 대상이 되었다. 하지만 아무리 마음이 아파도 그건 혜주가 어찌할 수 없는 일이었다.

사춘기 딸 윤서가 혜주와의 말싸움 후 한밤중에 사라졌을 때, 그래서 미친 듯이 딸을 찾아 헤매기 시작할 때의 혜주는 윤서를 걱정했다. 지훈이 그런 모습으로 발견될 것이라고는 한 번도 상상해본 적이 없었다.

하지만 그건 끝이 아닌 시작이었다.
그만 언론에 노출되어버린 혜주의 얼굴은 혜주와… 중도가 각자 깊이 묻어둔 비밀들을 수면 위로 끌고 올라와버린다.
그리고 중도의 비밀을 알게 된 순간, 혜주는… 경악한다.

지금 중도는 혜주가 간절히 원해오던 법안을 발의한 상태다. 혜주 외에도 많은 사람들이 갈망해온 이 법안은 국회 내 찬반이 팽팽하지만 잇단 사회적 이슈를 타고 긍정적 여론이 조성되고 있다. 이번 국회의원 임기는 고작 반년가량 남아 있지만 지금의 속도와 여론으로 볼 때 이 법안은 임기종료 전에, 다시 말해 총선 직전에 통과될 가능성이 높아 보이는 상황이다. 그리고 무엇보다도 이 법안의 통과는 중도가 없다면 절대 이루어질 수 없는 일이다.

산산조각 나버린 마음을 안고 혜주는 갈등한다.
법안 통과를 위해 중도의 비밀은 그냥 묻어두어야 할까?
이 남자가 세상의 약자들을 위해 헌신하는 국회의원 남중도로 계속 남아 있음으로써 더 행복해질 사람들이 훨씬 훨씬 많을 텐데. 게다가 무엇보다도 그 법안의 통과는 혜주 자신도 간절히 바라온 것이 아니던가.
하지만 중도의 비밀이 세상에 밝혀진다면 이 모든 것은 물거품이 될 것이다.

그러니 세상을 위해, 이 법안을 기다리는 수많은 사람들을 위해,
나는…
이 사람의 비밀에 눈감고 침묵해야 하는 걸까?

남중도 (남, 45 / 재선 국회의원)

> "내가 반드시 당신이 원하는 세상을 줄게.
> …사랑해. 의심하지 마, 혜주야."

서울대 법대 재학 시절 일찍이 사시를 패스했다. 연수원의 우수한 성적으로 판사건 검사건 대형로펌이건 다 골라 갈 수 있었다. 하지만 중도는 작은 사무실을 차려 변호사가 되었다. 뜻이 있었다. 세상을 더 나은 곳으로 만들겠다는. 돈 없고 억울한 약자들을 변호했다. 언제나 승소한 것은 아니지만 어떤 결과가 나오든 그를 찾아온 사람들은 모두 그의 헌신과 열정에 감사해했다.

정치로의 투신은 생각보다 일찍 이루어졌다. 우진석 당시 대한당 최고위원의 눈에 띄어 비례대표로 국회의원이 된 것. 그다음 총선에서는 자신이 나고 자란 서울 신양구에 출마해 당선되었다. 비례 출신들에게 그렇게 어렵다는 지역구 선출직 재선이었다. 그리고 지금, 3선이 걸려 있는 다음 총선을 약 반년 정도 앞두고 있다.

여의도에서도 늘 약자들을 대변하려 한다. 그가 발의한 법안들은 종종 기득권층 국회의원들의 극렬한 반대에 부딪혔다. 하지만 중도의 지난 시간은 지역구를 넘어 전국적으로 그의 이름을 서서히 알려갔다. 거기에 몇 번의 국감과 청문회를 통해 그는 꽤 성공한 젊은 정치인이 되었다.

초등학교 아니 국민학교 시절 중도는 장래희망에 늘 대통령이라 썼다. 한 반 60명 중 대다수가 장래희망으로 대통령, 과학자, 선생님을 쓰던 시절이긴 하다. 하지만 그때 대통령이라는 꿈을 적었던 아이들 중 정말 이 정도까지 가까이 온 사람이 과연 몇이나 될까.

그러나 마음대로 되지 않는 것이 자식이라던가. 아들 지훈을 낳기 전까지, 아니 지훈이 고등학교에 들어가기 전까지 중도는 그 말에 동의하지 않았다. 중도 자신은 한 번도 홀어머니의 속을 썩인 적이 없었기 때문이다.

시장에서 칼국수집을 하며 어렵게 외아들을 키운 그의 어머니. 이제는 세상을 떠난 그의 어머니가 자신의 아들에게 무엇을 바랐는지, 중도는 모른다. 아들이 돈을 많이 벌길 바랐던 것은 아닐까. 하지만 그런 대화는 해본 적이 없었다. 중도가 무얼 하든 그저 어머니는 묵묵히 뒤에 있기만 했었으니까.

중도가 사법연수원 수료 후 로펌의 콜과 뚜쟁이들의 맞선 전화들을 모두 마다하고 동네에 작은 법률사무소를 차렸을 때도 그의 어머니는 한마디도 하지 않았다. 고아에 고졸, 특출난 직업도 아닌 혜주와 결혼하겠다고 했을 때도 어머니는 싫은 기색을 내비치지 않았다. 그러고 보면 지훈의 생모 수현과의 첫 결혼 때도 어머니는 별말이 없었다.

수현을 만난 건 사법연수원에 들어간 직후였다. 중도는 대학을 갓 졸업한 스물셋이었고, 동갑인 수현은 초임 중학교 교사였다. 태어나서 해본 첫 일탈이 바로 수현과의 속도위반이었다. 그를 아는 모든 사람들은 그 소식에 크게 놀랐고 중도 역시 놀랐지만 그는 어린 연인과의 결혼을 바로 결정했다. 그렇게 어린 나이에 아버지가 된 중도는 곧 아내와 사별했다. 암은 무서운 거였다. 그래서 아들 지훈에 대한 중도의 마음은 참으로 각별했다.

변호사 생활을 하며 남몰래 기부와 봉사활동을 이어갔던 것은 훗날 정치인으로서의 행보를 염두에 둔 계획적인 일은 결코 아니다. 그저 조용히 남을 돕고 있었을 뿐이었다. 그러다 만난 혜주는 중도보다 더 선한 사람이었다.
중도는 혜주와 사랑에 빠졌다.

아들이 있다는 고백이 두 사람 사이의 가장 큰 위기가 될 거라 생각했다. 그런데 혜주는 그것보다 중도가 정치를 하려 한다는 것에 큰 거부감을 보였다. 지금처럼 조용히 평범하게 살고 싶다는 혜주.

혜주의 마음을 이해했지만 중도는 혜주를 놓칠 수가 없었다.
이 여자를 사랑했다.

그래서 약속했다.
나와 당신의 세상을 철저히 분리하겠다고. 당신의 세상을 보호해주겠다고. 그게 자신이 꿈꾸던 정치인으로서의 미래에 얼마나 큰 약점이 될지는 알고 있었다. 하지만 상관없었다. 그는 혜주를 사랑했고, 혜주가 원하는 대로 조용한 삶을 살게 해주고 싶었다. 그래야만 혜주를 가질 수 있었으니까.

지금까지 혜주는 공개적으로 국회의원 남중도의 아내로서 밖에 나선 적이 없다. 그런 혜주의 행보에 대해 주변인들은 불만이 많다. 특히 수석보좌관 우재는 이런 혜주를 대단히 싫어하지만 어쩔 수 없다고 생각한다. 국회의원의 배우자는 보통 평소에 지역구의 각종 행사에 참여하며 표밭을 다진다. 그러니 중도는 혜주가 하지 않는 만큼 자신이 더 뛰면 된다고 생각한다.

전국 방방곡곡에서 있는 당원 행사가 없는 주말에는 무조건 지역구를 돈다. 일요일엔 새벽부터 조기축구회, 등산회마다 얼굴을 내밀고 이어 교회와 성당에 간다. 평일에도 지역구에서의 식사자리가 있으면 무조건 근처 상가를 돌고, 지역구민의 민원을 직접 청취하는 일을 정기적, 그리고 비정기적으로 진행한다.

지역구민 스킨십이라는 건 사실 별게 없다. 최대한 많이 인사하고 악수하는 것. 우리 지역구 국회의원이 나를 찾아와 인사하더라는 것. 내 하소연을 귀 기울여

들어주더라는 것. 유권자들의 그 기억이 다음 총선 때 얼마나 큰 힘을 발휘할지 중도는 잘 안다. 국회의원의 임기 4년은 결코 긴 시간이 아니다. 그래서 명함에도 자신의 핸드폰 번호를 적어 구민의 민원 전화를 모두 직접 받는다.

하지만 아들 지훈이 문제다. 첫아이니 당연히 각별했고 태어나자마자 엄마를 잃어 정말 모든 사랑을 쏟아부었다고 생각한다. 지훈이 새엄마 혜주도 무리 없이 받아들였다고 생각했다. 그런데 지훈은 어느 순간 갑자기 엇나가기 시작했다. 그러더니 그 이후로는 통제불가.

지훈이 사고를 칠 때마다 중도는 더 주변을 단속했다. 혹시라도 지훈이 특혜를 받지 않도록. 조금이라도 그런 말이 나오지 않도록. 그래서 지훈에게 그는 더 엄하고 매정한 아버지가 될 수밖에 없었다.

지훈은 결국 고교 퇴학을 당했고 그 후엔 더 구제불능이 되었다. 그러다가 결국 음주폭행으로 교도소행, 얼마 전 출소했다.

지훈을 마지막으로 봤을 때 중도는 지훈에게 역정을 냈다. 지훈은 "내가 반드시 아빠 정치 인생 망쳐버리겠다"며 소리치고 가버렸다. 내 정치 인생을 망치겠다고? 이놈이 마약이라도 하겠다는 건가. 사람이라도 죽이겠다는 건가. 지금까지 지훈이 사고를 칠 때마다 정치적인 공격을 받아 굉장히 피곤했다. 그런데 마약이나 강간, 살인 같은 중범죄라면 또 다른 얘기가 된다.

저놈이 차라리 어디 가서 죽어버렸으면 좋겠어.
그날, 순간적으로 그런 생각을 했던 것도 같다.

그 직후 딸 윤서가 사라졌다는 소식이 들려왔다.
그리고… 한강에서 지훈이 시체로 떠올랐다. 주머니에 필로폰이 든 채였다.

그 순간 솔직히 가장 먼저 든 생각은,
그날 중도와 지훈이 다툰 것을 아는 사람이 아무도 없다는 것이었다.
아, 정말 '아무도'인가. 사실 누가 있긴 하다….

지훈의 사고는 가족에겐 비극이었지만 정치인 남중도에게 큰 희망을 걸고 있
는 수많은 사람들에겐… 반가운 소식이었다. 중도도 그것을 안다. 지훈이 없
으니 이제 그의 커리어에 장애물은 없을 거라고 사람들은 말한다.

그런데… 혜주가 이상하다.
내가 낯설단다.
혜주는 왜 지금까지 일부러 모르고 싶어 했던 것들을
갑자기 알고 싶어 하는 걸까.
나도 당신에 대해 모르는 게 있었듯이,
당신도 나에 대해 모르는 게 있는 건 당연해.

잊었어? 지금까지 내가 하루 24시간 중 18, 19시간을 뭐 하고 지내는지
정치인으로서 내가 하루하루를 어떻게 살아가는지
알고 싶어 하지 않았던 건 당신이었다고.
당신이 알기를 거부했던 거잖아.
그런데 갑자기 왜 그래?

하지만 그는 모든 것이 곧 제자리로 돌아갈 것이라고 자신한다.

사랑해.
의심하지 마, 혜주야.

"제가 겨우 이 여의도 강바람 쐬자고
의원님께 제 인생을 걸었겠습니까?"

중도가 가장 신뢰하는 사람이지만 반대로 중도를 가장 신뢰하는 사람도 (혜주를 제외한다면) 우재일 것이다.

정치인 남중도의 신념과 그의 선의를 절대적으로 신뢰한다.
중도가 세상을 더 나은 방향으로 나아가게 할 수 있다고 믿는다.
그를 위해서는 무엇이든 할 수 있다.

강원도 양양의, 가진 것 하나 없는 집안에서 태어났다. 내 인생을 바꾸기 위해서는 세상을 바꿔야 한다고 생각했다. 그래서 대학시절 총학생회 활동을 하며 정당에 가입, 총선 선거캠프도 들어가 봤다. 하지만 자신처럼 돈이 지극히 없으면 정치를 하기가 쉽지 않아 보였다. 그래서 일단 대학 졸업 후 TV 방송사 뉴스 정치부를 거쳐 사회부 기자가 되었다.
그러다 변호사 남중도를 취재원으로 알게 되었다. 가끔 술 한잔 하는 사이가 되었을 무렵, 중도가 부탁을 해왔다. 헌법소원심판을 청구하려 하는데 우재의 도움이 필요하다고. 여진의 사건이었다.

여진과 중도의 뜻에 공감하고 동의한 우재는 여진의 사건을 뉴스화시켰다. 비록 헌법소원은 각하되었지만 이들의 뜻을 지지하는 여론이 조성되는 것을 보자 우재는 큰 보람을 느꼈다. 우재가 아니었다면 헌법소원 청구나 각하 사실조차도 세상모르게 조용히 지나갔을 것이다.

그랬기에 우재가 중도의 국회 입성과 함께 언론사를 사직하고 중도의 5급 비서관으로 여의도에 들어온 것은 꽤나 자연스러운 행보였다. 비례대표 4년의 임기 후 중도가 선출직으로 재선되자 이제는 4급 수석보좌관으로서 중도와 거의 모든 시간을 함께하고 있다.

이성적이고 철두철미하다. 중도가 아주 가끔씩 마음 약한 '인간적'인 모습을 보일 때 그를 단속하는 것도 우재다.

중도에게는 그의 정치 커리어를 전력으로 서포트해줄 아내가 필요하다고 생각한다. 21세기에 여자는 내조를 하고 남자는 바깥 활동을 해야 한다는 그런 논리가 아니다. 단지, 정치인의 배우자란 일반인의 배우자와는 상당히 다른 책임과 의무가 지워지는 자리라는 것을 너무나도 잘 알고 있을 뿐이다.

중도가 재선 국회의원이긴 하지만 지역구 선출직으로서는 초선인데, 아무리 중도가 지역구에서 나고 자랐다고 해도 국회에서 주로 시간을 보내는 평일에는 배우자가 지역구 표밭을 계속 다져놔야 한다. 아무리 전국적 인지도와 호감도가 높다고 한들 지역구에서 다시 당선되는 것은 결코 녹록한 일이 아니다. 벌써 이번 임기도 3년 반이 지나고 있다. 눈 깜짝할 새에 다음 총선이 다가온다.

그러니 우재가 혜주를 마음에 들어 할 리가 없다. 평소 지역구 관리는커녕, 선거운동조차도 하지 않는 정치인의 배우자라니. 중도에게 다른 불만은 없지만, 중도가 혜주를 설득하지 못한 것만큼은 불만이다.

혜주도 싫지만 중도의 아들 지훈은 증오한다. 지금까지 시시때때로 중도의 발목을 잡아온 저놈이 언젠가 중도에게 빅엿을 먹일 것이라는 확신을 갖고 있다.

그러니 지훈의 죽음이 정치인 남중도의 앞날에 꽃길을 깔았다고 생각하는 것
은 당연지사. 곧 있을 총선에 안고 가야 했을 큰 골칫덩어리가 사라졌으니 얼
마나 다행인지.

그런데 지금 이게 뭔가.
이제는 혜주가 중도의 꽃길에 잿가루를 뿌리려 한다.

사모님, 지금까지 사모님은 아~무것도 안 하고 살아왔잖습니까.
그러니까 앞으로도 닥치고 가만히 좀 계세요.
의원님 인생에 플러스가 못 되면 마이너스는 되지 마셔야죠, 네?

저는 분명히 경고했습니다.

"처음… 뵙겠습니다."

지훈의 여자친구…라고 할 수 있을진 모르겠지만 아무튼 갑작스런 지훈의 죽음으로 그와 마지막으로 잔 사람이 되어버렸다. 아니, 지훈이 마지막으로 잔 사람이 누구인지는 지훈과 그 상대만 알 테지만 어쨌든 현재 우리가 아는 것은 수빈(의 주장)뿐이니까 고인의 명예를 위해서라도 수빈이 마지막이라고 하는 편이 여러모로 적당할 것이다.

어린 시절 부모가 이혼하며 갈 데가 없어져 그룹홈에서 컸다. 부모의 생사는 모르겠고, 그룹홈을 나와 여러 친구들과 떠돌며 살다가 지훈을 만났다. 지훈이 유력 정치인의 아들이라는 건 친구들에게 들어 알고 있었다. 근데 그래서 그게 뭐.

지훈의 죽음은 정말 큰 충격이었다.
그날 지훈이는 화가 많이 나 있었다.
그런데… 그렇게 갑자기 죽어버릴 줄은 몰랐다.

지훈의 갑작스런 죽음도 충격이었지만 지훈이 필로폰을 갖고 있었다는 것도 놀라웠다. 지훈이 마약을 했다는 소리도 못 들었었고 본 적도 없으니까. 하지만 뭐… 그랬을 수도 있었겠지 싶다. 마약을 하는 사람이 꼭 처음부터 정해져 있는 건 아니지 않나. …아니야, 이상해. 남지훈이 그래도 그 정돈 아니었는데. 그런 애였다면… 남지훈을 좋아하지도 않았어.

지훈이 죽고 얼마 후, 수빈은 지훈의 집 초인종을 누른다.

TV 뉴스 화면에서 울던 아줌마가 대문을 열고 나오자 수빈은 말한다.

저, 임신했어요.

당당하고 뻔뻔하게 말했다.
하지만 사실 수빈은 이게 이렇게 쉽게 먹힐 거라고 예상하진 못했다.
그저 잠시 지낼 곳, 숨어 있을 곳이 필요했다.
그래서 무작정 찾아와 객기를 부린 거다.

그래서 막상 이 집에 자신이 받아들여지자 수빈은 조금 당황한다.
하지만 계속 당당하고 뻔뻔한 척하기로 한다.
일단은 여기 숨어 있어야 할 것 같으니까.

그래서 수빈은 지훈을 엄청 사랑했던 것처럼 연기한다. 다른 사람은 몰라도
이 아줌마는 아들을 진짜 사랑했던 것 같다. 그러니 그렇게 연기하는 것이 나
한테도 좋을 것이고 아줌마한테도 좋고 에브리바디 해피니까 이 정도 거짓말
은 해도 되잖아? 이 순진한 아줌마는 정말이지 아무것도 모른다. 하지만 모르
는 게 약이라는 말도 있잖아.

그러나 수빈은 안다.
지훈이 엄마를 얼마나 사랑했는지.
그리고… 이 배 속의 아이가 사실 지훈의 아이가 아니라는 것을.

그리고… 수빈이 아는 건 또 있다.

그래서 자신에게 잘해주는 혜주를 볼 때마다 마음 한구석이 불편해진다.
이 아줌마에게 말하지 못하는 비밀이 너무 많다.

하지만 김수빈, 좀 더 뻔뻔해져봐.
일단 너부터 살고 봐야지.
니 주제에 지금 누굴 신경 써?

[혜주의 가족]

현여진 (여, 48 / 칼국수집 사장)

*"꼭 피가 섞여야 가족인가? 나는 이 집 사람들을 내 가족이라 생각해.
그리고 난 내 가족을 위해선 무엇이든 할 수 있어."*

어린 시절 중도와 옆집 이웃사촌이었다. 고등학교 졸업 후 중매로 결혼, 딸 하나를 낳았다. 그러나 오래전 이혼하고 지금은 혼자다.

그해에 여진이 겪은 것은 이혼뿐만이 아니었다. 옆집에 살았던 중도가 변호 사가 되었다던 이야기를 떠올리고 무작정 중도의 사무실을 찾아갔다. 중도는 여진의 부탁을 기꺼이 들어주었다. 그때 일로 여진은 중도에게 평생 갚아도 다 갚지 못할 빚을 졌다고 생각한다.

막상 이혼을 하고 나자 여진은 갈 데가 없었다. 부모는 세상을 뜬 지 오래였 다. 그때 중도의 홀어머니 경순이 자신의 칼국수집에서 같이 일하자 제안했 다. 그렇게 고마울 수가 없었다.

중도가 혜주와 결혼한 지 얼마 지나지 않아 경순이 세상을 떠났다. 중도와 혜 주의 부탁으로 여진은 칼국수집을 거저나 다름없는 값에 인수했다. 그 직후, 혜주가 SOS를 쳤다. 혜주는 임신과 지훈의 육아로 많이 지친 상태였다.

여진은 흔쾌히 중도와 혜주의 집에 들어와 같이 살기로 했다. 중도에게 신세 진 것이 너무 많기도 했고, 무엇보다도 여진은 혜주가 좋았다. 혜주와 중도는 경순이 물려준 작은 단층 주택에 2층을 올렸다. 여진은 1층의 경순이 쓰던 방 으로 들어왔고 그렇게 지금까지 같이 살고 있다. 혜주와는 허물없는 친자매

같은 사이가 된 지 오래다.

딱히 병이 있는 건 아닌데 몸이 약해 자주 코피를 쏟고 앓아눕는다. 그래서 칼국수집에서 손님이 가장 많은 점심때까지만 일하고 오후에는 퇴근한다.

남윤서 (여, 15 / 중학생)

"나는 커서 우리 아빠처럼 되고 싶어.
아빠는 내가 세상에서 제일 존경하는 사람이거든."

혜주와 중도의 딸. 서울 신양구 지청중학교 2학년.
타고난 머리에 노력까지 더해진 학교 성적은 최상위권이다.

작년에 영국으로 유학을 가고 싶어 했지만 못 갔다. 엄마는 유학 보낼 돈이 없다고 했지만 그건 다 핑계다. 자식의 조기유학이 아빠의 이미지와 맞지 않는다고 주변에서 다 반대한 거, 안다. 그래서 잠깐 아빠와 사이가 안 좋았지만 이제는 이해한다. 그래도 좀 짜증이 나긴 한다. 서민 가정 출신, 약자들의 친구인 국회의원의 자식은 유학도 못 가나?

그런데 지훈이 죽었다.
피가 반만 섞인, 애증도 아닌 증오와 혐오의 감정만 있었던 오빠지만
그래도… 가족이었다.

중도가 지훈의 죽음 이후 닥친 여러 위기들을 돌파해나가는 것을 보며 아빠, 그러니까 정치인 남중도를 진심으로 존경하게 된다. 그 전까지는 아빠가 국회의원이라 좋은 일은 하나도 없었고 엄마의 빡빡한 단속으로 오히려 짜증나는 일이 많았는데 이제 아빠는 윤서의 롤모델이다. 아빠가 인생의 롤모델인

사람이 솔직히 얼마나 될까? 윤서는 자신이 참 행운아라고 생각한다.

오빠 지훈의 애를 가졌다는 수빈이 집에 들어와 같이 살게 되자 윤서는 경악한다. 아니, 어떻게 남지훈 같은 애를 좋아할 수가 있지? 이 여잔 제정신인가? 역시 끼리끼리 노는 건가? 애를 낳으면 대체 어찌할 생각인가?

역시 남지훈은 우리 집에 1도 도움이 되지 않는 놈이었다.
죽어서까지 이렇게 엄마 아빠 속을 썩이다니.
남지훈, 너의 어그로력만큼은 정말 킹정이다.

아무튼 똑똑한데,
너무 똑똑해서 결국 누군가를 슬프게 한다.

남지훈 (남, 22 / 무직)

"두고 봐요. 내가 다 망쳐버릴 거니까."

중도가 첫 결혼에서 얻은 아들. 생모는 지훈이 첫돌도 되기 전에 암으로 세상을 떠나 할머니 손에서 컸다. 중도가 혜주를 데려왔을 때, 처음부터 금방 엄마라 부르며 잘 따랐다.

지훈의 비행은 고등학교 입학 즈음부터 시작되었다. 처음엔 자잘한 교칙 어기기만 했을 뿐이었지만 어느 순간부터 걷잡을 수 없는 속도로 폭주하기 시작했다. 울며불며 빌던 혜주조차도 거의 포기하기에 이르렀다. 결국 고교를 퇴학당한 지훈은 반복된 음주 관련 사고로 뉴스를 장식했다. 그러다 결국 교도소행. 얼마 전 출소했다.

그러나 바깥공기를 마신 지 보름 만에 지훈은 한강에서 시체로 발견된다. 그것도 주머니에 필로폰이 든 채로. CCTV가 거의 없는 지역에 목격자도 없고 혈중 알코올농도가 상당했기에 모두 지훈의 사인을 만취 후 실족사로 추정했다.

어쨌든 죽은 자는 말이 없고,
지훈의 죽음에 대해 의심하는 사람은 아무도 없었다.
적어도 얼마간은.

진승희 (여, 39 / 주부)

"우리, 좀 공평해지자."

혜주의 고등학교 친구. 생전에 영산 시의원이었던 아버지, 영산시 유지인 외가 덕분에 유복하게 자랐다. 쌍둥이 형제인 승호가 워낙 공부를 잘해 늘, 특히 엄마로부터 비교대상이 되어 승호에게 열등감이 있었지만 남매 사이가 나쁜 것은 아니었다. 원래 남매는 이 정도 사이가 보통 아닌가? 엄마한테도 잔소리를 많이 듣긴 했지만 함께 쇼핑 다니고 맛있는 것도 먹으러 다니는, 투닥거리다 끌어안고 웃는 가까운 모녀 사이였다.

그러니 승호의 자살은 너무나도 큰 충격이었다. 그런데 그 이유라는 건 더 큰 충격이었다. 제일 친한 친구인 재은이 우리 엄마한테서 대학 등록금을 뜯어내려다 실패하자 승호에게서 성추행을 당했다고 경찰에 거짓으로 신고했다니. 믿기 어려운 일이었지만, 이미 벌어진 일이었다.

온 집안의 자랑이었던 승호가 하루아침에 죽자 집 안에는 적막함만 감돌았다. 승호만 바라보고 살았던 엄마는 거의 정신줄을 놓았다. 그즈음 대학에 합격해 도망치듯 집을 떠날 수 있었던 것은 참 다행스런 일이었다. 졸업 후 영산에, 엄마에게 돌아오고 싶진 않았지만 아버지가 오래전 세상을 떠났던 탓에 엄마 곁엔 아무도 없었다. 결국 승희는 다시 영산에 돌아와 엄마의 부동산을 임대하고 관리하는 일을 도왔다. 엄마의 롤러코스터 같은 기분에 맞춰주며 사는 생활은 생각보다 훨씬 고되었다. 엄마는 아직도 승호의 귀신과 함께 사는 것 같았다.

더 이상은 못 해, 하고 폭발했던 날이었다.

승희는 고교 시절 짝사랑했던 고교 동창 기영과 재회했고… 다시 사랑에 빠졌다.

승희는 결혼 후 기영과 호주로 떠나려 했지만 승호의 사진만 끼고 살며 승희에겐 눈길도 주지 않던 엄마는 이민을 갈 거라는 승희의 말에 아예 연을 끊고 가라 발악했다.

결국 승희는 떠나지 못했다. 가뜩이나 불안정한 엄마가, 자신이 진짜로 떠났다간 무슨 일을 벌일지 불안했다. 그래서 기영을 설득해 영산에서 신혼생활을 시작했지만 승호만을 바라보며 사는 유신 때문에 집의 공기는 하루하루 말라갔다.

그래서인지 언젠가부터 부부 사이의 대화는 사라졌고 사이는 데면데면해졌다. 엄마와는 소리 지르며 싸우지만 엄마가 승호를 부르며 오열하기 시작하는 순간 싸움은 언제나 승희의 패배로 끝났다. 하지만 기영과는… 아예 대화가 사라져버렸다. 서로 대화가 있어야 싸움이라도 하지.
그래서 승희는 3년 전, 혼자 캐나다로 떠났다. 명목은 어학연수였지만 사실은… 엄마 곁을 떠나고 싶었다. 숨을 쉬고 싶었다. 그렇게 승희는 혼자 도망쳤다.

타지에서의 생활은 외로웠고 기영이 그리웠지만 엄마에게서 벗어난 삶은 자유로웠다. 이제야 겨우 숨을 쉴 수 있을 것 같았다.

시간이 흘러 더 이상은 외국에 머물 핑계가 없어져버린 승희는 귀국길에 오른다. 여전히 승희에게는 눈길도 주지 않는 엄마는 어찌할 수가 없고 기영과의 사이라도 어떻게든 회복해보고 싶은데… 승희가 떠나 있던 동안 엄마에게 완전히 지쳐버린 기영이 승희에게 말한다.
나… 니 곁에서 하나도 행복하지 않아.

승희는 생각한다.
이 모든 불행은 모두 다 그 애 때문이다.
그 애가 승호를 죽게 만들어서, 엄마가 저렇게 되었기 때문이다.

그때, 예상치 못하게 재은을 TV에서 본다.
재은은 김혜주라는 이름으로, 잘나가는 국회의원의 아내가 되어 살고 있었다.

이건 너무 불공평하다.
거짓말로 승호를 죽이고 우리 집을 망가뜨려놓고서,
너는 혼자 행복하게 살고 있었구나.

재은아, 아니, 국회의원 사모님이 된 혜주야.
니 남편은… 니가 살인자라는 걸 아니?

최기영 (남, 39 / 골프 레슨장 운영)

"제발 나를 오해하지 말아줘.
내가 하려는 일은 모두 승희 너를 위한 거야."

승희의 남편. 혜주와 승희의 고교 동창. 그러니까 죽은 승호와도 동창이라는
말이다. 승희는 모르지만, 고교 시절 재은을 많이 좋아했고 수능 후 고백했다
가 거절당했었다. 하지만 재은이 같은 학교의 전교회장이었던 승호의 구애를
수차례 거절했었다는 건 전혀 몰랐다. 당시 승호와는 친분이 없었고 재은도
그 사실을 말하지 않았기 때문. 진승호가 심장마비로 사망한 것이 아니라 스

스로 목숨을 끊었다는 것과 그 '진짜' 이유를 알게 된 건 승희와 결혼을 약속한 후였다.

평범한 집안에서 태어났다. 성실하긴 하지만 특별한 능력이나 욕심도 없었다. 수도권 대학 진학 후 부모와 함께 호주로 이민, 부모의 세탁소 일을 도우며 살았다. 그러다 몇 년 만에 처음으로 잠시 귀국, 연락이 닿은 동창을 따라 동창회에 참석했다가 승희와 재회, 결혼해 영산에 다시 돌아왔다.

사실은 승희와 함께 호주로 떠나고 싶었다. 하지만 승희는 엄마를 혼자 두고 떠날 수 없다 했고 그래서 기영은 친인척 하나 없는 고향 영산에 정착하는 것을 선택했다. 작은 동네인 영산에서 갑자기 직업을 구한다는 게 쉽지 않았지만 결혼을 앞두고 장모가 골프 레슨장을 차려줘 지금까지 그곳에서 일한다. 영업이 적성에 맞진 않지만 그럭저럭 면피할 만큼의 수익은 난다. 골프 레슨장 일과 함께 장모의 재산을 성실하게 관리하고 있다. 장모가 호출하면 가서 부동산 계약을 진행하고, 세를 받는 건물들을 관리하는… 그런 일들. 하지만 그저 묵묵히 시키는 일들을 처리할 뿐, 장모의 재산을 탐내거나 적극적으로 재산을 불리려고 한 적은 없다. 그런 기영의 욕심 없음을 장모는 탐탁지 않아하고 기영도 그것을 안다.

장모는 두 가지 이야기밖에 하지 않는다. 땅과 승호. 그게 기영을 지치게 한다. 유신에게 시달리며 하루하루 말라가던 승희가 결국 3년 전 캐나다로 혼자 어학연수를 가겠다 했을 때, 기영은 승희를 잡지 못했다. 승희는 불안정한 엄마 유신을 혼자 둘 수가 없었고, 유신의 애정을 갈구하며 지쳐가는 승희를 보는 것 또한 기영에겐 고통이었기에 기영은 홀로 유신과 한국에 남는 것을 선택할 수밖에 없었다.

그 후 3년 동안 혼자 장모와 지냈던 기영은 이제 지칠 대로 지친 상태다. 땅,

건물… 이미 그 많은 것들을 가졌는데 도대체 장모의 욕심은 끝이 어딜까.

그즈음 국회의원 강순홍과 얽힌 장모의 땅투기 비리가 파헤쳐지려 한다. 기영은 이 일을 조사하는 국회의원이 재은의 남편이라는 것을 알게 된다. 그와 동시에 아내 승희는 살인자 혜주의 인생을 '공평하게' 망쳐놓겠다 한다.

기영은 처음으로 그의 생각을 입 밖에 낸다.
왜 혜주가 살인자냐고.
어차피 좋던 부부 사이는 아니었지만
이 일로 기영과 승희의 사이는 돌이키기 힘들 정도로 악화된다.

…하지만 승희야, 내가 어떤 결정을 하든 제발… 오해하지 말아줘.
혜주에게 지금 나는 아무 감정도 남아 있지 않아.

내가 사랑하는 사람은, 혜주가 아니라 승희 너야.

이유신 (여, 70 / 임대업)

"내가 어떻게 널 잊겠니? 내 목숨 같은 아들을 죽인 너를."

승호와 승희의 모친. '유신의 땅을 밟지 않고는 영산을 돌아다닐 수가 없을 정도'인 영산의 유지.

5선 국회의원 강순홍의 처제다. 대대로 물려받은 부동산이 이미 많은데도 욕심이 많아 국회 국토위 위원인 강순홍에게서 얻어낸 내부 정보로 영산의 임야를 매입, 투기한다.

공부 못하는 딸도 사랑했지만 전교 1등을 놓치지 않는 아들 승호가 삶의 큰 기쁨이었다. 그런 승호가 서울대 법대에 합격했던 날, 세상을 다 가진 것만 같았는데… 말도 안 되는 이유로 그 자랑스러운 아들이 스스로 세상을 등졌다.

20년이 흘렀지만 자식은 부모 가슴에 묻는다고, 그것도 우리 승호 같은 아들을 먼저 보내고 난 후로 아직까지 크게 웃어본 적이 없다. 그때 그년을 잡아 죽이지 못한 것이 천추의 한이다.

아들은 한순간에 잃었지만 땅은 절대 사라지지 않는다고 믿고 집착한다.

오래전 유신은 승희에게 큰 거짓말을 했다.
그리고 그 사실을 승희가 영원히 알지 못하길 바란다.

그러니 사실은
갑자기 죽어버린 아들처럼
하나 남은 딸마저도 저를 두고 떠나버리는 것이
제일로 두려운 것이다.

우진석 (여, 60 / 대한당 당대표, 4선 의원)

"당론과 여론을 등에 업으면 뭐든 할 수 있다고
제가 말씀드렸었지요?"

당대표이자 당내 가장 영향력이 큰 계파의 수장.
판사 출신으로 국회 법사위 소속이다.

4선이라 이제 지역구는 탄탄하게 다져진 지 오래인데도 금요일 저녁이면 경기도 끝의 지역구에 내려가 주말을 보내고 월요일 새벽에 서울로 돌아오는 소위 '금귀월래(金歸月來)'를 15년 넘게 하고 있다.

변호사였던 중도를 발탁해 비례대표로 공천한 장본인으로, 지난 총선 때 중도가 지역구 공천을 받는 데도 큰 영향력을 발휘했다.

대한당에서 출마했던 후보자들 가운데 중도의 선거 유세 현장에 가장 자주 모습을 드러냈을 정도로 중도를 아낀다…고 다들 생각한다. 어느 정도는 맞는 말일 것이다. 적어도 지금은 그렇다.

강순홍 (남, 70 / 보국보민당 최고위원, 5선 의원)

"베지테리언인가 뭔가를 좀 해볼까 했는데 아직은 때가 아닌가…"

경상도 대도시 지역구에서 5선째인 국회의원.
국회 국토위와 법사위 소속.

충북 영산의 유지인 처가의 지원으로 정계에 진출했기에 처가에 많은 것을 퍼주었다. 하지만 아내와 금실이 좋은 것과 별개로 끝없이 욕심을 부리는 처가 식구들이 피곤해진 지 오래다. 그중에서도 영산에 사는 처제가 제일 탐욕스러워 가까이하고 싶지 않은데, 아내와 자매간의 우애가 돈독하니 연을 끊을 수도 없고… 그야말로 아주 골치다.

국토위에서 입수한 영산의 토지 개발 계획을 그 처제에게 흘려줬는데 이에 대해 중도가 공개적으로 토지 투기 의혹을 제기하자 짜증이 난다.

남중도 저 새파란 애송이한테 물린 것도 짜증나지만, 빨리 해결해달라며 징징대는 처제가 열 배는 더 짜증나는데… 오래전 죽은 조카의 일이 들춰지며 이제 처가의 일은 짜증의 정도를 넘어 위기로 다가오기 시작한다.

그러나 어디 그냥 당하고만 있을쏘냐.
내가 국회밥을 20년이나 먹었는데 다 꽁으로 먹은 줄 아나?

[중도의 보좌진]

▪ 여의도

김빛나 (여, 42 / 5급 비서관)

대학교 언론정보학과 졸업 후 언론사 인턴 기자로 일하다가 입법활동을 통해 직접적으로 세상을 바꾸고 싶어 국회에 9급 행정비서로 처음 들어와 지금까지 왔다. 사회적 약자, 소수자 정책에 관심이 많아 국회 임기 때마다 본인의 소신과 의원의 정책을 따라 방을 옮겨 다니는, 다시 말해 나름 계속 스카우트되어 다니는 능력자.

중도의 의원실에는 이번 임기에 합류했고, 다음 총선에도 중도가 당선된다면 계속 함께하고 싶다. 본인이 직접 정치를 하고 싶은 생각은 없고, 국회의원의 전략적 보좌진이라는 직업 만족도가 커서 앞으로도 쭉 오랫동안 국회에서 보좌진으로 일하고 싶다. 그게 꼭 중도의 식구로서는 아닐 수도 있겠지만.

중도의 보좌진 중 유일한 기혼. 자녀는 없다. 시댁과 남편에 대해 자주 툴툴대지만 사실 남편과의 사이는 매우 좋다.

고민석 (남, 42 / 5급 비서관)

대한당 청년당원으로 있으면서 NGO에서 일하다 지난 총선 때 대한당 모 의원의 선거캠프에 합류, 당선되자 6급 비서로 첫 여의도 생활을 시작했다. 그러나 의원과 잦은 충돌 후 사직, 여의도를 1년쯤 떠나 있었다.

떠나 있는 동안 원래 일했던 NGO에서 다시 일하며 당원 활동을 꾸준히 하다가 중도에게 스카우트, 총선 캠프를 같이 뛰고 중도의 당선과 함께 다시 여의도로 복귀했다. 평소 말도 많고 이런저런 불평불만이 많은 편이지만 일은 잘한다.

중도에게 큰 불만은 없지만 우재가 있는 한 중도의 의원실에서 본인이 4급으로 승진하는 것은 불가능해 보이기에 좋은 기회가 있다면 떠날 생각을 하고 있다. 그러나 중도가 정치인으로서 더 크게 될 사람 같기 때문에 다음 임기 정도 때까지는 이곳에서 더 있는 게 나을 것 같기도 하다. 물론 다가오는 총선에서 중도의 당선 여부를 속단할 순 없지만 지금 예상으로 큰 무리 없이 당선될 것 같으니 그렇게 생각하는 것이다.

최자영 (여, 35 / 6급 비서)

늘 정치에 관심이 있어 장래에 국회에서 입법활동을 하고 싶었다. 대학 졸업 후 아르바이트로 학비를 모아 행정대학원에 진학, 거기서 만난 선배들 소개로 중도가 비례대표로 첫 국회 임기를 시작했던 7년 반 전, 중도의 9급 행정비서에 지원해 첫 여의도 생활을 시작했다. 그 후 중도의 지난 총선 선거캠프를 함께 뛰고 이번 임기에는 6급 비서로 승진했다. 차근차근 승진해 많은 것을 배우고 인맥을 쌓은 다음에 언젠가는 직접 선출직 정치인이 되고 싶다.

박두섭 (남, 55 / 7급 수행비서)

중도의 지난 국회 임기 때부터 수행(운전)비서로 재직 중. 중도 이전에도 계속 국회에서 여러 의원들을 수행으로 모셨다. 밤에는 중도의 차(카니발)를 자신의 집에 주차했다가 새벽에 중도를 픽업하고 밤에 내려주고 다시 자신의 집에 주차하는 패턴이다. 이전에 모셨던 권위적인 의원들과는 다른 중도와 살갑게 이런저런 대화를 주고받기도 한다.

이강호 (남, 30 / 9급 행정비서)

행정비서, 줄여서 행비. 국회 299명 행비 중 몇 없는 남성 행비다. 온갖 이야기들이 떠도는 행비들의 메신저 단톡방에서 가끔 쓸 만한 정보를 물어온다. 의원실에 따라 의원의 일정 관리를 행비가 하기도 하고 8급이나 6급 비서가 하기도 하는데 중도는 행비에게 일정 관리를 맡기고, 그래서 공용 구글캘린더의 일정 입력과 외부 식당 예약 등을 전담한다. 식당 예약 시에는 언제나 강호의 이름으로 예약한다.

▪ 지역사무소

유운규 (남, 55 / 4급 지역보좌관)

신양구 지청역 사거리에 있는 중도의 지역사무소에 상근하는 지역보좌관. 지난 총선 때는 중도의 선거캠프 국장이었고 다가오는 총선에도 그리될 것이다. 신양구 토박이로 평생 정치, 선거판에 몸을 담그고 있어 중도가 신양구에 출마하기 전에도 신양구 국회의원이었던 분들을 계속 모셨다. 신양구 마당발로 혜주가 전혀 하지 않는 표밭 다지기를 평소에 운규가 최대한 메꾸고 있기에 혜주에 대한 불만이 큰 편이다.

이성훈 (남, 35 / 8급 비서)

지역사무소에 상근하는 비서. 사법고시에 계속 낙방, 방황하던 시기에 소개로 지역구 국회의원 선거캠프에서 자원봉사자로 일했다. 그러나 라인을 잘못 타서 그 국회의원의 당선 후에 여의도에 입성하지 못했다. 그 후 캠프에서 만난 사람의 소개로 작은 회사의 사무직으로 취직했지만 월급이 계속 밀리며 퇴사했다. 그러다 또 캠프 때 만난 사람의 소개로 중도의 지난 총선 캠프에 자원봉사자로 합류, 당선 후 지역사무소 8급 비서에 채용되었다.

조연우 (여, 25 / 인턴비서)

공무원 시험을 잠깐 준비했다가 국회에 흥미가 생겨 조금은 가벼운 마음으로 인턴비서를 지원했는데, 채용되고 일을 해보니 앞으로도 가능하다면 계속 보좌진으로 일하고 싶다. 인턴비서의 임기 2년 중 첫 1년은 여의도에서 근무했고 지금은 지역사무소에서 근무하는 중. 어리고 경력도 짧아 아직 새롭고 신기한 것이 많다.

[그 외]

조귀순 (여, 70대 / 기름집 주인)

신양구 지청동 태양아파트 근처에 있는 기름 짜는 집 주인. 외동딸과 사위가 약속이라도 한 듯 병으로 세상을 일찍 뜨자, 혼자 남은 손녀를 데려다 금이야 옥이야 하고 키웠다. 허리가 아파도 매일같이 가게 문을 열고 깨를 볶고 기름을 짜며 손녀가 크는 것을 보는 것이 유일한 낙이었다.

그렇게 애지중지 키운 손녀가 벌써 대학생. 이제 손녀가 좋은 사람 만나 가정을 꾸리는 것만 보면 여한이 없겠다 싶었는데… 그 귀한, 하나뿐인 손녀를 상상도 못 해본 방식으로 그만 하루아침에 잃고 만다.

그놈을 내 손으로 죽여버릴 수도 없는 절망 속에서 귀순은 삶의 의지를 하루하루 잃어가는데… 높으신 의원님이 찾아왔던 날, 귀순은 칠십 평생 살아온 것과 전혀 다른 삶을 살아가기로 결심한다.

권다솜 (여, 15 / 중학생)

윤서의 제일 친한 친구. 신양중학교 2학년, 윤서와 같은 반이다. 초등학교 때부터 제일 친했고, 지금도 학교와 학원까지 붙어 다니는 사이. 윤서의 아빠가 국회의원이라는 것을 아는 유일한 친구였다. 그만큼 윤서와는 시시콜콜한 것까지 서로의 모든 것을 공유하는 사이였는데 그만, 윤서에게도 쉽게 말할 수 없는 비밀이 생기고 만다.

배경

■ 국회의원 4년 임기가 7~8개월 남은, 다음 총선 정국의 문턱에 막 들어서는 때
마지막 국감을 코앞에 둔 초가을.
이제 7~8개월 남은 다음 총선을 위해
대한민국이 조용히 움직이기 시작하는 시기.
국회의원들이 다음 총선 준비를 위해 시동을 걸기 시작하는 시기.
지금까지의 3년 반보다 앞으로 7~8개월간의 행보가
다음 총선에서의 당락을 가를 그런 중요한 시기.

그래서 누군가는 여론을 크게 움직일 한 방을 준비하고
누군가는 그것을 부정하고 저지하기 위해 사력을 다하는,
바야흐로 총선 정국의 문턱에 막 들어서며
모두들 시동을 걸기 시작하는 시기.

[공간]

▪ 혜주와 중도의 집 (2층 단독주택)

중도와 혜주는 오래된 주택가의 낡고 작은 단층 주택을 2층으로 개축해 살고
있다. 중도는 이 집에서 초등학교 때부터 살고 있다. 그때는 1층짜리 주택이
었지만.

구옥인 1층에는 거실과 부엌, 작은 서재(원래 중도가 쓰던 방이자 신혼 시절 중도와
혜주가 쓰던 방)와 여진의 방(중도의 모친이 생전에 쓰던 방), 화장실이 있다. 10여
년 전 올린 2층에는 작은 욕실이 딸린 안방, 지훈의 방, 윤서의 방, 다용도실,
화장실이 있다. 각 층이 25평 정도 되지만 최신 구조는 아니라 실제 평수보다
좁아 보인다.

2층을 올릴 때 1층을 리노베이션 하지는 않아서 1층은 오래된 인테리어 그
대로다. 관리는 잘 되어 있어 깨끗하다. 2층도 10여 년 전 층을 올리며 했던
인테리어 그대로라 깨끗하긴 하지만 낡았다. 당시에도 인테리어에 큰돈을 쓰
지는 않았다.

실내에는 1, 2층을 잇는 계단이 있다. 실내계단의 2층 입구에는 문이 있는데,
식구들은 이 계단 문을 닫는 것에 별로 신경 쓰진 않는다. 대부분 열려 있다
는 소리다. 계단 중간참에서 아래를 내다보면 1층 부엌과 거실 쪽이 조금 보
인다. 나무 계단이지만 밟을 때 삐그덕 소리가 나지 않아 소리를 거의 내지
않고 계단을 오르내릴 수 있다. 계단 밑 공간에는 작은 창고가 있다.

건물 외부에는 마당에서 2층으로 바로 올라가는 계단과 2층의 현관이 따로
있다. 중도와 혜주는 1층으로 들어와 실내계단을 통해 2층으로 올라오고, 윤
서는 언제나 외부 계단을 통해 2층 현관으로 드나든다. 그래서 윤서의 신발

은 전부 2층 현관에 있고 중도와 혜주, 여진의 신발은 1층 현관에 있다.

차고는 없고 대문 옆 담벼락에 거주자 우선 주차로 차량 1대 주차가 가능하다. 중도는 검은색 카니발(장기렌트. 하/허/호 번호판. 내부가 보이지 않을 정도로 진한 검은 선팅), 혜주는 아반떼급 국산차를 몬다. 중도의 카니발은 수행비서가 운전을 하는데, 밤에는 수행비서가 본인 집에 주차했다가 새벽에 중도를 픽업하고 밤에 다시 집 앞에 내려주기 때문에 중도의 자택에 별도의 주차 공간이 필요 없어 집 앞의 거주자 우선주차 공간은 혜주가 이용한다.[1]

집에서부터 혜주의 책수선실과는 도보 15분가량, 중도의 지역사무소와는 차로 5분 거리다.

■ 혜주의 책수선실
지청동의 작은 골목에 위치한 꼬마빌딩의 2층. 외부 간판은 없고 수선실 출입문 옆에 작게 '책수선'이라는 표지만 붙여놓았다. 작은 화장실이 딸려 있다.

■ 서울시 신양구 지청동
중도가 나고 자란 곳. 서울에서 가장 경제적으로 낙후된 동네 중 하나. 중도의 지역구는 신양구(갑)으로, 지청1, 2동, 성한1, 2동, 만일1, 2동이 속해 있다. 지하철 1개 노선이 지나며 지하철 지청역 사거리 근처에 중도의 지역사무소가 있다.

■ 충청북도 영산시
혜주가 고등학교 때까지 살던 곳. 작은 도심을 벗어나면 아직 농업이 기반인

---

1   집 앞 주차공간이 잠시 비어 있을 때 중도가 카니발을 집에 주차해야 할 상황이 와도 중도는
     근처의 공영주차장을 이용한다. 거주자 우선주차 공간에 등록된 차는 혜주의 차량이기 때문.

동네지만 슬슬 개발 붐이 불기 시작한다.

■ 남중도 의원실

국회 의원회관 꼭대기층인 10층. 1013호. 창문 뷰는 반대편 건물이다. (의원회관은 ㅁ자 건물)

9층과 10층은 접근성이 떨어져 보통 초선 의원들이 배정되는데, 중도는 재선임에도 초심을 잃지 않겠다는 마음으로 비례대표 초선일 때 배정받은 사무실을 재선 때도 신청해 계속 쓰고 있다. 중도의 개인 공간인 의원실(아주 작은 화장실이 딸려 있다)과 보좌진들이 근무하는 사무실, 작은 회의실과 탕비실로 구성되어 있다. (모든 의원실 동일 구조)

■ 우진석 의원실

의원회관 로열층인 8층, 804호. 멀리 한강과 양화대교가 보이는 전망을 가지고 있다.

■ 강순홍 의원실

의원회관 로열층인 7층, 703호. 우진석 의원실과 비슷한 뷰를 자랑한다.

1회

시작 (始作)

0....... 프롤로그

혜주(E) (선행하는) 딸이 없어졌어요.

1....... 신양경찰서_ 여성청소년과 안 (밤. 비)

혜주(여, 39), 실종팀에서 당직 중이던 경찰1(여, 30대 초반)의 책상 옆 보조의자에 앉아 있다. 급히 나온 차림새. 신용카드 꽂힌 핸드폰을 꽉 쥔 왼손, 약지에 반지(심플한 금반지). 발치엔 뉘어놓은 우산에서 물웅덩이가 번지고 있고. 경찰1 옆에서는 경찰2(남, 20대 중반)가 PC로 혜주의 신고 접수 타이핑.

'여성청소년계' '여성청소년수사팀' '실종수사팀' 팻말이 구역마다 각각 붙어 있다.

혜주가 있는 곳은 실종수사팀. 벽시계는 새벽 0시 31분. 창밖엔 거센 빗줄기. 다른 팀에도 경찰 2명씩 책상에서 야근 중.

경찰1 어머님. 일단 좀 진정하시구요.

혜주 (마음이 급하다) 저희 딸이 없어졌어요. 핸드폰도 꺼져 있고….

경찰1 (경찰2에게 받아 적으라는 눈짓하고 혜주에게) 네, 일단 성함하고//

혜주 (O.L.) 남윤서요.

경찰1 신고자분 성함이세요?

혜주 아니요, 저는 김혜주구요, 제 딸이 남윤서예요.

경찰1 따님 나이는요.

혜주 08년생, 중2요. 지청중 2학년이에요.

경찰1 댁 주소는요.

혜주 신양구 수명로3길 14요.

경찰1 어머님 전화번호는요//

혜주 (O.L. 마음이 급하다) 애가 집을 나간 것 같아요.

경찰1 가출 같다는 말씀이시죠? 납치나 실종 정황이 있으신 건 아니구요.

혜주	! 납치요?
경찰1	(안심시키려는) 아, 그런 일이 자주 있진 않지만 또 아예 없는 일도 아니거든요. 특히 또 여성이나 청소년의 경우에는 아무래도.
혜주	(불안하다) 네….

혜주의 옆, '실종수사팀' 팻말.

경찰1	가출이라고 생각하시는 이유가 있으십니까? 문자메시지나 편지가 있었습니까?
혜주	아니요, 그런 건 없는데… (머뭇) 아까… 좀 싸웠어요. 저랑.
경찰1	아~ 싸우셨다고요. (경찰2에 그럴 줄 알았다는 눈빛) 따님이 이전에도 가출한 적이 있습니까?
혜주	(바로) 아뇨! (우리 딸을 뭐로 보는 건지!) 저희 딸은 가출하고 그러는 애가 아니에요!

그러나 혜주, 자기가 말해놓고도 앞뒤가 안 맞는 걸 느끼고
바로 입 다문다.
잠시 정적 흐르고.

혜주	이런 일은… 오늘이 처음이에요.

혜주의 걱정과 혼란이 뒤섞인 얼굴에서… 타이틀 IN.

2........ **서울 신양구 풍경 (낮)**

부촌은 아닌, 강북 외곽 쪽.
아직도 오래된 주택가가 많이 남아 있는 동네.
여기저기 '신양구' 이름 알 수 있는 곳들.

패스트푸드점 '신양 지청1동점' 등.

3....... 책수선실_ 건물 외경 (낮)

자막: 13시간 전.

주택가 골목, 오래된 3~4층짜리 꼬마빌딩.

책수선실은 2층이지만 외부 간판은 없다.

4....... 동_ 2층 (낮)

2층. 모두 간판을 달고 있는 여러 사무실 쭉쭉 있는 가운데, 아주 작게 '책수선'이라고만 적힌 작은 나무 명패 달린 문 있다.

5....... 동_ 안 (낮)

실평수 6평 정도 규모의 방 하나짜리 작업실. 작은 화장실 하나 딸린, 큰돈 들이지 않은 작업실이다. 스테인리스 상판의 대형 작업대 2개와 작두형 수동 재단기 대형 1대, 전동 재단기 1대, 다양한 크기의 프레스들, 종이 넣는 도면함, 롤로 말린 책 겉싸개지 수납함, 수납장과 가위함 등 작업장비들과 현미경, DSLR 카메라 등. 작업 장비들 외에 다른 가구는 의자 정도. 수선 의뢰 들어온 책들과 수선 중인 책들(프레스로 누르고 있는 등)도 한쪽에 여러 권 있다. 에어컨과 제습기, HB와 B심 연필 여러 자루. 실내에서 신발 착용.

혜주(작업 앞치마), 작업대를 사이에 두고 책을 수선 맡기러 온 책손님(여, 45)이 선택한 수선 옵션들을 재확인 중이다. 꽤 오래되어 보이는, 종이도 낱장이 뜯어지고 모서리도 접히거나 닳은 소프트커버 공책이 한 권 있다. 공책에 볼펜으로 쓴 육아일기다. 그 옆에 손님이 가져온 만 1세 정도 되는 남자아기 사진[1] 한 장 있고.

---

1   20년쯤 전의 사진. 작은 사이즈.

그 옆으로 손님이 선택한 겉싸개 실크 샘플과 가름끈 샘플 여러 개, 은박금박 샘플 등 각종 재료들이 쭉 있고. 수선한 책의 전후 사진들이 떠 있는 아이패드와 수선의뢰서 종이. 의뢰서에는 손님이 선택한 옵션들을 쭉 적어놓은.

혜주   그럼 지금 말씀 나눈 부분들 한번 다시 확인드릴게요. (의뢰받은 공책 넘기며) 내지는 기본적으로 여기처럼 찢어지거나 파손된 페이지, 그리고 오염이 된 페이지 등을 먼저 수선하고요. 새로 만들 표지는 너무 얇은 것보다 조금 두께가 있는 보드를 사용할게요. 표지는 이 색상 실크로 겉싸개를 입혀 금박으로 제목이랑 까치를 넣고, 아드님 사진은 이렇게 (옆에 샘플 책 있다) 앞표지에 두께 차이를 좀 줘서 사진을 그 안에 붙여드릴 거예요. (샘플 책의 헤드밴드와 가름끈 보여주며) 헤드밴드랑 가름끈은 고르신 이걸로 하고 면지 색상은 이걸로 할게요.

책손님   네에, 너무너무 기대돼요!

혜주   (손님이 만족한 것 같아 기쁘다) 그럼 잠시만요. 수선의뢰서 마지막으로 확인할게요. (의뢰서에 적은 항목들 다시 확인 시작)

책손님, 혜주의 아이패드에 떠 있는 수선 전후의 사진들을 넘겨본다. 낡고 찢어진 종이를 복원한 것에 그치지 않고 새로운 하드커버 표지를 입히는 등 완전히 새로운 모습이 된 책들이 많다.

책손님   (사진들 보며 감탄) 이사하면서 이, 저희 아들 육아일기 찾았거든요. 근데 예전에 책 고쳐주는 데가 있다고 들은 기억이 나서 찾아왔는데… 정말 너무 기대돼요!

혜주   (손님이 좋아하니 마음 놓는다, 미소)

책손님   (혜주 결혼반지 봤다) 사장님은 결혼하셨어요?

혜주   아, 네.

책손님 어머 그렇구나~ 애기도 있으세요?

혜주 네.

책손님 아들? 딸? 몇 살이에요?

혜주 아들은 스물두 살이고 딸은 중2요.

책손님 어머!! 스물둘이요? 사장님 결혼 엄청 일찍 하셨나부다. 난 애가 한 초등학생 정도인가 했는데~ 우리 아들도 스물두 살이에요!

혜주 (애매한 미소로 대답 대신하는) …….

책손님 (아기 사진 보며) 에효, 요땐 요렇게 예뻤는데… 이제는 뭘 물어도 대답도 안 하고~! 답답해서 뭐라고 좀 하면 그저 뚱~해 가지고는, 제 속만 터져요~

혜주 …….

책손님 어렸을 땐 엄마 껌딱지여서 제~발 좀 떨어지라고오~ 그래서 아들은 키워봤자 남남 된다는 말 하나도 안 믿었었는데. 그쵸. (깔깔 웃는)

혜주 (대답 대신, 애매하게 살짝 웃는데 좀 쓸쓸한) …….

책손님 아아, 그래서 전 딸 가진 엄마들 부러워죽겠어요! 사장님도 솔직히 아들보다 딸이 더 예쁘죠?

혜주 아뇨~ 똑같이 예쁘죠. (미소)

대화 잠시 끊긴다. 어색.

혜주 그럼 다 되면 연락드릴게요. 수선비는 오늘 절반, 찾으실 때 나머지 주시면 됩니다. (작성한 수선의뢰/견적서 내미는)

혜주의 뒤, 벽 한쪽에 걸린 간이사업자 등록증[2](간이과세자).

2   상호: 지서책수선. 개업일 2014년 7월 15일.

6....... 동_ 현관 [낮]

혜주, 손님 배웅하고 문 닫는다. ("안녕히 가세요" "네~")
작업대로 돌아와 카드결제기를 서랍에 넣는데, 문득 습하다는 느낌이
든다.
창문 열고 하늘을 본다.

혜주　(혼잣말) 비 오려나…. (창문 닫는다)

혜주, 제습기 켠다(희망습도 50%). 그때 핸드폰 울린다(진동 모드).
액정 보면, 오전 11시 40분. 메모 없이 알람만 맞춰놓은.
혜주, 나가야 한다. 별로 내키지 않는 얼굴로 짧게 한숨.
앞치마 벗기 시작한다.

7....... 다온 산부인과_ 건물 앞 [낮]

걸어가는 혜주. 위에 '다온 산부인과 / 야간분만 / 여의사 진료' 간판
있는 큰 병원 건물 앞 지나는데, 뒤에서 지수(여, 45/다솜모/산부인과 의
사)의 목소리 들린다.

지수(E)　(반갑다) 어, 윤서야! (건물에서 나와 뛰어온다)

혜주　어, 언니- 좀 늦는다며-

지수　(함께 걸어가며) 어, 아깐 그럴 줄 알았지. 근데 오늘 안 간다더니?

혜주　여지껏 너무 안 가가지구… 쫌 그런가 해서. (그러나 영 안 내키는)

지수　(혜주 마음 안다) 에이, 그래도 엄마들이 엄청 좋아할걸! 우리 반 반장
　　　전교 1등 남윤서 엄마 얼굴 보기가 웰케 어렵냐구 다들~

혜주　그래서 더 못 가겠어. 공부는 윤서가 그냥 알아서 하는 건데….

지수　(웃으며) 그래, 자기 복 터졌다, 복 터졌어!

대화 나누며 걸어가는 두 사람. ("근데 그럼 병원 오늘 오후는 휴가야?" "아니. 밥 먹고 바로 들어가야 돼." 등등)

8....... 동네 이탈리안 식당_ 안 [낮]

윤서 반 엄마들 모임. 혜주, 지수, 반 엄마 4명(40대 중반). 파스타와 화덕피자, 샐러드 정도. 지수는 모두와 친하고, 혜주는 지수하고만 가깝다. 모두 지수 또래인 반 엄마들, 혜주가 궁금하지만 자주 보지 못해 조금 어려워 혜주에게만 반존대. 혜주만 나이도, 옷 스타일도 어린 티가 난다. 다른 엄마들도 럭셔리 스타일들은 아니지만.

반엄마1 아니, 근데 윤서는 학원도 몇 개 안 다닌다면서요. 과외해요?

혜주 아, 아뇨. 윤서는 그냥 학원만 다녀요.

반엄마2 에이~ 같은 반 엄마들끼리 뭘 숨겨요. 그럼 엄마가 공부 봐주나?

혜주 아뇨, 아뇨. 저 정말 윤서 공부 하나도 몰라요. (진짜다, 곤란한데)

지수 에이, 윤서 그냥 혼자서 한다니까? 아빠 닮아서 공부 잘하는 거야.

엄마들 어머, 윤서 아빠 무슨 일 하시는데요? 교수님?

혜주 (곤란, 지수에 눈치 주는) 아, 그냥….

인서트 의원회관_ 복도 [낮]

걸어가는 중도 뒷모습. 양복(검은색은 아닌 어두운 색).
우재가 같이 가고 있다.

현재

혜주 …평범…해요. (지수에 다시 눈치 주면)

지수 (말실수 미안, 화제 돌리려 반 엄마1에게) 자기네야말로 아빠, 교수님이시잖아. 그것도 서울대.

반엄마1 (고개 절레절레) 그럼 뭐해. 아파트 재활용 버리는 요일도 못 외우는데.

반엄마3(여, 45) 그건 못 외우는 게 아니라 안 외우는 거지~

일동 (폭소)

반엄마1 아, 맞다. 일요일에 우리, 서울대 가서 브런치 먹자. 학교 안에 뷰 좋은 카페 있어.

혜주 (무슨 말인지 모르는)

반엄마2, 3, 4 그래! 좋아~

반엄마4(여, 45) 그럼 11시쯤 만날까?

반엄마1 그래. (지수에게) 다솜아, 자긴 윤서네랑 올 거지?

혜주 ?

지수 (혜주 눈치, 떨떠름) 어어, 그럴려고.

혜주 ? 서울대요?

반엄마1 ?

혜주 서울댄 왜….

지수 (곤란한)

반엄마1 어, 윤서한테 못 들었어요?

혜주 뭐를…요?

9....... 동_ 앞 (낮)

나오는 반 엄마들. "일요일에 봐-"하면서 헤어지고.
혜주와 지수만 남는다.
지수, 혜주의 눈치 살피는.

지수 미안. 미리 말 안 해서.

혜주 (지수에게 화가 난 건 아니다, 한숨) …….

지수 자기가 싫어할 거 아니까 말 못 했지이…. 그래도 윤서가 자기한테 얘기할 줄 알았는데. (눈치눈치) 엄마 무서워서 말 못했나부다.

혜주 …….

지수　(살살) 대학교수 논문에 이름 올리는 게 애들한텐 얼마나 좋은 기횐데. 다들 그렇게 많이 해~ 안 하는 애들이야 인맥 없어서 못하는 거지. 서연 엄마가 나서서 해주겠다는데 왜 그걸 마다해?

혜주　…….

어색하게 말 끊긴다.

혜주　…윤서 생각해준 건 고마워. 근데 윤서는 안 할게.

지수　정말 안 해?

혜주　응…. (잠시 말 끊겼다가) 그럼 먼저 갈게.

지수　그래, 나두 오후 진료라 병원 들어가야 돼. 그럼 가-

혜주, 간다. 지수, 한숨 쉬고 고개 절레절레. 간다.

10...... 지청전통시장_ 전경 [낮]

11 ...... 칼국수집_ 앞 [낮]

지청전통시장 내 먹거리 파는 가게들 사이, '손맛 칼국수' 간판. 김 오르는 만두 찜기가 밖에 있고, '칼국수 / 만두' 쓰여 있는 미닫이문 달혀 있다.

정육점 장 본 장바구니 두둑하게 든 혜주, 칼국수집 들어가려고 하는데, 앞에 꼬마(여, 10/책가방 멘)가 안을 기웃기웃. 들어가지는 못하고 망설이는. 혜주, 알겠다 싶어 말 걸려는데. 인기척 느낀 꼬마, 얼른 돌아보더니 혜주를 보자 후다닥 가려 한다.

혜주　(미소) 애-

12...... 동_ 안 (낮)

허름하지만 깨끗한 작은 가게. 어중간한 시간이라 손님 없고.

여진(여, 48)과 영선(여, 40대 중반/칼국수집 직원), 함께 배추 겉절이 담그고 있다. 매일 하는 일. 그때 문 드르륵 열리는 소리. 여진과 영선, 쳐다보면.

혜주, 꼬마. 꼬마는 쭈뼛쭈뼛, 겨우 문간에만 들어와 있는데.

혜주   (의자 하나 빼주며, 꼬마 보고 미소) 우리 여기 앉자. (여진에게) 아, 배고파. 저희 칼국수 두 개랑 고기만두 하나 주세요~

영선, 익숙한 일이라 바로 부엌으로 가고. 꼬마, 앉아서 눈치 보는데. 여진이 겉절이 한 접시에 참기름 쪼로록 뿌려 테이블에 놓고 만두 가지러 나간다.

혜주   (눈으로 여진에게 인사하고, 꼬마에게) 여기 김치 지인짜 맛있는데. 너 김치 좋아하니?

꼬마   (눈치 보며 고개 끄덕이면)

혜주   그으래? 그럼 우리, 김치만두도 먹자! (밖을 향해) 김치만두도 하나 주세요!

13...... 동_ 문 앞 (낮)

미닫이문 옆에 붙은 종이: '어린이 청소년 임신부 칼국수 만두 무료 (포장 가능) / 결식아동카드 안 보여줘도 됩니다 / 그냥 들어와서 맛있게 드세요.'

문의 유리창 너머로, 칼국수와 만두 먹는 꼬마와 혜주.

아무 일 없다는 듯 김치 담그는 여진과 영선. 평온한 공기.

14...... 동_안 (낮)

다 먹고 가는 꼬마. 만두 2~3팩과 겉절이 포장한 봉지 들었다.

꼬마	(소심, 꾸벅) 잘 먹었습니다…. (쭈뼛거리며 결식아동카드 꺼내려는데)
혜주	아니야, 안 보여줘도 돼. 아까 얘기했잖아.
꼬마	…….
혜주	그거 먹고 또 와? 나 없어도 그냥 들어오면 돼. 만두 포장만 해가도 되고. 여기, 어린이들은 다 공짜야~
여진	(배추 버무리다가) 또 와~
꼬마	네에, 감사합니다…. (꾸벅, 간다)

가는 꼬마의 뒷모습 보던 혜주, 흐뭇한 미소. 문 닫고 돌아선다.

혜주	아우, 배불러- 숨도 못 쉬겠다, 진짜. (혜주의 칼국수 접시, 싹 비워진)
여진	너 잘 먹더라. 점심 안 먹었어?
혜주	(싹 비운 그릇 치우며) 안 먹긴. 오늘 심지어 점심 외식했는데…. 그래도 내가 안 먹음 얘기도 못 먹잖아. 그래서 먹었지…만! (애교) 우리 여진이 언니 손맛이 얼마나 좋은데, 어떻게 먹다가 멈춰!
여진	(웃는) 어머니 손맛 절대 못 따라갈 줄 알았는데 이제 좀 비슷한가?
혜주	에이, 비꼴 왜 해~ 어머니는 어머니고, 이젠 현여진표 손맛이지~
여진	아부는~ (혜주의 장바구니 보고) 장 봤어?
혜주	응. 갈비찜 하려구. 지훈이 좀 갖다주게.
여진	지훈이 좋겠다~
혜주	(미소) 그럼 나 갈게. 바쁘다, 오늘. 들기름도 찾아가야 돼. 이번에, 안 볶고 기름 생으로 짜주는 데 있다고 해서 맡겨봤다? 저기 태양아파트께에.
영선	(갑자기 웃음 터진다)

혜주	(말 멈추고 영선 본다) ? 왜요?
영선	(악의 아닌, 친한 사이) 아니 갑자기 사투리를 써서.
혜주	(기분 상한 것은 아닌) ? 제가요? 사투리요?
영선	네, 방금 태양아파트 '께'에, 그랬잖아요. 그거 사투린데. 고향이 어디에요?
혜주	아… 충북…이요.
영선	충청북도? 충북 어디요?
여진	(말 자르는, 혜주에게) 거기 기름집에 국산 참기름도 있나 좀 물어봐.
혜주	응. 알았어. (영선에게) 저 갈게요~ (여진에게) 나 가-
여진	어-

혜주 나가고 문 닫힌다.

영선	(살짝 눈치 보며) 내가 뭐 실수한 거 아니죠?
여진	쟤가 고향 얘기 하는 걸 별로 안 좋아해. 어릴 때부터 고생 많이 해서 그런가, 별로 좋은 기억이 없나봐.
영선	에휴, 그러게요. 그래도 지금은 잘 사니까….
여진	어이구, 잘살긴. 쟤네 가진 거 지금 사는 집밖에 없어. 그 집도 그냥 애들 아빠 어릴 때부터 살던 집에 결혼하면서 2층 올려서 사는 거지, 돈 한 푼도 없어~ 버는 돈 맨날 여기저기 다 갖다주고.
영선	(웃으며) 아니아니, 돈 많단 소리가 아니라 참 잘 산다구요.
여진	(웃고 마는)

15...... 신양구 독거노인복지센터_ 앞 (낮)

혜주, 골목 걸어가는데 복지센터 보인다. 그 앞 지나가는데 센터장(여, 55), 복지관 직원1(여, 45), 복지관 신입(여, 25), 현관 앞에 쌓여 있는 쌀포대를 카트에 옮겨 싣고 있다. (마지막 쌀포대를 싣는 중) 센터장과 복지관 직원1, 혜주와 인사 나눈다. 혜주와 직원1은 조금 어색한 사이.

혜주	(꾸벅) 안녕하세요, 센터장님. 팀장님.

혜주 (꾸벅) 안녕하세요, 센터장님. 팀장님.

센터장 (반갑) 어머, 혜주씨~ 오랜만이야- 잘 지내지?

혜주 네. 잘 지내셨죠?

센터장 우리야 뭐 똑같지.

혜주 (카트에 실은 쌀포대로 시선 잠시 간다. 쌀포대 하나에 붙은 A4 용지: '좋은 일에 써주세요 감사합니다' 인쇄된 종이.)

센터장 아, 이거(쌀포대), 요즘도 계속 온다? 돈이랑 같이. 여전히 이름은 없구. 오늘 바빠가지구 아침에 못 옮기고 지금 옮기네.

잠시 말 끊기고.

혜주 …저 그럼 담에 미리 연락드리고 한번 올게요.

센터장 그래요, 놀러와요.

혜주 네. (복지관 직원1에게도) 팀장님, 담에 뵐게요-

복지관직원1 응, 또 봐요-

혜주, 간다.

복지관신입 (혜주 뒷모습 눈짓) 누구세요?

복지관직원1 아, 옛날에 우리랑 일했던 사람.

복지관신입 아~ 복지사세요?

복지관직원1 아니, 복지산 아니구 그냥 계약직. 첨엔 알바였나.

복지관신입 아하. (관심 끝났는데)

센터장 나 먼저 들어가~ (들어간다)

복지관직원1 네~ (센터장 들어갔나 슬쩍 보고, 신입에게 소곤소곤 귓속말하면)

복지관신입 (놀라 눈 커진다) 네에? 남편이 국회의원이요? 여기 신양구?

복지관직원1 (혹시라도 복지관 안에서 센터장이 들을까 살피더니 고개 *끄덕끄덕*) 어.

복지관신입 대애박! …아, 근데 그, 이 동네 국회의원 이름이… (생각날 듯 말 듯) 아
아, 이름이 뭐였죠?!

16...... 국회의사당_ 외경 [낮]

중도(E) (선행하는) 대한당 남중도입니다.

17...... 국회 소통관 기자회견장 [낮]

카메라 플래시 펑펑. 회견을 위해 단상 앞에 선 중도[3](남, 45). 옆에는
수어통역사(여).

중도 (회견문 낭독 시작) 존경하는 국민 여러분! 오늘 저는 계속되는 국회의
원의 불법 땅투기 의혹에 통탄을 금치 못하며 막중한 책임감과 무거
운 마음으로 이 자리에 섰습니다. 깨끗한 대한민국을 위해 국회의원
및 고위공직자들의 불법 투기 행위는 반드시 척결되어야만 합니다.
보국보민당 강순홍 최고위원은 충북 영산시에 거주하는 처제가 작년
매입한 농지가 최근 국토부의 도시개발구역에 지정 고시된 일에 대
해, 본인은 국회 국토위의 소속 위원일 뿐 처제의 해당 토지 매입 사
실에 대해서는 전혀 알지 못했다는 해명만 되풀이하며…(의혹을 부인
하고 모든 답변을 거부하였습니다.)

18...... 강순홍 의원실_ 의원실 [낮]

TV로 중도의 기자회견을 보고 있는 강순홍, 얼굴 굳어서 보고 있다가

---

3   신8 인서트의 양복. 국회의원 배지. 튀지 않는 톤의 정당 색상 넥타이. 왼손 약지에는 혜주와
똑같은 심플한 금반지를 계속 착용.

리모컨 집어 던진다! 같이 TV 보고 있던 형태, 얼른 리모컨 주우며 강순홍 눈치 보는.

19...... 중도 의원실_ 사무실 (낮)

김빛나(여, 42/5급 비서관), 고민석(남, 42/5급 비서관), 최자영(여, 35/6급 비서), 이강호(남, 30/9급 행정비서). TV 국회방송으로 중도의 기자회견 보고 있다.

중도   (TV 속) …이를 위해 국회의원과 고위공직자의 내부 정보 이용 부동산 투기를 원천 차단할 수 있는 법안을 발의하여 국회의원을 비롯한 고위공직자들과 그 친인척들의 부동산 투기를 근절할 것을 약속드립니다. 또한 이를 위해 외부 전문가의 참여가 보장된 전수조사의 즉각적 실시를 다시 한번 촉구합니다. (인사)

빛나, 리모컨으로 TV 끈다.

빛나   (혀 차며) 강순홍 영감은 맨날 친인척들 돌아가며 뭐가 터지는데도 어떻게 5선이지.

민석   처가 돈으로 정계 입문했으니 결초보은하는 거지.

빛나   (절레절레) 에휴. 그런 끈끈한 가족애는 필요 없는데.

자영   저렇게 친인척 비리 터질 때마다 드는 생각인데요, 우리 의원님은 어머님 돌아가시고는 부모님, 형제 다 안 계신 게 좀 다행인 것 같아요. 사모님도 가족 아무도 없으시고 조용히 사시고….

민석   조용히 산다고 다 좋은 건가? 남편이 비례대표로 시작해 그 어렵다는 선출직에 출마를 했는데, 와이프가 되어가지고선 선거운동 하는 동안, 아니 지금까지 단 한 번도 얼굴 내민 적 없다는 게 말이 되냔 말이지. 다른 사모님들은 평소에 얼마나 열심히 지역구를 다져놓는데. 저번 총선 캠프 때도 다들 대놓고 말은 안 해도 얼마나 그랬는데.

일동 (말은 안 해도 동감하는)

자영 근데 장 보좌관님 말이 그게 사모님이 의원님 정계진출 허락해주신 조건이었대요. ('보좌관 장우재' 명패 붙은 책상 파티션, 우재는 부재중이다) 의원님 정치하시는 데 사모님이 절대! 일절 관여 안 하신다고요. 하아, 우리 의원님은 차암… 뭐랄까,

빛나 (O.L.) 뭐긴, 백점짜리 남편이지. 남들이 뭐라 하건 와이프 방패막이 해주는 남편이 어디 흔한 줄 알아?

민석 봐라, 우리 김빛나 비서관, 남편 얘기 나오니까 또 과몰입한다!

일동 (폭소)

모두 하던 일로 돌아간다. 바쁘다. 강호, 책상 전화로 "네, 오늘 저녁 식사 예약 확인하려고 전화드렸습니다. 네, 이강호 이름으로 7시에 세 분 룸 예약했구요…" 등등.

20..... 국회 소통관 기자회견장 앞 복도 (낮)

기자회견 끝나고 나오는 중도. 함께 했던 의원들도 뒤에 나오고.
우재(남, 40/4급 수석보좌관), 중도의 뒤를 따른다.

우재 (중도에게 작게) 당대표님께서 잠깐 들르시랍니다.

그때, 반대편에서 오는 강순홍(남, 70/보국보민당 최고위원)과 신형태(남, 50/강순홍의 수석보좌관) 마주친다.

중도 (예의 바르게 고개 인사하고) 안녕하십니까, 강순홍 최고위원님.

강순홍 (형태에게, 일부러 모르는 척) 누구시지? 어디 비서인가.

우재 (어이없지만 티는 안 내는)

중도	(순홍의 무시에 전혀 타격받지 않은)
형태	(순홍에게) 대한당 남중도 의원입니다.
강순홍	아아, 의원이셨어? (웃으며 중도에게) 미안합니다. 새파랗게 젊으셔 내, 어디 의원실 비서인 줄 알았지 뭡니까.
중도	(미소) 괜찮습니다. 의원님께서 제 나이엔 고 김명재 의원님 비서이셨으니 헷갈리실 만도 합니다.
강순홍	!
중도	그럼…. (목례, 간다)
우재	(강순홍에게 목례, 중도 따라간다)
강순홍	(허허허, 속으론 저 새끼…) 허허허, 참 젊다, 젊어!

21...... 의원회관_ 외경 [낮]

22 ..... 우진석 의원실_ 의원실 [낮]

중도, 우진석(여, 60/대한당 당대표), 찻잔 두고 앉아 있다.
책상 명패, 국회의원 우진석.

진석	이제 국감도 준비하시려면 바쁘실 텐데 이런 건 또 언제 준비하셨습니까? 젊음이 참 부럽습니다.
중도	(웃는) 오늘따라 제가 젊다는 소리를 많이 듣습니다.
진석	(웃으며) 여의도 생활 겨우 네 번 했더니 십오 년 반이 훅 지나가버렸습니다. 이 흰머리 중 열 가닥쯤은 보국보민당 때문일 텐데, 기대해봐도 되지요? 총선이 이제 8개월 남았으니 타이밍은 딱 좋네요.
중도	열심히 해보겠습니다.
진석	예. 아무 걱정 않습니다. 남 의원님, 우리 당 특등사수 아니십니까.

중도, 대답 대신 미소로 대신하는데.

진석의 등 뒤, 창밖 뷰가 눈에 들어온다.

한쪽으로 뻥 뚫린 시원한 한강뷰. 양화대교가 보인다. 8층이다.

중도의 시선을 보는 진석.

진석   뷰가 마음에 드십니까? 8층도 꽤 높지요?

중도   (본다)

진석   지금 10층 그 방은 초선 때부터 쓰시던 방이지요? 왜 이번 임기 때 아래로 안 내려오시고요. 이번이 재선이래도 지난번엔 비례였다고 설마 눈치 보신 겁니까.

중도   아닙니다. 초심을 지키려고 같은 방을 이어 신청했습니다.

진석   초심이요… 8년이면 충분합니다. 이번 총선 잘 치르시면 이제 삼(3)선 중진이시니 원하는 방을 배정받으실 수 있을 겁니다. (친근하게) …아, 이 방을 드릴까요? 나는 이제 저 풍경이 좀 지겹네요.

중도   아닙니다. 괜찮습니다.

진석   아, 아니면 대통령님이 의원 시절 쓰셨던 6층 방을 신청해보세요. 명당이라고 경쟁이 치열하긴 한데, 우리 남 의원님이 원하시면 제가 힘을 좀 써보겠습니다.

중도   그런 명당이 삼선가지고 되겠습니까? 저는 지금 방도 괜찮습니다.

진석   (웃으며) 참 욕심이 없으십니다.

중도   (살짝 미소) 욕심…이 없으면 어떻게 여의도에 들어왔겠습니까? 저는 그저… (창밖으로 시선 옮기며) 이곳 의원회관 어느 방에서도 어차피 북악산은 안 보이잖습니까?

진석   (창밖을 따라 본다, 한강과 양화대교가 보이는 풍경) …그렇지요. 여의도에 있는 한은요. (중도 보며) 내가 생각이 짧았습니다. 남 의원 지금 계신 그 10층 방이 나중엔 너도 나도 원하는 명당이 되겠습니다.

중도   (미소로 대신) …….

23..... 동_ 앞 복도 (낮)

중도 나오면, 우재 뒤따른다. 함께 걸어가는 두 사람. 복도 오가는 국회 보좌진들, 중도 보고 "안녕하십니까." 하며 지나가고. 중도, 목례로 인사하며 우재에 말 건다.

중도   (핸드폰 꺼내며) 이제 일정 뭐지?

우재   SBC 인터뷰 바로 있고, 15시(십오시) 30분부터 지역사무소에서 구민 민원 청취, 19시(십구시)에 후원회장님과 저녁식사 있습니다.

중도, 일정 들으며 카톡 열어 혜주 대화창 찾고, 걸어가며 메시지⁴ 쓴다.
여보 오늘은 자정쯤 들어가겠다. 근데
중도, 계속 걸어가며 카톡 이어 쓴다.
오늘 젊다는 얘길 두 번이나 들었네? 젊은 남편 두신 소감 좀?

24..... 기름집_ 앞 (낮)

주택가의 오래된 기름집. 문 잠겨 있고 불도 꺼져 있다. 아무런 안내문도 없다.
혜주, 갸우뚱하며 영업 안 하나 싶어 문 안을 들여다보는데, 핸드폰 카톡 온다(진동). 꺼내보면, 중도다. 열어보는 혜주. 얼굴에 바로 웃음 번진다.

혜주   (웃으며 혼잣말) 뭐야….

혜주, 답장 바로 써서 보낸다.

---

4   그 위로, 매일 점심쯤 그날의 귀가 예정 시간(자정쯤/자정 넘겠다. 먼저 자/많이 늦겠다. 2시쯤?) 공유하고 종종 실없는 농담과 일상 공유한 메시지들 있다. 언제나 중도가 먼저 메시지 보낸. 반말 대화.

좋으시겠어요. 그래도 저보다 어려지실 순 없어요.

1 표시가 바로 사라지고, 바로 답장 온다.

국민학교 나온 사람들끼리 왜 이래.

혜주, 순간 푸훗 웃음 터지는데,

이웃할머니(E)   기름 짜려고?

혜주, 보면. 옆집에서 나오던 이웃할머니(70).

이웃할머니   안에 아무도 없제?

혜주   아… 멀리 가셨어요?

25 ..... 장례식장_ 외경 (낮)

'신양장례식장' 간판.

26 ..... 동_ 남궁솔 빈소 입구 (낮)

조화 하나 없는 썰렁한, 작은 빈소다. 입구에 고인(남궁솔/여, 22)의 앳
된 얼굴 사진(취업용 증명사진)과 이름. 유족은 조귀순 1인.

조문객 없고, 조의금 받는 사람도 없다.

혜주(옷 갈아입은), 조의금 함에 봉투 넣는다. 이름 쓰지 않은 봉투 뒷면.

펼쳐져 있는 방명록. 아무도 안 다녀갔는지, 제일 앞 페이지인데 아무
이름도 없다.

27 ..... 동_ 남궁솔 빈소 안 (낮)

빈소 들어가면, 귀순(여, 70대), 혜주 보고 힘겹게 일어난다.

귀순   (혜주가 누군지 모르겠다) 누구…(하다가 알아챈다) 아, 어제 기름….

| 혜주 | ……. (꾸벅) |

28..... [혜주 회상] 기름집_ 앞 [낮. 신24 보충]

이웃할머니	이 집 손녀가… 죽었어. 대학생이었는디, 목을 매갖구….
혜주	(크게 놀란다) 네? (말 못 잇는데)
이웃할머니	남자친구랑 싸웠는디, 그놈이 뭐 이상한 사진 뿌린다고… 그랬나벼.
혜주	(너무 마음 아프다) …세상에….
이웃할머니	근데 그 쥑일 놈의 시키는 잡아가지도 않았댜!
혜주	네? 왜요…?
이웃할머니	그놈이 쩌어기 어디 의대생이랴! 그래서,

29..... [현재] 장례식장_ 남궁솔 빈소 접객실 [낮]

| 이웃할머니(E) | (앞 신에서 넘어오는) 도망 안 갈 거라고 구속을 안 했다나…? |

작은 접객실. 혜주와 귀순밖에 없다. 국그릇 가득 뜬 육개장.

귀순	어서 들어요.
혜주	…네. (한술 뜨는데)
귀순	어떻게 알고 여기까지….
혜주	…….
귀순	에미애비도 일찍 잃은 걸 내가 금이야 옥이야 하고 키워놨는데…. (운다) 근데 그놈은 잡아가지도 않고….

혜주, 마음 아프다. 귀순 옆으로 가서 토닥이는….

30..... 동_ 남궁솔 빈소 앞 [낮]

혜주, 꾸벅 인사하고 나오려는데 귀순이 잡는다.

귀순	(새 것인 방명록 가리키며) 쩌어기, 이름 좀 적어주고 가요.
혜주	…….
귀순	이렇게 와주신 고마운 분인데, 내가 기억하고 싶어서 그래요. 좀 쓰고 가요, 응?
혜주	(마음은 알겠지만 사양하는) 아녜요.
귀순	그래도… 아, 기름 다 짜났는데….
혜주	걱정 마세요. 나중에 찾으러 갈게요.
귀순	그래요, 그럼. (혜주 손 꼭 잡고, 눈물 글썽) 우리 솔이가 나보고 이제 가겐 그만하고 쉬라고, 자기가 알바 하니까 그만하라고 그랬었는데… 손님이 여길 이렇게 와주시니… 안 그만두길 잘한 것 같아요… 와줘서 정말 고마워요, 정말로….
혜주	…아니에요…. 그럼… 가보겠습니다. (꾸벅)

혜주, 가다가 영 마음 쓰여 돌아보면. 혜주 가는 길 보고 있는 귀순.
눈 마주치면 귀순, 잘 들어가라며 손짓하고. 혜주, 다시 꾸벅하고 간다.
귀순 뒤로, 글자 한 자 적히지 않은 새 방명록. (접객실 보인다면, 혜주가
싹 비운 육개장 그릇 등 쟁반에 담아 치워놓고 간)

31...... 중도 지역사무소_ 건물 외경 (낮)

나름 번화한 사거리. 지하철 지청역. 근처의 7~8층 정도 되는 상가 건물. 3층 정도의 창문에 다른 상호들과 함께 '국회의원 남중도 사무소' 쓰여 있다.

32..... [몽타주] 동_ 의원실 안. 지역구민 만나는 중도 (낮)

중도, 지역구민들 면담 중. 유운규(남, 55/4급 지역보좌관), 이성훈(남, 35/8급 비서) 배석. 주로 구민들이 말하고 중도는 경청하거나 뭔가 답변하는 모습들 스케치.

- 맘카페 회원 대표 4명(여성/30대 중반~40대 중반). '신양구 맘들 모이
세요!'에서 만들어온 출력물 있고. 안건은 지청2동 성종초등학교 옆
부지의 특수학교 설립 반대. 중도, 성나 항의하는 회원들을 웃는 얼굴
로 대하지만 물러나진 않는 단호한 답변 표정.

- 신양구민1(여, 60대). 핸드폰으로 골목 쓰레기봉지 사이에 쥐들이
있는 사진을 내보이며 쥐가 갑자기 들끓는다는 민원을 이야기한다.
중도, 운규에게 뭐라 뭐라 지시하면 운규, 어딘가에 전화하고. 바로
중도, "보건소에서 바로 출동할 수 있게 조치했습니다." 신양구민1, 대
만족.

- 지청2동 주민자치위원회 위원장(남, 60), 부위원장(남, 60). 중도에게
말하고 있고. 중도가 들고 있는 안건 인쇄물은 '만일1동 공원 이동화
장실 추가 요청/지청역 방향 마을버스 증차 요청' 등. 중도, 고개 끄덕
이며 경청.

- 신양구민2(여, 50). 핸드폰의 철로변 아파트 방음벽 사진 보여주는
데 낮다. 다른 사진 보여주면 방음벽 높고. "방음벽이 너무 낮아서 소
음이 너무 심해요. 해결해주세요." 컴플레인. 중도, 친절하게 "아파트
자부담인 것으로 알고 있지만 다시 알아보겠습니다." 운규, 꼼꼼히 메
모 중.

- 태양아파트 입주자대표회 대표(여, 65)와 입주민1, 2, 3(50~60대). 단
지 앞 횡단보도와 초등학교 사진, 지나다니는 탑차와 덤프트럭 사진
들 보여주며 뭐라 뭐라 걱정 섞인 컴플레인을 한다. 중도, 경청. 운규
메모.

33..... 동_ 사무실 (낮)

출입문까지 나와서 태양아파트 사람들 배웅하는 중도와 운규, 성훈.

중도 또 필요하신 일 생기시면 아까 드린 명함에 있는 제 번호로 언제든 연락 주십시오.

태양대표 (주머니에서 중도 명함 꺼낸다. 정치인 프로필 사진+이름+핸드폰 번호 있다) 이게 의원님 번호예요? 비서님 꺼 아니고요?

중도 예. 제 번홉니다. 제가 직접 받으니까 언제든 전화 주십시오.

태양주민들 (신기하다는 듯 전화번호 본다)

중도 (깍듯 인사) 그럼 조심히 들어가십시오.

태양주민들 (오늘 면담에 만족) 네, 감사합니다- 안녕히 계세요-

운규 안녕히 가십시오.

주민들 내려가면 운규, 문 닫는다. 사무실에는 우재와 연우(여, 25/인턴 비서) 있다.

우재 고생하셨습니다.

중도 오늘 좀 바빴네? 물도 못 마셨어. (물 들이켠다)

연우 (잘 모르는) 근데 민원분들 전화를 직접 다 받으세요?

중도 네. 다 받아야죠. 모두 해결은 못 해드려도 전화하셔서 답답한 일들 이야기하시는 것만으로도 좀 낫기도 하고. 국회의원이 내 얘기 들어 줬다! 이게 생각보다 힘이 쎄니까…. (웃으며) 뭐, 전화 받음 대뜸 쌍욕부터 하시기도 하지만…. 저, 오래 살 겁니다. 하하.

운규 오늘 면담 후 팔로업 사항들은 다시 보고 드리겠습니다.

중도 고맙습니다. (벽시계 보면 5시 12분이다) 근데 의외로 빨리 끝났네. (우재에게) 후원회장님 저녁식산 어디야?

우재 십구시, 한일정입니다.

34..... 혜주 집_ 대문 앞 (낮[5])

골목을 걸어오는 혜주. 조문 다녀오는 길이라 표정 밝지 않다.

오래된 주택가의 2층 주택. 대문 옆, 담벼락의 거주자 우선 주차공간에 혜주의 차 주차되어 있다. (언제나 대문 방향으로 주차)

혜주, 대문 열려다 우편함 보면, 우편물 대여섯 개.

우편물 뽑아 넘겨보면, 아파트 분양 등 무기명 광고물들과 가스요금 고지서 정도인데. 마지막 편지봉투, (사)신양구 여성청소년 쉼터에서 발송한 정기소식지. (혜주 집 주소는 보이지만 받는 사람 이름[6]은 가려 보이지 않고 OOO'후원자님'만 보인다)

혜주   (발송 단체 이름을 잠시 바라보는) …….

혜주, 우편물 모아 들고 대문 안으로 들어가려다가 우편함 아래를 보면, '택배기사님 감사합니다 / 편하게 드세요' 종이 붙여진 아이스박스 있다.

아이스박스를 열어보면. 음료, 견과류, 에너지바 몇 개. (다 가져가서 얼마 안 남은)

35..... 동_ 마당 (낮)

작고 소박한 마당. 잔디는 아니고 나무 몇 그루 있는 정도. 텃밭은 없고.

구옥 1층에 2층을 올린 티가 나는 2층 주택이다.

1층 현관문 열리고. 아이스박스에 채울 음료와 간식을 가득 들고 나오는 혜주.

혜주, 마당을 가로질러 대문으로 나간다.

---

5   18시 15분인데 여름이라 아직 밝아 '낮'으로 표기함. (서울의 8월 일몰시각은 19시 20분경임)

6   받는 사람, 즉 후원자 이름은 남중도.

마당과 집 풍경. (2층으로 바로 올라가는 외부 계단도 보인다)
지붕 너머, 해가 떨어진다.

36..... 동_ 2층 다용도실 (밤)

일회용 비닐장갑 낀 혜주, 큰 압력솥에 갈비찜 고기 넣고, 호스로 물
붓는다. 핏물 빼려는. 그때 2층 현관문 열리는 소리 들린다.

37..... 동_ 2층 다용도실 앞 → 윤서 방 앞 (밤)

혜주, 앞치마에 젖은 비닐장갑 낀 채로 다용도실에서 고개 내민다.
2층 현관으로 막 들어온 윤서(여, 15). 교복 위에 벽돌색 후드 바람막
이(얇은 여름용) 걸친. 가방 멨다.

혜주	윤서 왔어?
윤서	(대뜸) 아, 엄마아!
혜주	응? 왜?
윤서	(다용도실로 와서) 일요일에 서울대 가는 거, 엄마가 나 빼라고 했어?
혜주	어? 어.
윤서	아, 왜!! 다른 애들 엄마아빠 있는 인맥 없는 인맥 다 동원해서 스펙 쌓아주느라 난린데! 내가 아빠한테 도와달라고 한 것도 아니잖아! 근데 왜 남이 해준다는 것도 엄마가 빼냐고오!!
혜주	(정색) 남윤서. 중학생이 무슨 공동저자야. 대학 교수님 논문 쓰는 데 너네가 할 수 있는 게 뭐가 있어?
윤서	왜 없어! 있으니까 오란 거겠지! 엄만 잘 알지도 못하면서!
혜주	모르긴 왜 몰라?//
윤서	(O.L.) 엄만 대학 안 다녀봤잖아!
혜주	(순간 말문이 막힌다) …….
윤서	(말실수 깨닫고) …미안.

혜주	…대학 안 다녀봤어도 너네가 공동저자로 올라가는 게 말이 안 된다
	는 건 알아. 아빠도 알면 당연히 허락 안//(하고)
윤서	(소리 지르는) 아, 또 아빠 소리! 아빠 핑계 좀 그만 대! 내가 왜 맨날 아
	빠 때문에 남들 다 하는 것도 못 하고 살아야 돼애!! 아 짜증나! (발 쿵
	쿵 구르며 자기 방으로 가면)
혜주	남윤서! 어디 가. 서. 거기 안 서? (따라가는데)
윤서	아, 됐어!! 일요일에 안 간다고오! 안 가면 될 거 아니야!! (문 쾅! 닫는)
혜주	남윤서!!

혜주, 비닐장갑 벗고 얼른 윤서 방문을 열려 하는데 안에서 잠겼다.

혜주	(잠긴 문손잡이 돌리며) 남윤서! 너 지금 문 잠갔어? 당장 못 열어?!
윤서(E)	가! 나 공부할 거야!!
혜주	너 진짜 혼난다?? 얼른 열어!! 남윤서!!

혜주, 계속 문손잡이 흔들다가 문 쾅쾅 두드리지만… 결국 포기한다.
속 터져 한숨.

38..... 동_ 1층 부엌 (밤)

식탁에서 캔맥주 마시는 혜주와 여진. 마른 멸치와 고추장 안주. 거실
스탠드 정도만 켜서 좀 어둑어둑.
핸드폰 카톡을 보고 있는 혜주, 핸드폰 닫는데. 자신이 핸드폰을 내려
놓길 기다리는 듯한 여진을 본다.

혜주	어, 미안. 집 다 왔다고 좀 전에 문자 와서. 짠, 건배. (맥주캔 내밀면)
여진	(맥주캔 살짝 부딪히고) …근데 왜 이렇게 표정이 안 좋아? 윤서 땜에?
혜주	(속상하다) 어… 언니. 윤서가 점점 말을 안 들어.

여진	사춘기잖아. 지훈인 안 그랬니.
혜주	…애들한테 화내고 돌아서면 바로 많이 미안해. 괜히 아빠가 정치를 해서… 애들 아빠나 나나 보통 부모 노릇도 잘 못해준 것 같아.
여진	너네가 잘하는 거야. 정치한다고 너네처럼 다 그러진 않아.
혜주	(한숨) …아, 맞다. 언니. 언니 지훈이 방 쓸래?
여진	나? 왜? 내 방 멀쩡한데?
혜주	(1층 구석, 여진의 방 쪽 본다) 언니 방, 어머니가 창고로 쓰시던 방이라 너무 작잖아. 우리 이 집 들어오면서 2층 올릴 때 언니가 같이 살 줄 알았으면 2층에 언니 방도 만드는 거였는데.
여진	됐어. 2층은 너네 가족 공간 해. 나는 지금 충분해.
혜주	…언니, 내가 정말 언니한테 많이 고마워하는 거 알지? 나 진짜… 어머니 돌아가시고 윤서 임신하고, 그때 진짜 너무 힘들었는데 언니가 같이 살아준다고 하지 않았으면 정말 어떡했을까 싶어. 정말 고마워.
여진	(대답 대신 살짝 미소 짓는데)

그때 1층 현관 열리는 소리. 혜주, 일어나 현관으로 나간다. (나가면서 벽시계 보면, 11시 정각이다) 중도 들어온다.
중도, 술 한두 잔 정도 마신 듯, 편안히 풀어진 분위기.

혜주	왔어? 근데 웬일로 이렇게 일찍 퇴근했어?
중도	가끔은 이런 날도 있어야지. (여진 있는 것 본다) 어, 누나 안 잤어? 늦었는데.
여진	얘가 맥줄 들고 내려왔네?
중도	(혜주에게) 왜. 나 뭐 잘못했어?
혜주	(장난) 왜. 뭐 찔리는 거 있어?
중도	(웃고, 가방에서 빈 마이보틀 꺼낸다. 물에 행군 상태) 참, 이거.
혜주	(받아 드는데)

여진	나 줘. 내가 여기 치우면서 닦아놓을게.
혜주	아니야, 내가 할게.
여진	됐어. (마이보틀 뺏어들며) 넌 어떻게 8년째 하루도 안 빼먹고 새벽마다 녹즙을 갈아주니?
혜주	(배시시 웃는) 다른 거 하나도 안 하고 이걸로 퉁치는 건데?
중도	(웃는) 내가 계약을 잘못했지. 누나 그럼 쉬어- 고마워.
혜주	언니 잘 자-
여진	응, 잘 자.

중도, 혜주와 실내계단 올라가고. 여진, 테이블 치운다.

39..... 동_ 안방 (밤)

스탠드만 켰고. 혜주는 이미 침대 속. 졸려 눈 감긴다.
중도, 재킷의 배지 떼서 화장대 위에 놓는.

혜주	(잠에 반쯤 취해서) 가서 씻고 얼른 자…. (눈 감기는데)

중도, 침대에 걸터앉아 혜주 머리칼 만지며 혜주 얼굴 빤히 본다.

혜주	(시선 느껴진다, 웅얼웅얼) 왜 그렇게 봐아… 나 얼굴 빨갛지….
중도	예쁜데?
혜주	(비몽사몽, 웃으며) 취했어?
중도	아닌데?
혜주	근데 왜 이래…. (웃으며 돌아누우려는데)

중도, 고개 숙여 혜주에 키스한다.
혜주, 조금 놀라지만 웃으며 키스 받아주고.

혜주   (웃지만 졸리다) 나 졸려… 얼른 자….

그러나 중도, 혜주에 다시 키스하며 이불 속으로 들어온다.
얼굴에 장난기 가득한.

중도   간만에 일찍 들어와서 그냥 자기 싫은데.
혜주   아이, 왜 이래…. (하지만 웃음 터뜨리는)

중도, 혜주 얼굴 여기저기에 장난치며 키스하고.
혜주, 간지러워 웃으며 손이 중도의 셔츠로 향한다.
중도, 계속 간지럽히며 키스하고. 혜주, 키스하며 중도 셔츠 단추 푸는
데, 어디선가 핸드폰 진동음. 전화 오는.
혜주와 중도, 서로에 몰두하느라 못 듣지만, 곧 혜주가 듣는다.

혜주   어…. (고개 빼는)
중도   (못 듣고, 계속 혜주에게 집중하고 있는데)
혜주   당신 전화.

혜주, 침대 옆 협탁 위에 있는 중도 핸드폰을 본다. 전화 오고 있다(진
동). 뒤집어놓아 액정은 안 보이는.

중도   나 퇴근했는데.

혜주, 웃으며 팔 뻗어 핸드폰 집어 들면, 액정화면의 발신인, '장우재
보좌관'.

혜주   우재씨야. 이 시간에 우재씨면 급한 일일 텐데. 받아.

중도   (진짜 받기 싫다는 듯, 그러나 손 내민다) …….

혜주   (장난스레 웃으며 핸드폰 건넨다) 받으시죠, 의원님.

중도   (웃으며) 네, 마님. (핸드폰 받아 전화 받는다) 어. 왜?

혜주   (기다린다)

중도   (통화) 어. // 알았어. (끊고 일어난다, 안 내켜서 한숨) 나 좀 나갔다 와야
        겠다. 상갓집 가야 돼.

혜주   아… 누구?

중도   지청2동 태양상가 번영회장 빙모상이라네.

        중도, 옷장 열면. 쭉 걸린 넥타이들7. 그중 검은 넥타이, 재킷, 바지 꺼
        낸다. (빈 옷걸이도 몇 개 걸려 있다)

혜주   (탁상시계 보면, 11시 14분) 너무 늦지 않았어, 지금?

중도   내일도 일정 빡빡해. 차라리 지금 다녀와야지. (혜주 이불을 목까지 덮어
        주고) 갔다 올게. 자.

혜주   응….

        중도, 혜주의 이마에 부드럽게 입 맞추고 스탠드 끈다. 혜주는 다시
        잠 쏟아져 눈 감기고. 어둠 속, 중도 옷 갈아입는 소리만 바스락 바스
        락. 혜주, 잠결에 문 조용히 닫히는 소리 듣고 웅얼웅얼 "조심히 갔다
        와…" 하며 잠든다.

40..... 동_ 2층 거실 [밤]

        깜깜하고 고요하다.

7   정당 색깔의 다양한 톤 넥타이들 10여 개. 검은색, 남색 여러 개와 선명한 무지개색 넥타이도
     보인다.

41...... 동_ 안방 (밤)

혜주, 자고 있는데… 문득 깬다. 다시 잠 청하다가 뭔가 생각나는.

혜주   …아, 맞다. 갈비. (일어난다)

혜주, 침대에서 내려와 어두운 방 나가려는데,

혜주   (뭔가를 밟았다. 아픈) 아!

혜주, 스탠드 켜고 보면, 바닥에 떨어진 의원배지를 밟았다.
배지 줍는 혜주.

혜주   (협탁 위에 올려놓으며, 대수롭지 않게, 혼잣말) …너무 급하게 나가셨네….

혜주, 방을 나간다.

42...... 동_ 2층 다용도실 (밤)

혜주, 갈비 담가놓은 물을 갈고 있다.

43...... 동_ 2층 다용도실 → 윤서 방 (밤. 비)

다용도실 불 끄고 나오는 혜주. 좀 서늘해 몸 움츠리며 안방으로 가는
데, 베란다 창밖에 비 오는 것을 본다. 빗소리 작게 타닥타닥.

혜주   어머, 비 오네.

혜주, 안방으로 들어가려다 문득 윤서 방을 본다. 닫혀 있는 방문.
다가가서 조용히 노크하는데 아무 소리도 들리지 않는다.

혜주, 문손잡이를 돌려보는데… 열린다. 잠그지 않았다니 좀 의외다.
조용히 들어가 보는데… 불은 꺼져 있고, 싱글침대 이불이 볼록하다.
이불을 머리까지 덮고 자나, 싶어 가까이 가서 이불 걷는데…
빈 침대다!

혜주   …!! 윤서야!!!

44..... 동네 일각 (밤. 비)

늦은 시각이라 텅 빈 주택가 골목. 행인 한 명 정도거나 아예 없다.
비 내린다.
편의점만 불 밝혀져 있고.
급히 나온 혜주와 여진. 혜주, 핸드폰 통화 중이고.
옆에서 여진, 걱정스럽게 보는.

혜주   (통화) …거기 없지? 응… 아니야, 잠깐 나갔나봐…. 응. 깨워서 미안
        해- (끊는다)

여진   다솜이네 없대?

혜주   (울기 직전) 어… 얘는 이 빗속에 어딜 간 거야….

여진   윤서 핸드폰도 계속 꺼져 있어.

혜주   애 아빠도 전화 안 받고… 언니, 나 경찰서 가야겠어. 언닌 집에 가 있
        어줘. 윤서 왔는데 집에 아무도 없으면….

여진   그래! 난 집에 가 있을게, 너무 걱정하지 말고 뭔 일 있음 전화해!

혜주   응! (지나가는 택시 보고 손 번쩍 든다) 택시!

혜주(E)   (선행하는) 그게… 다예요.

45..... [현재] 신양경찰서_ 여성청소년과 안 (밤. 비)

혜주	거기서 바로 온 거예요.
경찰1	네… 원래는 가출신고가 들어오면 바로 위치추적부터 들어가는데 지금 따님 핸드폰 전원이 꺼져 있어서 위치추적이 안 되구요.
혜주	(걱정)
경찰1	일단 저희가 나가서 탐문을 해보겠습니다. 따님이 평소 자주 가는 곳이 어디죠? 어떤 옷을 입고 나갔는지 아십니까?
혜주	아… 아마,

플래시백 신37. 윤서 방 앞 (밤)

발 쿵쿵 구르며 자기 방으로 들어가던 윤서. 벽돌색 후드 바람막이.

| 혜주(E) | 벽돌색, |

현재

| 혜주 | 벽돌색, 붉은 끼 도는 갈색 바람막이일 거예요. 뒤에 후드 달리고 얇은 거요. 얼마 전에 샀는데 요새 맨날 입어요. |

46..... 동_ 1층 현관 (밤. 비)

혜주와 경찰1, 경찰2 나오는데. 급히 들어오던 중도(검은 양복. 의원배지 X)를 맞닥뜨린다. 중도, (택시에서 내려) 우산도 없이 뛰어 들어와 비를 좀 맞은.

| 혜주 | 여보! |
| 중도 | 여보! |

혜주, 중도 보자 눈물 터지고. 중도, 그런 혜주를 안아 토닥인다.

중도	(혜주 안아서 달래며) 괜찮아, 괜찮아…. 윤서, 아무 일 없을 거야.
경찰1	남편분 되십니까?
중도	(품에서 혜주 놓으며) 아, 네.
경찰1	(중도가 누군지 못 알아보는) 아, 예. 일단 가시죠. (먼저 나가면)
경찰2	(경찰1을 따라 나간다)

서로를 바라보는 혜주와 중도. 서로의 얼굴에 가득한 불안을 읽는다.
중도, 혜주의 손을 꽉 잡는다.

47 ..... [몽타주] 윤서 찾는 혜주와 중도 (밤. 비)

- 47-1. 시내 일각. "윤서야- 윤서야-" 유흥가, 24시간 패스트푸드점
살피고. 우산을 써도 다 젖는 혜주와 중도.

- 47-2. 학원가. 또래 여자애들 보면 달려가 확인하는 혜주와 중도.
미치겠다.

- 47-3. PC방. 구석에 벽돌색 후드 바람막이 입은 여학생 있다! 혜주,
뛰어가서 얼굴 확인해보지만 윤서가 아니다. 혜주, 낙담. 절망 직전.

48 ..... 신양경찰서_ 외경 (낮. 비 갬)

49 ..... 동_ 여성청소년과 안 (낮)

오후 4시. 실종수사팀, 지친 얼굴의 경찰1, 2. 교대 출근한 경찰 3,
4(남녀, 30대) 있다. 초췌한 혜주와 중도. 옷도 못 갈아입었다. 혜주, 초
조함이 극에 달해 있다.

경찰1	(혜주에게) 어머님, 저희(경찰1, 2)는 당직 교대시간이 너무 지나서… 지금

혜주	부터는 여기 두 분(경찰3, 4)이 도와드릴 겁니다. (옆 책상에서 경찰5, 6이 각각 노트북으로 CCTV 보는) CCTV도 계속 보고 있고요.

혜주　다른 형사님들도 같이 더 도와주실 순 없나요?

경찰2　단순가출신고는 일단은 탐문수삽니다. 저희가 모든 수단 강구해서 찾고 있으니 너무 걱정 마시고//

혜주　(날카로운) 어떻게 걱정을 안 해요!

중도　여보. (말리려는데)

혜주　애가 없어져서 지금 열두 시간도 더 지났어요. (울 것 같다) 형사님 한두 분만이라도 어떻게 더 안 될까요?

중도　(혜주 팔 잡으며) 여보. 좀 진정해.

혜주　(중도에게) 어떻게 진정을 해! 애가 없어졌는데 당신은 진정이 돼?

경찰3, 4, 혜주에게 "어머니 좀 진정하시구요. 저희도 최대한 찾고 있습니다." 등등 달래고. 사무실이 좀 소란스럽자 한쪽에서 다른 일 하던 경찰7(남, 20대), 중도와 혜주 쪽 흘끗 쳐다본다. 경찰7, 별생각 없이 모니터의 실종신고 접수창 열어본다.
'남윤서'의 보호자 이름과 전화번호 있는데, '김혜주/남중도'.

경찰7　(어디서 들어본 듯한…) 남중도?

경찰7, 인터넷 검색엔진 열고, '남중도' 치면… 바로 뜨는 인물정보.
중도의 사진과 '소속: 대한당(서울 신양갑)'.

경찰7　!!

경찰7, 인터넷창의 중도 사진과 저쪽의 중도를 다시 번갈아 보면…
동일인물이다!

경찰7, 안절부절못하다 핸드폰 들고, 누군가에게 빠르게 카톡 쓴다.
혜주와 중도 근처에 있던 경찰1, 핸드폰 카톡 온 소리에 열어보는
데… 순간 당황!
경찰7에게 입모양으로 "진짜?" 묻고, 경찰7, 고개 끄덕. 경찰1, 중도에
게 다가간다.

경찰1	저기 아버님, 혹시… 여기 신양구… 국회의원이십니까?
혜주	!!
중도	!!
모든경찰들	(여성청소년과 안의 모든 경찰이 다 쳐다본다)
경찰1	(맞구나, 망했다) 남중도 의원님 맞으시죠?
중도	(어쩔 수 없다) …네. 맞습니다.
혜주	…….
경찰1	아, 왜 말씀을 안 하셔서… 아… (낭패다) 잠시만요. (황급히) 위에 보고를 좀 드리고…. (나가려는데)
중도	(얼른) 아닙니다.
혜주	!
경찰1	네?
중도	다른 사건들과 똑같이 진행해주십시오. 특혜 받고 싶지 않습니다.
혜주	여보!
중도	(혜주를 본다)
혜주	여보! 좀 도와달라고 하자, 응? 이번 한 번만, 딱 한 번만! 이러다 우리 윤서… 잘못되면 어떡할 건데!
중도	…….
혜주	(눈물 그렁그렁) 당신… 국회의원 전에… 윤서 아빠잖아. 응…?
중도	…….

50..... 동_ 화장실 (낮)

경찰8(남, 40대), 경찰9(남, 40대). 핸드폰 단체 카톡방 보며 놀라서 이야기 나누는.

경찰8 이 동네 국회의원 딸?? 어째 그걸 몰랐대??

경찰9 말 안 하면 모르지! 나도 우리 동네 국회의원 얼굴 몰라. 그리고 우리 서 사람들이 전부 신양구 주민도 아니구.

51...... 동_ 여성청소년과 안 (낮)

기다리는 중도와 혜주. 경찰1, 믹스커피 두 잔 타서 앞에 놓아준다. 다른 경찰들, 업무 중이지만 중도와 혜주의 눈치를 보는 중.

경찰1 (눈치 보며) 커피 좀 드십시오.

중도 …감사합니다.

혜주 (답할 기력도 없는)

잠시 정적. 그때 경찰1의 핸드폰 울린다. 액정에 뜨는 이름, '서장님'.

경찰1 (긴장해 전화 받는) 예, 서장님!

혜주/중도 !

다른경찰들 (일제히 긴장)

경찰1 (통화) 네. 바꿔드리겠습니다. (중도에게 핸드폰 내민다) 서장님이십니다.

중도 감사합니다. (전화 받는, 침착) 네. 안녕하십니까, 서장님. 네. 네. …아, 실종수사로 전환이요….

혜주 !

경찰들 ('실종수사' 소리에 자기들끼리 눈짓, 모두 자리에서 일어나기 시작)

중도 (통화) 네… 심려를 끼쳐드려 죄송합니다. 쉬시는 날인데… 네, 네….

혜주, 안도한다. 중도의 통화 마무리되고 있다. ("네. 감사합니다. 네, 네. 들어가십시오." 정도)

52..... [몽타주] 실종수사에 투입되는 강력계 형사들 약 30명 (낮)

- 52-1. 학원가. 신양경찰서 형기차(봉고) 멈추고, 강력계 형사 다섯 급히 내린다. 사람들 무슨 일이지 싶어 보고. 핸드폰의 윤서 사진 보여주며 탐문하는 형사들.

- 52-2. 다른 일각. 다른 형사들 다섯. 흩어져 찜질방, PC방 등으로 뛰어 들어가고.

- 52-3. 다른 일각. 탐문하는 다른 형사들. 거리에 벽돌색 바람막이 입은 10대 남녀가 은근히 많다. 유행하는 옷인.

- 52-4. 신양경찰서 강력계 사무실. 각각 노트북으로 거리 CCTV 보는 형사들. 그중 한 명이 옆에 올려놓은 핸드폰 액정에 긴급재난문자[8]가 뜬다.

53..... 거리 일각 (밤)

혜주, 윤서 얼굴 사진과 연락처, 인상착의 적힌 전단지 마지막 장을 행인(여, 20대)에 건넨다. 별로 관심 없이 받는 행인.
혜주, 지쳤다. 빈손. 겨우겨우 걸음 옮기는데, 반대편에서 오던 중도, 혜주를 보고 우뚝 멈춰 선다.
서로 좀 떨어진 거리에서, 지친 얼굴로 서로를 마주 보는 혜주와 중도.

---

[8] 안전안내문자 [서울경찰청] 신양구에서 실종된 남윤서(여, 15세)를 찾습니다. 163cm, 45kg, 벽돌색 후드 바람막이, 바지. (윤서 사진이 올라가 있는 경찰청 블로그로 연결되는 URL) / ☎182

중도, 다가와 혜주를 천천히 안는다. 혜주 등을 꽉 안는 중도의 손. 혜주, 중도의 품에 고개를 묻는다. 잠시 그러고 서 있는 두 사람. 지치고 힘들다.

그때, 혜주가 손에 꼭 쥐고 있는 핸드폰, 전화 온다!

혜주/중도 !!

날카로운 전화벨 소리. 액정화면의 발신자, 02-XXXX-XXXX.

혜주, 불길하다. 전화를 쉬이 받지 못하고, 중도를 쳐다보는 혜주의 얼굴에서,

54..... 한강 고수부지 (밤)

폴리스라인 쳐 있고. 구경꾼들 10여 명 몰려 있다. 산책 여성(최초발견자)은 개를 안고 경찰에게 설명 중이고. 경찰들 여럿, 물가 쪽에 있고. 119구급차도 와 있다.

폴리스라인 밖, SBC 기자(정경은)와 카메라맨, YBS 기자와 카메라맨와 있고. 이미 와 있는 우재 모습 보이고.

그때 급하게 도착하는 경찰 순찰차!

경찰차에서 다급히 내리는 중도와 혜주.

구경꾼들과 폴리스라인 제치고 물가로 뛰어가는 중도. 비켜주는 사람들. 그러나 혜주는 바로 뛰어가지 못하고, 겁먹은 얼굴. 두렵다.

사람들이 중도를 위해 길을 내주는 사이로, 혜주의 시선에, 경찰이 흰 천을 걷어 중도에게 보여주는 시체의 옷이 먼저 보인다.

벽돌색 후드 바람막이!

플래시백 신5. 책수선실_ 안 (낮)

책손님 애기도 있으세요?

혜주   네.

책손님   아들? 딸? 몇 살이에요?

혜주   아들은 스물두 살이고 딸은 중2요.

인서트 혜주 집_ 2층 거실 (낮. 15년 전)

혜주 시선에서 보이는 풍경. (젊은 혜주의 얼굴 나오지 않는다)

거실에 소파 없고. 아기 요 깔려 있다. 포대기에 싸여 있는 신생아 윤서.

어린 지훈(7), 신기한 듯 윤서를 들여다보다가 함박웃음을 지으며 혜주를 본다.

지훈   엄마, 얘가 내 동생 윤서예요?

인서트 혜주 집_ 마당 (낮. 과거)

어린 윤서(3~4세), 마당에서 어린 지훈(10~11세)과 깔깔대며 뛰어놀고 있다. (어린 윤서가 보조바퀴 달린 네발자전거를 타고, 어린 지훈이 밀어준다든지 둘이 잠자리채 하나씩 들고 마당을 뛰어다니는)

인서트 혜주 집_ 서재 (밤. 현재)

방문 닫혀 있는 깜깜한 서재. 창에서 들어오는 달빛에 액자 속 가족사진이 보이는데. 사진 속 지훈의 얼굴에 포커스되며,

현재

보이는 시체의 얼굴. 지훈이다!

혜주   (지훈의 얼굴을 보자 맥이 탁, 풀려 휘청) 지훈아….

뉴스 리포팅하는 정경은 기자(여, 30대/SBC 기자)의 멘트 흐르는 가운

데 몽타주.

정경은기자 오늘 밤 8시 55분경, 대한당 남중도 국회의원의 장남 남 모씨가 한강 고수부지에서 숨진 채 발견됐습니다. 남 씨는 서울 강남의 한 유흥업소에서 있었던 음주폭행사건으로 인한 집행유예 기간 중이었던 지난 4월, 만취 상태로 길 가던 행인에게 전치 6주의 부상을 입혀 징역 4개월을 선고받고 복역 후 불과 보름 전 출소한 것으로 알려졌습니다. 남 씨는 이전에도 두 차례 음주운전으로 집행유예를 선고받은 바 있습니다. 경찰은 남중도 의원의 딸 남 모양의 실종수사에 나선 지 약 다섯 시간 후에, 한강 고수부지에서 산책 중이던 한 시민의 제보로 남 씨의 시신을 발견했다고 밝혔습니다. 남 씨의 자세한 사망 경위는 시신이 수습된 후에 조사가 이뤄질 방침입니다.

54-1.....혜주 집_ 2층 현관 (밤)
불 환히 켜져 있지만 아무도 없다. 벽돌색 후드 바람막이 입고 들어서는 윤서, 조심스럽게 "엄마아…." 하고 불러보는. 그러나 아무도 대답 없고. 윤서의 불안한 얼굴.

54-2.....한강 고수부지 (밤)
폴리스라인 밖. 막 도착한 택시에서 급히 내리는 여진. 바로 울음 터지고 휘청.
참담한 얼굴로 중도를 보고 있는 우재.

54-3.....한강 고수부지 (밤)
핏기 없는 지훈의 시체를 끌어안으며 오열하는 중도.
수군거리며 중도를 보고 있는 구경꾼들, 핸드폰으로 찍고 있기도 한데.
중도를 떼어내는 경찰들, 간단히 지훈의 몸수색을 시작한다. (중도는

오열 중)

강력형사1, 지훈의 바지 주머니를 만져보는데 뭔가 있다!

꺼내면, 액세서리 넣는 작은 사이즈의 투명 비닐 지퍼백[9]. 그 안에는, 검은색 절연테이프로 꽁꽁 싸맨 작은 사이즈의 무엇인가가 있다. 강력형사1, 강력형사2(남, 30)와 바로 이게 뭔지 알겠다는 눈빛을 교환한다. (중도나 구경꾼들은 상황 모르는)

55..... 동 일각 (밤)

넋 나간 얼굴로 휘청거리며 폴리스라인 쪽으로 한 걸음씩 걸어가는 혜주.

플래시백 신5. 책수선실_ 안 (낮)

책손님　솔직히 아들보다 딸이 더 예쁘죠?

혜주, 순간적으로 아주 잠깐 머뭇거리던.

혜주(Na)　그 순간의 나는,

인서트 지훈 오피스텔_ 안 (낮. 신59에서 선행)

혜주　(지훈에게, 독하게 뱉는) 지훈이 니가 이렇게 사고만 칠 바에야, 그냥 어디로 사라지면 좋겠어.

지훈　!!

플래시백 신5. 책수선실_ 안 (낮)

순간 머뭇거리는 혜주, 바로 미소 지으며,

9　필로폰 1g은 인슐린 주사기 1개를 꽉꽉 눌러 채울 정도의 양.

혜주   아뇨~ 똑같이 예쁘죠.

혜주(Na)   솔직하지 못했던 걸까. 그래서…

현재

혜주   지훈아….

혜주(Na)   이렇게 벌을… 받게 된 걸까.

혜주, 더 이상 걸음을 떼지 못하고
황망한 얼굴로 그만 주저앉아 버리고….
암전.

강력형사(E)   (선행하는) 남지훈씨 생모와는…

56..... 신양경찰서_ 참고인 조사실 (오전)

강력형사   사별하셨다고요.

오전 9시. 강력형사1, 혜주와 중도를 면담 중. 옆에서 강력형사2가 PC로
진술을 받아 적고 있다. 혜주와 중도, 둘 다 넋이 나가 있다. (신55와 같
은 옷)
혜주, 다시 눈물 쏟아지려는 것 힘겹게 참는데, 손에 느껴지는 온기.
보면, 중도가 혜주의 손을 잡아주는. 서로를 바라보는 부부. 고통스럽
지만 함께 견디려는.

혜주   …….
중도   …네.

혜주	…….
강력형사1	남지훈씨가 보름 전에 출소했죠?
중도	…네.
혜주	…….
강력형사1	그날부터 사고 일시까지의 아드님 행적을 아십니까?

혜주, 떨구고 있던 고개 들어 중도를 본다.
질문에 대한 답은 혜주가 안다.
혜주, 강력형사1로 시선 옮기고… 힘겹게 대답한다.

혜주	…나오던 날에… 제가… 데리러 갔었어요.

57..... [혜주 회상] 교도소_ 앞 [낮. 보름 전]

기다리는 혜주. 이윽고 교도소 문 열리면, 나오는 지훈(한여름 계절에 어울리지 않는 봄 옷). 몇 달 동안 염색을 못 해 진갈색 염색모 뿌리가 검게 올라온.
지훈, 나오다가 저만치 서 있는 혜주를 보고 멈춰 선다.
서로를 보는 두 사람.

58..... [혜주 회상] 달리는 혜주 차 안 [낮]

서울 시내. 아반떼 정도의 국산차. 운전하는 혜주. 조수석 지훈. 분위기 싸하다. 지훈, 차에 연결해 충전 중인 갤럭시 핸드폰으로 바쁘게 카톡하는 중(내용 보이지 않는). 그런 지훈을 힐끔 보는 혜주. 지훈의 무릎 위, '선아네 두부' 쓰여 있는 봉지.

혜주	(다시 앞 보며, 가볍게) 그것 좀 먹어. 아침에 시장 가서 사온 거야.
지훈	(계속 카톡만. 비닐봉지 보지도 않는다) …….

혜주   너 옛날에 그 집 두부 잘 먹었잖아. 좀 먹어. 한 입이라도.

지훈   …….

지훈, 봉지째 들고 옜다 한 입, 보라는 듯 딱 한 입 먹고 봉지째 발 사이에 던지듯 내려놓는다. 혜주, 더 이상은 뭐라 말을 할 기운도 없다. 차 안에 침묵 흐른다.

59..... [혜주 회상] 지훈 오피스텔_ 안 [낮]

복층형 원룸. 혜주, 먼저 들어가면 따라 들어오는 지훈. (혜주는 종이 쇼핑백, 지훈은 두부가 든 봉지 들고 있다)

기본 옵션으로 냉장고, 빌트인 세탁기, 작은 식탁, 의자 2개. 전자레인지와 작은 소파 정도 더 넣어놓은 상태. 새로 인테리어를 하고 들어온 건 아니지만 깔끔하다.

지훈   (싱크대 위에 두부 봉지 대충 던져놓고) 전과자 자식은 이제 집에서 쫓아내겠다, 이거죠?

혜주   (화나지만 꾹꾹 누르며) 집에 니 방은 그대로 둘 거야. 들어오고 싶으면 언제든지 들어와. 근데… 너도 따로 살고 싶을 거잖아.

지훈   …….

혜주   월세랑 관리비는 내가 낼 거고. (지갑에서 체크카드 꺼내 준다) 여기 체크카드에 백오십 넣어놨으니까 생활비 써. 그 후엔… 알아서 하고.

지훈   (퉁명) 돈 많나봐요? 집도 얻고 돈도 주게.

혜주   …니 대학등록금 하려고 모아놨던 거야.

지훈   …….

혜주   …청소 잘 하고. 일주일에 한 번은 집에 와서 밥 먹고.

지훈   (뚱하니 서 있기만 한)

혜주   (속으로 한숨 나오지만 애써 참으며) 대답 좀 해. 응?

지훈	(약간 짜증) …알았어요.
혜주	…술 좀 적게 먹고. 아빠한테 전화도 한번 드리구.
지훈	…….
혜주	그럼… 간다. 잘 지내.

혜주, 문 열다가 멈추고, 잊고 있던 쇼핑백 내민다.
안에 보이는 벽돌색 바람막이.

혜주	…이거. 옷 하나 샀어. 입어.
지훈	(물끄러미 혜주 바라보다 받는다)
혜주	…지훈아.
지훈	…….
혜주	우리… 서로 마음 아플 일은 이제 그만하자. …응?
지훈	뭘 돌려 말해요. 자꾸 사고쳐서 아빠 앞길 막지 말고 그냥 죽어버리란 얘기잖아요.
혜주	지훈아!
지훈	모르는 척 하지 마요. 사람들이 다 그러는 거, 엄마도 알잖아요?
혜주	남지훈!! 너 정말 할 말 못할 말//
지훈	(O.L.) 왜요. 엄만 그런 생각 안 해봤어요? 진짜?
혜주	……. (독하게 마음먹고 뱉는 거짓말) 그래. 지훈이 니가 이렇게 사고만 칠 바에야, 그냥 어디로 사라지면 좋겠어.
지훈	!!
혜주	(슬프다) …이제 됐니? 이런 말이 듣고 싶었어?
지훈	…….

60..... [혜주 회상] 동_ 현관 앞 (낮)

기운 없이 나오는 혜주. 지훈은 배웅 따윈 안 나오는.

등 뒤에서 도어록 잠기는 경쾌한 소리. 혜주, 지친 얼굴.

혜주(E) (선행하는) 그게… 다예요.

61...... [현재] 신양경찰서_ 참고인 조사실 [오전]

혜주 …나오던 날에… 방을 따로 얻어줘서… 거기 데려다줬어요.

강력형사 그 후로 사고 전까지 아드님을 만난 적이 있습니까?

혜주 …아니요. 어제 반찬 좀 해다 주려고 했는데…. (눈물 울컥, 참는)

강력형사 네. 알겠습니다. (중도에게) 아버님은 아드님을 만나신 적이….

중도 …없습니다.

혜주 …….

강력형사 네. …저, 일단,

플래시백 신54-3. 한강 고수부지 [밤. 몇 시간 전]

지훈의 바지 주머니에서 투명 비닐 지퍼백 꺼내는 강력형사1.
강력형사2와 바로 이게 뭔지 알겠다는 눈빛을 교환한다.

강력형사(E) 아드님 옷 주머니에서 필로폰 1그람이 나왔습니다.

현재

혜주/중도 !!

크게 충격받은 부부.

혜주 (다급) 지훈이 께 아닐 거예요. 그런 애가 아니에요, 저희 지훈이는!

중도 여보. (혜주를 눈빛으로 말리고, 혜주 손잡아 안정시키는)

혜주 (눈물 차오른다) …….

강력형사 그리고… 아드님이 소지한 핸드폰은 대포폰으로 확인됐습니다.

혜주 ! 대포폰이요?

중도 (놀라서) 확실합니까?

인서트 한강 고수부지 (밤)

강력형사1, 2가 지훈의 바지 주머니 뒤지는데, 갤럭시 핸드폰 나온다. 신58의 핸드폰과 다른 기종이다. (아주 최신형은 아닌)

강력형사(E) 네. 본인 명의의 핸드폰은,

플래시백 신58. 달리는 혜주 차 안 (낮)

핸드폰으로 카톡하는 지훈. 직전 인서트의 핸드폰과 다른 핸드폰이다. (본인 명의의 핸드폰)

강력형사(E) 현재는 신호가 끊겼지만 마지막 신호가 변사체 발견 지점보다 상류 약 4.5km 지점 부근으로 확인되어서

현재

강력형사 현재 수색 중입니다.

혜주/중도 (아무 말 잇지 못하는)

강력형사 부근 CCTV도 확인 중이지만 남지훈씨 사망 추정시각에 폭우가 내리기도 했고 한강 고수부지에 CCTV가 별로 없어 솔직히 큰 기대는 하기 어렵습니다.

혜주 …….

강력형사 다만…

인서트 혜주 집_ 안방 (밤. 윤서 가출을 알기 몇 시간 전)

자고 있는 혜주. 협탁의 혜주 핸드폰에 문자 와서 액정 반짝인다(무음 모드). 액정에 문자 미리보기 뜨면, '뉴욕크럽'에서 체크카드 결제 67만 원 시도하였으나 잔고 부족 실패. 그러나 바로 60만 원 시도해 결제 성공한 문자 또 온다. 혜주는 모르고 자는.

강력형사(E) 아드님이 사망 추정시각 몇 시간 전,

현재

강력형사 강남의 유흥업소에서 혼자 상당한 양의 음주를 했다는 업소 종업원 증언과 현장 CCTV를 확보했습니다.

혜주/중도 (참담하다) ……

강력형사 부검 결과는 열흘에서 보름쯤 후에 나오고, 대포폰도 포렌식 해봐야 하겠지만… 현재까지의 정황상, 그리고 눈에 띄는 외상이 없는 점으로 보아 사인은 만취 혹은 만취 후 약물복용으로 인한 실족, 그에 따른 익사…의 가능성이 높습니다.

혜주/중도 …….

강력형사 필로폰 입수 경로는 미상이지만 남지훈씨가 사망했기 때문에 공소권 없음으로 수사 종결 예정입니다. (하는데)

윤서(E) 엄마! 아빠!

조사실 문 벌컥 열리고 뛰어 들어오는 윤서.
울어 퉁퉁 부은 눈으로 달려온다.

윤서 엄마아!! 아빠아!! (품에 뛰어들어 안긴다)

혜주 윤서야! (윤서를 꼭 안는다, 울음 터지는)

윤서 (엉엉 운다) 엄마… 나는 그냥… 엄마아빠 걱정시키고 싶어서… 어차피 학교도 안 가는 날이니까… 어디 먼 데… 찜질방 같은 데 있다가

오려고 했는데… (오열) 왜 오빠가… 오빠가 왜… 엄마 미안해… 내가
잘못했어….

혜주   아니야… 윤서 니 잘못 아니야…. (말 잇지 못하는)

혜주, 윤서를 끌어안고 오열하고.
중도, 참으려고 해도 눈물 뚝뚝 떨어지고.
윤서를 데리고 온 여진, 문밖에서 세 식구를 보다가 뒤돌아 소리 죽여
울고.
혜주와 중도에 안겨 우는 윤서의 벽돌색 바람막이.

62..... 혜주 집_ 2층 다용도실 (오전)

고요한 집 안. 다용도실에 덩그러니 놓여 있는 압력솥. 물에 담가놓은
갈비찜 고기.

63..... 신양장례식장_ 외경 (밤)

64..... 동_ 지훈 빈소 (밤)

특실. 줄줄이 조문객 오고 있다. 조화 배달 계속 온다. 성훈과 두섭이
조화 거절한다고 돌려보내는데도 배달 온 걸 어떡하나며 두고 가는
업체 직원들간의 조용한 실랑이. 조화 리본만 떼서 붙이는 비서들.
민석과 강호, 방명록 작성 돕고 있다. 연우는 신발집게로 신발 정리
중. 조의금은 정중히 사양한다는 안내 종이 있고. 방명록만 받는데도
방명록 쓰려는 줄이 제법 길다. 인산인해지만 자녀상인지라 침통하고
적막할 정도로 고요하다.
우재와 운규, 빛나, 자영은 조문하고 나온 손님들을 접객실로 안내하
는 중. 접객실은 정치계 쪽 사람들로 이미 가득 찼다. (대부분 40대 중반
이상의 남성들)

65..... 동_ 지훈 빈소 안 (밤)

대통령 비서실장, 국회의장, 대한당, 서울대 법대 동문회, 대한변호사협
회 등등 조기. 조문객 받는 혜주와 중도, 윤서. 상가 번영회장(남, 60대)
이 조문 중.

번영회장 (중도에게) 삼가 조의를 표합니다…. (꾸벅)

중도 감사합니다…. (혜주에게) 여기, 태양상가 배경국 번영회장님.

혜주 (넋이 나간 채로 꾸벅) 와주셔서 감사합니다….

번영회장 (혜주에게) 어떻게 이런 일이 있습니까…. 저도 장모님이 돌아가셔서
바로 여기서 모시고 오늘 아침에 발인했는데….

혜주 (넋이 나가 있어 완전히 흘려듣는)

번영회장 힘내십시오….

중도 …예… 감사합니다.

혜주 …….

다음 조문객 줄줄이 들어오고.
혜주, 완전히 지치고 넋 나간 상태로 조문객 맞는….

66..... 동_ 빈소 밖 복도 (밤)

복도 가득한 조문객들. 줄 서서 방명록 쓰거나 삼삼오오 모여서 인사
나누는 정치인 조문객들. (대부분 50대 이상 남자들, 양복 깃에 의원배지 단
사람들도 10여 명)
정치인1, 2, 3(남/대한당 당원 배지), 복도에 서서 목소리 죽여 작게 이야
기 나눈다.

정치인1(30대) 근데 솔직히 저 아들내미가 얼마나 남중도 의원 속을 썩였습니까.

정치인2(30대) 네. 지난 총선 때는 직전에 사고를 쳐서 아주, 캠프가 초토화됐었죠.

정치인3(40대) 이게 내년 총선 앞두고 남중도한테는 차라리 잘된 걸 수도…(하는데)

진석(E) (작지만 분명한 일갈) 참척(慘慽)의 고통을 모르겠으면 그 입이라도 다무
세요.

조문 온 우진석과 보좌관(이경민/여, 45/진석의 수석보좌관)이다.

정치인들 (깨갱) 죄송합니다.

정치인들, 복도를 빠져나가며 자기들끼리 소곤소곤. "근데 참척이 뭡
니까." "아 저는 한자세대가 아니어서." 등등.
진석을 알아본 정치인들, 인사하며 길을 내주거나 "아이구, 당대표님
오셨습니까." 하며 모시는 등 진석을 맞는 모습들.
빈소 입구의 진석, 안에서 초췌한 얼굴로 조문객과 맞절하는 중도와
혜주를 보는.

67..... 동_ 접객실 (밤)

자녀상이라 특히나 침통한 분위기. 목소리 낮춰 이야기 나누는 조문
객들.
지수와 반 엄마들, 테이블에서 식사 중. 윤서와 다솜은 근처 테이블에
따로.
반 엄마1, 문득 보니 혜주가 좀 떨어진 구석자리 테이블에서 지훈 외
조모(여, 70대)와 지훈 외삼촌(남, 50)을 위로하고 챙기는 것이 보인다.
혜주와 개인적으로 가까운 사이는 아닌 것 같지만 슬픔이 상당해 보
이는 노인이 궁금한데.

반엄마1 (지수에게 조심스럽게, 지훈 외조모 쪽 눈짓) 저긴, 친척분들이세요?

지수 (보면, 지훈 외조모다) …아… 아마 지훈이… 외할머니신 것 같아요.

126

반염마 (사정 알고 있다) 아… 지훈이 어머니 쪽이요? (했다가 허둥지둥) 아니, 내 말은… 낳아주신… 분 쪽…?

지수 …네. 그런 것 같아요.

어색한 침묵 흐른다.

반염마 (지수에게 소곤소곤) 근데 우리는 윤서 아빠 뭐 하시는 분인지 상상도 못 했잖아. 자기는 어떻게 그렇게 모르는 척을 했어.

지수 …….

접객실 저쪽에, 핏기 하나 없는 얼굴로
다시 빈소로 들어가는 혜주 모습.

68..... 동_ 지훈 빈소 안 (밤)

지훈의 영정사진을 망연히 바라보는 혜주. 현실이 믿기지 않는다.
눈물조차 마른.
중도, 그런 혜주의 손을 꽉 잡고. 혜주, 중도의 품에 얼굴을 묻는다.
중도, 의연하려 애쓰며 혜주를 안고 위로하는.

69..... 동_ 복도 일각 (밤)

북적북적한 복도. 빈소 안을 바라보다가 돌아서는 누군가의 뒷모습
(수빈).

70 ..... 지훈 오피스텔_ 안 (낮. 2주 후)

혜주, 어지러운 방을 정리하던 중 핸드폰 전화가 와서 통화하고 있다.

부동산(F/여. 50대) 근데 진짜로 방 빼게요? 딱 한 달 살고 아깝게.

혜주   (통화) …정리 다 하고 문자 드릴게요. …네. 네. (끊는다)

마음이 좋지 않은 혜주의 눈에, 구석의 휴지통에 넘치게 담겨 있는 배달음식 쓰레기, 나무젓가락, 치킨상자, 치킨 뼈 등이 보인다. 그 옆에는 아무렇게나 둔 맥주병과 소주병 많고. 립스틱 자국 있는 종이컵도 몇 개.

혜주   …….

혜주, 휴지통을 종량제봉투에 붓는데, 음식물 쓰레기가 섞여 있어 악취가 난다. 휴지통 제일 밑에 구겨져 있는 빈 봉지를 꺼내고, 봉지를 펴서 그 안에 싱크대 위 자잘한 쓰레기를 담는다. (그 두부 봉지를 다시 종량제봉투에 넣는)
냉장고 열면, 먹다 만 콜라 페트병과 소주 두세 병뿐.
혜주, 페트병과 소주병 꺼내 싱크대에 붓기 시작한다.
눈물도 마른, 지친 얼굴.

71....... **지청동 동사무소_ 안 (낮)**

지훈의 사망신고서를 작성하러 온 혜주.
볼펜은 들었지만 사망신고서의 빈칸을 채울 수가 없다. 눈물을 겨우 참으면서 힘겹게 첫칸(이름칸)에 '남지훈'을 쓰기 시작하는….

72 ..... **혜주 집_ 대문 앞 (낮)**

주차하고 내리는 혜주인데. 대문 앞에 택배차량 서 있고, 택배기사(남, 50대)가 아이스박스 열어보고 있다가 혜주를 본다. (혜주 집에 택배 배달이 온 것은 아니다)

택배기사 (반갑게) 아이구, 사모님, 안녕하세요.

혜주 (지쳤지만 억지로 살짝 미소 지으며 인사) …안녕하세요. (하는데)

택배기사 (살갑게) 어디 여행 다녀오셨나봐요~

혜주 …네?

택배기사 (악의 전혀 없이, 아이스박스 눈짓하며 겸연쩍다는 듯) 여기가 요새 계속 비어 있어서요.

혜주 (아…) …아, 죄송해요. 요새 좀… 일이….

택배기사 어우, 아닙니다. 죄송은요. 맨~날 음료수랑 간식 얻어먹으면서 감사한 줄도 모르고 제가… 하하하…. 어디 좋은 데 다녀오셨어요?

혜주 (뭐라고 대답해야 할지) …….

택배기사 (혜주가 대답 없자 멋쩍다) 저, 그럼 이만 가보겠습니다~

택배기사, 택배차량에 타고 출발하면. 그 자리에 남은 혜주, 표정.

73..... 동_ 1층 현관 [낮]

돌아온 혜주. 마음이 힘들고 지쳤다. 신발 벗고 들어서는데…
대문 초인종 소리.
혜주, 현관문 쪽을 돌아본다.

74..... 동_ 대문 앞 [낮]

열린 대문 앞의 혜주. 방문객, 어린 여자다. 수빈(여, 22). (옷가지 몇 벌을 쑤셔 넣은 에코백 갖고 있다. 옷가지가 위로 튀어나온)

수빈 안녕하세요.

혜주 누구….

수빈, 뭐라 대답하는데 그 순간 대문 앞길로 오토바이(혹은 차량) 지나가며 순간 시끄럽다. 귀가 따가울 정도의 소음. 그 바람에 혜주, 수빈의 말을 잘 듣지 못한.

혜주   …미안해요. 차 소리 때문에. 뭐라고 했어요?

수빈   임신했다구요.

혜주   (귀를 의심하는) …네?

수빈   저, 남지훈 애를 가졌어요.

혜주   !!

정경은기자(E)   (선행하는) 보름 전 숨진 채 발견된 대한당 남중도 의원의 장남 남모씨의 옷 주머니에서

75 ..... 중도 의원실_ 의원실 (낮)

중도, 우재와 굳은 얼굴로 TV 보고 있다. SBC 뉴스 화면, 지훈 시신 발견 당시다. 폴리스라인과 구경꾼들, 흰 천 덮여 들것에 실려가는 시신 등 현장스케치 위로,

정경은기자(E)   필로폰 1그램이 발견된 것으로 밝혀졌습니다. 사건을 담당했던 서울 신양경찰서에 따르면…

중도   (표정 굳은) …….

76 ..... 혜주 집_ 대문 앞 (낮)

혜주   (너무 놀라) 우리 지훈이… 아이를… 가졌다구요…?

수빈   네.

크게 당황한 혜주의 얼굴에서….

사고 (事故)

1....... 혜주 집_ 대문 앞 (낮. 1회 엔딩)

열린 대문 앞의 혜주. 방문객, 수빈.

수빈　임신했다구요.

혜주　(귀를 의심하는) …네?

수빈　저, 남지훈 애를 가졌어요.

혜주　!! (너무 놀라) 우리 지훈이… 아이를… 가졌다구요…?

수빈　네.

혜주　!!

2....... 중도 의원실_ 의원실 (낮. 1회 신75)

SBC 뉴스 보고 있는 중도와 우재. 굳은 얼굴.

정경은기자(E)　(뉴스) 보름 전 숨진 채 발견된 대한당 남중도 의원의 장남 남 모씨
의 옷 주머니에서 필로폰 1그램이 발견된 것으로 밝혀졌습니다.

3....... 혜주 집_ 대문 앞 (낮)

너무 놀라고 혼란스러운 얼굴로 수빈을 보고 있는
혜주의 얼굴에서….

4....... 동_ 1층 거실 (낮)

혜주와 수빈, 앉아 있다. 혜주, 뭐라 말을 꺼내야 할지 싶은데.

수빈　아, 맞다. 이거요.

수빈, 메고 왔던 에코백 안에서 뭔가를 부스럭거리며 꺼내 내미는
데… 두 줄 그어진 임신테스트기.

혜주 (전혀 예상 못 해서 당황) 아니, 이런 거 안 보여줘도 돼요.

수빈 …이것도 있어요. (임테기 넣고, 반으로 접은 종이 꺼낸다)

산부인과 혈액검사지다. 검사 날짜는 하루 전.

수빈 임테기 틀릴 수도 있다고 해서 어제 병원 가서 혈액검사 했어요.

수빈, 혜주의 앞으로 검사지 밀어놓는다. 검사지의 숫자에 볼펜으로
동그라미 쳐져 있고 (누군가가 설명하며 동그라미 친) 종이 제일 위 끄트
머리에 수빈이 볼펜으로 '혈액검사'라고 써놓은.

혜주 (손으로 집어 자세히 들여다보거나 하지 않는) …….

수빈 그 숫자면 지금 임신 5주쯤이고 그럼 3주쯤 전에 애기 생긴 거예요.
그럼 지훈이 출소해서 한 열흘쯤 있다가고 사고나기 삼사일 전인데
요. 저도 정확히 어느 날인지는 모르겠어요. …암튼 임신 주수 계산은
2주를 더해야 한다나 뭐 그렇대요.

혜주 …….

수빈 초음파는 그냥 담에 찍는다고 했어요. 아, 이건 그냥 원래 있던 똥배
예요. (웃는데)

혜주 (하나도 안 웃다) …….

수빈 (살짝 뻘쭘) …….

침묵 흐르고. 수빈, 검사지를 에코백에 넣는다.

수빈 같이 찍은 사진이라도 보여드려야 되는데, 제가 어제 핸드폰을 잃어
버려서… 그냥 말로 해드릴게요. 저랑 지훈이 사이, 거짓말 아니라는
거요.

혜주   …….

수빈   지훈이랑은 친구들이 겹쳐서 알게 되었구요. 이번에 지훈이한테 오피
         스텔 해주셨었잖아요? 우정오피스텔 507호요. 복층. 거기서 같이 지
         냈어요.

혜주   …….

인서트 혜주 회상. 1회 신70. 지훈 오피스텔_ 안 (낮)
청소하는 혜주. 어지러운 쓰레기들 사이, 립스틱 자국 있는 종이컵들
본다.

현재

혜주   …지훈이는… 알았어요? 수빈씨가… 애기 가진 거…?

수빈   …아뇨. 저도 어제 알았는걸요.

혜주   …빈소에는… 왔었어요?

수빈   …네. 당연히 갔죠. 신양장례식장, 엄청 큰 방이요.

혜주   근데… 내가 그때 좀 정신이 없긴 했지만… 지훈이 친구를 본 기억이
         없는데….

수빈   아, 아무도 안 갔어요? 아, 애들 진짜 너무하네.

혜주   …….

수빈   …그냥 신경 쓰지 마세요. 다들 너무 놀라서 그랬을 거예요. 저는 혼
         자 갔는데… 방명록은 안 썼어요. 좀… 그래가지구. 사람들 엄청 많이
         왔던데, 저도 모르는 사람들하고 같이 줄 서서 분향했어요. …기억 못
         하셔도 괜찮아요.

혜주, 믿어야 할지 어떻게 해야 할지 혼란스러운데….

수빈   근데 지훈이… 납골당은 못 갔어요.

혜주	(보면)
수빈	…어딘지 몰라서요. 다음에… 데려다주세요. 인사…하고 싶어요.
혜주	(순간 눈시울 붉어진다) …네, 그럴게요. …고마워요.

혜주, 잠시 감정 가라앉히고 말 잇는다.

혜주	부모님은… 알고 계세요? 지금 이 상황….
수빈	아니요. 저 부모님 없어요. 아줌마처럼요.
혜주	!
수빈	아, 지훈이한테 들었어요. 뒷조사한 거 아니구요.
혜주	…….
수빈	그래서 말인데요, 저 좀 재워주세요.
혜주	…!!

타이틀 IN.

5……. 동_ 서재 (낮)

중도에게 보낸 카톡을 보고 있는 혜주.

전화 좀 줘 급한 일이야.

5분 전에 보냈는데 1이 아직 사라지지 않았다.

혜주, 조금 망설이다 전화번호부에서 '의원실'을 검색해 찾는다. (즐겨찾기 해놓지 않음) 02로 시작하는 사무실 번호다.

혜주, 전화 발신버튼을 누르려다가… 결국 못 누른다.

의원실로 전화해서 중도를 찾는 건 아무래도 아닌 것 같은.

핸드폰 닫은 혜주, 꽉 닫아놓은 방문을 본다.

나가야 하는데… 쉽지 않다.

혜주, 핸드폰 다시 연다. 주소록 즐겨찾기의 '여진언니'를 누르는.

6....... 동_ 1층 거실 (낮)

혼자 앉아 있는 수빈.

그때 서재에서 혜주가 나오는 소리. 보면, 혜주가 다가온다.

혜주, 앉지 않고 잠시 어색하게 서서 말 고르다가,

혜주   …저기 일단… 마실 것 좀… 줄까요? 뭐 있냐면 커피랑…(하다가 멈칫)

수빈   저 커피 마셔도 돼요?

혜주   …잘 모르겠어요. 요샌 하루에 한 잔 정도 마시기도 하던데….

수빈   (싱긋 웃고) 그럼 주스나 차 주세요. 안.전.하.게.요.

혜주   …그래요. (부엌으로 들어간다)

7....... 동_ 부엌 (낮)

들어온 혜주. 수빈이 보이지 않을 구석. 주스를 따르려다가 휘청. 조리
대 짚고 겨우 버티어 선다.

8....... 강순홍 의원실_ 의원실 (낮)

강순홍. 옆에 형태 있다. 소파 앞 테이블에 보국보민당 미니 깃발.

강순홍   하이고, 얼마나 재주가 없으면 자식새끼 히로뽕이 뉴스에 다 까발려
지나… 쯧쯧쯧…. 수신제가치국평천하! 자식새끼 가정교육도 저리 엉
망인기 우찌 나라 정국을 논해? (벽시계 보면, 오후 3시. 형태에게 리모컨
눈짓) 형태야, 국회방송 좀 틀어봐라.

9....... 국회 소통관 기자회견장 (낮)

보국보민당 대변인(남, 40대), 기자회견 중. 수어통역인 1인 함께 있다.

보국당대변인   …대한당 남중도 의원은 장남의 필로폰 불법 소지 은폐 및 투약

혐의와 서울 신양경찰서의 수사 특혜 건에 대해 책임지고 의원직
을 사퇴하라!

10...... 중도 의원실_ 사무실 (낮)

보국당대변인 (TV 속) 자녀의 단순 가출 신고에 대해 강력계 형사 30여 명이 긴
급 동원되어 수색이 이루어진 것은, 남중도 의원이 자신의 지역구
내 위치와 권력을 남용한 것으로밖에 볼 수 없다!

사무실 TV, 국회방송 채널의 보국당 대변인 기자회견("남중도 의원은
전 국민께 석고대죄하고 사퇴하라!"). 뉴스 보고 있는 빛나, 민석, 자영, 강
호. 근심 가득.
TV 끄는 빛나.
민석, 핸드폰으로 관련 기사 보면, 베플이 다 악플이다. 정치인 욕하는
댓글들과 대한당 욕, 무엇보다도 지훈을 약쟁이 운운하며 잘 죽었다
는 악플들이 많다.

민석 (한숨) 악플 만선이네. 약쟁이라고….

빛나 할 말 없죠, 뭐… 필로폰이라니…. 돌아가신 분께 이러는 건 좀 그렇
지만… 진짜 너무하시네…. 이거 수습, 어떻게 하라고.

민석 근데 솔직히 여기서 안 멈췄으면 나중에 더 크게 사고쳤을걸.

일동 (동의하는 침묵) …….

빛나 보국보민당만 완전 신났지, 지금. 의원님 딸 실종수사 특혜 건까지 묶
어서.

자영 근데 중학생 딸이 밤새 연락이 안 되는데 누가 가만히 앉아서 기다려
요? 애 없어지면 찾아달라고 경찰서 있고 우리가 세금 내는 건데! 그
리고 어떻게, 자식 잃은 사람한테 저래요? 진짜 너무들 해요!

빛나 …여기, 여의도야. 바깥세상 아니잖아.

일동   …….

11 ...... 동_ 의원실 (낮)

중도, 우재와 있지만 굳은 얼굴로 생각에 잠겨 있다. 기다리는 우재.
중도, 핸드폰 집어 든다. 잠금화면에 수많은 카톡 메시지 알림이 있지
만 무시하고, 바로 전화 건다. '신승준 신양경찰서장.'

중도   (전화) 예, 서장님. 남중도입니다.

12 ...... 혜주 집_ 1층 거실 (낮)

어색하게 앉아 있는 혜주와 수빈.
혜주, 꼭 묻고 싶은 게 있는데 입이 잘 떨어지지 않는다.
주저하고 있는데….

수빈   (혜주 얼굴 읽었다) …저한테 뭐 하실 말씀 있으세요?
혜주   (주저하다가) …저기 혹시….
수빈   네.
혜주   (망설이다가) 혹시… 우리 지훈이가… (말 못 잇고 주저하는데)

그때 1층 현관 도어록 띠리릭 소리. 급하게 들어오는 여진. 숨이 좀 찬.
여진, 혜주의 전화 받고 온 거긴 하지만 막상 마주하니 뭐라 말해야
할지 모르겠다.

수빈   …안녕하세요. 처음… 뵙겠습니다.

짧은 jump
혜주, 수빈, 여진. 혜주는 멍하고. 여진, 혜주를 대신해 수빈을 조곤조

곧 추궁한다. 수빈, 좀 짜증이 난 듯 약간 적대적이다.

여진　핸드폰을 분실해서 같이 찍은 사진이나 문자가 하나도 없다? 그럼 학
　　　생이랑 우리 지훈이랑 그런 사이였다는 걸 우리가 어떻게 믿어야 돼
　　　요?
수빈　(살짝 짜증) 아까 아줌마한테 다 말했거든요? 지훈이 오피스텔 안에 어
　　　떻게 생겼는지 그림 그려드려요?
여진　그건 그냥 친구들도 알 수 있는 거잖아요.
수빈　저 거기서 같이 살았다니까요?
여진　(차분하게) 지훈이 출소하고 보름 만에 사고났어요. 겨우 보름 같이 지
　　　낸 거 가지고 '같이 살았다'고 하기엔 말이 좀 과한 것 같은데.
수빈　보름, 안 짧아요. 저희, 그 보름 동안 할 거 다 했는데.
여진　(말문이 막힌다)

잠시 말 끊긴다.

여진　부모님 이혼하신 후에 못 만났더라도, 연락처는 알죠?
수빈　아니요. 어디 사는지도 몰라요.
여진　그럼 다른 보호자는….
수빈　없어요. 저 성인이에요. 청소년 아니거든요?
혜주　…….
여진　(한숨) …나이도 안 물어봤네. 몇 살이에요? 학교는.
수빈　01년생이요. 동갑이에요, 지훈이랑. 스물둘이요. 성설고 자퇴했어요.
　　　…아, 퇴학은 아니에요. 그냥 다니기 싫어서.

말 끊기고, 침묵 흐른다. 지친 얼굴로 수빈을 보고 있는 혜주인데….

여진	애기 낳을 거예요?
혜주	!
수빈	(여진 빤히 보다가) 글쎄요? 어떻게 할까요?
혜주	!!
여진	뭐? (말문 막혀 헛웃음만) 허, 세상에, 혜주야. 방금 들었니? 들었지?
혜주	…….

13...... 일각 (낮)

인적 드문 곳[1]에 세워진 중도의 카니발, 경찰서장의 승용차.

우재, 카니발 밖에 나와 서 있다.

카니발 안에서 중도와 경찰서장 대화 중인.

14...... 주차한 중도의 차 안 (낮. *보충신 있음)

중도와 경찰서장(사복). 중도, 부검결과지 보고 있다.

부검지 내용 보이면, 접수일은 8월 21일, 부검결과지 발급일은 9월 5일 (접수 17일 후). 사망원인은 익사, 특기할 만한 외상 없음. 혈중알코올농도 0.206%. 혈액 속 약물반응은 없음.

경찰서장 혈액 속에 마약… 등 약물 반응은 없었지만… 혈중알코올농도가 급성 알코올중독 수준으로 나왔습니다.

중도 (착잡하다, 한숨) …네.

경찰서장 아드님의 마약 소지 건… 밖으로 새나가지 않게 단속한다고 했는데… 죄송합니다.

중도 (고개 든다) …아닙니다. …영원히 감출 수 있을 거라 생각하진 않았습

---

[1] 고수부지(물가)만 아니면 됩니다. 지훈이 한강에서 죽었으니 한강 근처에서 약속을 잡진 않을 겁니다.

니다. …….

경찰서장 그런데 마약팀에서 한 놈을 잡아서 줄줄이 엮여 나왔는데, 그중에 아드님 대포폰 번호가 나왔습니다. 그리고 그놈이 자백한 '던지기' 장소 중에 한강 고수부지 화장실이 있는데….

인서트 신양경찰서_ 강력계 사무실 (낮)

CCTV 돌려보는 강력형사1. CCTV 속 화면, 한강 고수부지 공중화장실 입구(비 오는 밤)다. 화면 밖에서 걸어 들어오는 우산 쓴 남자. 우산 접으면 보이는 얼굴, 지훈(벽돌색 후드 바람막이)이다. 아래 인서트로 이어지는.

경찰서장(E) 화장실 출입구 CCTV에…

인서트 한강 고수부지_ 공중화장실 앞 (밤. 비)

– 공중화장실 앞. 화장실로 들어가는 지훈의 모습.

– 화장실 안. 양변기 뒤쪽에 테이프로 붙여놓은, 작은 지퍼백. 뜯어내는 지훈.

– 공중화장실에서 나오는 지훈. 우산 쓰고 걸어간다.

경찰서장(E) 아드님이 찍혀 있었습니다.

현재

중도 (괴로운 한숨 내쉰다) …….

15…… 주차한 중도의 차 밖 (낮)

경찰서장의 승용차 떠난다. 중도의 카니발 덩그러니 남아 있고.
차 밖에서 그대로 기다리고 있는 우재.

16...... 주차한 중도의 차 안 [낮]

혼자 있는 중도. 핸드폰으로 자기 뉴스 보고 있다. 모든 뉴스에 악플
넘친다. 당장 사퇴하라는 댓글도 많은. 아들 잘못인데 무슨 연좌제냐
는 댓글은 '싫어요'가 더 많다. 중도, 생각이 많다.

17...... 우진석 의원실_ 의원실 [낮]

진석, 경민 있다. 진석, 핸드폰으로 중도의 뉴스와 악플 보다가 닫는다.

진석   남 의원, 그간 아들 문젤 제외하면 구설수 한 번 없던 사람인데.
경민   (보면)
진석   이렇게 대형 위기관리능력을 시험하게 될 줄은 몰랐네?

18...... 햄버거집 [밤]

학원 수업 중간에 저녁 먹고 있는 윤서와 다솜.
각자 핸드폰 보면서 먹는데.
윤서에게 다솜의 놀란 목소리 들린다.

다솜   헐, 남윤서! 이것 좀 봐봐.
윤서   왜. 뭔데?
다솜   (핸드폰 내민다)
윤서   ? (받아서 보는데, 지훈의 필로폰 소지가 보도된 뉴스다!) !!
다솜   너네 오빠 마약 했어?
윤서   (대충격, 꽉 소리치는) 아니야! 너 말조심해!
다솜   엇, 미안…. 아니, 그냥… 여기 기사에… 아니 미안….

윤서, 다솜의 핸드폰 뉴스 기사 막 스크롤하는데, 악플 너무 많고.
중도의 사퇴 여론이 조성되고 있다는 기사 마지막 줄 본다.

윤서　(심란, 자기 핸드폰 들고 일어난다) 나 잠깐 전화 좀. (바로 나간다)

19...... 혜주 집_ 부엌, 1층 거실 [밤]

식탁에서 혼자 밥 먹는 수빈. 잘 먹는다.
김치찌개 정도에 밑반찬 몇 가지.
거실의 여진, 그런 수빈을 어이없이 보고 있다.
기가 차 한숨 쉬고 혜주 보면.
혜주, 심란한 얼굴로 생각에 잠겨 있다.

여진　(혜주에게, 작게) 중도는 아직도 연락 안 됐어?
혜주　응…. 전화 달라고 문자 남겼는데 많이 바쁜가봐. 그래서 다시 연락
　　　안 했어….
여진　그래, 어차피 밤에 집에 올 거니까….

다시 부엌. 심란한 혜주와 여진의 얼굴과 대비되는,
맛있게 식사 중인 수빈.
그때 혜주의 핸드폰에 전화 온다(진동). 윤서다.

혜주　어, 잠깐만. (서재로 가며 받는) 어, 윤서야. (서재 문 닫고 들어간다)
수빈　(밥 먹다가 '윤서' 소리 듣고 쳐다보는데 여진과 눈 마주친다) 윤서가 누구예
　　　요?
여진　(냉랭) …지훈이 동생.
수빈　…아, 네. (다시 밥 먹는데 뭔가 좀 쓸쓸한 얼굴)

20..... 동_ 서재 [밤]

윤서와 통화하는 혜주. 윤서에게서 뉴스 소식 듣고 놀랐지만 윤서 달래는 중.

혜주   (통화) 그래… 그게 왜 오빠 주머니에서 나왔는진 모르겠지만… 오빠 꺼가 아닐 거야… 응… 그래… 아빠두 아무 일 없으니까… 넌 그냥 수업 잘 듣고… 학원 끝남 바로 와… 응… 응… 끊어~ (끊는다)

혜주, 전화 끊자마자 얼굴 굳어 얼른 핸드폰 인터넷 연다. 검색창 열면 중도 이름 검색할 필요도 없이 첫 화면의 메인 뉴스 중에 보이는 기사 제목:
남중도, 아들 필로폰·딸 실종수사 특혜 논란에 비난 봇물… 사퇴 여론

혜주   (심란하다) …….

21...... [몽타주] 외부 일정 소화하는 중도 [밤]

21-1.....중도 지역사무소. 오후 7시경.

'성한2구역 공공재개발 주민 간담회' 현수막 걸려 있고.
중도와 우재, 운규, 성훈, 연우와 40~60대 남녀 주민 10명가량 참석한 간담회 중.
주민들의 발언을 집중해 경청하는 중도. 그런 중도를 보는 우재.

21-2.....설렁탕 식당. 밤 8시경.

간담회 주민들과 간단히 식사하며 반주하는 중도.
주민1이 소주 따라주면서 "아드님 때문에 많이 상심하셨죠. 힘내세요." 정도 말 건네면 옆에서 눈치 주고, "…감사합니다." 하고 술 마시는 중도.

다른 주민들, 마음 놓으며 중도에 한 잔씩 계속 따라주고. 중도, 다 받아 마시는.

테이블 제일 구석의 우재(술 안 마심), 중도를 좀 걱정스럽게 보고 있는.

21-3.....중식당 입구. 밤 10시경.

아주 고급은 아닌 동네 중식당.

예약자 명단 적은 화이트보드, '1번 룸: 19시 지청고등학교 41기' 있고.

21-4.....중식당_ 룸 안.

고교 동창 7~8인(남자/중도 동갑). 거의 다 먹은 요리 접시들, 병맥주 몇 병.

그때 중도, 늦어서 미안한 제스처 취하며 들어오면 크게 반기는 고교 동창들(2, 3명만 회사원 느낌, 나머지는 자영업자 느낌. 양복 아님).

고교 동창들, 중도가 마다하는데도 옮겨 앉으며 가운데 자리에 중도를 앉히는.

짧은 jump

고량주 여러 병 있고. 추가로 시킨 요리 접시들.

동창들, 중도 어깨 두드리며 위로하고 중도에 술 따르고. 중도, "와줘서 고마웠어." 등등. 중도, 술 따라주는 대로 다 마신다. 중도 술잔 비면 바로 채워주는 동창들.

초반에 중도 눈치 살피던 동창들, 곧 불콰하게 술 오르며 분위기 풀어진다.

21-5.....동_ 옆 룸.

중도의 옆방. 혼자 볶음밥 정도로 식사한 우재. 핸드폰으로 중도 뉴스 본다. SBC 9시 뉴스 영상의 텍스트 기사인데, "신양경찰서 관계자에 따르면 국과수 부검결과 약물 성분 미검출"이라는 내용이 있지만 댓글은 그냥 다 지훈을 약쟁이라고 욕하는 악플이다. 우재, 짜증나는 데… 옆방에서 크게 웃음소리 들리자 잠깐 쳐다본다.

21-6.....동_ 주차장.

중도, 고교 동창들 배웅 중이다.
동창들, 대리기사(국산 중형차들)가 왔거나 택시 불렀다.
취한 동창들 사이에서 중도만 적당히 마신 것처럼 보인다.
우재, 두섭이 중도를 도와 고교 동창들 택시 태우고, 대리기사 정리해 주고.
동창들 모두 떠나면 그때까지 멀쩡해 보이던 중도, 갑자기 비틀.
우재, 중도 얼른 잡고 보면. 중도, 술이 확 올랐다. 과음이다. 우재, 한숨.

22 ..... 혜주 집_ 1층 거실 (밤)

밤 12시경. 수빈, 혜주, 여진. TV에 예능프로 틀어져 있고.
수빈, TV 보고 있다. 가끔씩 작게 푸훗 웃고. 그런 수빈을 어이없이 보는 여진.
여진, 손에 쥔 핸드폰으로 시선 떨구면, 중도의 논란 기사들이다.
여진, 기사에 달린 악플들 보고. 한숨.
혜주, 머리가 너무 복잡하다. 수빈을 그저 가만히 바라만 보고 있는 데….
바깥 대문 초인종 소리! 혜주, 현관 쪽을 쳐다본다.

23 ..... 동_ 대문 앞 (밤)

대문 앞에 카니발 서 있고. 중도는 뒷좌석에 타 있다. (차문 닫혀 있음)
두섭, 운전석 옆에 나와 서 있고.
우재, 초인종 누르고 기다리는 중인데 아무도 안 나온다. 담을 넘겨다

보면 집에 불 켜져 있는 것 보인다. 우재, 다시 띵동 누르며 "사모님-"
부르는데 혜주 나온다.

두섭 (꾸벅) 어이쿠, 안녕하세요, 사모님.

혜주 …안녕하세요.

우재 안녕하세요. 의원님이 오늘 좀… 과음을 하셨습니다. …죄송합니다.
(변명하듯) …잘 안 그러시는데.

혜주 …….

우재 …제가 안까지 모셔다드리겠습니다. (카니발 뒷좌석 문 열리는데)

혜주 …우재씨.

우재 네?

24...... 동_ 대문 앞. 주차한 중도 차 안 [밤]

중도와 혜주만 있다. 중도와 나란히 앉은 혜주. 수빈 이야기를 한 직
후다.
중도, 술이 다 깼다. 중도, 길게 한숨 내쉬고 다른 손으로 얼굴 덮는다.
(혹은 넥타이 맨 곳을 느슨하게 잡아당기든지 등… 답답한)

중도 (잠시 생각하다가) …그래서, 원하는 게 뭐래.

혜주 …좀 재워달래. 갈 데가 없다고.

중도 …애기는. 애기는 어쩌겠다는 건데.

혜주 …모르겠대.

중도 몰라?

혜주 …어. 아직 좀 혼란스러운가봐. 어리기도 하고… 준비 없이 애길 가졌
고… 지훈이도… (겨우 말 잇는) 없잖아.

중도 …….

혜주 …근데 여보. …애기는… 저 애가 어떻게 결정하든… 거기에 대해서

우리가… 어떻게 하라고 강요할 순 없어. …알지?

중도   (깊은 한숨, 그러나 본인 생각도 같다) …어. 알아. 아는데…. (말 삼키는)

잠시 침묵 흐른다.

중도   아무리 그래도, 어떡할지 생각도 안 하고 무작정 와서 재워달란 거야?

혜주   …말했잖아. 지금 돈도 없고 갈 데도 없어서 며칠만 재워주면 앞으로
어떡할지 생각해보겠대.

중도   …….

혜주   …그럼 일단은 우리 집에 있으라고//

중도   (O.L.) 아니. 다른 데 보내. 어디 좀 알아봐줘.

혜주   다른 데? 왜?

중도   …싫어.

혜주   (내가 잘못 들었나) …싫어?

중도   어, 싫다고. 우리 집에 두는 거 싫어.

혜주   !! 여보. 다른 사람도 아니고 우리 지훈이 애기 갖고 갈 데 없어서 찾
아온 애야! 그런 애를 지금, 당신이 싫다고 재워주지도 말라는 거야?

중도   왜 이렇게 저 앨 재워주고 싶어 해??

혜주   …나 같아서. 나 같아서 그래…!

중도   …!

혜주   부모도 없고, 돈도 없고, 갈 데도 없는 게,

인서트 서울 버스터미널_ 하차장 (낮. 19년 전. 2월 말)

영산에서 온 고속버스에서 내리는 혜주. 짐 가방 하나 들었고, 낡은
코트.

버스에선 내렸는데 어디로 가야 할지 모르겠다. 우두커니 서 있는데.

버스에서 내린 사람들은 마중 나온 가족들과 반갑게 인사하거나, 혼

자라도 바로 제 갈 길 가는데. 혼자 서 있는 혜주. 사람들 오고 가며 흩어지는 가운데 혼자 서 있는 혜주.

혜주(E) 꼭 옛날에 서울 첨 왔을 때 나 같아서 그래!

현재

중도   ······.

혜주   천지사방에 나 혼자고 기댈 데가 아무도 없는 그 심정 내가 아는데, 멀쩡한 내 집 놔두고 어떻게 다른 데 가라 그래!

중도   ······.

혜주   그리고 나도 윤서 가졌을 때 딱 저 정도 나이였어. 그래도 나는 그때 당신이 있었지만 쟤는 지금··· 아무도 없잖아···. (지훈을 생각하니 울컥, 감정 누르는)

침묵. 혜주, 중도가 누그러졌다고 생각하고 조금 안도하는데,

중도   ···당신은, 믿어? ···애 아빠가 지훈이라는 거?

혜주   ! 여보!

중도   왜? 어떻게 믿어? 증거가 있어? 없지? 근데 그걸 어떻게 믿냐고!

정적.

혜주   (중도 똑바로 보면서) 당신은.

중도   (혜주 본다)

혜주   ···윤서가 당신 딸이라는 건 어떻게 믿어?

중도   !!

25..... 동_1층 거실 (밤)

여진, 수빈 있는데 현관문 쾅!! 열리는 소리 나고.
여진, 반사적으로 일어나는데. 중도 들어온다.
중도, 막상 수빈을 마주하자 말이 안 나오는데….

수빈 (일어선다, 차분하게) 안녕하세요. 처음 뵙겠습니다. (하는데)

혜주 여보! (뛰어 들어온다)

혜주, 거실로 뛰어 들어오면, 팽팽한 시선으로 서로를 마주 보고 있는
중도와 수빈 보인다. 수빈 뒤로, 여진 있고.
우뚝 멈춰 선 혜주 뒤로 급히 들어오는 우재, 거실 풍경을 마주하고
현관에 그대로 멈춰 선다. 모두가 그대로 정지된 채 서 있는 데서….

짧은 jump

혜주, 중도, 수빈, 여진, 우재.
중도, 감정을 좀 가라앉혔다. 냉정함을 찾은.

중도 정말 애기 아빠가 지훈이예요?

혜주 여보. (그러지 말라고 중도 팔 잡는데)

중도 (혜주 본다, 눈 마주치자 손 부드럽게 떼고, 수빈에게) 거짓말하면 안 돼요.
정말, 맞아요?

수빈 (중도 눈빛 피하지 않고) 네.

혜주 여보, 그만해. 당신 취했어//(중도 일으키려는데)

수빈 언제 어디서 어떻게 했다, 잘했나 못했나 그런 것도 말씀드릴까요?

혜주 !!

중도 !!

여진/우재 !!

수빈	믿기 싫으신가 보네요. 네, 알겠습니다. 그럼, (혜주와 중도를 똑바로 보며) 지울게요.
혜주/중도	!!
수빈	요새는 불법 아니라던데요. 아아, 아니면 뉴스에 나가도 괜찮겠다. 국회의원 아들 애를 가졌는데 문전박대 당하고 쫓겨났단 얘기, 재밌겠죠.
일동	!!
윤서(E)	야!!

모두 쳐다보면, 언제부터 거기 있었는지 윤서가 실내계단 중간에 있다가 거실로 내려온다. (학원 다녀온/가방, 교복/*지훈 사망 이후로 벽돌색 바람막이는 입지 않음)

윤서	너 말조심해!
혜주	윤서야!
윤서	(폭주) 우리 아빠, 너 같은 애가 함부로 막 말해도 되는 사람 아니야! 그리고 그건 남지훈도 마찬가지고! 남지훈이 아무리 쓰레기같이 살았어도//(너한테 그런 취급당할 이유는 없어!)
수빈	(O.L.) 쓰레기?
혜주	!
수빈	나는 남지훈 쓰레기라고 생각한 적 없는데. 그래서 내가 지금 이 꼴 난 거지만.
중도	!!
혜주	!!
윤서	'이 꼴'? 그래! 그따위로 사니까 니가 지금 이런 꼴이 됐지!
수빈	(동요하지 않는다)
혜주	윤서야, 그만해!
수빈	(차분하게) 그래. 그래서 남지훈도 그런 꼴이 된 거고.

혜주   !!

윤서   (경악한다) 뭐? 야! 너 지금 말 다 했어?? (수빈 때리려는 듯 손 치켜들며 달
        려들려는데)

혜주   (윤서 잡으며) 윤서야! 왜 이래!!

윤서   왜! 엄마 이거 놔!!! (혜주 뿌리치려 몸부림치며 수빈 향해 소리 지르는) 야,
        이 미친년아!!!

중도   남윤서. 그만해.

윤서   (안 들린다, 계속 퍼붓는) 너 말이면 다야? 남지훈 마약도 너 때문이지?
        그거 니 꺼지?!!

수빈   (금시초문) 마약?

혜주   윤서야!!

윤서   그래! 마약! 남지훈 옷에서 필로폰 나왔다는데! 그거 니 꺼 아니야??

수빈   (충격) 아니야! 나 진짜 아니야! 난 모르는 얘기야!

윤서   모르긴 뭘 몰라!!

중도   (O.L.) 남윤서!! 그만하라니까!!

윤서   !! (순간 멈추고 중도 본다)

        정적.

중도   …그만하라고 했다.

윤서   (울컥, 목소리 떨리기 시작하는) …아빠.

중도   (윤서 보지 않는다, 수빈에게) 학생도 말 좀 가려서 해.

수빈   …….

윤서   (울기 직전) 아빠… 쟤 그냥 미친년이야…. 그러니까 그냥 빨리 쫓아내,
        응? (하는데)

중도   (윤서 보지 않는) …….

혜주   (윤서를 계단 쪽으로 돌려세우고 등 밀어 올려 보내려 하는) 남윤서 그만하고

	올라가. 니 방에 가 있어! (여진에게) 언니, 애 좀.
여진	어어. (얼른 와 윤서 잡고) 윤서야, 나랑 올라가자.
윤서	(뿌리치려 하며) 싫어! 안 올라가!!
혜주	(엄하게) 너 좀 조용히 못 해? 누가 어른들 얘기하는 데//(와서)
윤서	(울며 소리친다) 왜! 왜 나는 빠지라 그래!! 나도 이 집 식구고 남지훈 동생이야!!
혜주	남윤서!!//
윤서	(울부짖는) 나 솔직히! 남지훈 죽어버렸음 좋겠다고 생각한 적 있는데!
혜주	!!
윤서	맨날 뉴스 타서 아빠 방해나 하고! 엄마 속상하게나 하고! 그래서 그 냥 남지훈이 없어졌음 좋겠다고 생각한 적 많은데!!
혜주	(눈물 차오른다. 아무 말도 못 하는)
윤서	근데!! (운다) 정말로… 죽을 줄은 몰랐어….
혜주	(눈물 흐르기 시작한다) …….

정적 흐르는데.

수빈	니 입으로 남지훈 쓰레기였다면서.
혜주	!
윤서	!! (수빈 노려보다가) 그래. 그럼 넌 쓰레기 애를 임신한 거네. 축하해!
수빈	(순간 얼굴빛 확 변해서) 야!!
혜주	(동시에) 윤서야!!
중도	(동시에, 엄하게 소리치는) 남윤서! 그만하라니까!!
윤서	(중도의 고함에 놀란) !! (원망 가득) 왜!! 왜 나만 갖고 그래!!

윤서, 부들부들 떨더니 계단 뛰어 올라간다.
이내 방문 쾅!! 닫히는 소리 난다.

무거운 침묵 흐르고. 혜주, 숨이 막히는데….

우재　(수빈에게) 그만해라.

수빈　(우재 보면)

우재　니 말이 뭐가 사실이든 아니든 간에, 여기, 지훈이 집이고 가족들이야. 너 지금 임신했다고 돈 뜯으러 왔니?

수빈　(순간 얼굴 확 굳어서 뭐라고 하려는데)

우재　(바로) 아니잖아. 근데 지금 너처럼 필터 안 거르고 그냥 말 다 쏟아내면 너 바로 그런 애 되는 거야.

수빈　(우재를 똑바로 쳐다보지만 이미 졌다) …….

우재　근데 넌 그런 애 아니잖아. 넌 지훈이와 사귀다가 임신을 했고, 근데 지훈이가 불행한 사고를 당했고, 그래서 지훈이 본가에 찾아온 것뿐이야. 다른 의도는 전혀 없이. …그치?

수빈과 우재, 오고 가는 팽팽한 시선. 수빈을 보는 혜주와 중도, 여진.

26..... 동_ 실내계단 → 2층 복도 (밤)

계단을 올라가는 혜주. 뒤따라 올라가는 수빈.

혜주　(계단 올라가며) 일단은… 지훈이 방에서 자요. (계단 다 올라왔다. 멈춰 서서 화장실 가리킨다) 화장실은 여기고, 지훈이 방은… (말 멈춘다)

수빈, 혜주 말을 듣고는 있는 건지 이미 지훈이 방 쪽으로 한 걸음 떼다가 혜주 보고 멈춰 선다.
수빈과 눈 마주치는 혜주. 아주 잠시 정적.
혜주, 순간 드는 이상한 기분은 누르고. 지훈이 방 쪽으로 앞서 가서 방문 연다.

혜주   (방문 열며) 여기예요. …지훈이 방.

27 ..... 동_ 지훈의 방 [밤]

혜주가 준 갈아입을 옷, 새 칫솔, 수건, 샘플 화장품(로션, 토너) 있다.
혜주, 들고 온 물컵 내려놓는다.

혜주   …그럼… 쉬어요.

수빈   …네.

혜주   (나가려다가 잠시 주저, 수빈 돌아본다) …저기… 아까 못 물어본 게 있어
       서….

수빈   …네.

혜주   (주저하며 묻는) 혹시 우리 지훈이가… 혹시… 수빈씨가 원치 않는데…
       혹시… 그런 건지…. (수빈의 답을 기다리는데 속이 바짝 탄다)

수빈   (빤히 혜주 보다가) …강제로 했냐구요?

혜주   (뭐라 말을 못 하는데)

수빈   …아니에요, 그런 건.

혜주   (!! 순간 안도하는데)

수빈   …지훈이가 그래도 그 정돈 아니었어요. 그랬으면 제가 경찰서를 갔
       겠죠.

혜주   (눈동자 흔들린다) …네. 그럼… 쉬어요. (나간다)

28 ..... 동_ 지훈의 방문 앞 [밤]

나온 혜주. 문 닫고, 우두커니 서 있다.

29 ..... 동_ 지훈의 방 [밤]

수빈   …….

수빈, 방 둘러본다. 만화책과 1, 2년 전 게임잡지 같은 것 좀 꽂혀 있고. 교과서는 하나도 없는데. 책꽂이 제일 위, 지훈의 태양유치원 졸업 사진 액자가 있다.
학사모 쓰고 활짝 웃고 있는, 귀여운 어린 지훈(6~7세)의 사진.

수빈   …….

수빈의 옆, 내려놓은 에코백 안으로… 핸드폰 보인다. (전원 꺼진)

30..... 동_ 대문 앞 (밤)

카니발(과 두섭)은 없다. 우재 배웅 나온 여진.

우재   (담배 꺼내며) 들어가세요. 이것 좀 피우고 갈게요. (담배 무는데)
여진   저도 한 대만 주세요.
우재   (여진 쳐다보고, 담배 꺼내주며) 담배 태우셨어요?
여진   …판결 나던 날 끊었었어요.
우재   (여진 보면)
여진   (살짝 웃으며) 억울해서라도 내가 오래 살아야겠다 싶더라고요.
우재   …….

우재, 여진 담배에 불 붙여주고, 잠시 말없이 서 있는 두 사람.

여진   지훈이 일… 때 오랜만에 뵌 건데, 그땐 정신이 없어서 인사도 제대로 못 나눴네요. 잘 지내셨죠?
우재   네, 저야 뭐…. 잘 지내셨죠?
여진   네…. (잠시 말 끊겼다가) 쟤는 어떡하면 좋을까요? 애기 낳을지 말지 아직 모르겠다는데요.

우재   (술술) 지운다고 하면 그 과정에서 저희 압력이 없었다는 것만 확실히 해두면 그걸로 끝입니다. 괜히 병원 알아봐주시거나 병원비 내주시진 마세요. 저희는 일체 관여하지 않아야 합니다.

여진   …네. 근데 낳는다고 하면….

우재   그것도 의원님께 마이너스는 아닙니다. 일단 임신중지 반대론자들에게 어필하기 좋죠.

여진   (우재 쳐다보면)

우재   아시겠지만 정치란 게 언제 어느 쪽 표가 필요해질지 모르는 거니까요. 낙태죄가 헌법불합치 판결을 받았지만 반대론자들은 여전히 있고, 그쪽 표가 필요하게 되면 그렇게 써먹어야죠. 그리고 출산 후에 학업이든 뭐든 지원해주면 여성, 복지 쪽으로 어필하기도 좋겠네요. 쟤가 애기를 낳았는데 이 집에 두고 나가서 사모님이 양육을 하시면 그림은 더 좋겠구요. 감성적인 스토리텔링이 되는 거죠.

여진   (우재 가만히 보다가) …총선 준비 벌써 다 하신 것 같아요.

우재   총선이요? …네, 일단 이번 총선도, 그다음도… 계속 준비 잘해야죠.

여진   아까… 뉴스 봤어요. 지훈이 필로폰 건이랑… 수사특혜 논란이요. 보국보민당에서는 의원직 사퇴하라고 성명도 냈던데…. (걱정스런)

우재   …걱정 마십시오. 의원님이 이런 일 처음이라 그렇지, 정치인이라면 늘상 겪는 일입니다. 사퇴하란다고 사퇴하면 여의도에 국회의원 한 명도 안 남게요.

여진   …….

우재, 담배를 구두로 비벼 끄고 꽁초 줍는다.
여진은 아직 담배 들고 있는.

여진   아, 저 주세요. 들어가서 버릴게요.

우재   아닙니다. 여기 버리면 돼요. (휴대용 재떨이 꺼내 꽁초 넣는다)

여진 (좀 신기하다) 그런 것도 가지고 다니세요?

우재 (가로등 CCTV 눈짓한다)

여진 (따라서 본다, CCTV가 있었구나)

우재 (웃으며) 뭐라도 증거가 남는 순간 범법자가 되는 건데… 그런 걸로 앞
     으로 더 큰일 하실 우리 의원님 발목 잡음 안 되죠. 그럼 가보겠습니
     다. 들어가세요.

여진 네. 조심히 가세요.

     우재, 몇 걸음 가다가 여진 돌아본다.

우재 …그것만 피우시고 금연하세요. …오래 사셔야죠.

여진 …….

     우재, 간다. 여진, 멀어져가는 우재를 보고 있다가 담배 본다. (아직 길
     게 남은)

31...... 동_ 안방 (밤)

혜주, 들어가면. 옷도 갈아입지 않은 중도, 침대 모서리에 걸터앉아 두
손에 고개 묻고 있다가 인기척에 고개 든다. 하지만 아무 말도 않는.
중도, 혜주와 시선 맞추지 않는다.
혜주, 중도를 물끄러미 보다가 옆에 나란히 앉는다.

혜주 …우리… 너무 많은 일이 있다, 요즘….

중도 …….

혜주 …지훈이도 그렇고… 저 애도… 그리고… (망설이다가) 아까… 뉴스 봤
     어. 수사 특혜 받았다고 그러던데….

중도 당신은 신경 쓸 거 없어.

혜주   (보면)

중도   (정말 괜찮아 보인다) 그 일은 금방 정리될 거고 걱정할 거 없어. 별일 아
        니야.

혜주   …….

중도   …당신은 내일 재 데리고 병원 가서… 마약검사 좀 받게 해.

혜주   (생각지도 못한 말이다) …마약검사…?

중도   교원 자격증 딸 때 마약검사가 필수라 검사해주는 병원 많아. 당일에
        결과 나오는 데로 미리 전화해보고 가.

혜주   여보… 꼭 그렇게까지 해야겠어? 아까 윤서가 마약 얘기했을 때 재
        놀라는 거 봤잖아. 재는 아니야.

중도   이성적으로 생각해. 재가 멀쩡한 애라고 믿고 싶겠지만 그건 지금 우
        리 상황이 하도… 하도 개 같으니까 더 최악인 상황을 상상하고 싶지
        않아서라고.

혜주   …….

중도   상황을 냉정하게 봐. 재는 오늘 처음 보는, 생판 남이야. 그리고 당신
        은 지금, 생판 남을 이 집에서 재워주겠다는 거고.

혜주   당신하고 나도 처음엔 생판 남이었어. 사람은 누구나 다 처음엔 남이
        야!//

중도   (O.L., 벌컥) 쟨 그냥 남이 아니잖아! 쟨 지훈이랑 어울리던 애라고!!

혜주   !

중도   잊었어? 우리 지훈이가 어떤 애였는지? 갠, 하다하다 마약까지 샀던
        애라고! 다행히 투약은 안 했다지만 솔직히, 사고 안 났으면… 걔가
        그 약을, 안 했겠어?

혜주   (맞는 말이라 할 말이 없다)

중도   그리고, 지훈이 마약이 재한테서 난 게 아니라고 해도, 재가 마약하는
        애가 아니라는 걸 어떻게 믿어?

혜주   재 지금 임신했잖아!

중도   (냉정) 교도소 한번 가봐. 임신한 마약사범 많아.

정적. 참담한 혜주. 그런 혜주를 보는 중도.

중도   (혜주 얼굴에 마음 아프지만 냉정하게) 우리 아들은… 그런… 애였어. 주머니에서 필로폰이 나온… 최소한… 그런 애들이랑 놀던… 그런 애라고. 그게 팩트야.

혜주   …….

중도   인정할 건 인정하자. 당신은 우리 지훈이… 그렇게까지 생각 안 했겠지만.

다시 침묵 흐른다.

중도   (일어난다) …먼저 자. (욕실로 들어간다. 문 닫힌다)

혜주   …….

플래시백 신27. 동_ 지훈의 방 (밤)

혜주   (주저하며 묻는) 혹시 우리 지훈이가… 혹시… 수빈씨가 원치 않는데… 혹시… 그런 건지….

숨도 못 쉬고 수빈의 대답을 기다리던 혜주의 얼굴.

수빈   아니에요, 그런 건. …지훈이가 그래도 그 정돈 아니었어요.

혜주   !! (순간 안도하던)

중도(E)   당신은 우리 지훈이… 그렇게까지 생각 안 했겠지만.

현재

혜주, 너무 괴롭다. 사실은 자신도 지훈을 '그런' 애라고 생각했던….

32..... 동_ 안방 욕실 (밤)

들어온 중도. 세면대 거울 속 자신을 바라본다. 괴로운 한숨 내쉰다.

33..... 동_ 안방 문 앞 (밤)

문 앞에서 혜주와 중도의 대화를 듣고 가는 누군가의 발(수빈).
지훈의 방문 살짝 열렸다 닫히는 불빛이 어두운 복도에 잠시 스친다.

34..... 동_ 안방 (밤)

나란히 누운 혜주와 중도. 둘 다 잠들지 않았고 서로 그걸 알지만, 말
걸지 않는다.

혜주   …….

인서트 동_ 대문 앞. 주차한 중도 차 안 (밤. 신24 보충)

혜주   당신은, 윤서가 당신 딸이라는 건 어떻게 믿어?
중도   (순간 !!)
혜주   그건 왜 믿는데? 무슨 근거로 윤서가 당신 딸이라고 믿는 건데?
중도   …너니까.
혜주   !
중도   근거, 그런 거 필요 없어. 너니까 믿는 거야.
혜주   …!
중도   그런데 나는. …세상에서 혜주 너 말곤 아무도 안 믿어.
혜주   (눈동자 흔들리는데) …….
중도   (혜주와 시선 마주하다가)

중도, 카니발 문 확 열고 내린다.
혜주, 황급히 "여보!" 하면서 따라 나가는….

현재

혜주   …….

35..... [몽타주] 모두 잠 못 이루는 밤 (밤)

35-1.....동 장소.

혜주, 중도에게서 등 돌리고 돌아눕는다. 잠이 오지 않지만 억지로 눈
감는.

옆의 중도, 자는 듯 눈 감고 있었지만 잠들지 않은.

혜주가 돌아눕는 기척에 중도, 눈 뜬다. 마음이 복잡하다. 바깥쪽으로
돌아눕는다.

35-2.....동_ 지훈의 방.

자려고 누운 수빈, 가만히 천장 보고 있다가 시선 조금 옮기면, 책꽂
이 위에 있는 지훈의 유치원 졸업사진 액자. 달빛에 사진이 보인다.

수빈, 가만히 배에 손 가져가 보는….

35-3.....동_ 윤서 방.

침대의 윤서, 이불 뒤집어쓰고 있는데. 훌쩍훌쩍 우는 소리 작게 들린다.

35-4.....동_ 1층 부엌.

여진, 컴컴한 부엌 쓰레기통에 담배꽁초 버리려다가 멈추고.

물끄러미 손에 쥔 꽁초 보고 있는 얼굴. (신30에서 더 이상 피우지 않은 길
이다)

35-5.....달리는 택시 안.

심야할증택시 타고 귀가하는 우재. 생각이 많다.

36..... 혜주 집_ 안방 (새벽)

희미한 스탠드 불빛. 탁상시계 6:20. 중도, 조용히 옷 입고 있다. 넥타이와 재킷 들고 나가는 중도. 나가기 전, 등 돌리고 자는 혜주 뒷모습 잠시 물끄러미 보다가 스탠드 불 끄고 나간다. 방문 조용히 닫히면, 눈 뜨는 혜주. 자고 있지 않던.

혜주   …….

37..... 동_ 1층 현관 앞 (새벽)

출근하러 나오는 중도. 1층 깜깜하고. 현관으로 다가가자 센서등 켜지는데, 현관 발치에 녹즙이 담긴 마이보틀(중도 후원회에서 만든 굿즈) 있다. 혜주가 두고 간 지 좀 되어서 진한 침전물이 가라앉아 있는.

중도   …….

38..... 동_ 대문 (새벽)

중도, 대문 열고 나간다. 마이보틀 들고 있다. 대문 바로 앞에 카니발서 있다. 중도가 나오자 자동으로 뒷좌석 열린다.
중도, "안녕하세요." 하고 두섭에 인사하면서 차 타려는 순간, 갑자기 마이크 든 여자(정경은 기자)와 카메라맨(남, 35), 옆에서 불쑥 튀어나온다.

정경은기자 남중도 의원님! SBC 정경은 기잡니다!
중도   !

39..... 동_ 안방 (새벽)

혜주, 잠 오지 않는다. 뒤척이다 일어나 스탠드 켠다. 욕실로 들어가려는데. 스탠드 밑, 의원배지 본다. 중도가 두고 간.

40..... 동_ 대문 앞 (새벽)

정경은기자 신양경찰서 실종수사 특혜 논란! 어떻게 생각하십니까!

중도 !

두섭 (운전석에서 내려 달려오는) 기자님! 인터뷰는 정식으로 약속 잡고 오세요!

정경은기자 아드님이 필로폰을 소지하고 있었다는 건 언제 아셨습니까?

중도 …….

정경은기자 알고 계셨다면 은폐하신 거 아닙니까? 그렇다면 실종수사 특혜 논란과 무관해 보이지 않는데요, 의원님!

중도 (뭐라 답하려는데) 그건//

(E) (대문 쾅! 열리고)

혜주 (O.L.) 아니에요!

중도 !!

바들바들 떨고 있는 혜주. 카메라맨, 혜주 찍기 시작하고.

중도 여보!

정경은기자 (동시에 혜주에게 날카롭게) 부인이신가요? 뭐가 아니라는 거죠? 지금 남지훈씨의 필로폰 소지 사실을 부인하시는 겁니까? 아니면 실종수사 특혜 사실을 부인하시는 건가요!

중도 (기자에게) 질문은 저한테만 하세요! 여보, 대답하지 마!

두섭 (카메라맨 막아서며) 찍지 마세요!! 사모님, 들어가세요!!

혜주 (울며 소리 지르는) 형사님들 동원해달라고는 제가 부탁한 거예요! 남편은 반대했는데, 제가 부탁한 거라고요!!

중도   여보!!

혜주   그런데, 우리 아들이 죽었어요! 남들이 뭐라건 우리한테는 소중한 아들이었다구요!! 근데 지금 대체 무슨 소리가 듣고 싶어서 이러시는 거예요, 네? 네?!

계속 혜주에게 필로폰 소지 사실 자체를 부인하는 거냐, 남중도 의원이 수사 특혜를 반대했다면 어떻게 설득해 입장을 바꾼 거냐 등등 집요하게 캐묻는 정경은 기자, 혜주를 찍는 카메라맨, 카메라맨을 저지하며 몸싸움하는 두섭, 혜주를 막아서며 기자에게 가라고 하는 중도, 넋이 나간 혜주… 아수라장인데.

중도   (혜주에게) 여보 들어가! 윤서 깨겠어!

혜주   ('윤서' 소리에) …….

중도   얼른!

결국 혜주, 대문 안으로 밀려 들어가고.
쾅!! 대문 닫힌다. 중도와 두섭, 정경은 기자와 카메라맨만 남는다.

41...... 동_ 1층 현관 안 (새벽)

들어온 혜주, 현관문 쾅! 닫히면 집 안 적막하다.
혜주, 미칠 것 같아 진정이 되지 않는.

42...... 동_ 대문 앞 (새벽)

떠나는 카니발을 찍고 있는 카메라맨과 정경은 기자.
바닥에 나뒹구는 마이보틀, 깨져서 녹즙 다 새버린.

43..... 달리는 중도의 차 안 (새벽)

도망치듯 속도 내서 달리는 차.

뒷좌석 중도, 참담하다.

44..... 혜주 집_ 안방 (새벽)

혜주, 지치고 텅 빈 얼굴. 손에 꽉 쥐고 있던 의원배지를 바라보는….

45..... 동_ 지훈의 방 (새벽)

창문 틈으로 밖을 내다보고 있던 수빈. 창문 닫는다.

46..... 기름집_ 안 (아침)

귀순, 기운 없지만 청소 중. 구석의 낡은 TV 작은 볼륨으로 틀어져 있고, 구석에 '들(생)'이라고 크게 써서 기름 짠 날짜와 함께 라벨지로 붙여 놓은 기름병 2개 있다. 귀순, 기름병을 본다.

인서트 신양장례식장_ 남궁솔 빈소 안 (낮. 1회 신27의 귀순 시점)

아무도 없는 빈소. 귀순, 영정사진만 보며 넋 놓고 앉아 있다.

눈물도 마른.

그때 빈소에 들어서는 인기척. 보면, 혜주다.

귀순, 힘겹게 일어난다.

귀순   (누군지 모르겠다) 누구… (하다가 알아챈다) 아, 어제 기름….

현재

귀순   (눈물 글썽, 혼잣말) 언제 오려나… 이름도 모르구… 전화번호도 모르구….

그때, 작게 틀어놓았던 TV에서 앵커의 목소리 중 '남중도 의원²'이라는 단어가 귀에 콕 박힌다. 귀순, TV 쳐다보면, SBC 뉴스. 뉴스 화면은 혜주의 집 앞.

정경은기자 저희 SBC가 단독 보도해드렸던 대한당 남중도 의원의 자녀 관련한 두 가지 의혹에 대해 저희 SBC는 당사자의 해명을 듣고자 자택으로 찾아갔습니다. 그러나 남 의원과 부인 김 모씨는 이에 거칠게 항의하기에 바빴습니다.

화면, 카메라맨이 이리저리 밀리며 찍어 마구 흔들리는 영상 속, (신40에서) 정경은 기자에게 악쓰는 혜주가 모자이크 처리 안 된 상태로 보인다.

현재

귀순 (중도를 먼저 보고) 아이고, 의원님! (바로 혜주 알아보고 놀라) …아이고 세상에! 저 댁 사모님이셨어…!!

47 ..... 혜주 집_ 부엌 (아침)

아침 먹으러 내려온 수빈. 1인분만 차려져 있다. 그때 여진, 복도 끝방에서 나온다.

여진 아침 먹어. 윤서 엄만 좀 누워 있는대. 두통이라니까 시끄럽게 하지 말고.

수빈 …네.

---

2   "실종수사 특혜 논란의 중심에 선 대한당 남중도 의원의 장남이 사망 당시 필로폰을 소지하고 있었던 것으로 확인되었습니다."

여진 나는 그럼 출근한다. 먹고 설거진 해놔. (바로 나간다)

수빈 (2층 쳐다보는) …….

48..... 동_ 안방 (아침)

누워 있는 혜주. 마음이 힘들다. 돌아눕는.

49..... 중도 지역사무소_ 건물 근처 사거리 (낮)

기름병 봉지 들고 중도의 지역사무소로 걸어가는 귀순. 다리 아파 잠시 멈춰 서서 고개 들면, 중도의 지역사무소 간판이 보인다. 귀순, 천천히 걸어가는데… 사거리 인도에서 뉴스 기자가 카메라맨과 리포트 녹화 중인 모습 보인다.

귀순, 별 신경 안 쓰고 옆을 지나가는데… 정경은 기자다. 카메라맨, 중도 지역사무소 창문의 '국회의원 남중도 사무소' 배경으로 정경은 기자의 리포팅을 찍고 있는.

정경은기자 (멘트 중) 남중도 의원 자녀의 실종수사 특혜는 비슷한 시기 목숨을 잃은 평범한 우리 이웃 젊은이의 죽음과도 비교되고 있습니다. 얼마 전 남중도 의원의 지역구인 서울 신양구에서는 헤어진 남자친구의 동영상 유포 협박에 한 20대 여성이 극단적인 선택을 했는데요.

귀순 ('남중도' 소리를 듣고 쳐다본다)

정경은기자 음주 혹은 약물중독 사고로 추정되는 남중도 의원의 아들 사망 관련해서는 하루 동안 256건의 뉴스가 보도된 반면, 이 20대 여성의 자살 사건에 대해 다룬 뉴스는 단 3건에 불과했습니다. 256건 대 3건. 이는 죽음조차도 금수저와 흙수저로 나뉘는 우리 시대의 씁쓸한 세태를 반영…

귀순 다 헛소리!!

정경은 기자, 놀라서 리포팅 멈추고 보면, 성난 귀순 달려든다.
행인들 몇 명, 멈춰 서서 무슨 일인가 본다.

정경은기자 할머니, 왜 그러세요.

귀순 (대노해서) 누구 맘대로 떠드는 거예요! 누구 맘대로!!

정경은기자 네? 할머니 누구신데 왜//

귀순 내가 그 죽은 애 할머니요!!

행인들 (모여들기 시작, 웅성웅성)

정경은기자 (당황) 네?

귀순 내가 그, 지 목숨 끊고 가버린 그 애 할머니란 말이요!!

정경은기자 (당황했지만 침착하게) 아, 할머님. 많이 힘드셨겠습니다. 혹시 저랑 잠깐 인터뷰 좀 해주시죠. 저희는, 국회의원 아들의 사고사는 단지 아버지가 유력 정치인이라는 이유만으로 연일 언론을 도배하면서 할머님 손녀분같이 평범한 우리 이웃의 비극은//

귀순 의원님 욕하지 마요!! 우리 손녀 빈소에 다녀가신 분이요, 여기 의원님이!!

행인들 (웅성웅성)

정경은기자 남중도 의원이 조문을 했다고요? 본인 딸의 실종수사 특혜 논란을 덮으려고 발 빠르게 움직인 거네요.

귀순 (역정 내는) 덮긴 뭘 덮어! 여기 의원님이 우리 손녀 빈소에 온 건, 아들 죽었다고 뉴스에 나오기 전이에요!

정경은기자 (좀 당황) 그 전이요? 확실하세요?

귀순 내가 늙었어도 그런 것까지 기억 못 할까봐?! 빈소 차린 첫날 다녀가셨다니까요! 그리고 사모님도 다녀가셨고!

정경은기자 사모님…도요? (골치 아프다, 말문이 막히는데)

귀순 (삿대질하며) 세상에 누가 새끼 잃은 부몰 두고 할 소리 못할 소리를 다 해요? 그게 지금 사람이에요??

귀순, 중도가 우리 손녀 조문을 진즉 다녀갔다고 고래고래 소리치고. 에워싼 사람들, 수군수군. 그중 핸드폰으로 동영상 찍는 젊은이들도 두셋 있다.

50..... 중도 의원실_ 의원실 [낮]

혼자 있는 중도, 우재와 핸드폰 통화 마치는 중이다.

중도   (목소리 가라앉은) …어. 알았어. 어. (끊는다)

중도, 전화 끊고 핸드폰 액정 보면, 우재가 카톡으로 보낸 온라인 커뮤니티 페이지 링크 뜬다.
중도, 링크 누르면. 조금 전 게시되어 댓글 몇십 개 달린 커뮤니티 게시글. (아직 엄청난 조회수나 주목도는 아닌) 게시글 안에 유튜브 영상 하나. 중도, 눌러보면.

유튜브 영상

조금 전, 중도 지역사무소 앞 사거리. 정경은 기자에게 소리치던 귀순을, 구경꾼이 핸드폰으로 찍은 영상[3]이다. 귀순, 기자에게 울며 소리치다가 결국 주저앉아 목 놓아 우는….

귀순   우리 손녀 빈소에, 아무도 안 오는데, 의원님하고 사모님이 와줘서 정말 든든하고 안 외로웠어요! 나 칠십 평생 이런 국회의원은 처음 봤어요. 처음! 우리 손녀 죽인 놈은 의사 될 놈이라고 잡아가지도 않았는데… 우리 의원님은…. (오열) [영상 끝]

---

3   인스타그램 라이브방송을 팔로워가 그대로 다운받은 화면이라 화면 하단에 팔로워들의 실시간 댓글 올라가는 것까지 캡처되어 있음. 댓글들이 아주 많지는 않지만 댓글로 갑론을박하는.

중도, 잠시 생각에 잠기는데 노크 소리. "네." 하면 강호가 들어온다.

강호　　의원님, 배지 구입해왔습니다. (의원배지를 테이블에 놓고 나간다)
중도　　…고마워요.

중도, 반짝이는 배지를 물끄러미 바라보다가 핸드폰 집어 들고 우재에게 전화 건다.

중도　　(통화) …어, 장보. 난데.

51......　헤주 집_ 지훈의 방 (낮)

수빈, 이 방에 콘센트가 어디 있나 찾고 있다. 책상 옆과 문가에 있는 콘센트는 뭔가 맘에 안 들고. 문득 엎드려 침대 밑을 들여다보는데… 침대 옆 벽 아래에 콘센트가 보인다! 수빈, 이거면 됐다 싶고. 에코백에서 전원 꺼진 핸드폰과 충전선을 꺼내 침대 옆으로 손을 넣어 콘센트에 꽂는다. (전선줄과 핸드폰만 침대 위로 보이는)

52.....　동_ 2층 화장실 (낮)

헤주, 청소하고 있다. 몸 움직여 다 잊고 싶은. 빡빡 닦고 있는데 인기척. 보면, 수빈이 왔다.

헤주　　…어, 화장실 쓸래? (나오려는데)
수빈　　아니요. 그냥… 뭐 하시나 해서요.
헤주　　…….
수빈　　도와드릴까요?
헤주　　…아니야. 괜찮아.

171

혜주, 수빈이 더 말 붙일 새도 없이 돌아서서 다시 청소 시작한다.

수빈, 혜주의 등을 잠시 보다가 방으로 들어가는.

수빈이 떠나면 혜주, 청소하던 손 멈춘다. 지친 혜주의 얼굴.

53..... 동_ 외경 (밤)

54..... 동_ 2층 거실 (밤)

혜주, 지수가 오늘 보낸 카톡 메시지('잘 다녀왔지? 힘내.')에 '고마워. 연락할게.' 답장 쓰고 있는데… 여진이 1층에서 황급히 뛰어 올라오는 발걸음 소리 들린다.

여진(E) (계단 올라오며, 다급) 혜주야! 위에 있어?

혜주   ?

jump

TV 보는 혜주와 여진.

YBS 9시 뉴스에 출연한 중도(배지 착용), 차분하게 YBS 앵커(여, 45)와 대담 중.

중도   제 아들의 불법 약물 구입, 인정합니다. …사실입니다.

혜주   …!

중도   그리고 경찰의 실종수사 특혜 논란 관련해서도 먼저 죄송하다는 말씀 드리고 싶습니다.

혜주   (눈동자 흔들리는)

중도   (담담히) 딸아이가 없어졌다는 말을 듣고 저는, 제 평생 가장 힘든 밤을 보냈습니다. 열두 시간이 더 지났는데도 딸아이의 소재가 파악되지 않자 더 판단할 겨를이 없었고 부모로서의 감정이 앞서 나갔습니다. 죄송합니다.

혜주　…….

중도　하지만 제가 지금 이 자리에 온 것은, 죄송하다는 말씀을 드리기 위해서만이 아닙니다.

혜주　…….

중도　(뭔가 할 말이 있긴 한데 입이 떨어지지 않는 침묵) …….

혜주　(중도의 말이 이어지지 않자 중도 본다)

인서트 YBS 방송국_ 부조실 (밤)

스태프들, 중도의 침묵에 당황해 "뭐야, 왜 말을 안 해." 웅성웅성거리기 시작하는.

현재

혜주　…….

YBS앵커　남중도 의원님…? (하는데)

중도　(동요하는 감정 겨우 누르며) 디지털 성폭력 피해에 대해 관심 가져주십시오.

혜주　…!

중도　제가 사는 서울 신양구에서 며칠 전, 한 20대 여성이 스스로 목숨을 끊었습니다. 헤어진 남자친구가 사적인 동영상을 유포하겠다고 협박했기 때문입니다.

혜주　(눈동자 흔들리는)

55......**기름집_ 안 (밤)**

TV 속 중도를 보고 있는 귀순.

생각지 못한 인터뷰에 놀라 두 손으로 입을 막은.

중도   (TV 속) 그런 비극적인 사건이 발생했지만 검찰은 가해자가 명문대 의대생이라는 이유로 도주의 우려가 없다며 구속영장을 기각했습니다.

56..... 혜주 집_ 2층 거실 + YBS 방송국_ 뉴스 세트 (밤. 교차)

중도   우리나라에서 디지털 성폭력의 기소율은 타 범죄 대비 지극히 낮습니다. 매년 급속히 증가하고 있는 디지털성범죄사범은 2020년 약 1만7천 명으로 사상 최고를 기록했습니다. 하지만 이 중 기소되어 재판에 넘겨진 이는 10명 중 3명도 되지 않습니다. 기소가 되었다 해도 고작 3퍼센트만 법정 구속되었고, 나머지는 초범이거나 반성을 한다는 이유로 대부분 벌금형이나 집행유예를 선고받았습니다[4].

혜주   (옷자락 잡은 손, 꽉 쥐는)

중도   (화면 똑바로 보며) 그래서 국민 여러분께 약속을 드리러 이 자리에 나왔습니다. 디지털 성폭력이 제대로 형사 처벌될 수 있도록 관련 법안을 재정비하고 강화하겠습니다. 약속드립니다.

혜주   …….

YBS앵커   단도직입적으로 여쭤보겠습니다. 의원님의 실종수사 특혜 논란을 덮기 위해 지금 타인의 비극을 이용하고 계시는 건 아닌지 하는 생각도 드는데요.

혜주   …!

중도   ……. (진심을 꾹꾹 눌러서) 제가 오늘 이 자리에 나온 것은 저와 관련된 모든 논란에 사죄드림과 동시에, 우리 사회의 약자들을 위해 국회의원이라는 제 자리를 이용하기 위해서입니다. 불미스런 논란으로 많은 분들께서 저를 주목하고 계시니, 저의 부끄러움과 죄송함을 사죄드림과 더불어 지금이 많은 국민 여러분께서 제 말에 귀 기울여주실 기회

---

4   촬영 시점까지 2021년도의 범죄 관련 통계가 나오지 않아 부득이하게 2020년의 통계를 인용. 대사 중 인용한 2020년도 통계의 출처는 「대검찰청 2021 범죄분석」 등.

라고 생각했습니다.

혜주 ······.

57..... 기름집_ 안 (밤)

귀순, 눈물 흐른다.

귀순 (혼잣말) 고맙습니다··· 고맙습니다··· 의원님···.

58..... 혜주 집_ 2층 거실 + YBS 방송국_ 뉴스 세트 (밤. 교차)

중도 이것이··· 세상을 떠난 제 아들이 저에게 준 마지막 선물이고, 아들과
제가 물의를 일으킨 데 대하여 사죄드리는 방법이자 기회···이며··· 이
모든 것에 앞서서 대한민국의 국민 여러분께서 뽑아주신 국회의원으
로서 마땅히 해야 하는 일이라고 생각합니다.

혜주 ······.

중도 그래서 앞으로 저는 디지털 성범죄의 낮은 기소율이라는 현실을 개선
하고 가해자들이 합당한 처벌을 받을 수 있도록 법안을 정비, 강화하
겠습니다. 약속드립니다. 그리고··· (격해지는 감정, 눈시울 붉어지고, 말 잇
지 못하는)

혜주 ······.

중도 (꾹꾹 누르며 겨우 말 잇는) 대한민국의 모든 부모님들이··· 세상을 떠난
그 여성분의 가족이나··· 저처럼··· 자녀를 잃는 아픔을 겪지 않으시기
를··· 진심으로··· 바랍니다. ······.

혜주 ······.

YBS앵커 네, 겪으신 개인적인 비극이 우리 사회의 미래를 향한 씨앗이 되기를
진심으로 기원합니다.

혜주 ······.

침묵 흐른다. YBS 앵커의 멘트 ("지금까지 대한당 남중도 의원을 모시고 말씀 나눠봤습니다.") 이어지고 있지만 혜주의 귀에는 아무것도 들리지 않는다.

혜주와 여진 모두 아무 말도 하지 못하고 있다.

59..... 혜주 집_ 지훈의 방문 앞 (밤)

조금 열려 있던 방문, 닫힌다. (수빈이 내다보며 TV 소리 듣고 있던 것)

60..... 우진석 의원실_ 의원실 (밤)

YBS 뉴스 리포트 이어지고 있다. 보고 있는 진석, 경민.

TV 뉴스 화면

기름집(낮). 귀순, 손녀 빈소의 방명록을 기자에게 펼쳐 보이고 있다. 전체적으로 몇 페이지 안 쓰인 방명록인데, 첫 장 제일 첫 이름: 남중도.

귀순 (인터뷰) 국회의원이 우리 같은 사람들 조문을 올 거라곤 꿈에도 생각 못 했어요…. 사모님은 제일 먼저 오셨었는데… 사모님은 방명록도 끝끝내 사양하고 가서 나는 누군지도 몰랐어요….

경민 여론이 빠르게 바뀌고 있습니다.

진석 …그러게. 남 의원이 생각보다 더 재주가 있어. …….

61...... 혜주 집_ 2층 거실 (밤)

고요히 앉아 있는 혜주. TV는 꺼져 있고. 조용하다.
1층 현관 열리는 소리 나고. 실내계단 올라오는 중도의 발걸음 소리.
2층으로 올라온 중도, 혜주를 본다. 서로를 바라보는 두 사람.

62..... 동_ 안방 (밤)

침대에 걸터앉아 조용히 대화 나누는 혜주와 중도.

혜주   그 빈소는… 어떻게 알고 간 거야…?

중도   …….

인서트 달리는 중도의 차 안 [새벽 동틀 무렵. 출근길]

두섭 운전 중. 전날 신양구의 이런저런 소식(성훈이 이메일로 보낸 것: 매일 밤늦게 보내는 신양구 동향) 정리해 이메일로 보낸 것을 아이패드로 보고 있는 중도. 1회 신17과 같은 의상, 의원배지. 거기에 남궁솔의 소식이 끄트머리에 짧게 실려 있다.

지청2동:남궁솔(22세/대학생), 남자친구(서령대 의대)에 이별 통보 후 사적 동영상 유포 협박 받음. 도주 우려 없음으로 구속영장 기각. 협박 계속되자 극단 선택

중도, 아이패드 펜슬로 '서령대 의대', '구속영장 기각'에 표시하고 곰곰이 생각한다.

차창 밖, 점차 가까워지는 국회의사당. 서서히 동트고 있다.

현재중도(E)   그날 아침 출근길에 남궁솔씨 사건을 알게 됐는데….

인서트 신양장례식장_ 특실 빈소 앞 [낮밤 알 수 없음⁵. *보충신 있음]

번영회장 빙모상(중도의 조화 포함 조화들 여러 개, 조문객들 대여섯 명) 조문하고 나오는 중도(검은 양복, 검은 넥타이/배지 착용하였으나 이 신에서는 보이지 않음). 우재와 운규 뒤따르고, 번영회장, 빈소 입구까지 나와 중

---

5   장례식장에 창문이 없다든지 해서 이 시점에서는 낮인지 밤인지 드러나지 않음.

도를 배웅한다.

현재중도(E) 번영회장님 빙모상 조문을 하고 나오는 길에

인서트 동_ 남궁솔 빈소 (낮밤 알 수 없음. *보충신 있음)
출구로 가던 중도, 구석의 남궁솔 빈소 앞을 지나가다 멈춰 선다. (이
인서트신 끝까지, 배지 착용 여부 알 수 없게[6]). 빈소 입구에 붙은 고인 이름
이 눈에 들어온.

현재중도(E) 옆 빈소에서… 같은 이름을 봤어.
중도 …….

중도, 우재에게 뭔가 짧게 한마디 하고는 빈소 안으로 들어간다[7]. 조
문객 전혀 없는 작은 빈소. 귀순, 들어서는 중도를 보고 일어서지만
누군지 모른다.

귀순 누구….

현재
혜주 아….
중도 당신은 어떻게 알고 갔어. 당신이 다녀온 거, 난 전혀 몰랐어.
혜주 나는… 우연히 알았어. 그래서 그날 낮에 다녀왔어. 마음이… 쓰여서.
중도 (본다)

---

6 이 2개의 인서트에 붙을 보충신(후반 회차에 삽입)에서 이때 중도가 의원배지를 착용하고 있
음이 보여짐.

7 방명록이 안 보여도 되지만 혹시 보인다면, 펼쳐져 있지만 아무도 이름을 적지 않은 빈 방명
록. 조의금 접수대에도 아무도 앉아 있지 않음.

혜주	다녀오면서 당신이 거기 가주면 얼마나 좋을까… 생각은 했지만 굳이 말은 안 했는데…
중도	…….
혜주	…조문 가줘서 고마워.
중도	그 빈소에 조문 간 게 보도된 건 정말 우연이야. 당신도 내가 간 줄 몰랐잖아.
혜주	…….
중도	정말 기가 막힌 우연의 조합이었는데… 그 우연의 조합을 이용했어. 그래서 마음이 불편해.
혜주	…….
중도	나는…
혜주	(O.L.) 알아.
중도	(본다)
혜주	지금 당신 마음 알아. …하지만 당신은 옳은 일을 했어.
중도	…….
혜주	정치… 나는 잘 모르고… 그 세계도 모르지만… 당신 말대로 그게 국회의원이 할 수 있는 일 중에 하나잖아… 맞지?
중도	…….
혜주	나는 지금까지 한 번도 당신 진심 의심한 적 없어. 난 국회의원 남중도 이전에, 내 남편, 남중도라는 사람을 알고, 믿고… 그런 사람을 사랑하고, 그래서… 당신이랑 결혼했으니까.
중도	(감정 북받친다, 겨우 말하는) …고마워.

중도의 눈에 눈물 고인다.
마음 아픈 혜주. 중도를 가만히 안아주고, 가만히 등을 쓰다듬어준다.

| 혜주 | (목 메인) 사랑해…. |

중도, 눈이 붉다. 혜주, 중도의 눈물을 닦아주고 다시 안는다. 슬픈 밤.

63..... 국회의사당_ 외경 (낮)

64..... 중도 의원실_ 의원실 (낮)

중도와 우재. 자료들 쌓아놓고 회의하던 중. 일상이다.

중도 (문득 생각난다) 참. 그, 의대생 구속영장 재신청, 오늘이지?

우재 네. 뉴스에서 언급하신 후로 여론이 아주 안 좋아져서 빠르게 진행되었습니다.

중도 그래, 잘됐네. (다시 업무 보기 시작하는)

65..... 기름집_ 안 (낮)

TV에 YBS 뉴스 나오고 있다.

TV

앵커(남, 35) 이별을 통보한 전 여자친구에게 사적 동영상을 유포하겠다고 협박해 극단적인 선택에 이르게 한 명문대 의대생 지 모씨 사건. 서울 신양경찰서는 오늘, 이 사건의 피의자 지 모씨에 대한 구속영장을 다시 신청하기로 했습니다. 검찰의 안일한 초기 대응을 질타하는 글들이 온라인 커뮤니티와 SNS를 장악하며 사회적 공분을 산 이 사건은… (그림은, 블러 처리된 남궁솔의 사진들과 서령대 정문 등 / 자막은 '전 연인 협박해 극단적 선택케 한 명문대 의대생 구속영장 재신청')

귀순 (뉴스 보며 눈물) 하느님 부처님, 감사합니다…. 감사합니다….

66..... 지승규의 아파트_ 지승규의 집 현관 (낮)

30평대 중산층 아파트. 승규모(여, 50대), 강력형사1, 2에게 현관문 열어준.

강력형사 협박죄, 카메라 등 이용촬영죄로 지승규씨 체포영장 집행하러 왔습니다.

승규모, 절망. 다리 풀려 휘청하는데, 거실에 있던 승규부(남, 50대) 뛰어 나온다.

승규부 (문 닫으려 하는/형사들은 문 잡고) 누굴 잡아가, 누굴!!

강력형사1, 2, 승규부와 실랑이하며 집 안으로 진입하는데,

여자비명(E) (집 밖에서) 꺄아악!!!

혜주(Na) 그 누구도…

67 ..... 지승규의 집_ 지승규 방 안 (낮)

빈 방, 활짝 열린 창문. 카메라, 창문 밖, 아래를 비추면… (지승규의 집은 고층이다)
아파트 동 현관 바로 앞에 정차한 어린이집 노란 셔틀 보이고.
셔틀과 출입구 사이 인도에 떨어진 지승규(남, 22). 피투성이. 주민들 모여들고 있고.
셔틀에서 아이 받으려던 아이 엄마, 코앞에서 지승규의 추락을 목격하고 혼절 직전.

다시 방 안. 의학서적 가득한 책장. 옷걸이의 의사 실습 가운, 수놓은 이름 '지승규'.

책상 위, 켜져 있는 노트북. 온라인 커뮤니티에 지승규의 실명, SNS에서 퍼온 얼굴 사진[8]과 고교 졸업앨범 사진, 핸드폰 번호, SNS 주소 등 등 신상 털린 글 있다. 조회수와 댓글 수 상당하고. 노트북 옆에 둔 핸드폰에는 인스타 DM, 페이스북 알림 메시지가 쉬지 않고 빠르게 울려대고 있는데, 전부 죽으라는 욕설이다.

문 밖에서 강력형사1, 2가 문 부수려고 하는 쾅쾅.

혜주(Na) 일어날 것이라 상상조차 하지 않는 일이 있다.

68..... 중도 의원실_ 의원실 (낮)

중도, 우재와 소파에서 의견 나누며 일에 집중하고 있다.

중도의 등 뒤, 책상 한 켠에 가족사진 액자 있다. (지훈의 지청중학교 졸업식. 가족 4명이 화목했던 시절). 사진 속, 해맑은 지훈(16)의 얼굴.

혜주(Na) 아무도 의도하지 않았지만

69..... 혜주 집_ 서재 (낮)

책상 한 켠의 작은 액자 속 같은 사진으로 화면 이어진다.

책상 위의 책과 물건들을 건드리지 않게 피해서 그 사이사이를 손걸레로 닦던 혜주, 청소하던 손 멈추고 액자의 사진 속 지훈을 물끄러미 보는.

혜주(Na) 때로는 기어이 일어나고야 마는 일. 우리는 그것을,

---

8   퍼온 사진들은 친구들과 웃으며 찍은 사진들. 학우들과 다 같이 의사 가운 입고 찍은 사진도 있고. 평소 교우관계 좋은 우등생, 인싸. 친구들만 모자이크 처리되었거나 아예 안 된 채로 온라인에 뜬.

70..... 지승규의 집_ 지승규 방 안 (낮)

책상 위 핸드폰 옆, 손바닥만 한 포스트잇. 휘갈겨 쓴 한 줄.

'살인자 남중도'.

혜주(Na) ···사고라 부른다.

귀책 (歸責)

1....... **신양구 독거노인복지센터_ 앞 (낮)**

인사차 들른 혜주를 배웅 나오는 (1회 신15의) 센터장과 복지관 직원1.
혜주, 문상을 와준 두 사람에게 감사 인사하러 왔다가 가는 길이다.
출입문 앞에 멈춰 서서 인사 나누는 세 사람.

센터장　혜주씨, 이래저래 정신없을 텐데 우리한테까지 인사하러 와줘서 고마
　　　　　워요.

혜주　　…아니에요. 제가 더 일찍 왔어야 했는데… 죄송해요. …장례 때… 와
　　　　　주셔서 정말… 감사했습니다.

센터장　(혜주가 안쓰럽다) 그런 말 마요. 우리가 당연히 갔어야지. 다른 사람도
　　　　　아니고 혜주씨 일인데.

혜주　　…….

복지관직원1　다음에 또 와요~ 근데 담엔 꼭 빈손으로~? (하는데)

센터장　(혜주를 꼭 끌어안고 다정하게 속삭이는) …힘내요, 혜주씨.

혜주　　(울컥!) …네. …고맙습니다. (센터장이 놓아주면) …그럼… 가보겠습니다.

센터장　잘 가요.

복지관직원1　혜주씨 안녕-

혜주　　안녕히 계세요. (꾸벅 인사하고 간다)

혜주, 걸어가다가 뒤돌아보면, 센터장과 복지관 직원1은 이미 건물로
들어가 보이지 않는데. 물끄러미 복지센터 건물을 바라보는 혜주의
얼굴에서….

2....... **신양구 독거노인복지센터_ 앞 (밤. 과거. 2005년)**

퇴근해 나오는 센터 직원1, 2, 3(여, 30~50대)과 젊은 혜주(22, 이하 '혜
주').

센터직원1	혜주씨, 오늘은 그냥 퇴근하지. 또 갈 거야?
혜주	네, 잠깐만 가보게요.
센터직원2	어우, 난 그 동네 계단 아주… 어후~ (절레절레)
혜주	(그냥 웃고 마는) 그럼 조심히 들어가세요-
센터직원3	(못 말리겠다) 에휴, 그래요. 내일 봐-
혜주	네. 내일 봬요- (꾸벅)

혜주만 반대쪽으로 간다. 혜주가 기특하긴 하지만 고개 절레절레하며 가는 직원들.

3....... 산동네_ 전경 (밤. 과거)

가파른 계단 올라가는 혜주. 숨차 잠시 멈추면, 콧등에 땀 송골송골. 땀 닦고 다시 힘내어 올라간다. 양손에 한솥도시락 포장한 것 대여섯 개.

4....... 기초수급자 노인 집_ 앞 (밤. 과거)

허름한 집, 대문 열고 나오는 혜주. 안을 향해 "그럼 또 올게요-" 대문 닫으면, 손에 든 도시락 이제 1개 남았다.
혜주, 힘내어 다른 곳으로 향한다.

5....... 다른 노인 집_ 마당 (밤. 과거)

혜주, 대문 열고 "할머니-"하고 들어오는데, 방에 불이 켜져 있고.
앞에 할머니(70대) 쓰레빠 한 켤레와 남자운동화 한 켤레.

| 혜주 | (누가 왔나? 방으로 다가가며) 할머니- 저 왔어요- |

혜주, 조심스레 방문 여는데, 혜주, 조금 놀라는 얼굴.
할머니와 마주 앉아 식사하던 사람이 있다. 젊은 중도(28, 이하 '중도')다.

김치찌개에 김치, 멸치, 장아찌, 김 정도에 조기구이 한 마리 있고.
할머니 밥그릇에 생선살 발라 놔주고 있던 중도, 깜짝 놀라 혜주 본다.

할머니 (혜주를 반기는) 왔어?

6....... 동_ 마당 (밤. 과거)

가려는 혜주, 잡는 할머니. 어색하게 마당에 나와 서 있는 중도.
툇마루에 혜주가 사온 도시락 봉지 그대로 있고.

할머니 (혜주 손잡는) 앉았다 가- 저거(도시락) 같이 먹음 되잖어-
혜주 (손사래) 아니에요, 아니에요. 저건 뒀다가 내일 드세요.
할머니 (서운) 내일은 내일이구…. 어쩐지 아침부터 아가씨가 보고 싶드라
니….
혜주 또 올게요. 그럼 식사하시구요. 갈게요-

혜주, 중도와 어색하게 꾸벅 인사하고.

혜주 (할머니에게) 얼른 식사하세요.
할머니 그려, 또 와!
혜주 네. (다시 중도에 꾸벅, 하고 나간다)

혜주 나가면, 중도, 혜주가 궁금하다.

중도 동사무소에서 나온 분이에요?
할머니 아니여. 접때 물어보니 거긴 아니라던디.
중도 그럼…?
할머니 몰러. 이름도 모르고. 말을 안 혀서. (웃으며) 총각도 어서 오는지 말 안

하잖여.

중도 (웃으며) 저 총각 아닌데요. (*결혼반지 없음)

할머니 시상에! 색시가 있었어? 얼굴이 학생 같은디!

중도 저 애기 있어요. (말 돌리는) 할머니, 찌개 다 식겠어요.

할머니 어, 그려그려. (들어간다)

할머니 들어가면 중도, 닫힌 대문 쪽 한 번 보고 들어간다.

7....... **산동네_ 일각 (밤. 과거)**

좁고 지저분한 골목 걸어가는 혜주. 꼬르륵. 배 잡아본다.

힘내서 다시 걷다가 문득 뒤돌아보는.

8....... **신양구 독거노인복지센터_ 앞 (아침. 과거)**

혜주, 출근하는데 현관 앞에 직원들 모여 있다. 다가가 보면, 쌀포대 쌓여 있고. 센터 직원4, 5(남녀), 카트에 쌀포대 옮겨 싣고 있다.

혜주 (센터 직원1에게) 어, 또 왔다 갔어요? 그 익명의 천사?

센터직원1 (현금 두툼한 편지봉투 든) 어, 이번에도 백만 원하고 같이.

혜주, 직원들과 영차영차 수레에 쌀포대 싣는다. 직원들, 쌀 실으며 수다. ("벌써 한 3년 됐지?" "진짜, 누굴까?" "지금까지 돈만 따져도 벌써 꽤 되지 않아?" "익명이니 기부금 세액공제도 안 되는데.")

9....... **산동네_ 일각 (밤. 과거. 다른 날)**

도시락 잔뜩 들고 가는 혜주. 대문 열린 집 지나가는데 대문 안쪽, 노인(여, 70~80대) 옆에서 고장난 선풍기 고치고 있는 중도를 언뜻 본다.

(중도는 혜주 못 본)

10...... **[몽타주] 동_ 일각 (낮. 밤. 과거. 여러 날)**

- 낮. 서류 들고 집집마다 찾아다니는 혜주.

- 밤. 신5의 할머니 집. 도시락 들고 찾아온 혜주. 대문 열고 들어가는
데, 툇마루의 할머니 곁에, 누가 오늘 주고 간 것 같은 사과봉지와 잘
깎아놓은 사과접시 있다.

- 밤. 같은 할머니 집 부엌. 혜주, 냉장고에 도시락 넣고 나가려는데,
깨끗이 설거지해서 포개놓은 그릇들과 수저 두 벌 본다.

- 밤. 혜주, 도시락 다 나눠 주고 골목 가는데 중도와 비슷한 실루엣의
남자 본다. 혜주, 저도 모르게 시선 가는데, 중도가 아니다. 약간 실망
하는 혜주.

- 낮. 또 도시락 나눠 주러 돌아다니는 혜주.

- 밤. 혜주, 다 나눠 주고 언덕 내려가는데 문득 뒤돌아본다. 아무도
없는 골목.

11 ...... **혜주 반지하집 (새벽. 과거)**

세간살이 단출한 반지하. 아직 깜깜하다.
혜주, 잠에서 깬다. 시계 보면 새벽 4시.
뒤척여보지만 잠 오지 않아 일어난다.

12 ...... **신양구 독거노인복지센터_ 앞 (새벽. 과거)**

동트기 전이라 어둡다. 가로등 불빛만.
혜주, 출근하러 걸어오는데… 멈칫. 센터 앞, 누가 소형차 트렁크에서

쌀포대를 내려 문 앞에 쌓고 있다. 중도다.
중도, 혜주를 본다. 서로 놀라는.

13...... (신5의) 할머니 집_ 마당 (밤. 과거. 다른 날)

혜주, 도시락 들고 "할머니-" 하고 들어가는데, 부엌에서 밥 차린 소반
들고 나오던 중도와 마주친다. 우뚝 멈춰 서는 중도. 서로를 잠시 바
라보는 두 사람. 방에서 할머니 나오며 "왔어?"

jump

둘러앉아 밥 먹는 혜주와 중도, 할머니. 단출한 반찬에, 중도가 사왔을
고기나 생선 한 가지. 밥 한 그릇 더 퍼와 셋이 먹는 중.
혜주, 어색해서 아무 말 없고. 중도도 밥만 먹는데.

할머니   어, 잠깐만 있어봐- 숭늉 갖다줄게. (일어난다)
혜주   (일어나려 하며) 제가 가져올게요.
중도   (혜주보다 먼저 일어난)
혜주   (중도와 눈 마주치고)
할머니   (둘의 기류는 모르고, 혜주 앉힌다) 앉아앉아, 밥 먹어-

할머니, 부엌으로 가면. 둘만 남자 어색해지는 혜주인데.

혜주   …저기…
중도   (보면)
혜주   …쌀이요. 아무한테도 말 안 했어요. 걱정 마세요.
중도   …고맙습니다.

잠시 말 끊기고. 혜주, 어색해서 멀뚱하니 있는데.

중도   아, 저는 남중도라고 합니다. 성함이….

혜주   (중도 본다) …혜주요, 김…혜주.

중도   (입 안으로 되뇌는) 김…혜주씨. (혜주 본다) …예쁘시네요, …아, 이름이요.

혜주, 중도를 빤히 보다가 풋, 작게 웃음 터지면. 쑥스럽게 웃는 중도.
사랑에 빠진 눈빛으로 서로를 바라보는 두 사람.

현재혜주(Na) 이 사람을 사랑하게 된 이후로 나는

14......[플래시백] 신양구 독거노인복지센터_ 앞 [낮. 1회 신15]
혜주, 카트에 실은 쌀포대로 시선 간다. 쌀포대 하나에 붙은 A4 용지:
'좋은 일에 써주세요 감사합니다' 인쇄된 종이.

센터장   아, 이거(쌀포대), 요즘도 계속 온다? 돈이랑 같이. 여전히 이름은 없구.

현재혜주(Na) 세상을 향한 이 사람의

15......[플래시백] 혜주 집_ 거실 [밤. 2회 신54. 신55. 신58]
뉴스에 출연한 중도를 보고 있는 혜주. 먹먹한….

중도   (TV 속) 제가 사는 서울 신양구에서 며칠 전, 한 20대 여성이 스스로
       목숨을 끊었습니다. 헤어진 남자친구가 사적인 동영상을 유포하겠다
       고 협박했기 때문입니다.

혜주   (눈동자 흔들리는)

중도   (TV 속) 그런 비극적인 사건이 발생했지만 검찰은 가해자가 명문대 의
       대생이라는 이유로 도주의 우려가 없다며 구속영장을 기각했습니다.

혜주   …….

중도   (TV 속) …앞으로 저는 디지털 성범죄의 낮은 기소율이라는 현실을 개선하고 가해자들이 합당한 처벌을 받을 수 있도록 법안을 정비, 강화하겠습니다. 약속드립니다.

혜주   …….

현재혜주(Na) 선한… 마음을

16...... 지승규의 집_ 지승규 방 안 (낮)

빈 방. 열린 창문. 걸려 있는 의사 가운.
방문 부수고 막 들이닥쳐 창가로 가 아래를 내다보는, 당황한 강력형사1, 2.
부서진 방문 밖, 상황 바로 깨닫고 울부짖으며 혼절하는 지승규 부모.

현재혜주(Na) 한 번도,

17...... 지승규의 아파트_ 동 출입구 앞 (낮)

주저앉은 아파트 주민, 다리에 힘 풀려 일어나지도 못하고. 부들부들 떨고 있고.
유치원 교사, 우는 아이를 품에 안고 정신줄만 겨우 붙들고 있지만 울고 있고.
유치원 셔틀 안, 울고 있는 유치원생들.
소리 듣고 급히 뛰어오기 시작하는 경비원들 3~4명(남, 60대).
무슨 일인가 싶어 모여들기 시작하는 주민들.
유치원 셔틀 앞, 추락한 지승규의 시신.

현재혜주(Na) 단 한 번도

18...... 지승규의 집_ 지승규 방 안 (낮)

방 안의 책상 위, 휘갈겨 쓴 메모. '살인자 남중도'.

현재혜주(Na) 의심해본 적이… 없다.

타이틀 IN.

19...... 혜주 집_ 서재 (낮)

서지류 짐이 굉장히 많지만 깔끔히 정리되진 않은 서재. 책장에 책이 빈틈없이 겹겹으로 꽂혀 있는 것도 모자라 바닥 여기저기에 책무덤 있고. 책 여러 권과 각종 자료, 시사잡지들, 인쇄한 신문기사들이 가득 올려진 크고 튼튼한 책상. 서재 주인의 성격이 정리정돈을 못 한다기보다는 워낙 짐이 많고 바쁘기 때문에 이런 모습인.

손걸레로 여기저기를 닦는 혜주, 중도가 쌓아두거나 펼쳐둔 책과 자료, 문구류 등을 옮기거나 정리하지 않고 사이사이 공간만 조심스레 닦아낸다. 중도가 일하다가 두고 간 그대로의 모습에 절대로 손을 대지 않는다. 서랍을 열거나 하지도 않는.

혜주, 손걸레로 먼지 닦아내면서 여진과 핸드폰 통화 중이다(스피커폰 모드).

여진(F) 걔 뭐 해?

혜주 (통화) 몰라. 방에 있어. 하루 종일 방에서 혼자 뭐 하는지…. 핸드폰도 잃어버려서 없다던데.

20..... 칼국수집_ 앞 (낮)

문밖에 나와 핸드폰 통화 중인 여진.
등 뒤, 출입문 안으로 만두 빚는 영선 보인다.

여진 (통화) 냅둬. 그래. 뭔 일 있음 바로 전화하구.

21...... 혜주 집_ 서재 (낮)

혜주 (통화) 응, 그럴게. 응. 나도 출근하려고. 일이 많이 밀려서. 응. 저녁에 봐- 응. (통화종료 버튼 누른다)

혜주, 다시 걸레질 하려다가 어지러운 책상 위를 보고 짧게 한숨. 그러나 손대지 않고 책과 인쇄물들 사이사이를 닦으려다가 생각에 잠긴다.

22..... [혜주 회상] 동 장소 (밤. 2회 신25 직후)

수빈이 찾아왔던 밤이다. 혜주, 중도, 우재.

우재 뱃속 태아의 친자검사는 불법입니다, 의원님.

중도/혜주 …….

우재 할 수야 있지만… 총선 앞두고 괜한 리스크가 될 겁니다.

중도/혜주 …….

우재 그러니 일단은 이 집에 두시죠. 그게 리스크도 줄이고 상황에 따라서 저희한테 유리하게 작용할 수도 있습니다. 지훈이도 없는데 오갈 데 없는 임신한 여자친구를 거둔다… 굉장히 진정성 있죠.

혜주 우재씨, 전 그런 이유가 아니라//

우재 (O.L.) 무슨 말씀이신지 아는데요. 저는 지금 저 애가 시한폭탄 같지만 사실은 양날의 검이라는 말씀을 드리는 겁니다.

혜주 …….

중도 (생각에 잠긴다)

우재 지훈이 필로폰, 윤서 실종수사 특혜 건으로 보국보민당이 네거티브 공세했던 게 바로 엊그젭니다. 총선은 7개월 남았구요.

중도/혜주 …….

우재　이 집 밖으로 내보냈다간 컨트롤이 어려울 겁니다. 차라리 여길 찾아
　　　와준 게 다행인 거죠. 쟤가 보국보민당 쪽에 가서 입을 턴다고 생각해
　　　보세요.

혜주/중도　…….

우재　쟤가 무슨 생각인진 모르겠지만 일단은 이 집 지붕 아래 두고 비위 맞
　　　추시죠. 의원님, 지금은 총선만 생각하세요.

23..... [현재] 동 장소 [낮]

혜주　…….

혜주의 시선, 문득 작은 액자에 머문다. 지훈의 지청중학교 졸업사진.
행복한 네 식구. 지훈을 보는 혜주의 눈시울이 붉어진다. 참는 혜주.
다시 청소 시작하는….

24..... 칼국수집_ 안 [낮]

혜주와 전화 통화하고 들어오는 여진. 영선에게 다가간다.

영선　누구랑 전환데 나 못 듣게 나가서 통화해요? (웃으면서) 남자?

여진　남자는 무슨~ (만두 빚는 것 보고) 많이 남았네?

여진, 같이 만두 빚으려 영선의 맞은편에 앉으려는데 순간 현기증! 어
지럽다. 휘청하며 식탁이나 의자 짚고 겨우 버티어 서면. 영선, 놀라
일어서서 부축한다.

영선　어머, 또 어지러워요? 얼른 좀 앉아요!

영선, 여진을 부축해 의자에 앉히면. 여진, 그제야 좀 정신이 든다.

영선   괜찮아요?

여진   (좀 정신이 든다) 어, 어어… 괜찮아.

영선   (익숙하지만 걱정스런) 저번에 한약 먹고 한동안 안 그러더니. 만두 이건 내가 다 할 테니까 들어가 쉬어요.

여진   (웃으며) 사장이 되어서는 맨날 벌건 대낮에 퇴근하는데 더 일찍 들어가라구?

25..... **중도 의원실_ 의원실 [낮]**

회의 끝났다. 서로 "수고했어요." "수고하셨습니다." 인사 나누고.
보좌진들 노트북과 자료 챙겨서 나가기 시작하고.
그때 중도의 핸드폰으로 저장 안 된 010번호에서 전화가 온다.
중도, (자주 있는 일이라) 별 고민 없이 받는다.

중도   (전화 받는) 네, 남중도입니다. 아, 예- 당연히 기억하죠, 태양아파트 입주자대표회의 나문숙 대표님. 저번에 저희 지역사무소에서 뵀었죠. 네. 이 번호 정말 제 번홉니다. 명함 드리면서 말씀드렸잖습니까. 하하하. 그동안 안녕하셨지요? 네? 아- 이번엔 그런 문제가 생겼습니까? 네. 네. (볼펜 집어 들고 메모 시작하는)

26..... **동_ 사무실 [낮]**

보좌진들 각자 자리에서 일하는데. 민석의 핸드폰에 카톡 두세 개 연이어 온다. (카톡 미리보기 OFF: 메시지 왔다는 알림만 뜨는데 보낸 이는 '이상훈 비서관(손영균 의원실)')

민석   (별생각 없이 집어 들고 보다가) !! 오, 쉿(shit)!

민석, 급히 일어나서 TV 앞으로 뛰어가 얼른 TV 켠다. 급하게 채널 돌리면, YBS 뉴스채널. 뉴스 나오는 중. 우재와 빛나, 무슨 일이지 싶어 파티션 너머로 고개 들고 TV 쪽 보는데. 우재, 멈칫.

뉴스 화면
화면: '광순대학교 부속병원' 쓰여 있는 종합병원의 장례식장 건물 앞. 선명히 보이는 '장례식장' 간판. 자료화면 느낌의 사진 혹은 영상.

띠 자막:
- 전 연인 협박해 죽음에 이르게 한 명문대 의대생 '극단적 선택'
- 서울 신양구 20대女 성폭력 사건 피의자… 구속영장 신청 직후 투신

앵커(E) 최근 극단적 선택을 한 서울 신양구 20대 여성 남궁 모씨 사건의 피의자, 의대생 지 모씨가 오늘 경찰의 구속영장 신청 직후 자택에서 투신, 사망했습니다. 사망한 지 씨는 최근 대한당 남중도 의원이 언론에서 공개적으로 언급한 후 누리꾼들을 중심으로 큰 관심을 모은 성폭력 사건의 가해자로…(이어진다)

빛나 어머.
자영 세상에.
강호 헐.
민석 오, 쉿(shit)….

우재 제외한 일동, 서로를 쳐다보다가 동시에 의원실 문 쪽을 본다.
닫혀 있는 방문.

1   사건 발생 당시 도주 우려가 없어 구속영장이 기각되었으나 오늘 오전, 구속영장이 다시 신청된 상태였던 것으로 알려졌습니다. 해당 사건을 담당하고 있는 서울 신양경찰서는…

우재   (나지막이) …씨발 좆같네.

27 ..... 혜주 집_ 지훈의 방 [낮]

수빈, 새 립밤 뚜껑(플라스틱 재질/10~20대가 사용하는 로드숍 제품)에 붙은 가격표 스티커를 떼고 있다. 스티커 떼니 자국이 지저분하게 남는다.
수빈, 좀 짜증내며 손톱으로 스티커 찌꺼기를 긁어내기 시작하는.
옆에는 충전기 줄 연결된 핸드폰. 아이돌 영상이나 게임이 음소거로 틀어져 있다.
(충전기 콘센트는 침대 옆 벽 아래쪽에 있어서, 침대 위로 전선만 길게 나와 있다)
그때, 노크 소리.
수빈, 얼른 핸드폰 집어서 침대 밑 벽 아래로 충전선째로 쑥 넣는다.

수빈   (휴우) 네-

문 열리고 혜주 들어온다. 혜주, 쟁반에 직접 만든 샌드위치, 팩 두유, 사과와 함께 소설책 몇 권 들고 온.

혜주   뭐 하고… 있었어?
수빈   그냥요.
혜주   …나는 일을 좀 하러 가야 해서… 이거 점심으로 먹어.
수빈   네. 다녀오세요.
혜주   그리고 이거(책)… 너 핸드폰도 없는데 심심할 것 같아서 갖고 와봤어. 윤서랑 나는 재밌게 읽었는데 어떨지 모르겠네.
수빈   네. 읽어볼게요. (책에 별로 관심 없다, 멀뚱멀뚱하게 혜주 보면)
혜주   …그럼 갔다 올게.
수빈   네.

혜주, 나가려다가… 망설인다.

중도(E) (2회 신31에서) 당신은 내일 재 데리고 병원 가서… 마약검사 좀 받게 해.

혜주 …저기, 내일쯤 나랑//

수빈 (O.L.) 아 맞다, 저 이따가 병원 좀 다녀올게요. 이상한 약 같은 거 안
했다고 검사받고 오려구요.

혜주 (예상 못했다) !

수빈 생각을 해봤는데요… 두 분이 저를 좀 찜찜해하시는 게 당연한 것 같
아요. 지훈이가… 약을 샀었으니까요. …하지는 않았지만요.

혜주 …….

수빈 저도 맹세코 그런 건 안 했지만… 그래도 검사받아서 보여드릴게요.

혜주 …고마워.

수빈 아니에요. 그럼 이따가 잠깐 나갔다 올게요.

혜주 …그래. 그럼… 나도 일하러 갔다 올게. 저녁 먹기 전엔 올 거야.

수빈 네. 다녀오세요.

수빈, 립밤 뚜껑 집어 들고 다시 손톱으로 긁기 시작한다.

혜주 (나가려다가 수빈이 립밤 뚜껑 긁는 것을 본다, 잠시 보다가) 그거….

수빈 (? 하는 얼굴로 쳐다본다)

28..... 중도 의원실_ 의원실 (낮)

중도, 신25의 민원 전화를 계속 성심성의껏 받고 있다. 노트에 메모도
많이 해놓은. 그때 방문 노크 소리 들린다. 중도, 힐끔 보지만 상관 안
하고 통화 계속 하는.

중도   (통화) 예. 그런데 그건 저번에 말씀드린 대로 제가 결정할 수 있는 문제는 아니구요. 예. (하는데)

똑똑. 좀 전보다 큰 노크 소리다. 중도, 뭐지 싶어 방문 쳐다보지만 일단 통화 계속 하는데, 다시 노크 소리. 똑똑. 그리고 바로 방문 열린다. 우재다.
중도, 통화 중인 것 안 보이냐는 손 제스처 하면서 입모양으로 '왜' 하는데, 우재 얼굴 심각하자 뭔가 심상찮음을 깨닫는다.

중도   (전화에) 네, 그럼 말씀 주신 내용은 제가 저희 지역사무소에 잘 전달하여 알아보고 다시 연락드리도록 하겠습니다. 네, 감사합니다. 네. 들어가세요. 네. (끊고 우재 보는데 심상찮다) 왜. 무슨 일인데.

우재   …의원님.

29..... 동_ 사무실 (낮)

모두 의원실 방문에 시선 고정인데, 우재가 의원실에서 밖으로 나온다. 기다리고 있던 일동, 우재를 본다.

우재   (방문 잘 닫고) 보고 드렸고요. 각자 일들 하시죠.

일동   네.

우재, 자기 자리에 앉는데 핸드폰 전화 온다. '박영수 기자 YBS'.

우재   (짧게 한숨 쉬지만 이내 웃으며 전화 받는다) 네에, 박영수 기자님! 잘 지내십니까- 아, 선배~ 우리 술 언제 먹어요? 저 퇴사한 지 8년 차라고 이제 후배 대접 안 해주는 거예요? (웃고, 상대방 말 듣고) 아니, 그니깐요, 제 말이. 왜 하필 유치원 셔틀 앞으로 뛰어내려선. 애기들은 또 무슨

죄. // 아, 우리 의원님 입장이요? 지금 정리 중인데… (빛나와 눈 마주치고 고개 끄덕)

빛나 (통화 듣고 있다가 우재와 눈 마주치고, 바로 문서 작성 준비)

우재 (통화) 네, 정리되는 대로 보내고 연락드리겠습니다. 네. 네. 네- (전화 끊고 빛나에게) 의원님 입장문 드래프트 좀 부탁해요-

빛나 네!

우재 (겉옷 집어 들고 나가며 모두에게) 좀 나갔다 오겠습니다-

30..... 동_ 의원실 (낮)

혼자 있는 중도. 미동도 없이 생각에 깊이 잠겨 있다.

31....... 세미나장 입구 앞 복도 (낮)

세미나장 입구에 배너 세워져 있다. (성폭력 2차 피해 예방을 위한 정책 토론 세미나/ 주최: 한국범죄정책연구원)

진석과 경민, 방금 도착했다. 관계자1 (여, 40대), 관계자2 (남, 40대), 입구 앞에 나와 진석을 환대하며 인사 나누는 중. 세미나장 안으로 들어가는 참석자들(남녀 5~6명/20~40대), 진석을 알아보고 쳐다보면서 들어가고.

관계자1 당대표님 오늘 귀한 시간 내주셔서 정말정말 감사드립니다.

진석 별말씀을요. 이런 자리에 저를 불러주셨으니 제가 감사드리죠.

관계자2 저희 국장님(관계자1)이 당대표님 오늘 잘 모시려고 석 달 전부터 정말 애 많이 쓰셨습니다~

진석 (웃으며) 저도 이 세미나 참석하고 싶어서 석 달 전부터 잠을 못 잤습니다!

일동 (웃고)

진석과 관계자1, 2, 계속 이야기 나누고².

한 걸음 뒤에 서 있는 경민, 핸드폰 진동음(문자) 느끼고 살짝 꺼내 보
는데 얼굴 굳는다. 진석은 인사 마치고 있고.

관계자1 (진석에게) 아, 그럼 이제 안으로 들어가실까요~

진석 네.

관계자1, 2, 안내하며 안으로 들어가고. 진석, 따라 들어가려 하며 경
민에게 오라는 듯 쳐다보는데. 경민, 할 말이 있는 얼굴이다.

진석 왜?

경민, 진석에게 다가가 뭐라뭐라 작게 속삭인다. (지승규 자살 소식을 전
하는 것)

진석 (듣고 얼굴 굳어서) …투신을 했다고?

32..... 설렁탕 식당_ 방 안 (낮)

기자들 3명(남1, 여2/모두 30대 초중반)과 식사 중인 강순홍. 기자1에게
서 지승규 투신 소식을 방금 들었다. (형태는 조금 떨어진 테이블에서 혼자
식사 중)

강순홍 (놀라서) 기자님 그게 정말입니까? 그 의대생이 투신을 해 사망했다고

---

2   진석: 아시다시피 최근 성폭력 피해자에 대한 2차 가해 관련한 이슈들이 많이 제기되고 있지
않습니까. 현실적으로 어떻게 정책을 세워서 피해를 막을지 고민이 많습니다. / 관계자1: 오늘
세미나가 그 해결점을 찾는 좋은 자리가 되길 희망합니다! / 진석: 네, 저도 기대하고 있습니
다. / 관계자2: 당대표님의 기조연설도 기대하겠습니다. / 일동: (웃고)

요?

기자(여) 네. 이제 막 기사가 나고 있습니다.

강순홍 (사실 신났지만) 저런… 남중도 의원 지금 정말 마음이 좋지 않겠습니다. 전 국민이 보는 생방송 뉴스에 나가서 강력한 처벌을 주장했는데, 그 사람이 목숨을 끊다니 말입니다.

기자1 그러게요. 저도 깜짝 놀랐습니다.

강순홍 그러고 보니… 남중도 의원 별명이 대한당의 특등사수인데, 이렇게 평범한 국민을 공개 저격해 인명사고를 낸 건 너무 큰 오발사고가 아닌가 싶습니다.

기자들 웃고. 강순홍, 웃으며 쓰윽 둘러보면. 옆자리의 기자2(남)가 핸드폰 메모장에 '특등사수 남중도', '오발사고' 적고 있는 것을 보는 강순홍.

강순홍 (신나지만 얼른 감추고 형태 쪽 본다, 점잖게 부르는) 신 보좌관-

형태 네!

강순홍 이렇게 황망하게 자식을 잃은 부모 마음을 어찌 위로할 수 있겠냐만은, 빈소 어딘지 알아보고 내 이름으로 근조화환 하나 보내드리세요.

형태 네! (핸드폰 꺼낸다, 화환 보내려는)

강순홍 (기자들에게) 정말 마음이 아픕니다. 남 의원이 뉴스에서 공개 저격만 안 했어도 일어나지 않았을 일인데….

33..... 책수선실_ 문 앞 복도 (낮)

혜주, 출입문 도어록 뚜껑 열고 번호 누르면, 띠리릭. 문 열린다.
수빈, 힐끔 번호를 보지만 못 본 척. 혜주는 모르는.

혜주 (뒤에 서 있는 수빈에게) 들어와. (문 열고 들어가서 불 켠다)

수빈의 눈앞, 작은 책수선실 풍경.

34..... 동_ 안 (낮)

수빈, 신기한 듯 둘러본다.

수빈 와, 신기하게 생긴 게 많네요! (둘러보며) 책 수리 하신다면서요. 아, 지
훈이한테 들었어요.

혜주 지훈이가 그랬어…?

수빈 네. 근데 책을 어떻게 수리하세요?

혜주 (잠깐 말을 고르다가) 나는 '수리'보다는 '수선'이라는 말을 쓰는데….

수빈 ? 두 개가 뭐가 다른데요?

혜주 음…. (노트북 열며) 여기 이것 좀 볼래?

짧은 jump

수선 전후의 책 사진들을 보여주는 혜주.
수빈, 호기심 가득해서 보고 있다.

수빈 (감탄, 눈 반짝, 사진 넘겨보며) 와, 대박… 우와… 이게 어떻게 이케 되지?
와… 대박 신기하다… 완전 다른 책 됐네….

혜주, 사진 계속 넘겨보는 수빈을 물끄러미 바라보는데….
계속 사진 보는 수빈, 노트북에서 고개 들지 않은 채 불쑥 말한다.

수빈 사람도 수선할 수 있을까요?

혜주 (예상치 못한 질문이다, 가만히 수빈 바라보는) …….

수빈 (노트북에서 시선 떼고) 그냥 해본 말이에요.

혜주 …….

수빈	근데 여긴 왜 델고 오신 거예요?
혜주	아… 아까 그거. 줘볼래?

수빈, 왜 달라고 하는지 모르겠지만 에코백에서 뭔가 꺼내 내민다.
스티커 자국이 남은 립밤이다.

35..... 광순대학교 부속병원_ 장례식장 근처 일각 [낮]

'광순대학교 부속병원', '장례식장' 간판이 저만치 보인다.
주차한 경찰차 옆에서 강력형사1, 2와 대화 나누고 있는 우재.
우재, 심각한 얼굴로 끄덕끄덕 해가며 형사들의 설명을 듣고.
대화 끝나자 우재, 강력형사1, 2에게 공손히 인사한다.
강력형사1, 2가 경찰차에 타고 바로 떠나자 우재, 담배 꺼내다가 '금
연구역' 표지판 보고 짜증 어린 한숨, 다시 넣는다. 장례식장에 시선
머무는 우재.

36..... 중도 의원실_ 사무실 [낮]

민석, 빛나, 자영, 강호. PC로 입장문을 작성하고 있는 빛나. 민석과
자영, 각자 책상 전화로 기자 전화를 받고 있다. (지승규 일로 좀 큰일이
난 듯한 분위기)

민석	(통화 마치는 중, 진땀) 네, 기자님. 아, 의원님 인터뷰는 지금은 어렵습니다. 저희도 현재 상황을 파악 중이어서요. 곧 입장문 배포 드리고 연락드리겠습니다. 네. 감사합니다. (끊고 물 벌컥벌컥)
자영	(동시에 통화 중) 아, 저희 의원님 입장문이요? (빛나를 슬쩍 보면)
빛나	(고개 저으며, 아직 준비 안 됐다는 눈짓)
자영	(빛나 봤고, 다시 전화에) 네. 지금 배포 준비 중입니다. 죄송합니다. 네. 네. 그럼 이메일로 보내드리겠습니다. 네. 감사합니다. (끊으면)

민석	(목소리 낮춰서 자영에게) 기자들이 다 의원님 입장문 기다리지?
자영	네.
빛나	(집중해서 문장을 썼다 지웠다 하며 작성 중이고)

그때 민석의 자리 전화 다시 울리고, 거의 동시에 자영의 자리 전화도
울린다.
민석과 자영, 전화 받으면서 또 기자 상대하는. ("네, 남중도 의원실입니
다. 아, 예 기자님. 네. 네. 아, 저희 의원님 입장문이요…" / "남중도 의원실입니다.
아, 안녕하세요, 기자님. 아… 네. 입장문은 곧 배포하려고 준비 중입니다. 조금만
기다려주시면…")
모두 바쁜 보좌진즈. 닫혀 있는 의원실(중도 방) 문.

37 ..... 동_ 의원실 (낮)
혼자 있는 중도. 창가에 서서 창밖을 보며 생각에 잠긴 뒷모습. (표정
보이지 않는)

38 ..... 책수선실_ 안 (낮)
혜주, 작업대에서 립밤 뚜껑에 남은 스티커 찌꺼기 자국에 약품처리
하고 있다.
약품 닦아내면, 깨끗해진 표면. 곁에서 보던 수빈, 눈이 커진다.

혜주	다 됐어.
수빈	헐, 대박! (뚜껑 들고 요리조리 살펴보는데 깨끗하다)
혜주	(뿌듯하게 수빈 보다가 작업대 위에 있는 립밤 본체를 집어 들어 건넨다) 여기. 립스틱 새 거네?
수빈	(립밤 받으며, 좀 퉁명스럽게) 누가 그냥 준 거예요. 그리고 립스틱 아니고 립밤이요. 입술 트지 말라고 바르는 거요. (본체에 뚜껑 끼우고, 그러나

깨끗해진 뚜껑을 다시 신기하게 만져본다)

혜주   아, 그렇구나. 요샌 참 잘 나오네. 색깔 예쁘다. 잘 어울려.

수빈   (입 삐죽, 립밤을 에코백에 넣으려다가 말고 옷 주머니에 아무렇게나 넣는다) 저건 뭐예요?

수빈, 제습기를 보고 있다. (켜져 있다)

혜주   저거? 제습기. 이 일은 종이를 다루는 일이니까 항상 습도를 잘 보고 맞춰줘야 돼. 너무 습하지도 너무 건조하지도 않게.

수빈   아항.

혜주   (다시 작업대로 시선 떨구는데)

수빈   근데 그럼 낮에 맑았다가 밤에 퇴근했는데 갑자기 막~ 비 오면 어떡해요?

혜주   (핸드폰 눈짓) 그럴 땐 핸드폰에 앱 연동되어 있어서 집에서 습도 조정할 수 있어.

수빈   오, 신기하다. (관심 끝났다, 다른 데로 시선 옮기는데)

혜주   근데 밤에 갑자기 비가 많이 오면 와서 살펴보고 가긴 해.

수빈   ? 왜요? 핸드폰으로 한다면서요.

혜주   그래도 내가 직접 보고 확인하고 싶어서.

수빈   (잘 이해가 안 간다)

혜주   (고객들이 맡겨놓고 간 책 네다섯 권과 수선 중인 책 두어 권으로 시선 옮기며) 의뢰받은 책에 문제가 생기면 정말 큰일 나잖아. 오랫동안 소중하게 간직했던 책들이 망가져서 수선하고 싶어 굳이 여길 찾아와 맡기신 거니까. 그래서 밤에 비가 많이 오면 핸드폰 연동 앱만 믿지 않고 와서 내 눈으로 직접 확인하고 가야 마음이 편해져. (살짝 미소) 아무래도 직접 보면 확실히 믿을 수 있잖아.

수빈   (혜주의 말을 속으로 곱씹는) …네. 그렇죠. …….

혜주	(미소)
수빈	…근데 이런 일은 어디서 배우신 거예요?
혜주	…….

39..... [몽타주] 19년 전 혜주와 책수선의 만남

39-1.....신양도서관_ 근처 일각 (낮)

목에 '신양구 독거노인복지센터/김혜주' 출입증 건 혜주(20세), 양손 무겁게 도시락 들고 가다가 골목 저쪽, 도서관을 본다.

39-2.....동_ 열람실 복도 (낮)

다른 날. 휴일. 혜주, 책 대여섯 권 골라 나오는데. 복도 구석, 닫혀 있는 방 문. 표지 '책수리실'. 혜주, 문득 표지판 보고 호기심 동하는.

현재혜주(E) 예전에 복지관에서 일하면서 틈틈이 도서관에 갔었거든. 그런데

39-3.....동_ 게시판 앞 (낮. 다른 날)

혜주, 빌린 책 안고 게시판 앞에 서 있다. 여러 홍보물들 사이, 도서관 자원봉사자 모집 안내 있는데, 책수리실 봉사도 있다. 혜주, 호기심 생기는데… 마침 지나가는 사서(여, 40대), 혜주에게 "자주 오시네요." 반갑게 인사하고 혜주도 인사하고.
사서, 지나가는데….

혜주	(사서 부르는) …저기요…!
사서	(돌아보는)

현재혜주(E) 어느 날 도서관에서 책수리실 봉사자를 찾는다는 안내문을 봤어.

39-4.....동_ 책수리실 (낮. 다른 날)

현재 혜주의 책수선실과는 비교도 할 수 없는, 작은 창고 같은 공간. 수리 도구 몇 개가 전부다. 주로 떨어진 표지를 다시 붙이는 정도의 업무.

혜주, 파손된 책 여러 권을 들고 와 책수리하는 직원(여, 50대) 옆에 올려놓고, 다시 가려다가 직원이 수리하는 모습을 물끄러미 본다. 그때 직원, 혜주를 쳐다본다.

직원   김혜주씨, 이거 해보고 싶어요?
혜주   (얼굴 확 밝아지는) …네!
현재혜주(E)   호기심에 지원을 해서 조금씩 일을 배우기 시작했는데,

39-5.....동_ 책수리실 (낮. 다른 날)

초보적인 기술로 책을 수리하고 있는 혜주. 옆에서 도와주는 직원. 혜주, 즐겁다.

현재혜주(E)   파손된 책을 한 권씩 수선해나갈 때마다 신기하기도 하구…

39-6.....동_ PC실 (낮. 다른 날)

혜주, 인터넷으로 book conservation 등등 검색어 검색해서 자료 찾아보며 메모한다. 열심히 독학하는.

현재혜주(E)   이 일이 재밌고 더 궁금해졌어.

39-7.....동_ 책수리실 (밤. 다른 날)

혜주 혼자다. 떨어진 책 표지를 말끔하게 다시 붙여놓은 혜주. 기쁨에 찬 얼굴.

40..... [현재] 책수선실_ 안 [낮]

혜주   (예전 일 생각하니 살짝 미소) …그랬어. 그 후로 혼자 책이랑 인터넷으로 공부하다가 복지관 그만…두고 나서 수선실 열었구.

수빈   …아항. 넵.

수빈, 관심 끝난 듯 대형 프레스기 등 대형 장비들 구경한다.

혜주   …….

혜주, 다양한 크기의 가위들 꺼내 쭉 늘어놓고 수빈 쪽을 쳐다보는데. 수빈이 신기한 듯 대형 재단기(작두)의 날에 손을 대보려는 것을 본다!

혜주   어, 수빈아! (얼른 다가간다)

수빈   (손 뗀다)

혜주   거기 손대지 마. 다쳐.

수빈   …네.

혜주   …….

수빈   (방금 만지려던 재단기 가리키며) 이거 작두예요?

혜주   응. 종이 자르는 재단기. (옆에 둔 두꺼운 하드보드지를 본다) 이거 봐.

혜주, 하드보드지 조각을 재단기에 끼우고 힘주어 재단기 날을 내리면, 서걱! 아주 두꺼운 두께인데도 바로 잘려나간다.

수빈   헐.

혜주   바로 잘리지. 그러니까 조심해야 돼.

수빈   네.

혜주	구경은 맘대로 해도 되는데, (작업대의 가위들 눈짓) 여기저기 위험한 것도 많고 손님들 책은 다치면 큰일 나니까 만지진 말자. 알겠지?
수빈	네.
혜주	…그래. 그럼 나는 일 좀 할게.

혜주, 작업대로 가서 작업 시작한다. 낡은 하드커버 책을 분해하기 시작하는 혜주.

다른 장비들 구경하던 수빈, 집중해 일하는 혜주를 물끄러미 보다가 다시 장비들로 시선 돌리면. 일하던 혜주, 수빈을 보는.

41...... 지청중학교_ 외경 (낮)

42..... 동_ 윤서 교실 앞 복도 (낮)

수업 중. 2-2 팻말.

43..... 동_ 윤서 교실 (낮)

남녀 합반. 담임(여, 40대)이 설명 중. 윤서와 다슬 있다.

빔 프로젝터 등으로 칠판에 화면 띄운다. 첫 화면에 '트롤리 딜레마' 쓰여 있다.

담임	자, 트롤리가 뭔지 아는 사람? (아무도 대답 없자) 전차야, 전차. (전차 사진 띄운다) 사진 보니까 뭔지 알겠지?
학생들	아하~ 네~ / 일제강점기 때 타던 거 아니냐? / 유럽에선 아직 탈걸?
담임	(화면 넘기면, 일자 레일 위를 가고 있는 트롤리 그림. 앞에 인부 다섯 명이 있다) 여기 달리는 트롤리는 브레이크가 고장났어. 그런데 레일 위에서 인부 다섯 명이 일하고 있어. 이대로 가면 다섯 명이 트롤리에 치여서 죽는 거야. 그런데 이때, (화면 바뀌면, 레일변환기 앞에 서 있는 한 사람과

갈라지는 레일 그림이 추가된다) 너희는 여기서 레일변환기로 트롤리의 진행방향을 바꿀 수 있어. 옆 레일로 가게 말이지.

윤서   (흥미롭게 보고 있다)

담임   그런데,

담임이 화면 넘기면, 옆 레일 위에서 인부 1명이 일하고 있는 그림 뜬다. 트롤리 딜레마의 전체가 보이는 그림이다.

담임   옆 레일 위에서도 인부 한 명이 일하고 있어.

학생들   (집중한다) 오오! / 헐!

담임   자, 이제 생각해보자. 너희가 아무것도 하지 않으면 이 트롤리는 그대로 직진해서 다섯 명이 죽어. 그런데 너희가 레일변환기로 트롤리의 방향을 바꾸면 이 다섯 명은 살겠지만 저 인부 한 명이 죽겠지. 너희는 어떻게 하겠니?

학생들   (각자 생각, 모두 큰 흥미를 느끼고 있는)

윤서   …….

다솜   …….

학생1   당연히 레일을 바꿔야죠. 다섯 명 대 한 명이잖아요.

학생들여럿   (고개 끄덕끄덕)

학생2   근데 저 다섯 명은 원래 죽게 되어 있는 운명인 거잖아요. 그런데 레일을 바꾸면 저 한 명은 날벼락처럼 죽게 되는 거니까 되게 찝찝할 거 같아요.

학생3   아, 머리 아파요~ 꼭 저희가 결정해야 돼요?

담임   그럼 누가 해?

학생3   뭐, 저 말고… (옆자리 학생4에게) 야, 니가 대신 해라.

학생4   뭐야~ 싫어~ 니가 해~

학생들   (웃고)

윤서	(생각) …….
담임	이 트롤리 딜레마에 정답은 없어. 각자의 이유들만 있을 뿐이지.
학생들	(곰곰이 생각한다) …….
담임	자, 이 상황에 놓이면 나는 어떻게 할 것인지, 그 이유랑 같이 써서 다 담주까지 제출. 오케이?
학생들	네-

44..... 핸드폰 매장_ 앞 (낮)

핸드폰 개통한 혜주와 수빈.
혜주, 직원에게 "안녕히 계세요." 하고 나온다.

수빈	(새 핸드폰 들고 있다) 감사합니다. 잘 쓸게요.
혜주	그래. 너 잃어버린 핸드폰은 해지 잘한 거지? 누가 주워서 막 쓰면 큰 일 나는데….
수빈	(거짓말) …네. 근데 어차피 뭐 중요한 거 들어 있지도 않아요. …그럼 이제 집으로 가요?

45..... 칼국수집_ 문 앞 (낮)

수빈과 함께 온 혜주. 만두 찜기에 김 폴폴 올라오고 있다.
혜주, 문 열려는데.

수빈	(싫다) 점심 다른 데서 먹음 안 돼요?
혜주	(돌아본다) 아까 말했지만 여기 여진 언니 가게고 나도 자주 와. 너도 우 리 집에서 지내려면 여기 일하시는 분하고도 알고 있는 게 좋을 거야.
수빈	…여기 다른 사람한텐 저를 뭐라고 소개할 건데요?
혜주	(예상 못한 질문이다) …….
수빈	…그냥, '아는 애'라고 하세요.

혜주   ⋯그래. 그렇게.

46⋯⋯ 동_ 안 (낮)

점심시간이라 사람 많았다가 빠지는 중. 테이블마다 식사 마친 빈 그릇들 있고. 여진과 영선, 바삐 그릇 치우고 테이블 닦거나 음식 내놓는 중.
먼저 식사 마친 혜주, 카운터에서 손님 계산하는 중.

혜주   (카드와 영수증 건네며) 여기 있습니다.
손님   영수증은 버려주세요. (카드 받고 나간다)
혜주   네. 안녕히 가세요-

손님 가면 혜주, 한숨 돌리면서 수빈을 보는데. 수빈, 칼국수에 만두, 겉절이를 매우 잘 먹고 있다. (수빈의 맞은편에는 혜주가 식사 마친 칼국수 그릇 있다)
그때 혜주에게 다가오는 여진.

여진   (혜주에게 작게, 좀 어이없다) 쟤 너무 심하게 잘 먹는다. 너는 임신했을 때 진짜 아무것도 못 먹고 빼짝 말랐었는데.
혜주   사람마다 다르지 뭐⋯. 나는 그때 어머니 돌아가신 지도 얼마 안 되고 윤서 들어서서 몸이 너무 힘든데⋯ 지훈이⋯는 금방 학교 가야 하고 애 아빠 일 때문에 너무 바쁘고⋯ 정말 어떻게 해야 할지를 모르겠더라고. 언니가 우리 집 들어와준 건, 그냥 집을 합친 게 아니라 나를 살려준 거야. 정말 고마워, 언니. 언니는 나의 구원자야.
여진   ⋯인생을 망치러 온[3]?

---

3   혜주와 여진의 이 대사 앞뒤 대화를 보고 있는 수빈의 서늘한 시선 커트가 후반 회차에 삽입.

혜주   (웃는) 어. 언니가 내 인생 망쳤어. 그러니까 책임져. (하는데)
수빈   저 김치 쫌만 더 주세요.
여진   어.

여진, 수빈의 김치 접시 들고 겉절이 통으로 간다. 접시에 김치 가득
담고 참기름 쪼옥 뿌리는데… 참기름을 보니 혜주, 갑자기 생각나는
것이 있다.

혜주   …아. 수빈아. 집에 혼자 갈 수 있지?

47 ..... 기름집_ 안 (낮)

멍하니 앉아 있는 귀순. 구석의 TV, YBS 뉴스 나오고 있다.
그때 가게 문 열리며, 과일봉지 든 혜주 들어온다.

혜주   (들어오며) 계세요-

48 ..... 칼국수집_ 안 (낮)

수빈, 마지막 만두와 겉절이를 입에 넣는데 테이블에 탁, 놓이는 컵.
막 끓여 김 올라오는 보리차다. 고개 들어 보면, 여진. (영선은 주방에 있
어 홀에 아무도 없다)

여진   이거 보리차야. 너 갑자기 과식해서 체할 수도 있어. 내가 버들잎은
       못 띄워줘도 그거 천천히 다 마시고 소화시키고 가.
수빈   …네.
여진   (돌아서는데)
수빈   …근데 저 진짜 궁금해서 그러는데요.
여진   (수빈 보면)

수빈	지훈이네랑 무슨 사이세요? 가족은 아니시죠?
여진	…너는 가족이 뭐라고 생각하는데?
수빈	(여진 본다) …….
여진	난 내가 지훈이네 가족이라고 생각해. 지훈이 엄마 아빠, 윤서를 위해 서라면 뭐든 할 수 있고. …가족은… 그런 거야.
수빈	…….
국수손님(E)	(우렁찬) 아이구, 디질 놈 자알~ 디졌다!

여진과 수빈, 국수 손님(남, 50대)을 쳐다보고.
식당에 있는 다른 손님 한두 명, 식사하다가 국수 손님을 쳐다보는데.
국수 손님, TV 보고 있다. YBS 뉴스다.

뉴스
- 화면: 학교 로고 모자이크 처리한 대학교 정문이나 의대 건물 외경 자료화면.

앵커(E)	…경찰 관계자는 "타살 혐의점은 없다"며 "자세한 투신 경위를 확인 중"이라고 밝혔습니다.
국수손님	(다른 손님들에게 크게) 아, 저 새끼, 죄짓고 이제 깜빵 간다니까 그냥 죽어버렸다잖아요!
수빈/여진	?

그때 화면, YBS 뉴스에 출연했던 중도의 화면으로 바뀐다!
(띠 자막: 남중도 의원의 '공개 저격' 후 수사 급진전… 구속영장 재신청 직후 투신)
동시에 앵커의 말 이어진다.

앵커(E) …숨진 지 씨는 대한당 남중도 의원이 최근 뉴스 생방송에서 엄중수
사를 촉구한 후… (멘트 이어진다4)

수빈/여진 (화면의 중도를 봤다!) !!

국수손님 (TV 보고) 와, 내가 살다 살다 일 잘하는 국회의원 진짜 첨 보네!

49...... 기름집_ 안 (낮)

같은 뉴스를 보고 충격받은 혜주. 충격으로 말을 잇지 못하고 있다.

뉴스 화면, 지승규 아파트 단지의 동 출입구 앞으로 바뀐다. 노란 셔
틀 서 있고, 폴리스라인 처져 있고. 모여든 주민들 웅성웅성하는 모습.
경찰차와 구급차.

그 위로 앵커 멘트 흐르고 있다: "한편, 지 씨의 투신을 목격한 아파트
주민들 일부는 극심한 정신적 고통을 호소해 현재 근처 병원에서 치
료를 받고 있습니다."

귀순, "고맙습니다… 고맙습니다…." 중얼거리며 울며 웃다가 혜주 본다.

귀순 (울고 웃으며) 그놈 감옥 들어가봤자 금방 나온다고 그러던데… 그렇다
고 내가 칼 들고 뛰어가서 죽일 수도 없고… 저승 가면 우리 솔이 얼
굴을 어떻게 보나 했는데… 저것 좀 보세요. 저놈 저렇게 죽어버렸으
니, 내가 오늘 죽어도 이제 한이 없습니다! 하느님 부처님 감사합니
다… 의원님 감사합니다… 우리 의원님 정말 감사합니다….

혜주 (충격에서 벗어나지 못해 말 잇지 못하는)

귀순 두 분 조문 와주신 것만 해도 정말 너무 고마웠는데, 내가 정말 이 은
혜를 어찌 갚아야 할지… 정말 고맙습니다….

---

4 "해당 사건에 대한 경찰의 재수사를 요구하는 SNS 해시태그 운동이 빠르게 확산되는 등 전
국민의 공분을 산 바 있습니다. 오늘 오전, 지 씨의 구속영장을 재신청했던 서울 신양경찰서
는…"

귀순, 울면서 혜주의 두 손을 꽉 잡는데. 충격이 커서 덜덜 떨리는 혜주의 손. 그러나 귀순은 눈치채지 못하는. 혜주, 뭐라 말을 잇지 못하는데….

귀순   아드님이요… 좋은 곳 가셨을 거예요…. 이 천사 같은 분들께 어찌 그런 변고가… 그래도 힘내세요….
혜주   (겨우 말하는) …네. …고맙습니다. …….
귀순   아, 이거 이거. 사모님. 이거.

귀순, 뒤에 뒀던 뭔가를 건네는데… 비닐봉지다.
기름병이 4개 든 비닐봉지.

귀순   (혜주 손에 쥐어주며) 이거, 사모님 들기름 두 개하고, 참기름도 함 잡숴봐요.
혜주   아니요, 아니에요. (하는데)
귀순   (혜주 손에 봉지 꽉 쥐어주고, 혜주 손 못 풀게 꽉 잡는다) 국산 참깨라서 진짜 꼬소해요. (혜주 손 꽉 쥐며) 이거 가져가요, 가져가.
혜주   (손 풀고 싶은데, 안 되고. 지금 너무 곤란하고 얼른 나가고 싶다) 아니에요, 정말로…//
귀순   (O.L./ 혜주 손 꽉 쥐고) 영산! 영산 어딘지 알지요? 충북 영산!
혜주   (순간 동요하는) …!

인서트 영산의 장례식장_ 승호 빈소 앞 (낮. 20년 전. 12월)
빈소 앞 가득한 근조화환들. 그중 '영산 시장 김민구', '영산고등학교 교장 황세준', '영산시의원 차윤경' 리본 보인다. ('영산' 글자들이 또렷이 보인다)

현재

혜주 　(동요하는데)

귀순 　(눈치 못 채고) 영산 참깨가 최고거든요! 그러니까 가져가요, 네? 이렇게 좋은 날… 내가 다른 건 드릴 게 없구… 네?

혜주 　(핏기 싹 가시지만 겨우 정신 수습하고) …네… 감사…합니다….

50..... 동_ 문 앞 (낮)

나오는 혜주. 귀순, 배웅 나왔고. 혜주, 억지로 웃으며 인사하고 간다.
더 이상 귀순이 자신을 못 볼 정도로 멀어지자 혜주, 걸음 멈춘다.
바로 쓰러질 것처럼 핏기가 가신 얼굴. 손에 든 기름병 봉지로 시선 떨어진다.

51...... 칼국수집_ 안 (낮)

TV 뉴스는 이미 다음 소식[5]으로 넘어가 있고. 다시 각자 평화로이 식사하는 손님들.
여진, 수빈을 보면. 수빈, 핸드폰으로 지승규 뉴스 기사의 댓글들 보고 있다.

수빈 　(댓글 보며) 사람들이 아저씨 보고 정의의 사도래요. (여진 보며) 기분 좋으시겠다. '가족'이 이렇게 '정의'로워서요. 그쵸.

여진 　…….

52..... 지청중학교_ 복도 일각 (낮)

5 　앵커: 다음은 문화계 소식입니다. 피아니스트 박준영의 음반 「브람스」가 국내 판매 100만 장을 달성하는 대기록을 세웠습니다. 국내 음반 판매량을 집계하는 나온차트에 따르면, 작년 7월 발매된 박준영의 「브람스」 음반은 발매 후 현재까지 약 14개월 동안 클래식 음반 월간 판매 순위 10위권을 한 번도 벗어나지 않으며 누적 판매량 100만 장을 돌파했습니다.

바나나 단지우유 1개씩 먹으면서 걸어오는 윤서와 다솜.

53..... 동_ 윤서 교실 (낮)

교실로 들어오는 윤서와 다솜.
학생1, 2, 3 모여 있다가 윤서 본다.

학생1　남윤서, 뉴스 봤어? 진짜 대박이다.

윤서　왜. 뭔데?

학생1　아직 못 봄? 너네 아빠가 뉴스에서 감빵 처넣으라고 했던 그 의대생
　　　　있잖아. 오늘 투신자살했대!

윤서/다솜　(좀 놀란)

학생1　(신난) 진짜 대박이지! 너네 아빠 진짜 짱이다! 완전 정의구현!!

학생2　진짜 짱이다, 짱!

윤서　(뉴스에 조금 놀랐지만 아빠 칭찬에 기분 업) 어, 진짜. 넘 잘됐다.

학생3　아, 진짜 그런 놈 감옥 가봤자 세금만 아까워! 살인, 강도 같은 것도
　　　　그냥 다 자살했음 좋겠어!

다솜　(불쑥 툭 던지는데 시끄러워 남들에겐 '불륜' 단어는 안 들리는) 불륜도. 다 죽
　　　　어버렸음 좋겠어.

윤서　(잘 못 들었다) 응? 뭐라고?

다솜　…아니야.

학생들, 윤서 둘러싸고 계속 너네 아빠 최고라고 흥분해 떠들며 범죄
자 다 자살해버리라고 욕하고, 윤서, 점점 기분 좋아진다. 윤서, "죽은
언니 너무 불쌍했어." 학생들 맞장구치고 와글와글 떠드는데. 다솜, 조
용히 혼자 자기 자리로 가는.

54..... 중도 의원실_ 사무실 (낮)

우재, 공식 입장문 쓰는 빛나 옆에 서서 모니터의 입장문을 눈으로 읽고 있다.

다른 보좌진들은 각자 자리에서 일하는 중. 입장문, 10줄 정도 된다.

우재 (모니터 읽고서 빛나에게) 다 좋은데 여기, '예상치 못한 소식에 당혹스러워하고 있다'에, '안타까우면서도 당혹스러워하고 있다'고 하면 어때요? '안타깝다'를 붙여서.

빛나 아, 좋네요. 역시 전직 기자님! (타이핑하는데)

민석 (자기 자리에서) 엇, 의원님 이메일 회신하셨네.

우재 (민석 쳐다보는데)

자영 (자기 자리에서) 어, 제 것도요. (모니터 보며) 히잉, 자료 보충? (클릭클릭하고 살펴보며 이해한다) 아 여기~ 아하. 와, 엄청 꼼꼼히 보셨네.

우재 …….

그때 의원실 방문 열리고, 중도 나온다.

가방까지 든 외부일정 나가는 복장.

각자 일하던 보좌진들 모두 일손 멈추고 중도 보는데.

중도 (아무 일 없다는 듯 모두에게) 저는 외부 토론회 다녀옵니다-

일동 (일상적인) 네~ 다녀오십시오~ // 다녀오세요~

중도 (우재에게) 출발하지? (나간다)

우재 네! (얼른 자기 자리로 뛰어가 가방 챙겨서 나가며, 빛나에게) 그거, 의원님 핸드폰으로 보내주세요!

55..... 의원회관_ 10층 엘리베이터홀 (낮)

엘리베이터 오는 중.

핸드폰 보고 있는 중도. 빛나가 카톡으로 보낸 입장문 텍스트다.

그때 우재 온다.

중도   (핸드폰 닫으며 우재에게) 이대로 내보내.

우재   네.

우재, 핸드폰 열어 빛나에게 '컨펌이요' 문자 보내는데 엘리베이터 오고, 같이 탄다.

56..... 동_ 하행 엘리베이터 안 (낮)

중도와 우재뿐이다. 엘리베이터 1층 눌러져 있다.

우재   온라인 반응은 의원님께 긍정적인 의견이 지배적이고 관련 기사도 오늘로 끝날 겁니다.

중도   …….

우재   빈소는 광순대 부속병원인데요. …안 가실 거죠?

중도   (우재 보면)

우재   지금 여론이 '의원님 덕분에 죽을 놈 잘 죽었다'면서 저희 쪽에 호의적인데, 괜히 조문 가셨다가 의원님께서 성범죄자 죽음을 애도하시는 걸로 비춰질 수도 있습니다.

그때 다른 층에서 엘리베이터 멈추고, 국회 직원(남, 30/인턴비서 느낌) 접이식 카트 끌고 타며 중도에게 "안녕하십니까." 한다(개인적으로 아는 사이는 아님). 중도, 친절하게 "예, 안녕하십니까." 인사하고 뒤로 물러선다. 엘리베이터 다시 내려간다.

우재   …혹시나 해서 말씀드렸습니다.

중도   …….

우재   …….

57..... 책수선실_ 안 (낮)

들어오는 혜주. 파리하다. 문 닫고, 기름병 내려놓고 털썩 주저앉는다.

58..... 달리는 중도 차 안 (낮)

두섭이 운전하는 카니발. 중도와 우재, 뒷좌석에 나란히 앉아 있다.

우재, 아이패드로 메일 보는 등 일하고 있고.

중도, 차창 밖 바라보며 생각에 잠겨 있다. 창밖, 멀어지는 국회의사당.

59..... 의원회관_ 1층 출입구 앞, 의원 차량 승하차장 (낮)

진석의 차량 들어와서 서고, 진석과 경민(조수석/서류가방) 내리는데.
(진석은 스스로 문 열고 내림. 서류가방도 직접 들고 내린다)

강순홍 차량 들어와 서고, 강순홍과 형태(조수석) 내린다. (형태가 얼른
내려 뒷좌석 문 열어주면 내리는 강순홍. 강순홍은 가방 없고, 형태만 자기 서류
가방 있음)

진석과 강순홍, 서로를 본다.

진석   (먼저, 미소 지으며) 강순홍 최고위원님, 안녕하십니까.
강순홍   네에, 안녕하십니까, 우진석 당대표님.

인사 끝. 둘 다 의원회관 안으로 들어간다. 따라가는 보좌관들.

60..... 동_ 1층 로비, 엘리베이터홀 (낮)

엘리베이터 기다리고 있는 진석과 경민. 반대편, 강순홍과 형태, 다른
엘리베이터 앞에서 기다리고 있다. 서로 등을 맞대고 있는 모양새인데.

강순홍 그나저나 당대표님.

진석 (보면)

강순홍 요새 남중도 의원의 각종 논란 때문에 꽤나 머리 아프시겠습니다.

진석 없는 논란도 만들어내는 곳이 여의돈데, 논란거리 하나 없는 정치인이 있겠습니까.

강순홍 그래도 그 논란이라는 게 어느 정도껏이어야지 말입니다. 공개 저격을 했는데 투신자살이라니. 남 의원이 이 상황을 돌파할 수 있을지 참으로 염려가 됩니다.

진석 (빤히 보다가) 참 의외네요.

강순홍 ?

진석 이 일 덕분에 남 의원이 폭로한 의원님 처가의 불법 땅투기 의혹 논란이 묻히는 모양새라 오히려 반가워하실 줄 알았습니다. 최고위원님께서 그 논란을 돌파하실 수 있을지 내심 염려하던 참이었습니다.

강순홍 !!

그때 진석의 앞에 엘리베이터 땡! 와서 문 열린다.

진석 그럼. (목례, 경민과 탄다)

진석의 엘리베이터 올라가면,
강순홍 얼굴 붉으락푸르락하지만 애써 표정 관리하는.

61...... 동_ 상행 엘리베이터 안 (낮)

8층 버튼 눌러져 있고. 진석과 경민 타고 올라가는 중.
진석, 같잖다는 미소 피식.

진석 그 투신한 의대생 일은 어떻게 돼가고 있어?

경민	여론이 그 의대생을 향한 비난에 집중되고 있고 남중도 의원에게 굉장히 호의적이라 이대로 잘 지나갈 것 같습니다. 그 의대생의 불법 동영상 피해자가 자살했다는 게 이미 잘 알려져 있어서요.
진석	다행이네. 그래도 보국보민당에서 이걸 어떻게 이용할지 모르니 계속 팔로업 해줘.
경민	네.
진석	…….

62..... 중도 의원실_ 사무실 (낮)

민석, 빛나, 자영, 강호. 한차례 폭풍이 지나간 후다.
빛나만 책상전화로 통화 중.

빛나	(통화) 네, 선생님. 네. 감사합니다. 네. 네, 들어가세요- 네- (끊으면)
민석	(피곤하다, 목마사지기 하고 있다가) 또 의원님 칭찬 전화예요?
빛나	네. 의원님 덕분에 폐기물 쓰레기 하나 치웠다고, 앞으로도 응원하시겠다네요. 아, 폐기물 쓰레기는 제 표현이 아니라 방금 전화 주신 선생님의 말씀 인용입니다.
자영	(웃으며) 근데 말로만 응원하시지 말고 정치후원금으로 응원해주시지.
일동	(웃고)
민석	그래도 아까 걱정 많이 했는데 일단 잘 넘어가서 다행이네.
빛나	그러게요.
자영	아아~ 아까 너무 놀래서 그런지 급 피곤해요. (모두에게) 오늘 퇴근하고 한잔 하실 분~
민석	나!

63..... 기내_ 비즈니스 클래스 칸 (낮)

한국 인천공항행 비행기 좌석의 승희(여, 39). 곧 착륙한다. 마음이 가라앉지 않아 괜히 핸드백 열어서 여권이 잘 있나 확인해보는.

64..... 달리는 기영의 차 안 (낮)

제네시스 정도 승용차. 혼자 운전해 가고 있는 기영(남, 39). 길이 꽉
막혔다. 늦었다. 답답해 앞을 내다보면, 사고나서 길이 막힌.
기영, 짜증나지만 방법이 없다. 답답한 한숨 내쉬다가 라디오 켜는데,
뉴스 나온다.

라디오뉴스(E) ···의원이 제기한 보국보민당 강순홍 최고위원 관련 땅투기 의혹의
핵심은 강 최고위원의 처제 이 모씨가 일 년 전 매입한 충북 영산시의
농지 약 1만 제곱미터가 최근 국토부의 도시개발구역으로 지정 고시
되어···.

기영, 더 답답해진다. 라디오 끄고 차창 연다.

65..... 인천공항_ 입국장 (낮)

비즈니스 클래스 러기지 택 붙은 캐리어 하나 끌고 나오는 승희.
나오자마자 바로 입국장을 빠져나간다.
(입국장 위 항공기 상황 안내판, 토론토발 비행기가 '도착' 상태로 떠 있다)

66..... 동_ 택시 승강장 (낮)

일반택시 줄지어 서 있다. 승희, 일반택시는 쳐다도 안 보고 한 대 서
있는 모범택시로 다가간다. 모범택시기사(남, 60), 신나서 승희에게 다
가온다.

모범택시기사 아이구, 어서 오십시오~ (승희 캐리어 받아 뒤 트렁크에 실으며) 어디로 모
실까요?

승희   영산이요.

모범택시기사 (싱글벙글) 예에, 영산이요- (하다가) 예? 영산이요? 충남 영산?

승희   충북이요.

모범택시기사 (순간 난감) 아, 충북. 근데 경기도 밖은 좀… (하는데)

승희   왕복 계산해드릴게요.

모범택시기사 (순식간에 밝아지는 얼굴) 아, 예! (트렁크 쾅! 닫고) 타십시오!

승희   (뒷좌석 문 여는데)

기영(E)   승희야! 진승희!

승희   (깜짝 놀라 뒤돌아보면)

뛰어오는 기영이다. 승희, 전혀 예상 못 했는데….
승희 앞에 멈춰 서는 기영. 숨차다.

승희   (놀란) …….

기영   (승희를 잡았지만 딱히 할 말이 없는 어색함) …….

서로를 바라보는 승희와 기영. 같은 결혼반지 끼고 있다.
그러나 로맨틱한 부부의 재회는 아닌, 좀 데면데면한….

67..... 책수선실_ 안 (낮)

혼자 있는 혜주. 핏기 없는 얼굴로 핸드폰 뉴스 보고 있다.
지승규 자살 뉴스[6]다. 혜주의 시선이 머무는 뉴스의 문장 보이면,

사망한 지 씨는 남중도 의원이 재수사를 촉구한 후 SNS 해시태그 달기 운동
이 확산되는 등 비난이 쏟아지자 심리적 압박을 견디지 못하고 구속영장 재신

---

6   뉴스 기사 하단에 자살예방 핫라인 안내문구 넣어주세요.

청 당일 극단적 선택을 한 것으로 추정된다.

혜주, 몹시 괴로워하는데… 수선실 한 켠에 놓은 기름병 봉지에 시선 간다.
봉지 사이로 보이는 참기름병. 견출지에 귀순이 쓴 글씨: '영산'. ('참' 옆에 써놓고 동그라미 여러 번 쳐서 표시해 눈에 확 띄는)

플래시백 신49. 기름집_ 안 (낮)

귀순   영산! 영산 어딘지 알지요? 충북 영산!

혜주   (순간 동요하는) …!

플래시백 신49. 기름집_ 안 (낮)

혜주의 손에 비닐봉지 쥐어주고, 혜주의 손을 꽉 감싸 쥐던 귀순의 손.

귀순   (혜주 손 꽉 쥐며) 이거 가져가요, 가져가.

귀순에게 꽉 잡힌 혜주의 양손. 혜주의 얼굴.

인서트 승희의 집_ 안방 (20년 전 밤. 겨울)

앞 플래시백의 혜주 손과 겹쳐지는 어린 혜주의 손(교복 소매/손톱 밑에 흙 들어간).
어린 혜주, 손을 풀고 싶지만 얼굴이 잘 보이지 않는 여성(유신, 50)의 손이 어린 혜주의 손을 꽉 감싸 쥐고 있고. 어린 혜주의 손 안에 뭔가 있다.
(여기에서는 어린 혜주가 뭘 쥐고 있는지 잘 보이지 않지만 작은 순금 돼지다)

유신   (혜주 양손을 꽉 감싸 쥐고) 이거 가져가, 응?

유신에게 꽉 잡힌 어린 혜주의 손, 얼굴.

인서트 영산의 장례식장_ 승호 빈소 앞 [낮. 20년 전. 12월]

재은(영산고 교복)을 문전박대하는 유신(상복). 소리 고래고래 지르며 재은을 쫓아내고. 아무 말도 못 하고 눈물만 뚝뚝 흘리며 쫓겨나는 재은. 조문객들(어른들, 영산고 교복 입은 학생들), 쫓겨나는 재은을 의아한 얼굴로 쳐다보며 수군댄다.

유신   니가 지금 여기가 어디라고 와!

재은   (눈물 뚝뚝, 힘없이 밀쳐지는데)

유신   (재은 밀치며 울부짖는) 당장 나가! 당장!!

현재

혜주   (괴롭다) …….

68..... 달리는 기영의 차 안 [낮]

기영 운전. 조수석에 승희. 어색한 공기.

승희   …나올 줄 몰랐어.

기영   …….

잠시 말 끊기는데.

승희   …엄마는 집에 있어?

기영   장모님? 어, 집에 계셔.

승희   오늘은 땅 보러 안 갔어?

기영   (거짓말 티 난다) 어어, 너 오는데 당연히 집에서 너 기다리고 계시지.

승희   (기영 빤히 보다가) 거짓말 안 해도 돼. …엄마랑은 더 이상 못 살겠다고
       3년이나 도망가 있던 딸이 뭐가 보고 싶어서 기다리겠어.

기영   (뭐라 대꾸를 못 하는) …….

       승희, 차창 밖으로 시선 옮긴다.
       그런 승희를 안쓰럽게 보는 기영. 승희와 같은 반지.
       차량 내비의 목적지, 충북 영산시다. (1시간 53분 소요 표시)

69..... 다온 산부인과_ 건물 엘리베이터 (낮)

수빈, 엘리베이터를 타고 올라가고 있다. 고층 층수 버튼 눌러져 있고.
수빈이 누른 층수 버튼 옆, '이슬기 내과' 쓰여 있다.
수빈, 별생각 없이 엘리베이터 버튼판 보는데, 내과 아래로 각 층마다
병원들이 빼곡하다. 저층에 피부과-정신의학과가 같은 층에 있고. 피
부과보다 두세 층 위, '다온 산부인과' 있다. '산부인과'에 시선 머무는
수빈.

70..... 이슬기 내과_ 접수대 (낮)

마약검사 접수하는 수빈.

수빈   마약검사 하러 왔는데요.

71...... 칼국수집_ 앞 + 책수선실_ 안 (낮. 교차)

통화 중인 혜주와 여진. 여진, 가게 앞에 나와서 통화 중. 가게 안에 영
선이 손님 한 명에게 칼국수 내가는 것 보인다.

여진   (통화) 그 의대생 빈소? 니가 거길 왜 가?

혜주   (통화) 좀… 마음이… 안 좋아서….

여진   (통화) 혜주야. 일이 이렇게 될 줄은 상상도 못 했으니 지금 심란한 건
알겠는데, 지금 중도가 잘못했다고 하는 사람 아무도 없어. 인터넷 댓
글 봤는데 지금 전부 '잘 죽었다' 그러더라.

혜주   (통화) ······.

여진   (통화) 중도도 조문 안 갈걸? 조문 가면 괜히 그 의대생이 중도 때문에
죽어서 사죄하러 온 것처럼 보일 수도 있고. 근데 그런 거 아니잖아.

혜주   (통화) ······.

여진   (통화) 그러니까 너도 절대 갈 일 아니야, 알겠지? 갔다가 그 집 식구
들한테 무슨 좋은 소릴 들으려고.

혜주   (통화) ···응, 알겠어. ···응. 응. 이따 집에서 봐. 응. (끊는다)

전화 끊은 혜주. 어두운 얼굴. 괴롭다.

72 ..... 중도 차 안 → 토론회장 건물 앞 (낮)

두섭   도착했습니다. (카니발 세운다)

우재   내리시죠. (자기 좌석 쪽 문 열고 내리고)

중도   (자기 좌석 쪽 문 열고 내리는데)

퍽! 날계란이 날아와 중도 재킷 어깨 부분 맞고 떨어진다. (운전석 뒷좌
석에서 내린 우재가 아직 중도 쪽으로 오기 전이다. 건물 앞으로 '남성 육아휴직
활성화를 위한 정책 토론회' 엑스배너 서 있다)

중도   !!

승규모   (소리 지르는) 남중도 이 죽일 놈!!

계란 던진 사람, 상복 입은 승규부와 승규모다!
중도를 마중 나와 있던 토론회 직원(남, 30대), 당황해 막아서고, 우재

도 달려와 막아선다. 놀란 두섭도 뛰어오고.

우재   (승규부와 몸싸움) 왜 이러십니까! (중도에게) 의원님! 들어가십시오!
승규부   내가 누군지 알아?! 나 지승규 아빠다! 니가 죽인 애 아빠라고!

퍽!! 승규부가 던진 계란, 다시 중도 어깨에 맞는다.

중도   ······.
우재   (몸싸움하며 중도에게 소리치는) 의원님! 어서 들어가세요!!
승규모   (울부짖는다) 내 새끼 죽여놓고 조문도 안 오고!! 니가 어디 지금, 사람
        이냐아!!!

토론회 관계자들 여럿 뛰어와, 승규 부모를 함께 막는다.

우재   (중도에게 달려온다) 의원님!
중도   (조금 놀랐지만 당황하진 않은) ···괜찮아.

중도, 지승규 부모에게 짧게 목례하고(무시하는 태도 아닌), 건물 안으로
들어간다.
우재, 얼른 따라 들어가며 뒤돌아보면, 악쓰며 소리 지르고 있는 승규
부모. 제지하는 토론회 관계자들. 아수라장이다.
우재 뒤로 출입구 문 닫히는 순간, 승규모의 비명 같은 악다구니 또렷
하게 들린다.

승규모   살인자!! 우리 아들은 니가 죽인 거야!!

73 ····· 토론회장 건물_ 출입문 안 로비 (낮)

로비로 들어온 중도와 우재. 중도, 차분한.

우재　(격앙) 괜찮으십니까! 아니, 도대체 지금 이게 무슨…! (손수건 꺼내며)
　　　의원님, 이걸로 일단 닦으세요.

중도　(차분한 얼굴, 로비 한쪽의 화장실 표시 보는)

74 ⋯⋯ 동_ 화장실 세면대 앞 [낮]

중도 혼자다.
중도, 감정을 알 수 없는 얼굴로 거울 보면.
재킷에 맞은 달걀, 흘러내리고 있다.

75 ⋯⋯ 골목 일각 [낮]

집에 가고 있는 수빈. 저 앞에 혜주의 집 보이는데… 멈칫한다.
혜주 집 대문 앞에 20대 남자 한 명(특징적인 겉옷이나 헤어스타일7)이 서
있다. 남자가 돌아서 있어 얼굴은 보이지 않지만 수빈, 남자를 보자
흠칫, 우뚝 멈춰 서고 저도 모르게 한 걸음 물러서는데….

20대여자(E)　오빠!

20대 여자 한 명이 반갑게 뛰어와 20대 남자 팔짱 끼고. "늦어서 미
안!" 등등 대화하며 혜주의 집 앞을 떠난다. 연인이다. 20대 남자의 얼
굴 보이는데, 모르는 사람이고.
수빈, 안도하지만… 커플이 멀리 가버려도 쉽게 걸음을 떼지 못한다.
순간적으로 긴장했던 얼굴이 풀리지 않는.
수빈, 핸드폰 꺼내고 전화번호부 열면 저장된 번호가 1개뿐이다. '아

7　정대와 비슷한 외모

줌마'.

발신 버튼을 누르려다가 못 누르는, 수빈의 아직도 놀라 진정되지 않은 얼굴에서,

76 ..... 책수선실_ 안 (낮)

미동도 없이 엎드려 있는 혜주. 그때 노크 소리 들린다.
혜주, 멈칫하며 고개 든다.
갑작스런 노크에 좀 겁먹은 듯한 얼굴.
혜주, 소리 없이 가만히 앉아 있는데….
다시 노크 소리와 수빈의 목소리 들린다.

수빈(E) 아줌마-
혜주 ?
수빈(E) 저 수빈이예요-

혜주, 좀 놀라 일어난다. 문 얼른 열면 밖에 수빈이 있다.

혜주 수빈아. 여긴 왜….
수빈 …심심해서요. 저 아줌마 일하는 거 구경해도 돼요?
혜주 (곤란, 난감)

77 ..... 토론회장_ 안 (낮)

무대 위, 우재 재킷 빌려 입고(의원배지 달았다) 축사하는 중도. 웃음 어린 얼굴.
객석에선 웃음도 터지고. 프로페셔널하고 매력적인 연사다.
무대 뒤에서 보고 있는 우재.

78 ..... 영산. 승희 집_ 외경 (낮)

단독주택. 지은 지는 좀 되었지만 평수 넓고 잘 지은 부잣집.

79 ..... 동_ 현관, 거실 (낮)

고급이지만 유행 많이 지난 수입 앤티크 가구들. 20년 전과 거의 같은 실내 인테리어. 들어오는 승희와 기영. 승희 캐리어는 기영이 끌고.

승희 (먼저 들어오며) 엄마- 나 왔어-

소파에서 뭔가 하고 있던 유신(여, 70), 힐끔 쳐다본다. 일어나지 않는.

유신 (비꼬듯) 둘이 같이 오네?

순간 썰렁해지는 공기.

기영 제가 공항에 갔다가 같이 왔습니다.
유신 (싸늘) 공항 간 김에 비행기 잡아타고 아예 가버리지 뭣하러 돌아왔어?
기영 ······.
승희 (표정 관리 안 되지만 억지로 웃으며 유신에 다가간다) 엄마아~ 왜 그래애~ 엄마 나 안 보고 싶었어? 나 삼 년 만인데~ (팔에 매달리면)
유신 (홱 뿌리치며) 엄마 버리고 간 딸년이 뭐가 보고 싶어!
승희 (표정)

승희, 유신이 안경닦이 천으로 닦고 있던 작은 액자를 본다.
승희, 이게 뭔지 안다. 하지만 애써 웃으며 유신의 손을 잡고 부엌으로 이끈다.

| 승희 | 엄마, 나 배고파. 밥 줘. 밥. ("얘가 왜 이래~ 더워. 이거 놔." 하는 유신을 헤헤 웃으며 끌고 부엌으로 들어간다) |

기영, 한숨 내쉬며 거실로 들어서고. 캐리어를 들고 안쪽 부부 침실로 들어간다.
유신이 닦다 소파에 내려놓고 간 액자 속 사진. 사진 속 배경에 있는 현수막의 '제 2000학년도 영산고등학교 입학식' 글자가 또렷하게 보이는, 입학식에서 대표로 선서하는 어린 승호(남, 17) 사진이다.

80...... 토론회장_ 주차장 → 달리는 중도 차 안 [낮. *보충신 있음]

두섭 운전석. 중도와 우재를 배웅 나온 관계자들.
"감사합니다." "초대해주셔서 제가 더 감사합니다." 등등 인사 주고받고, 차에 타는 중도와 우재. 차 문 닫히고 출발한다. 중도, 재킷 벗어 우재에게 건넨다.
(배지 그대로 달린 채로 건넨다. 우재, 간담회 타이틀 인쇄된 종이가방 갖고 있다. 안에는 중도의 재킷)

| 중도 | 잘 입었어. |
| 우재 | …아닙니다. |

우재, 두섭의 핸드폰 내비 보면, 목적지는 국회의사당. 40~50분 정도 걸린다.

우재	…남은 일정은 모두 국회니까 옷은 의원실에 여벌 있는 걸//
중도	(O.L.) 잠깐만.
우재	(보면)

혜주, 집중이 안 되지만 억지로 일하는 척하고 있다. 찢어진 페이지를 붙이려고 하는 중. 찢어진 그림과 글자의 위치를 잘 맞추려는데, 신중하게 맞춰서 놓지만 자꾸 글자가 어긋난다.

다시 종이를 들었다가 다시 살살 내려놓고, 그런데 또 어긋나서 또 들어 떼어냈다가 다시 호흡 참고 다시 맞추고⋯ 그런데 또 어긋난다. 집중이 잘 되지 않는.

혜주, 한숨 쉬고 수빈 보면, 소파에서 핸드폰 게임에 열중하고 있다.

혜주, 다시 작업대로 시선 떨구고, 다시 종이를 맞추려 하는데⋯.

수빈   (게임하면서 툭,) 근데요.

혜주   (보면)

수빈   (계속 게임하면서) 대학 안 나와도 아줌마 일 같은 거 할 수 있는 거예요?

혜주   ⋯나 대학 안 나왔어.

수빈   (혜주 본다) 정말요? ⋯아, 맞다. 지훈이가 얘기했었던 것 같아요.

혜주   ('지훈' 이름에 순간 가슴이 덜컹하는, 겨우 묻는) 지훈이가⋯ 그런 얘기도 했어?

수빈   (혜주 감정 눈치 못 챈 듯) 네.

수빈, 다시 핸드폰 게임에 열중한다. 작은 뿅뿅 소리.

그런 수빈을 물끄러미 보는 혜주, 감정 동요하기 시작한다.

플래시백 2회 신4. 혜주 집_1층 거실 (낮)

수빈   저 부모님 없어요. 아줌마처럼요. 아, 지훈이한테 들었어요.

혜주   ('지훈이한테 들었어요'에 눈빛 동요하던)

혜주　(감정 꾹꾹 누르며 겨우 묻는) …있잖아, 수빈아.

수빈　네? (혜주 보면)

혜주　…그거 말고… 또 지훈이가 내 얘기… 다른 거 한 건… 없니?

수빈　(혜주 빤히 보다가) …있어요.

혜주　!!

수빈　친엄마 아니라구.

혜주　!! (동요하는 감정 누르며 겨우 묻는) …그리고 또…? (숨도 못 쉬고 대답 기다리는데)

수빈　(빤히 보다가) …없어요. 그게 다예요.

혜주　!! (울컥한다) ……. (돌아선다) …잠깐만. 나 눈에 뭐가 들어가서….

수빈　…….

혜주, 격해진 감정 꾹꾹 누르는데. 이미 붉어진 눈시울.
눈물 참는데… 잘 안 된다.

혜주　(수빈 돌아보지 않고) …수빈아. 미안한데… 나 물 좀 사다줄래?

수빈　물이요?

혜주　(여전히 등지고 서서) …응. 아까 오던 길에 편의점 기억나지? 거기서 물 좀… 부탁할게. 아까 사오는 걸 잊었다.

수빈　…네.

혜주　(여전히 등 돌린 채) 거기 내 가방 열면 지갑 있거든. 가지고 가.

수빈　저도 물 살 돈은 있어요. (자기 가방에서 지갑만 꺼낸다/명품 지갑)

혜주　…….

수빈　갔다 올게요.

수빈이 나가는 발소리. 현관문 닫히는 소리.

혜주, 그제야 돌아보면 수빈 나갔다. 빈 수선실.

플래시백 동 장소. 조금 전.

수빈　(혜주 빤히 보다가) 친엄마 아니라구.

혜주　!! (감정 누르며 겨우 묻는) ⋯그리고 또⋯?

수빈　⋯없어요. 그게 다예요.

현재

혜주　(혼잣말, 애써 마음잡는) ⋯그래. 뭘 기대한 거야⋯.

혜주, 말은 그렇게 하지만 담담한 얼굴도 아주 잠시뿐.
눈물 주르륵 흐르는데⋯ 초인종 소리.
혜주, 당황해서 얼른 눈물 훔치는데 다시 초인종 소리.

혜주　(얼른 눈물 자국 닦고 문 열면서 억지 미소) 벌써 갔다 왔⋯ (멈칫) ⋯!!

문밖에 서 있는 사람, 중도다. (재킷 입지 않음)

혜주　(깜짝 놀라서) 어, 여보⋯ 여긴 왜⋯ (하는데)

중도, 아무 말 없이 혜주를 바라보고만 있다.

혜주　⋯여보. ⋯무슨 일⋯//(있어?)

중도　(감정 동요해 떨리는 목소리) ⋯혜주야.

혜주　⋯!

중도　나⋯ 너무⋯ 힘들다⋯.

혜주　!!

중도   나 때문에… 사람이 죽었어….

혜주   !!

혜주, 마음이 무너진다.

혜주   (울컥, 겨우 참으며) …아니야… 당신 때문 아니야… 당신이 잘못한 거
       아니야… 당신 잘못 아니야… 당신은… 이렇게 될 줄 몰랐잖아….

중도   …그래도… 그래도 부모가… 자식을 잃었잖아… 나 때문에….

혜주   !! (눈물 왈칵)

혜주, 아무 말 못 하고 중도를 바라보다가 꽉 끌어안는다.
혜주, 울음 참으려 입술 깨물어보지만 결국 눈물 주르륵 흘러내리고.
중도를 안은 채 소리 죽여 우는 혜주.
혜주에 안긴 중도, 얼굴 보이지 않지만 우는 듯, 등이 작게 떨린다.

중도   (흐느끼며) …부모가… 자식을… 잃었다구… 그 마음을 내가 아는데…
       나 때문에… 부모가 아이를 잃었어….

중도를 안은 채 소리 죽여 오열하는 혜주.
혜주의 등 뒤, 수선실 한 켠, 색종이로 카네이션 만들어 붙인, 서툰 솜
씨로 직접 만든 어버이날 카드가 잘 보이게 놓여 있다. 어린이 글씨의
카드 메시지 보이면,

엄마 아빠 사랑해요
남지훈 올림

혜주의 품에서 흐느끼는 중도. 중도를 안고 우는 혜주.

인서트 일각[8]. 20년 전. 혜주 회상.

유신   (흐느끼며) 너 때문에… 내 새끼가… 죽었어….

현재

혜주, 아무리 참으려 해도 흐르는 눈물.

82..... 동_ 문밖 (낮)

조금 열린 문틈으로, 혜주와 중도를 보고 있는 수빈.

인서트 수빈 회상. 주차한 중도의 차 안. (낮. 4회 신4에서 선행)

(차창 커튼 때문에 밖이 전혀 보이지 않아 주차 위치는 알 수 없고)

운전석 비어 있고. 운전석 뒷좌석에 우재. 그리고… 그 옆좌석, 수빈.

우재   걔가 지훈이 애가 아닐 수도 있잖아?
수빈   …그쵸. 아닐 수도 있겠죠, 지훈이 애는.

현재

혜주에 안겨 우는 중도를 보는 수빈의 서늘한 얼굴.

83..... 동_ 안 (낮)

서로를 안고, 소리도 내지 못하고 오열하는 혜주와 중도의 모습에
서….

8   영산경찰서 조사실이지만 장소가 어딘지 불분명하게.

4
회

방문 (訪問)

1 .... 책수선실_ 안 (낮)

혜주, (중도가 안 보이게) 문가에서 문 조금만 열고 문밖의 수빈과 대화
하고 있다.

혜주 (수빈의 가방 내밀며) 정말 미안한데… 일이 좀 생겨서. …집에 가 있을
      래? 혼자 찾아갈 수 있지?
수빈 (아무것도 모르는 얼굴) 네. 그럴게요.
혜주 미안해.
수빈 아니에요. …아, 이거요. (500미리 생수 준다)
혜주 (아 맞다… 생수 받는다) 고마워.
수빈 …그럼 갈게요. (간다)

수빈이 계단 내려가는 것 보다가 문 닫는 혜주.
돌아서면, 중도와 시선 마주친다.
잠시 서로를 바라보는 두 사람.

2 .... 동_ 건물 밖 (낮)

나오는 수빈. 조금 걸어가다 돌아보면, 책수선실 창문. (닫혀 있다)
수빈, 잠시 책수선실을 바라보다가 문득 주변을 살핀다.
중도의 차와 똑같은 검은색 카니발이 저 앞에 정차하고 있는 것을 보
자 순간 멈칫하는데. 뒷좌석 문 열리고 초등학생 두 명이 내리는 것을
보자 안심하는 수빈.

수빈 …….

3 .... [수빈 회상] 근처 편의점 앞 (낮)

수빈, 편의점에서 500미리 생수 한 병 사서 나오다가… 멈칫.

앞에 우재가 서 있다.

4....... [수빈 회상] 주차한 중도의 차 안 (낮)

두섭 없고. 수빈과 우재.

수빈, 태연한 척 다리 꼬고 팔짱도 끼고 앉아 있으나 사실은 아닌.

우재 너 애, 낳을 거야?

수빈 글쎄요. 낳는 게 좋으세요?

우재 …그 애가 누구 애냐에 따라 다르겠지. 걔가 지훈이 애가 아닐 수도 있잖아?

수빈 …그쵸. 아닐 수도 있겠죠, 지훈이 애는.

수빈과 우재, 팽팽하게 서로를 보는.

5....... [현재] 책수선실_ 건물 밖 (낮)

수빈 …….

수빈, 책수선실 한 번 힐끔 올려다보고 간다.

6....... 동_ 안 (낮)

혜주와 중도, 찻잔을 사이에 두고 마주 앉아 담담하게 대화 나눈다.

중도 여기… 정말 오랜만이다.

혜주 …그러게.

가만히 생각에 잠기는 혜주와 중도. 혜주, 떠오르는 기억이 있다.

7....... [혜주 회상] 동 장소 (밤. 8년 전. 2014년 11월)

혜주 (좀 당황해서 되묻는) …국회의원…? 비례…대표…?

앞치마 입고 일(작업대 위에 여기저기 널리고 수북이 쌓인 지우개 가루와 종이가루를 쓸어버리려고 소형 빗자루로 쓸어 모으고 있다/쓰레받기 사용)하며 중도 이야기 듣던 혜주, 당황해 그대로 멈춰 중도 쳐다본다.
작업실 한 켠의 책상달력, 2014년 11월. 소파에선 어린 윤서(7), 태권도복(흰 띠, 신나게 놀고 와 흐트러진 양갈래 머리), 입가에 초콜릿 자국 묻은 채 담요 덮고 새근새근 잠들어 있고. 옆엔 노란 유치원 가방(지청유치원, 가방 겉에 혜주가 매직펜으로 '남윤서' 써놨다), 윤서 패딩잠바.

중도 …어.

혜주 …!

중도 (차분히) 어제 저녁에… 대한당 우진석 최고위원 만나서 비례대표 공천 제안을 받았어. …당선 안정권 번호로.

혜주, 말없이 중도를 바라본다. 중도 역시 혜주를 가만히 바라보는.

혜주 이미… 마음 굳힌 거네.

중도 (대답하지 않지만, 답은 yes다) …….

혜주 …….

중도 …미안해.

혜주 …….

중도 하지만… 그래도… 이 결정에 당신의 지지를 받고 싶어. 오랫동안 꿈꿔온 길, 든든한 마음으로 가고 싶어.

혜주 …….

중도 …결혼할 때 내가 약속했었지. 언젠가 내가 정치를 하게 되더라도…

당신은 당신이 원하는 조용한 삶을… 계속 살게 하겠다고.

혜주   …….

중도   그 약속, 반드시 지킬 거야. 당신의 삶을 깨뜨리는 일, 절대로 하지 않아.

중도, 혜주의 대답을 긴장해 기다린다.
서로의 눈을 바라보는 두 사람인데… 혜주의 눈시울 붉어진다.

혜주   …조건이 하나 있어.

중도   …….

혜주   나는 정치… 하나도 모르고… 앞으로도 알지 못할 거야. 그러니까 이
          제부터 우리는… 함께, 각자의 삶을 살아가겠지. 그래도…

중도   …….

혜주   언젠가 당신 마음이 힘든 일이 생기면… 그땐 꼭 얘기해줘. 그게… 내
          가 당신 선택을 지지하는 조건이야.

중도   (울컥) …그렇게. 반드시… 그렇게. 약속할게.

중도, 가슴이 벅차 혜주를 바라보다 껴안는다.

중도   (감격에 겨워 되뇌는) 고마워, 여보. 고마워….

혜주, 마음 복잡하지만 중도의 결정을 담담히 수용한다.
언젠간 닥칠 일이었던.

8…….. [현재] 동 장소 [낮]

혜주   …고마워. 약속… 지켜줘서.

서로를 바라보는 혜주와 중도.

9....... 중도 의원실_ 사무실 (낮)

보좌진들 각자 자리에 있는데, 우재 돌아온다. 조금 전 행사명 찍힌
종이가방 들고 있고, 자기 재킷은 팔에 걸치고 있는.

우재   다녀왔습니다- (들어와서 바로 정수기 앞으로, 비서들 얘기 들리는)

일동   오셨어요.

빛나   (걱정) 의원님 좀 괜찮으세요? 병원은요.

우재   아니에요, 그냥 좀 피곤하신 거라서요. (종이가방 내려놓고 물 뜬다)

빛나   다행이네요. 이제 마지막 국감 하시고 총선 준비하시면 더 바빠지실
텐데, 저번 임기 때부터 진짜 하루도 안 쉬셔서 좀 걱정되긴 했거든요.

민석   저번 임기 때도 하루도 안 쉬셨어? (자영 본다, 자영이 알 거라 생각)

자영   네, 그때 제가 의원님 일정 관리했잖아요. 주말에야 당연히 지역구 도
시거나 전국 각지 정당 일정 가시고, 명절 당일에도 노인정 같은 데
인사 가시고. 그러니까 지금 칠 년 반째 하루도 통째로 쉬신 적이 없
으신 거예요. 어흐~ (절레절레)

민석   그래도 오늘, 내부 일정들만 남아 있었어서 다행이네.

자영   근데 이제부터 회의들은 어차피 의원님들 불출석 많지 않아요? 국감
준비한다고 바빠서, 아님 국감이고 뭐고 총선 준비 시작한다고 여의
도 비우고 지역구 내려가 표밭 다지기 시작하잖아요.

우재   (물 마시며 듣다가 자영에게) 요샌 임기 말이라고 딱히 그렇지도 않아. 국
민들 보는 눈도 있고, 무엇보다도 자리 지키고 있다가 법안 통과 안
시키고 계류시키는 것도 권력이니까.

빛나   (자영에게) 맞아. 특히나 지금 같은 임기 말엔 더 그렇지. 임기 끝날 때
까지 법안이 통과 안 되면 아예 폐기되는 거니까.

자영   아, 그러네요.

강호   (몰랐다) 아, 임기 만료로 법안 폐기….

물 다 마신 우재, 자기 자리로 가려고 종이가방 다시 집어 들다가 안의 옷 본다. (팔에 아직 자기 재킷 걸치고 있다)

우재   (강호에게) 강호 비서, 이거 의원님 옷인데 드라이 좀 맡겨줄래?

강호   넵. (손 내민다)

우재   (주려다가 종이가방 안 살짝 보이는데, 계란 얼룩) …아니다. 내가 갔다 올게. (바로 나가려다가 자기 재킷 본다) …….

10⋯⋯ 동_ 의원실 [낮]

아무도 없는 의원실. 종이가방 들고 들어온 우재.
팔에 걸치고 있던 자기 재킷 보면, 깃에 국회의원 배지 달려 있다.
우재, 배지 떼서 중도 책상에 올려놓고 종이가방 든 채 나가려다가⋯
책상 위의 가족사진 액자 본다. 지훈이 있는.

우재   …….

11 ⋯⋯ [우재 회상] 달리는 중도 차 안 [낮. 3회 신80 보충]

중도   오늘 나머지 일정 전부 취소 좀 해줘.

우재   (본다)

중도   (두섭에게) 박 비서님, 저 좀 내려주시고 오늘은 그만 퇴근하세요.

두섭   네. (차 세운다)

우재   어디 가십니까? 타고 가시죠.

중도   아니야. (종이가방 눈짓) 미안한데 그 옷 세탁 좀 부탁해. 그럼 수고. 내일 봐. (내린다)

12⋯⋯ [우재 회상] 길가에 정차한 중도 차 안 [낮]

카니발 안 우재. 창밖을 보면 중도가 택시 잡는 모습 보인다.

두섭   (출발하려 깜빡이 켜며) 장보는 여의도에 내려줌 되지?

우재   (택시에서 눈 떼지 않으며) …잠시만요.

차창 밖. 중도가 탄 택시가 신호등 때문에 멈춰 있는 사거리의 표지판, 좌회전하면 '광순대학교 부속병원'이다. 우재, 택시에서 시선 떼지 않는데 신호등의 좌회전과 직진 신호가 동시에 파란불이 되고… 택시, 직진한다.

13...... [우재 회상] 책수선실 근처 일각_ 정차한 중도 차 안 (낮)

차창의 커튼 걷고 그 사이로 밖을 보고 있는 우재. 중도의 택시가 골목의 건물 앞에 서고, 중도가 내려서 건물로 들어가는 것 보인다.
우재, 건물 2층 올려다본다. 간판이 없어도 여기가 어딘지 아는.

우재   ……. (두섭에게) 여의도로 가시죠.

차 출발하고. 우재, 아직 손으로 잡고 있던 커튼을 내리려는데… 순간, 차창 밖, 누군가를 본다. (편의점 가는 수빈을 본 것)

우재   (두섭에게) 잠시만요.

14...... [우재 회상] 주차한 중도의 차 안 (낮. 신4 보충)

우재   …얼마 주디?

수빈   네?

우재   넌 한 번 하는데 얼마 받냐고. 지훈인 얼마 주디?

수빈   (순간 얼굴 굳는다) !!

수빈, 차 문 열려고 팔 뻗는데 순간, 우재가 수빈의 손목을 탁 잡는다.

수빈   ! 뭐예요! 이거 놔요!!

수빈, 우재의 팔을 떼내려 애쓰지만 우재의 힘이 훨씬 세다.

수빈   놓으라고요!!
우재   (위압적인) 앉아. 어른 말은 끝까지 들어야지.

우재, 수빈의 팔을 당겨 앉힌다. 수빈, 겁나지만 애써 태연한 척. 그걸
아는 우재.

우재   (수빈의 굳은 얼굴 보고 피식) 돈 받고 한 적은 없나 보네.
수빈   저랑 지훈이, 사귀었어요.
우재   (뭐라도 상관없다는 듯 어깨 으쓱) 뭐. 근데 니 말대로, 그렇다고 그 애가
        지훈이 애라는 보장은 없지.
수빈   (노려보다가) ⋯할 말이나 빨리 하세요.
우재   아아, 그래. 너, 그 집에 계속 있을 거야?
수빈   ⋯⋯.
우재   그럼 죽은 척 조용히 살아. 척하는 게 싫으면 그냥 뭐⋯ 죽어도 괜찮고.
수빈   (무섭지만 태연하게) 그런 말 막 해도 돼요? (차량 블랙박스 눈짓 하면서) 저
        기에 다 찍히고 있을 텐데. (하다가 멈칫! 선 뽑혀 있다!)
우재   (그런 수빈 봤다, 피식)
수빈   ⋯⋯.

수빈, 차 문 휙 열고 내린다. 뛰다시피 가는 수빈. 잡지 않는 우재.
우재, 핸드폰으로 두섭에게 전화한다.

우재   (통화) 예, 가시죠. (끊는다)

우재, 수빈이 내린 차 문 버튼 눌러 닫고 앉으려다가 몸 내밀고 블랙박스 전선 다시 끼운다. 전원 켜지는 블랙박스.

우재　(혼잣말) …그치. 뭐가 찍힐 줄 알고.

두섭이 운전석에 타고. 우재, 좌석에 기댄다. 차 출발한다.

15...... [현재] 중도 의원실_ 의원실 (낮)

우재　……. (배지 뗀 자기 재킷 입고 종이가방 들고 나간다)

16...... 책수선실_ 안 (낮 → 밤)

마주 앉아 있는 혜주와 중도. 차는 다 마셨다.

혜주　…어디 바람 쐬러 갈까?
중도　아니. 그냥… 여기 있자.
혜주　(가만히 바라보는데)
중도　(미소) 당신은 일해. 방해 안 하고 가만히 있을게.
혜주　아니야. 그럼 집에 갈까?
중도　아니. …그냥… 당신이랑 있고 싶어. (혜주 뒤로 쌓여 있는 책 몇 권 눈짓)
　　　　편하게 일해. 나는 당신 보고 싶어서 온 거니까… 실컷 보고 있을게.
　　　　그러면 충분해.
혜주　(가만히 바라보는) …….

jump

2~3시간 경과해 창밖 어둡다.
일하는 혜주, (1회 신5의) 아기 사진을 표지에 끼우려고 홈 파인 부분에 갖다 대어 미세하게 위치를 조정해보다가… 사진 속 남자 아기를 물끄러미 바라본다.

혜주, 아기 사진 가만히 내려놓고 중도에게 시선 옮기는데… 중도, 소
파에서 잠들었다. 편안해 보이는 얼굴.

혜주, 중도에게 다가가서 소파에 걸쳐뒀던 얇은 담요를 조용히 덮어
준다.

그러고는 중도의 앞에 쪼그려 앉아서 중도 얼굴을 가만히 들여다본다.

울컥하는 감정 누르면서 중도의 얼굴을 오래도록 바라보고 있는 혜주.

타이틀 IN.

17...... 칼국수집_ 안 (밤)

손님 몇 식사 중. 손님에게 칼국수 내주는 영선, 카운터에 멍하니 앉
아 있는 여진에게 온다. (저녁 7시쯤이다)

영선 언니, 오늘 너무 늦게까지 있는 거 아니에요?

여진 어? 왜, 그럼 안 돼? (웃는데)

영선 아니, 안 될 건 없지만~ 윤서 엄마가 언니 과로하면 절대 안 된다고
볼 때마다 얼마나 신신당부하는데…. 난 분명히 얘기한 거예요? 그니
까 언니 내일 몸살나도 난 몰라~ (웃고 간다)

여진 …….

18...... 골목 일각 (밤)

여진, 퇴근해 집에 가는 중. 느릿느릿 걷고 있다.

문득 핸드폰 꺼내서 보면, 오후 4시쯤 혜주가 보낸 카톡 있다. (이미 읽
은 메시지. 지금은 오후 8시쯤)

언니 퇴근했어? 나 오늘 좀 늦을 것 같아. 수빈이 저녁 좀 부탁할게.

여진   (한숨) …….

19...... 혜주 집_ 외경 (밤)

20..... 동_ 1층 부엌 (밤)

냉장고 앞의 수빈. 문손잡이는 잡았는데 열지 않고 망설이다가 손 놓는다.
돌아서는데 꼬르륵한다. 배고프다. 안 되겠다.
결국 냉장고 문 열려고 하는 순간, 1층 현관문 열리는 소리.
얼른 냉장고에서 손 떼고 부엌 나가려는데 불 켜진 것 보고 바로 오는 여진.

여진   거기서 뭐 하니?

수빈, 뭐라고 말하기도 전에 다시 꼬르륵 소리 크게 난다.

짧은 jump
수빈의 저녁밥 차리는 여진. 자기 밥은 안 차린다. 같이 먹기 싫은.
찌개나 국 없이 밑반찬 위주의 간단한 밥상. 계란말이 정도만 방금 해서 더한.
여진, 마지막으로 밥공기 놓고 수빈 보면, 수빈은 거실에서 TV 예능 프로 보는 중.
여진, 속 터진다.

여진   밥 먹어.
수빈   (힐끔 보고, TV 끄고 와서 앉는다) 잘 먹겠습니다. (수저 드는데)
여진   (부글부글) 너는 참 천하태평이다~ 너 때문에 이 집 식구들은 속이 다

뒤집어졌는데.

수빈   (여진 쳐다보다가) 마음이 편해야 태교에 좋다면서요.

여진   (어이없다) 태교? 애기 배 속에 품고 키우는 게 말처럼 그렇게 쉬운 줄 아니?

수빈   (빈정대는) 아줌만 뭐, 해봤어요?

여진   (뭔가 말하려다가 꾹 누르고) …낳기로 한 거야?

수빈   …글쎄요? (숙주나 콩나물무침 집어 입에 넣는데 갑자기) ?

여진   ? (보면)

수빈   (몇 번 더 씹더니 손바닥에 뱉고 갑자기 구역질, 당황!) 윽! (젓가락 집어던지듯 내려놓고 얼른 일어난다) 아, 이거 상했어요!

손으로 입 막으며 화장실로 달려가는 수빈.

여진   ? (반찬 냄새 맡아보고 갸웃, 한 입 집어먹고, 한 입 더 먹는다) ? 안 상했는데?

그때 화장실에서 우웩! 구토 소리 들리자 여진, 깨닫는다.

여진   (한숨) 아이고오… 입덧하나 보네.

21‥‥‥ **영산. 독일부동산 안 (밤)**

유신, 승희, 부동산 주인(여, 50)과 매도인(남, 70).
유신이 자신의 명의로 영산시 방진동의 30억 원짜리 상가 건물 하나 사는 매매계약서 작성 완료한 상황. 담보대출 받아 매입.
부동산 주인, 웃는 얼굴로 매도인 배웅하고 있고. ("사장님 조심히 살펴 가세요~")
유신, 만족스러운 얼굴로 계약서 다시 보고 있다가 도장 번지지 않게 호~ 분다.

승희, 그런 유신이 질리지만 애써 표 안 내며 옆에 앉아 있다.
그때 부동산 주인, 자리로 돌아온다.

부동산주인 (함박웃음, 유신에게) 사모님, 계약서 쓰시느라 고생하셨어요. 이제 방진
동에만 상가가 다섯 채시네요! 축하드려요~

유신 김 사장이 애썼지.

부동산주인 (승희에게) 이제 유학 공부 다 끝나신 거예요?

승희 유학 아니고 그냥 어학연수 갔었어요.

유신 …….

부동산주인 (유신 눈치) 아유, 외국 나가서 공부하면 다 유학이죠! 어머님이 따님
한국 오셔야 도장 찍는다고 하셔서 저랑 매도자분이 한 달도 넘게 기
다린 거 아세요?

승희 (이해 안 간다, 유신에게) 계약하는 데 누구 필요하면 기영이 있잖아. 어
차피 엄마 부동산 관리, 전부 기영이가 하는데.

유신 (정색) 걔가 내 아들이니?

승희 ('아들') …….

유신 내가 니 앞에서 도장을 찍어야 나 죽어도 니가 내 땅, 내 건물이 어디
어딘지 확실하게 알지.

승희 엄마. …죽는단 소릴 왜 또 해.

유신 사람은 다 죽어. …….

승희 …….

22..... 영산. 초밥집_ 룸 안 [밤]

기영, 들어가면, 기다리던 기영 동창(남, 39/홍성창), 반갑게 맞이한다.

기영동창 최기영! (반갑게 끌어안고 악수 청하는) 와, 이게 얼마만이냐-

기영 하하, 잘 지냈지?

기영동창 앉아, 앉아. 아, 진짜 오랜만이다. 넌 어떻게, 동창회 한 번을 안 나오냐?

기영 미안.

기영동창 야, 일단 주문부터 하자. 여기 초밥 잘해.

짧은 jump

식사 다 끝났고. 종업원, 후식 놓고 나간다. 문 닫히면.

기영동창 너 승희랑 결혼한 지 얼마나 됐지?

기영 5년.

기영동창 와, 벌써? 시간 진짜 빠르다. 내가 너 호주에서 잠깐 한국 나왔단 소리 듣고 동창회 오라고 한 거였잖아. 그때 승희 만난 거고. 기억나지?

기영 …어.

기영동창 너 근데, 고등학교 다닐 때 진승희랑 친했었냐?

기영 아니. 그냥… 고3 때 같은 반.

기영동창 그치? 그래서 나중에 너네 둘이 결혼한다고 해서 완전 놀랐었는데. 야, 최기영. 너네 결혼에 내 지분이 엄청나요. 절대 잊음 안 된다?

기영 (그냥 웃어주는) 알았어, 알았어.

기영동창 근데 승희는 무슨 어학연술 3년이나 하나? 첨에 1년 간다고 하지 않았어? 그리고 너는 왜 안 따라가고 여기서 홀애비 짓을 해?

기영 …승희 공부 다 끝나서 오늘 들어왔어.

기영동창 오늘? 야, 그것도 모르고 불러냈네. 미안. 너네 애는 아직이지? 내가 2차 가잔 소리 안 한다, 얼른 들어가서 오늘 밤부터 잘 해봐라? 흐흐.

기영 …….

기영동창 (눈치 보다가) 저기, 근데….

기영 (보면)

기영동창 나… 돈 쪼끔만 빌리자.

기영	…돈?
기영동창	어… 이런 얘기 미안한데, 나… 일이 좀 어려워져서… 한 오천 정도 될까?
기영	(곤란) …미안한데 나 그만한 돈이 없어.
기영동창	야, 너 건물이 몇 갠데 돈이 없어.
기영	없어. 진짜야. 나는 그냥 장모님 건물 관리만 해드리는 거야. 전부 장모님 명의고.
기영동창	(빈정거리는) 그게 그거지. 어차피 다 니 마누라 꺼 될 텐데. 영산 최고 부잣집 데릴사위가 세상 순진한 척은?
기영	(모욕 느끼고, 상처받은) …….

23..... 골목 일각 (밤)

집으로 가는 혜주와 중도. 별 대화는 없지만 손 꼭 잡고 가는 부부.

24..... 혜주 집_ 1층 현관 (밤)

혜주와 중도 들어가면, 부엌에 있던 여진이 문소리 듣고 거실로 나온다.

여진	왔어?
중도	(들어오며) 나도 왔어.
여진	어머. 어떻게 둘이 같이 왔네?
혜주	어어. …이 앞에서 만나서.
여진	(중도 보고) 잠깐 들른 거야? 다시 나가?
중도	아니. 퇴근했어.
여진	웬일로?
혜주	(O.L.) 윤서는 아직 안 왔지? 수빈이는?
여진	(한숨 쉬며 위층을 올려다보는)
혜주/중도	(? 영문을 모르겠는)

25..... 동_ 지훈의 방 (밤)

누워 있는 수빈. 울적하고 짜증도 난다. 그때 노크 소리.

수빈   (성의 없이) 네.

수빈, 내키지 않지만 일어나 앉고. 혜주, 보리차 컵 들고 들어온다.

혜주   속 안 좋아서 저녁 못 먹었다며. 지금은 좀 괜찮아?
수빈   …네.
혜주   입덧 심한 사람은 정말 힘들어. 나도 굉장히 초기부터 그랬어.
수빈   …….
혜주   그래도 먹을 수 있는 게 있을 거야. 내일부터 같이 찾아보자.
수빈   …네.
혜주   이거 보리찬데, 여진 언니가 끓였어.
수빈   …….
혜주   그럼 쉬어. (조용히 문 닫고 나가려는데)
수빈   아 참, 이거요. (에코백 부시럭, 뭔가를 꺼낸다)
혜주   (돌아본다) 응?
수빈   마약검사 했어요.

수빈이 내미는 것, 마약검사 결과지다.

26..... 동_ 안방 (밤)

중도와 혜주.

중도   음성 확실해?
혜주   어. …검사지 봤어.

중도   (그래도 영 못 미덥고, 수빈이 전혀 반갑지 않은 한숨) …….

혜주   …여보.

중도   (보면)

혜주   나도… 쟤 볼 때마다 마음이 갈피를 못 잡겠어. 아직도 너무 혼란스럽
       고….

중도   …….

혜주   그래도… 우리 지훈이 애기 가졌으니까… 예쁘게 보려고 애쓰고 있어.

중도   …….

혜주   그러니까… 당신도 수빈이 조금만 예쁘게 봐주자, 응? 오늘 검사만 해
       도 내가 말 꺼내기 전에 자기가 먼저 얘기하고 받아온 거잖아. 그리고
       이제 입덧도 하는 것 같은데 얼마나 힘들겠어.

중도   …알았어.

혜주   (고맙다)

중도   …근데 당신, 쟤한테 너무 마음 주지 마.

혜주   (중도 본다)

중도   당신… 상처받을까봐 그래. (혜주 바라보는)

혜주   (걱정하는 중도 마음 알겠다) …알았어. 그래도 우리 집에 들였는데… 조
       금은 믿어주자. 응? 그렇게 나쁜 애는 아닌 것 같아.

중도   …….

혜주   …아, 자기 목욕할래? 물 받아줄까?

중도   (보면)

혜주   해. 피곤할 텐데 목욕하고 푹 자.

중도   그래. 고마워.

혜주, 욕실로 들어가려는데 문득 중도가 양복 재킷 안 입은 모습이 눈
에 들어온다.

혜주	어, 근데 위에 옷은?
중도	응? (보면)
혜주	자기 양복. 겉에 재킷은? (퍼뜩) 어머, 수선실에 두고 왔나?
중도	아… 아니야. 차에 있어.
혜주	(의심 않는) 아아.
중도	…….

그때 윤서 귀가하는 2층 현관 문소리 들린다.

27 ..... 동_ 2층 화장실 앞 (밤)

학원 갔다가 귀가한 윤서. 책가방은 복도에 던져놓고 화장실로 직행한다.
문 벌컥 열려는데 잠겨 있고, 안에서 누가 토하는 소리 작게 들린다.
윤서, 뭐지 싶은데 혜주가 안방에서 나온다.

혜주	윤서 왔니?
윤서	아, 엄마. (화장실 가리키며) 엄마 토하는 줄 알고 걱정했잖아~
혜주	…수빈이 언니가 속이 좀 안 좋아. 애기 가져서.
윤서	(빈정) …참 가지가지 하네.
혜주	너 말 계속 그렇게 할래?
윤서	내가 뭘 계속 그래! 내가 뭘 어쨌다고!
혜주	남윤서!//
중도(E)	(거의 동시에) 남윤서!

윤서, 깜짝 놀라 보면. 안방에서 나온 중도.

중도	너 엄마한테 지금 그게 무슨 말버릇이야!

윤서　(순식간에 울먹울먹) 아빠도 왜 나한테만 뭐라 그래!

윤서, 방문 쾅! 닫고 들어가 버린다.

혜주　윤서야! (중도에게) 여보. 자꾸 윤서한테 화내니까 애가 더 저러잖아.
중도　애가 버릇이 없잖아, 지금! 집에 큰일 있다고 계속 오냐오냐 봐줬더니
　　　만, (윤서 방 쪽으로 가며) 남윤서, 나와봐!
혜주　(안방으로 중도 등 떠밀며) 하지 마. 내가 타이를게. 그만해. 그만. 들어가.
　　　얼른. (중도를 안방에 밀어 넣고 자기도 들어가 안방 문 닫는다)

28..... 동_ 2층 화장실 안 [밤]

수빈, 밖의 소동을 다 듣고 있었다. 윤서가 혼난 게 좀 꼬셔서 피식 웃
는데… 배에 시선 머문다. 배를 가만히 만져보는데, 우재에게 잡혔던
손목에 불그스름한 멍자국.

수빈　…….

29..... 승희 집_ 부부 침실 [밤]

씻은 승희, 화장대에서 얼굴에 로션 바르고 있다가 핸드폰 집어 든다.
기영에 카톡 쓴다: 언제 와?
그러나 전송하지 못하고 망설이는데 방문 열리는 소리. 얼른 핸드폰
내려놓는다.
기영 들어온다.

승희　…일찍 왔네?
기영　…어, 그냥. 뭐. …….
승희　…….

기영	…저녁은?
승희	…먹었지. 엄마랑.
기영	…….

말 끊긴다.

기영	…비행기 타고 와서 피곤할 텐데 얼른 자.

기영, 돌아서서 옷 갈아입기 시작하고.
승희, 화장대 거울에 비치는 기영을 물끄러미 바라보는….

30..... 혜주 집_ 안방 욕실 (밤)

욕조 수도꼭지에서 물 콸콸 나오고 있고, 크지 않은 욕조에 물이 거의
다 찼다.
혜주, 욕조에 걸터앉아 손으로 물 휘저으며 물 온도 보고 있다. 옆에 중
도가 갈아입을 옷과 속옷, 수건 있고. 그 옆 세면대, 양치 마치는 중도.

혜주	(수도꼭지 잠그며) 윤서한테 너무 뭐라고 하지 마. 윤서도 지금 얼마나 혼란스럽고 힘들겠어. 내가 잘 얘기할게.
중도	…오늘 일만 가지고 그러는 거 아니야. 사람이 공부만 잘한다고 다가 아니잖아.
혜주	…윤서, 중학생이야. 사춘기잖아. 게다가 윤서도… 큰일 겪었고.
중도	…….
혜주	우리 딸, 세상 어디 내놔도 남부끄럽지 않은… 당신 똑닮아 착하고 똑똑한 아이야.
중도	(혜주 보면)
혜주	지난 8년 동안 윤서를 제일 가까이에서 본 사람, 나야. 내가 보증해.

중도	…애 혼자 키우게 했다고 지금 나 혼내는 거지?
혜주	(웃는) 알아들었어?
중도	…미안해. 내가 참… 할 말이 없다.
혜주	(가만히 바라보다) …알지? 내가 세상에 당신을 양보했다는 거.
중도	…알지. (가만히 혜주 바라보다가) 고마워. 사랑해.
혜주	…나도. 나도… 사랑해.

혜주와 중도, 서로를 바라본다. 큰 슬픔을 의연하게 견뎌내려 하지만 아직도 마음이 미어진다. 눈시울 붉어지는 혜주. 중도, 혜주에게 다가가 안는다.

서로를 단단하게 꽉 끌어안는 두 사람의 손. 상실을 견뎌나가는….

31...... 승희 집_ 부부 침실 (밤)

침대의 승희, 기영과 나란히 누워 눈 감고 있다.

마치 자는 듯 보이지만….

승희, 가만히 눈 떠서 기영을 보면. 기영, 자는 것 같다.

승희, 물끄러미 보다 바깥쪽으로 돌아눕는다.

그러나 기영, 가만히 눈을 뜨고. 돌아누운 승희 등을 본다.

기영, 승희의 등을 보다가 반대쪽으로 돌아눕는가 하더니 일어나 방을 나간다.

문 쪽을 등진 채 기영이 나가는 소리를 듣고 있는 승희의 얼굴.

32..... 동_ 부엌 (밤)

어두운 부엌. 식탁 위 덩그러니 놓인 초밥집 종이백.

안이 보이면, 고급스런 초밥 포장 상자 위에 매직펜으로 쓴 '특)초밥'.

기영, 조용히 초밥을 음식물 쓰레기통에 버린다.

33..... 혜주 집_ 2층 복도 (새벽)

깜깜하다. 1층 부엌에서 녹즙기 윙윙 소리 작게 들리고 있다.
안방에서 출근 준비하고 나오는 중도.
2층 화장실에서 나와 자기 방으로 돌아가던 수빈과 마주친다.

수빈   …안녕하세요.
중도   (차가운 얼굴로 보는) …….

중도, 아무 대꾸 없이 수빈을 스쳐 지나간다. 실내계단으로 내려가려는.
그 순간, 팔뚝이 살짝 닿는데…(중도가 일부러 닿은 것은 아니고 복도가 좁
은 / 중도는 양복이지만 수빈은 반팔이라 맨살이 닿은)
그 순간 수빈, 움찔하며 뒤로 살짝 물러선다.
중도가 계단을 내려가면 1층에서 녹즙 갈던 혜주가 "벌써 내려왔어?
잠깐만. 이거 녹즙 담기만 하면 돼." "천천히 해. 신발 신고 있을게." 대
화 소리 작게 들린다.
가만히 서서 1층에서 들리는 대화 소리를 듣고 있던 수빈, 중도와 닿
은 팔뚝을 굳은 표정으로 탁탁 털고 자기 방으로 들어간다.

34..... 국회의사당_ 외경 (낮)

35..... 중도 의원실_ 의원실 (낮)

중도, 우재, 민석, 자영, 강호. 회의 중. 민석의 핸드폰이 스피커폰으로
켜져 있고, 빛나가 전화로 진척사항 보고 중이다.

빛나(F)   일단 영산을 한 바퀴 돌았는데요.

36..... 영산 일각_ 주차한 빛나 차 안 (낮)

운전석의 빛나, 전화로 보고 중. 도로변에 차 대놓고 통화하는데 조수석엔 비타민음료 2~3박스 있다. 차창 밖은 논밭, '땅 / 010-xxxx-xxxx' 쓰여 있는 현수막 걸려 있다.

빛나   (통화) 이유신 집안이, 그러니까 강순홍 의원 처가가 대대로 이 동네 유지라서 그런지 여기 사람들 아무도 입을 열질 않네요. 그래도 하나 새로 얻은 정보는 있습니다.

37 ..... 중도 의원실_ 의원실 + 영산 일각_ 주차한 빛나 차 안 (낮. 교차)

빛나   이유신이 사위를 맘에 안 들어 한다네요?

우재   사위요? 이유신 부동산 관리한다던?

빛나   네. 이름은 최기영이고, 골프레슨장을 운영하고 있습니다.

우재   영산 사람이에요?

빛나   네. 고등학교까진 영산에서 나왔고 대학을 서울로 갔는데 졸업한 후에 부모와 호주로 이민을 갔다고 합니다. 그랬다가 몇 년 전에 한국 잠깐 나왔다가 고등학교 동창회에서 이유신 딸을 만나서 결혼했구요. 지금까지 이유신 집에서 같이 살고 있다네요.

우재   결혼하고 같이 호주로 안 간 거네요?

빛나   네. 그리고 이유신 딸이 3년 전인가, 혼자서 캐나다 유학을 갔다가 막 귀국했다고 합니다.

우재   시댁이 호주라면서 근데 캐나다? 그것도, 남편을 사이 나쁜 친정엄마와 남겨두고 혼자서요?

빛나   네.

우재   흠. 재밌는 부부네요. 근데 부동산 거래며 관리를 맡길 정도면 사위를 믿는단 얘긴데, 그런 사위를 왜 미워하는 거죠?

빛나   없는 집 아들이라네요. 영산에 살 때부터 넉넉지 않았고,

인서트 영산. 골프레슨장_ 외경 (낮)

오픈하던 날. 개업축하 화환[1]이 입구에 여섯 개 정도. 기영과 승희, 나와서 인사 중.

그 옆, 마치 주인 같은 태도로 손님 맞고 있는 유신. (모두 유신의 손님들이다)

그때 인부(남)가 크고 화려한 서양란 화분[2] 들고 오면, 유신, 제일 잘 보이는 자리에 놓게 지시한다. 화분의 리본: 돈 길만 걷게 하소서 // 장모 이유신

빛나(E)　호주에선 무슨 자격증을 따서 일했다는데 한국에서 쓸 수가 없어서 결혼할 때 이유신이 골프레슨장을 차려준 거랍니다. 그래서 이유신이

인서트 영산. 시내 꼬마빌딩 앞 (낮)

유신, (신21의) 부동산 주인과 거리에 서서 꼬마빌딩 하나 보며 이야기 나누고 있다. 그러다 유신, 핸드폰 꺼내 꼬마빌딩 사진을 찍는데 핸드폰이 뭔가 잘 안 되고. 그러자 미간 꽉 찌푸리면서 뒤돌아 누군가를 부르면, 기영이다. 기영, 얼른 와서 유신의 핸드폰 만져주고. 유신은 짜증내고 있고.

그런 기영을 보는 부동산 주인의, 안됐다는 얼굴. 그러다 유신이 고개 들면. 부동산 주인, 아무 일 없다는 듯 유신에게 영업용 미소 지어 보이는.

1　(1) 번창을 기원합니다 / 영산시의원 오규철 (2) 사업 건승을 기원합니다 / 독일부동산 김혜진 (3) 개업을 축하합니다 / ㈜영산자재 대표 김건주 (4) 축복합니다 / 영산교회 담임목사 강영광 (5) 무궁한 발전을 기원합니다 / 사임당회 (6) 대박나자! / 영산고등학교 61회

2　이 화분은 리본도 떼지 않은, 싱싱한 상태로 매장의 가장 잘 보이는 위치에 항상 있으면 좋을 것 같습니다.

빛나(E) 사위를 데리고 다니면서 좀 함부로 대해서, 다들 그 집에 대해서 말을 아끼면서도 사위 안됐다고는 하더라고요.

현재

우재 그런데도 남편을 두고 혼자 외국엘 나갔다 왔으면… 이혼도장 찍으려고 귀국한 건지… 부부 사이가 좋아 보이진 않는데.

일동 (모두 각자 생각하는데)

중도 일단… 부부 사이는 당사자가 아니면 아무도 모르는 거고.

빛나 네. 그래도 장모랑 사위 관계는 사실인 듯하니 사위를 좀 구슬려보면 어떨까요? 무시당하고 사는 게 남들 눈에도 다 보일 정도면 맺힌 게 많을 것 같은데요.

민석 그러게요. 무엇보다도 이유신 부동산 관리인이니 정보가//

중도 (O.L.) 아니야, 그 사위 건드리지 마.

일동 (중도 본다)

중도 사이가 안 좋아도 가족이야. 이보다 더한 일도 덮어주는 게 가족이고.

일동 …….

민석 그래도 친자식 아니고 사위잖아요.

중도 꼭 피가 섞여야만 가족인가? 그리고 주변에 소문날 만큼 그런 대접 받아도 결혼을 유지 중이라는 건 그만큼 아내를 사랑한단 걸 수도 있어.

민석 아아, 사랑 정말 어렵네요. 이래서 제가 아직 결혼을 못 한 걸까요.

일동 (폭소)

중도 (웃고) 김빛나 비서관, 고생 많은 건 알지만 그 사위는 접촉하지 말고 다른 쪽으로 더 알아봐줘요.

빛나(F) 넵.

38..... **의원회관_ 10층 엘리베이터 홀 (낮)**

점심식사 가는 중도, 우재, 민석, 자영, 강호. 엘리베이터 호출버튼 눌러놓고 기다리는 중. 강호, 인원수만큼 종이식권 들고 있고. 수다 떠는 보좌진들.

자영	오늘 아래 메뉴 제육덮밥입니다.
민석	으, 제육 싫은데.
자영	왜요, 제 최애 메뉴인데.
중도	우리 오늘 구내식당 말고 소통관 갈까요? 내가 살게요.

보좌진들 환호성. 그때 엘리베이터 도착해 땡! 한다.

39...... 하행 엘리베이터 안 (낮)

중도, 우재, 민석, 자영, 강호. 보좌진들, 소통관 식당에서 뭘 먹을지 즐겁게 떠드는데 ("우리 떡볶이 하나는 같이 나눠 먹어요." "자영 비서, 저번에 돈가스 먹었지? 맛있었어?" 등등) 엘리베이터가 8층에서 멈추고 문 열린다. 엘리베이터 문 열리면, 진석과 경민 있다. 입 딱 다무는 보좌진들, 얼른 "안녕하십니까." 하며 구석으로 붙어 선다.

중도	안녕하십니까.
진석	오, 남 의원님. 안녕하세요.

진석과 경민이 타면, 엘리베이터 문 닫히고 다시 내려간다. 중도의 보좌진들, 진석이 어려워 모두 조용하다.

중도	식사 가십니까?
진석	(미소) 오찬 간담회가 있어 나갑니다.

1층에 도착한 엘리베이터 문 열리고. 중도, 진석에게 먼저 내리라는

제스처.

진석, 미소 지으며 "그럼." 하고 목례하고 내린다. 경민 따라 내리고.
그 후에 중도와 보좌진들 내린다.

40..... 책수선실_ 안 (낮)

일(사포질)하다가 핸드폰 통화 중인 혜주.

혜주 (통화) 응, 언니. 응, 통화 잠깐 괜찮아? 바쁘지? 아, 분만 있었어? / 아
니, 나 뭐 좀 물어보려구. 요샌 입덧 심하면 먹는 약 같은 거 있다며. /
아니, 나 아니야… 내가 무슨…. / 응, 임신 5주쯤인데…. / 아, 그렇구
나. 응. (환자 왔다는 소리에) 어, 얼른 진료 봐. 어, 고마워— 응— (끊는다)

전화 끊은 혜주, 짧게 한숨 내쉬며 다시 일하려는데… 문득, (3회 엔딩
의) 어린 지훈이 준 카드에 시선 머문다.
금세 눈시울 붉어지는 혜주. 그러나 꾹 참고. 다시 일을 시작한다.

41...... 중도 지역사무소_ 외경 (낮)

42..... 동_ 회의실 (낮)

중도, 우재, 운규와 성훈. 총선 준비 첫 회의다.
벽에는 4월 총선까지의 큼지막한 월별 달력이 붙어 있고, 주요 일정
들 쓰여 있다.
운규가 브리핑하고, 중도와 우재 경청하는.

운규 (브리핑) 지난 총선 때 거신 공약들은 이번 임기 내에 거의 이행을 하
셨고요. 그중에서… (이어진다)

43..... 혜주 집_ 지훈의 방 (낮)

립밤 찾는 수빈. 에코백 뒤져보지만 없다.

수빈　(혼잣말) 아, 그거 립밤 어딨지? 분명히 받아서… (허공에서 시능으로, 혜주에게 립밤 받아서 에코백에 넣는 (잘못된 기억) 흉내 재생해보며) 여기 넣었는데… 넣다가 흘렸나?

수빈, 핸드폰 열고 '아줌마'에게 전화하려다가 내려놓는다.

수빈　…밤에 물어보지 뭐.

44..... 중도 지역사무소_ 안 (밤)

회의는 다 끝났고, 이런저런 이야기 중이다. 테이블 위에 자료들과 지난 선거 공보물들(전단지 등) 흩어져 있고.

문규　(중도에게) 이번에도 우진석 당대표님이 현장유세, 와주시겠죠? 저번 총선 때 와주셔서 엄청 힘이 되었던 거, 아시죠.

회의실 한쪽, 청와대에서 대통령과 찍은 사진 액자 옆으로 지난 총선 차량 유세 사진 액자 있다. 중도의 손을 잡아 번쩍 치켜들고 함께 만세 중인 진석. 둘 다 당 색깔 점퍼와 '기호N번 남중도' 띠 두른. 그 옆 액자, 대한당 당사, 당선 확정 직후의 중도와 진석. 진석, 중도를 껴안고 축하하는.

중도　…네, 압니다.
문규　그리고 의원님. 지역구민 스킨십 더 적극적으로 하셔야 합니다.
중도　네. 더 시간 내겠습니다.

운규 제 말은 의원님 말고… 사모님 말씀입니다.

중도 …….

우재 …….

성훈 (중도 눈치 보는)

운규 제가 정말 이 말씀 다시 안 드리려고 했는데… 그래도 의원님 지역사무소 국장으로서, 총선 선거 캠프 총책임자로서 솔직히 사모님께 너무 너무 서운합니다.

중도 …….

운규 다른 의원님들은 임기 중에 사모님들이 지역구 스킨십 해서 표밭 다 지시는데 사모님은 전혀 나서지 않으시죠. 좋습니다. 그것까진 제가 어떻게든 양보하겠는데요. 선거 때도 그러시는 건 정말 좀 너무하십니다. 이게 단순히 후보자 명함을 배포할 수 있는 중요한 선거운동원이 한 사람 빠진다, 그 정도의 의미가 아닙니다.

중도 …….

운규 (작정하고 뱉는) 솔직히, 저희들 다 너무 기운이 빠집니다. 저희는 의원님 가족도 뭣도 아니지만 다 의원님 하나 바라보고 링거 맞아가며 몇 달 동안 총선 뜁니다. 그런데 사모님이 얼굴도 안 비추시고 나 몰라라 하시면… 저희가 기운이 나겠습니까?

침묵 흐른다. 모두 중도의 말을 기다리는데.

중도 …무슨 말씀이신지 충분히 이해했습니다.

우재/운규 (중도 본다)

중도 …그렇지만… 죄송합니다. 국장님. 제 아내는… 어려울 것 같습니다.

침묵 흐른다. 운규, 중도의 답은 예상했고 그럼에도 질러본 것이지만… 화도 나고 답답하기도 하고. 한숨 푹푹 내쉬는데. 중도가 일어난다. 모두 중도 쳐다보는데.

중도   (운규에게 허리 숙여 인사한다. 정중하게) 죄송합니다. 국장님.
운규   (좀 당황, 얼른 일어나며) 아이고, 의원님.
중도   제가 더 노력하여 채우겠습니다. 그러니… 양해 부탁드립니다. 그 부
        분은 제가… 아내와 한 약속입니다. 죄송합니다. (정중하게 다시 허리 깊
        게 숙인다)

당황해 이러지 마시라는 운규. 어쩔 줄 몰라 하는 성훈. 물끄러미 보
고 있는 우재.

짧은 jump
중도와 우재만 남아 있다. 중도, 뭔가 생각에 깊이 잠겨 있는데.
그런 중도를 보던 우재, 테이블 위의 지난 선거 공보물에 시선 간다.
선거 슬로건 문구('신양구의 아들! 깨끗하고 바른 유능한 일꾼!')에 시선 머
무는 우재.

우재   의원님은, 왜 정치를 하고 싶으셨습니까?
중도   (본다) …세상이 올바른 방향으로 갔으면 해서. ……. (자조적으로 피식
        웃는다) 말하고 보니 참, 초등학생 일기 같군. 근데 맞아. 어릴 적에 학
        교에서 장래희망과 그 이유를 쓰라고 했을 때 이렇게 썼어.
우재   …그럼… 의원님은, 의원님이 꿈꾸시는 세상과 사모님 중에 하나만
        가질 수 있다면 어느 쪽을 선택하실 겁니까?
중도   (대답 대신 우재를 바라보는)

45..... **책수선실_ 안 (밤)**
퇴근하려고 책상 정리하는 혜주. 앞치마 벗어 건다.

46..... 혜주 집_ 집 근처 (밤)

귀가하는 혜주. 저 앞에 집 보이는데, 카니발 한 대가 혜주를 스치자마자 바로 멈춰 서는데. 뒷문 열리고, 중도 내린다. 혜주, 깜짝 놀란다. 혜주에게 오는 중도.

중도   여보-

혜주   어, 여보! (반가운데 놀란) 집에 오는 거야? (하다가 순간 얼굴 흐려진다) 또 무슨 일 있어?

중도   아니아니. 아무 일 없어. 지역사무소 갔다가 이동하는 길인데, 큰 길 막혀서 이리 가다가 당신 보여서. 퇴근하는 길이야?

혜주   응. 저녁은.

중도   이제 약속 가서 먹어야지. (혜주와 카니발로 걸어가기 시작한다)

혜주   술은 조금만 마시구.

중도   넵.

차 앞에 온 혜주와 중도. 뒷문 열려 있고, 운전석 뒷자리의 우재와 운전석 두섭 보인다.

혜주   안녕하세요.

우재/두섭   안녕하세요. / 안녕하십니까, 사모님.

혜주   다들 고생 많으세요. (중도에게) 얼른 가. 얼른.

중도   응. (혜주 등지고 차에 타는데)

혜주   (순간) …!

혜주, 중도의 좌석 발치(좌석 조정 레버 밑이나 차량 계단)에서 뭔가를 봤다! 낯익은 립밤이다.

플래시백 3회 신38. 책수선실_ 안 [낮]

수빈의 립밤 뚜껑에 묻은 스티커 자국을 지우는 혜주.

현재

혜주　(순간 멈칫… 이게 왜 여기에?)

중도　(이미 좌석에 앉은) 왜 그래?

혜주　어? 어… 아니야. (표정 관리)

중도　(미소) 그럼 간다.

혜주　…응. 다녀와. (문 닫히기 전, 우재와 두섭에게) 수고하세요-

우재　(목례)

중도　(문 닫는다)

카니발 떠난다.

혜주, 멀어지는 차 꽁무니를 바라보고 있는 혼란스러운 얼굴.

47 ..... 달리는 중도 차 안 [밤]

혜주 집이 차창 밖으로 멀어지는데.

우재　아까 여쭤본 거, 답을 듣고 싶은데요.

중도　(우재 본다)

우재　사모님이십니까?

중도　…왜 꼭 둘 중 하나만 가질 수 있다고 생각해?

48 ..... 혜주 집_ 부엌 [밤]

밥 먹는 혜주. 곁에 앉아 있는 여진. 혜주, 머리가 복잡해 깨작댄다.

플래시백 신26. 동_ 안방 [밤]

중도	재한테 너무 마음 주지 마.
혜주	(보면)
중도	당신… 상처받을까봐 그래. (가만히 혜주를 바라보던)

현재

혜주	(머리가 복잡하다)
여진	(그런 혜주 본다) 왜 이렇게 먹는 게 시원찮아? 맛이 없어?
혜주	어? 어… 아니야, 아니야. 그냥 입맛이 좀 없어서….
여진	쯔쯔… 하나는 입덧해, 하나는 입맛이 없어. 나도 할 것 좀 정해주라, 응?
혜주	…….
여진	(혜주 표정 살피는) …왜. 무슨 일 있어?
혜주	…아니야. 아무것도.

49..... 동_ 지훈의 방 앞 (밤)

혜주, 망설이다가 노크한다.

수빈(E)	(방 안에서) 네-
혜주	……. (문 열고 들어간다)

50..... 동_ 지훈의 방 (밤)

혜주 들어가면 수빈, 씻으려고 옷 챙기고 있던.

수빈	아, 퇴근하셨어요?
혜주	…어. (할 말 있는데… 머뭇대면)
수빈	? 왜요?
혜주	…저기. 너 그 립밤 말이야, 스티커 자국 지운 거….

수빈	아, 네! 그거 수선실에 있었죠? (달라고 손 내미는데)
혜주	응? 아, 아니. 못 봤는데….
수빈	히잉. 없어요? 가방에 넣다가 흘린 것 같은데…. 내일 출근하심 한번 잘 찾아봐주세요.
혜주	(수빈이 거짓말하는 것 같지는 않은…) …그래, 그럴게.
수빈	감사합니다. 어, 근데 그거 왜요?
혜주	응?
수빈	주워갖고 오신 줄 알았는데, 그럼 그거 왜 물어보신 거예요?
혜주	아… (둘러대는) 아니, 그거… 무슨 색인가 이름 물어보려고.
수빈	색깔 이름요?
혜주	어, 예뻐서… 윤서도 하나 사주고 싶어서.
수빈	아아… 네. 근데 그거 매장에 많아서 그냥 가서 보고 사심 돼요.
혜주	…그래. …고마워.

혜주, 수빈의 얼굴 살피는데 수빈이 거짓말하는 것 같진 않다.

51...... 동_ 지훈의 방 앞 (밤)

나오는 혜주. 문 닫고, 멈춰 선다. 괜한 의심이었나 싶기도 하고, 아주 조금 찜찜하긴 한데… 털어버리려 짧게 한숨 쉬고 간다.

52..... 동_ 지훈의 방 (밤)

수빈, 뭔가 쓸쓸한.

수빈	(혼잣말) …좋겠네, 누구는.

53..... 동_ 안방 (밤)

깜깜하다. 침대 위 혜주, 창문 쪽으로 돌아누워 있다. 자는 듯.

퇴근한 중도, 조용히 들어와 협탁 위 스탠드 켜는데….

혜주 (중도 쪽으로 돌아누우며) 왔어?
중도 어, 깼어? 미안.
혜주 아니야. 잠이 안 와서….
중도 (다정) 왜 잠이 안 와.

혜주, 누운 채로 중도가 배지 빼고 넥타이 푸는 걸 보다가 탁상시계 보면 1시가 넘었다.

혜주 …늦었네. 12시 좀 넘으면 온다더니.
중도 아, 오늘 구의원들하고 식사했는데 수행 한 명이 차를 빼다 접촉사골 냈거든. 그래서 내 차로 태워다드리고 왔어.
혜주 …댁까지? (별생각 없이 묻는) 누구?
중도 말하면 아나? 송유진 의원. (혜주 본다) 근데 당신.
혜주 …응?
중도 갑자기 나한테 관심이 생긴 거야?
혜주 응?
중도 이상하잖아. 내가 맨날 누굴 만나고 뭐 하고 다니나 관심 하나도 없고 알고 싶지도 않아 하던 사람이 갑자기, 누구 만났냐, 집에 데려다준 거냐, 그렇게 물으니까… 설레는데? (웃는)
혜주 (피식) 착각은 자유네요. 남중도 의원님한테 관심 없거든요? 얼른 씻고 자.
중도 (웃는) 알았어.
혜주 (다시 돌아누우려는데… 갑자기 뭔가 생각난다, 중도 본다) …여보.
중도 (씻으려 옷 챙기다가) 응?
혜주 평소에 당신 차에… 우재씨랑 당신 말고 다른 사람들도 많이… 타지?

278

중도   (잠옷 꺼내면서 가볍게 대답하는) 다른 사람들?

혜주   (다음 말 이어지길 긴장해서 기다리며) …어.

중도   (가볍게) 뭐, 그렇지? 장보 말고는 주로 김빛나 비서관이 나랑 같이 타고 지역사무소나 외부 일정 가고….

혜주   ! 아… 빛나씨가 타?

중도   주로 그런데 우리 방 식구들은 다 타지. 고민석, 최자영… 뭐, 다. 근데 왜?

혜주   (마음 놓인다) 아니야, 아무것도. (미소) 얼른 씻고 자.

중도   (피식) 알았어. 당신도 얼른 자. (욕실로 들어간다)

욕실 세면대 물소리 들리기 시작한다. 혜주, 괜한 오해를 했다 싶다. 마음 편해진.

혜주   (혼잣말, 한숨) …내가 잠깐 미쳤던 거지…. (편해진 얼굴로 눈 감는)

54..... 동_ 2층 화장실 (밤)

토하고 변기 물 내리는 수빈. 티셔츠 앞섶에 토가 좀 묻은 것을 본다.

55..... 동_ 2층 복도 (밤)

깜깜한 복도.
수빈(티셔츠 앞섶을 손으로 빨아 젖어 있고), 화장실에서 나오는데… 멈칫.
안방에서 와이셔츠와 양말, 사용한 수건 등등 빨랫감 갖고 나오는 중도와 마주친다.
중도와 수빈, 인사 없이 서로를 잠시 보는데.
중도, 수빈을 스쳐 지나가 다용도실 쪽으로 간다.
수빈, 중도가 지나갈 때 (닿지 않게) 뒤로 한 발짝 물러서 벽에 기대다시피 되고.

다용도실로 들어가는 중도의 뒷모습 서늘하게 보다가 자기 방으로 들어간다.

56..... 동_ 안방 앞 → 지훈의 방문 앞 (밤)

안방으로 들어가려던 중도. 닫힌 지훈의 방 쪽을 쳐다보다가… 그쪽으로 간다!

57..... 동_ 지훈의 방 안 (밤)

수빈, 티셔츠 갈아입으려 위로 올리는데, 배꼽 아래에 작은 타투 보인다. 이니셜 JD.

58..... 동_ 지훈의 방문 앞 (밤)

중도, 노크를 하려는 듯싶다가… 손 내린다.
감정을 알 수 없는 중도의 얼굴.

59..... 동_ 1층 현관 (새벽)

출근 배웅하는 혜주. 아직 밖은 깜깜하다. 혜주, 녹즙이 든 마이보틀 들고 있다.

중도 (신발 신다가) 아, 참. 당신, 혹시 영산에 연락하는 사람 있어?
혜주 (흠칫) 영산…?
중도 어. (다 신었다, 혜주 보면)
혜주 갑자기 왜…?
중도 어, 요새 뭐 좀 하는데 영산 쪽 얘기가 나왔거든. 근데 당신 고향이니까 혹시 아는 사람이 있을까 해서.
혜주 아… 미안. 나 거기 떠난 지 이십 년이라… 보육원이나 동창들하곤 연락 안 한 지 오래야.

중도   (의심 않는) 응, 그럴 것 같았는데 혹시 해서 물어봤어. 그럼 간다.

혜주   (미소) 응. 잘 갔다 와.

중도   (미소, 혜주를 포옹) 좋은 하루 보내. (녹즙 받고) 고마워.

중도, 나가면. 혜주, 밝았던 얼굴이 가라앉는다.

60...... 동_ 안방 (새벽)

얼른 들어오는 혜주. 핸드폰 집어 들고 검색창 연다.

뭐라고 검색하지… 조금 생각하다 '남중도 영산' 검색어 넣으면 나오는 뉴스 기사들. 중도가 강순홍 친인척 비리 의혹 제기한 기자회견 뉴스들이다.

기사 몇 개 눌러보지만, 알 수 있는 정보라고는 강순홍의 처가가 충북 영산이라는 것과 땅투기 의혹의 핵심 인물이자 현재 영산에 살고 있는 강순홍의 처제가 '이 모씨'라는 것뿐이다.

혜주   (골똘히 생각한다, 혼잣말) …이 모씨…?

한참 생각하지만 모르겠다.

혜주   …모르겠네.

혜주, 좀 찜찜하긴 하지만 일단 핸드폰 내려놓고 침대 이불 정리 시작한다. 그러나 마음에 계속 걸려 이불 정리하다가 핸드폰을 자꾸 쳐다보는.

61...... 승희 집_ 거실 (오전)

유신, 강순홍과 통화 중이다. 옆에 기영 있다. 기영은 출근길에 붙잡힌.

유신 (통화) 네, 형부. 그 의원 비서인지 여자 하나가 뭘 좀 해보겠다고 내려
왔나 본데 그것까진 좋단 말이에요. 근데 불경기에 힘든 사람들을 여
기저기 쑤시고 다니니까 말이죠. 네! 네! 그래서 제가, 한 번만 더 찾
아오면 영업방해죄로 고소한다고 쫓아내라고 일러놓긴 했는데… 아,
네! 네!

62..... 골프레슨장_ 안 (오전)

(기영의 매장과 다른 곳) 강순홍, 퍼팅 연습 중이다.
퍼팅 두 번 정도 하는데.
형태, 기다렸다가 핸드폰 들고 다가온다.

형태 최고위원님.
강순홍 응?

짧은 jump
강순홍, 여유롭게 퍼팅하면서 형태가 귀에 대주는 핸드폰으로 통화
중이다.

강순홍 (통화, 여유 넘친다) 그래, 처제가 뭐 불법적인 걸 한 게 있나. 돌아가신
장모님이 꿈에서 땅을 좀 사라 하셨는데 그게 개발예정지가 된 것뿐
이지. …그렇지. 그래. 걱정할 거 하나 없어.

63..... 승희 집_ 거실 (오전)

유신 (통화) 네~ 네, 알겠어요, 형부. 그럼 들어가세요. 네! (끊는다)
기영 …뭐라세요.
유신 (짜증) 그 국회의원이 그냥 막 지른 거니까 걱정하질 말라는데, 형부야
저기 멀리 여의도에 있으니 그렇게 쉽게 얘기하는 거지! 난 지금 그

비서인지 뭔지가 자꾸 동넬 쑤시고 다녀서 짜증나 죽겠는데!

기영   (익숙하지만 듣기 싫다. 그러나 묵묵히 듣기만 하는) …….

유신   가족이 여의도에 있다고 해서 이 시골구석에서 열심히 성실하게 살고
        있는 내가 땅 좀 샀다고 도끼눈 뜨고 저 난리 치는 거, 이거 진짜 심각
        한 인격모독이고 인권침해야!

기영   …….

그때 부부 침실 문 열리고, 지금 일어난 승희 나온다.

승희   (눈 비비며) 뭐야~ 나 시차 적응 안 돼서 새벽에 겨우 잠들었는데 (하다
        가 썰렁한 분위기 보고) 왜 그래. 무슨 일 있어?

유신   넌 몰라도 돼! (기영에게 한탄) 형부 말이 다 맞지. 지들이 정보력 부족
        하고 돈 없어 투자 못 해놓고, 이제 와서 배 아프니까 투기래지! 내 참
        어이없어서!

승희   (무슨 일인지 대충 파악된다. 한숨 쉬는데)

유신   (갑자기) 최 서방.

기영   네?

유신   그 국회의원 좀 조용히 시켜봐. 허위사실 유포, 명예훼손으로 고소한
        다고 해! (갑자기 성질) 자네는 이런 일 미리 안 챙기고 뭐 하고 있었
        어?!

승희   ! 엄마, 왜 기영이한테 뭐라 그래!

유신   왜긴 왜야! 이런 거 하나 똑바로 못 하고//

승희   (O.L.) 엄마, 기영이 출근 늦겠어. (기영에게) 출근해, 얼른.

기영을 잡아끌고 잠옷 차림으로 함께 현관을 나가는 승희.

64..... 동_ 차고 (오전)

유신의 차, 기영의 차가 주차되어 있고. 차 앞에서 통화 중인 기영. 옆에 승희.

기영 (통화) 네. 그럼 그 비서 명함 받으신 거, 사진 좀 찍어서 보내주세요. 네. 네, 감사합니다. (끊는다)

승희 (걱정스런 얼굴로 보고 있다가) 이 동네 국회의원이야?

기영 …아니. 서울. 대한당 의원.

승희 …아, 대한당….

기영 (속 한숨) 어머님이 사신 그 땅, 이모부님이 국회 국토위에서 개발 정보 흘려줘서 산 거야. 그 직후에 개발 공시 나서 지금 6개월 동안 시세가 3배 올랐고.

승희 (그럴 줄 알았다) …그럼 이제 어떡해?

기영 뭘 어떡해. 가서 해결하라시잖아.

승희 …니가 그걸 어떻게 해결해. 그냥 괜히 나서지 말고 가만있어.

기영 가만있으면, 뭐가 돼?

침묵.

승희 기영아. 힘든 건 아는데… 우리 엄마, 땅에 집착하는 거. 왜 그러는지 너도 알잖아. 그러니까… 힘들어도 쫌만//

기영 승희야.

승희 (보면)

기영 이번 일은 내가 어떻게든 해결할게. 근데 나… 더는 못 하겠어.

승희 !! (눈동자 흔들리는) …기영아.

기영 나 이 집에서 사는 게… 너무 힘들어. 행복하지가 않아.

승희 !!

65..... 동_ 거실 (오전)

들어오는 승희. 유신, 거실의 화려한 유리 장식장 앞에서 뭔가를 하고
있다.

유신을 물끄러미 보는 승희.

유신, 크리스털 미니어처나 해외여행 기념품(에펠탑 모형 등) 등이 들어
있는 장식장에서 액자 하나를 꺼내 닦고 있다.

장식장 안의 액자 칸. 액자 몇 개 들어 있는데… 어른 승희 사진이나
승희-기영의 결혼사진은 없고, 초등학생 정도의 남자아이 사진(승호)
두 개 정도와 승호의 영산고 입학식 선서 사진. 옆으로 승호의 영산고
전교회장 임명장 액자(2001년도)도 있고.

유신이 들고 닦던 액자, 승호의 2003학년도 서울대 법과대학 법학부
합격증.

승희   …….

유신   (승희의 시선 느끼고 쳐다본다) 왜?

승희   …….

유신   왜 그러고 있어?

승희   …….

유신   응? 왜 그러냐니깐?

승희의 상상

승희   (눈물 참으며) 엄마. 여기에… 내 사진도 넣어주면 안 돼…?

승희, 붉어진 눈으로 유신의 대답을 기다리는데….

유신   …어딜 감히? (외면, 다시 액자 닦기 시작하는)

승희   (마음 무너진다)

승희, 갑자기 유신의 액자를 뺏어 든다!
액자를 바닥에 던지려는데 유신이 달려든다.
뺏으려는 유신과 뺏기지 않으려는 승희.

유신   내놔, 이것아! 내놔!! 이게 어떤 건데!! 얼른 내놔!!
승희   싫어! 벌써 이십 년이야! 엄만 대체 언제까지 이러고 살 건데!!
유신   너도 니 새끼 잃어봐! 이십 년이 하루 같고 억만년 같지!

그러나 결국 뺏어 드는 승희. 액자를 바닥에 내동댕이치려는 듯 양손
으로 높이 치켜드는데… 사색이 된 유신과 눈 마주친다.
얼어붙은 유신. 승희, 이 악물고 액자를 던지면… 유리가 산산조각 난다.

승희   승호만 엄마 자식이야? 나도 엄마 자식이잖아!!
유신   (승희 아랑곳 않고 액자로 달려든다) 아이고, 세상에!!

유신, 산산조각 난 유리 파편들 사이에서 허둥지둥 합격증을 건져낸
다. 그런 유신을 보는 승희의 얼굴.

유신(E)   (현실에서) 왜 그러냐니까?

현실
승희   (가만히 유신을 보다가 고개 젓는) …아니야, 아무…것도.

66..... 혜주 집_ 서재 (낮)
혜주, 청소기 밀다가 가족사진 액자 본다. 사진 속 지훈에 시선 머무
는데….
혜주, 액자 집어 들고 지훈의 얼굴을 손으로 쓸어본다. 착잡하고 그리

운….

67..... 중도 의원실_ 회의실 (낮)

우재, 빛나, 민석, 자영, 강호. 강순홍 건으로 회의 시작하려 모인다. 다들 자료 챙겨와서 앉는.

우재　자, 그럼 회의 시작합시다. (하는데)

빛나 핸드폰에 전화 온다. (진동. 저장 안 된 010 번호)

빛나　저 잠시만요. (전화 받으며 일어난다. 나가려는) 네, 남중도 의원실 김빛나입니다.

우재　(회의 시작, 강호에게) 거기 복사한 거 한 부씩 좀 주고. 지금까지//

빛나　(통화, 회의실 문 열다가 우뚝 멈추며) …네?

일동　(빛나 보면)

빛나　(우재 쳐다보며 통화 계속, 좀 놀란) …아. 네, 안녕하세요.

68..... 승희 집_ 부부 침실 (낮)

승희, 침대에 등 기대고 무릎 모아 세우고 앉아 있다. 우울하고 지친.
핸드폰 집어 기영에 문자 쓴다: 아침에 한 말 진심 아니지?
그러나 보내지 못하고… 핸드폰 내려놓고 다시 고개 묻는다.
거실에서 유신의 울음소리 들려오기 시작하는데, 점점 커지는 오열소리.
승희, 귀를 막고 무릎에 고개도 묻어보지만… 듣기 싫다.
승희, TV 리모컨 집어 들고 TV 켜고, 바로 소리 볼륨 마구 올린다.
그러나 화면은 화목한 가족(승희 또래 부모와 어린아이)의 행복한 장면.
보기 싫다. 채널 돌리면 SBC 대담 프로다.

진행자(남, 40대)와 패널1(여, 50대), 패널2(남, 40대)가 대담 중.

화면 한쪽의 자막: 한낮의 시사토론 "대한민국, 무너지는 마약 청정지
대"

승희, 채널 다시 돌리려는데, 리모컨이 말을 듣지 않는다. 리모컨 버튼
마구 누르지만 채널 돌아가지 않고. 승희, 대신 전원 버튼 마구 누르
는데 이것도 안 먹는다.

꺼지지도 않는 TV. 승희, 신경질적으로 리모컨 건전지 칸 열고 건전
지를 빼낸다.

그 순간, 화면이 장례식장 빈소로 바뀌는데… 조문객을 맞는 상주, 중
도와 혜주다!

승희   (혜주를 알아봤다! 리모컨과 건전지를 든 채로 얼음) …!

진행자(E) (화면 위로) 대한당 남중도 의원의 장남이 얼마 전 사망했잖습니까. 그
런데 시신 발견 당시 필로폰을 소지했던 것으로 밝혀졌죠.

화면, 넋 나간 혜주를 클로즈업하고… 승희, 놀라 굳은 얼굴.

화면, 다시 스튜디오로 바뀌며 출연진의 대화가 평화롭게 이어지지
만….

(패널1 "네, 주머니에서 필로폰 1그람이 발견되었다고 하는데요. 필로폰 1그람이
면 인슐린 주사기 아시죠? 그 주사기 하나 정도의 양인데요…3")

리모컨과 건전지를 양손에 든 채 TV에서 시선 못 떼고 그대로 굳어
있는 승희.

승희   …김…재은…?

---

3   (이어지는 발언) 보통 필로폰, 하면 진짜 심각한 마약이다, 소위 뽕쟁이들이 하는 마약이 아니
냐고들 많이 생각하시지만 이번 사건에서 보시듯 최근에는 대마초는 물론이고 필로폰의 불법
투약 사례가 폭발적으로 증가하고 있습니다.

TV 프로의 평화로운 대담 소리("지금 이런 상황이 대체 어디서부터 잘못된 걸까요?")에 섞여서 거실에서 유신이 오열하며 우는 소리가 점점 커진다.

유신(E)　아이고… 내 새끼… 불쌍한 내 새끼….

인서트 승희 회상. 영산보육원_ 정문 앞 (낮. 20년 전 겨울)
눈물범벅인 얼굴로 소리치는 어린 승희. (상대방이 누군지 보이지 않는)

어린승희　너 때문이야… 다 너 때문이라구…!

현재

승희　……

서늘해지는 승희의 얼굴. 리모컨 건전지를 쥔 손, 하얘지도록 꽉 쥐는.

69..... 혜주 집_ 지훈의 방 (낮)

수빈, 누워서 핸드폰으로 게임하다가 문득, 침대 벽 밑으로 손 넣어서 (원래 쓰던) 핸드폰을 꺼내 본다. 충전기 연결되어 있고, 전원도 켜져 있다. 수빈, 핸드폰 잠금 패턴을 여는 찰나에… 방문 노크 소리.
수빈, 깜짝 놀라 움찔, 핸드폰을 충전선째 그대로 침대 밑 벽으로 얼른 밀어 넣는다.

수빈　(얼른 긴장 가라앉히려 애쓰며) 네.

들어오는 사람, 혜주다.

수빈　출근하세요?

혜주	…아니. 수빈아, 우리…
수빈	?
혜주	…지훈이 보러 가자.
수빈	…!

70 ..... 국회의사당_ 법제사법위원회 회의실. 본관 406호 앞 복도 (낮)

'법제사법위원회 회의실' 명패. 회의실 문 굳게 닫혀 있다.

71 ...... 동_ 법제사법위원회 회의실 안 (낮)

법사위 상임위. 벽시계 오후 3시 넘어가고 있고.

중도, 진석, 강순홍 포함한 대한당과 보국보민당, 무소속 국회의원 총 17명(여성 4~5명)과 법사위원장(남, 70), 법사위 전문위원 3명(남2, 여1, 50~60대), 정부 각종 부처에서 불려온 고위직들 6~7명, 서기 2명, 영상녹화원 등. 분위기 싸하다.

강순홍	(버럭) 이게 말이 됩니까? 남중도 의원이 대표발의한 지금 이 법안은 정치인을 가족으로 뒀다는 이유만으로 그 친인척들을 잠재적 경제사범으로 몰고 있지 않습니까! 저와 제 가족에 대해 증거 없는 음해 비방을 가하더니, 이게 지금 뭐하자는 겁니까!!
중도	(여유) 증거가 없는 게 아니라 의원님의 양심이 없는 건 아니신지요.
강순홍	이보세요, 남중도 의원!!
중도	강순홍 의원님! 국토부에서 개발 계획을 공시한 영산시 땅이 작년에 처제분께서 이미 매입한 땅이라는 사실을 정말 모르셨습니까?!
강순홍	남중도 의원님은 일가친척의 경제활동을 속속들이 다 파악하고 계시나 봅니다?
중도	처제면 상당히 가까운 가족이죠.
강순홍	그럼 우리 남 의원님은 직계 1촌인 아드님의 경제활동 내역도 당연히

알고 계셨겠습니다? 히로뽕 말입니다아?

중도　!!

분위기 순식간에 싸해진다. 중도와 강순홍의 설전을 지켜보고 있는
진석.

중도　(분노) 말씀이 지나치십니다!!

강순홍　뭐가요. 이거야말로 증거 있는 팩트 아닙니까, 팩트. 대마초도 아니고
히로뽕이라니, 이건 뭐 순 약쟁이//(아닙니까)

중도　(벌떡 일어난다) 의원님!! 말씀 가려//(하십시오)

법사위원장　(O.L., 수습하려는) 두 분 의원님, 의제와 관련 없는//

강순홍　(O.L.) 그러니까 제 말은, 이따위 법안으로 정치인 가족들을 한데 싸잡
아 모독하지 마시라, 이 말씀이요!!

강순홍, 벌떡 일어나 자리를 박차고 나간다.
문 쾅! 닫히고, 정적 흐른다.

법사위원장　(수습) 대체토론하실 위원님이 안 계셔서 의결을 해야 되는데 강순홍
의원님 퇴장으로 지금 의결정족수가 안 되고 있습니다. 그래서 의결
은 나중에 한꺼번에 모아서 하도록 하겠습니다.

중도, 분노를 겨우 누르며 앉는다.
의원들 몇, 강순홍 자리 보며 고개 절레절레.
진석, 가만히 중도를 보고 있는.

법사위원장　(수습) 다음은 보건복지위원회 소관 의사일정 78항부터 91항까지 법
률안을 일괄하여 상정합니다. 구희정 전문위원님 나오셔서 검토보고

해주시기 바랍니다. (전문위원의 보고[4] 시작되고)

중도, 분노와 짜증 누르며 핸드폰 꺼내 보는데, 우재의 카톡이 1분 전에 와 있다.

우재(E) (메시지 v.o.) 영산의 그 사위가 김빛나 비서관에게 연락을 해왔습니다.

인서트 중도 의원실_ 회의실 (낮. 조금 전)
회의실 밖에서 통화하는 빛나. 유리벽이라 안에서 다 보인다.
보좌진들, 뭘까 하는 얼굴로 유리벽 밖의 빛나 넘겨다보는.

우재(E) (메시지 v.o.) 만나서 할 얘기가 있다고 지금 서울로 오는 중입니다.

현재

우재(E) (메시지 v.o.) 제가 만나보고 오겠습니다.

중도, 답장 쓴다: 그래, 조심히 접근해
메시지 전송 버튼 누르려다가 멈추는 중도의 손가락에서….

72 ..... 혜주 집_ 1층 현관 (낮)

외출 준비한 혜주. 혜주, 신발 신고 발치의 비닐봉지 집어 든다. (아이스박스에 채울 간식거리들 들어 있는 것 보인다: 하루견과 등등)

---

4   보건복지위원회 소관 법률안에 대한 검토결과를 보고드리겠습니다. 의사일정 제80항 사회보장기본법 일부 개정법률안은 사회보장위원회가 사회보장정책의 심의, 조정 및 연구를 위하여 필요한 경우 관계기관의 장에게 요청하여 사회보장 행정데이터를 제공받을 수 있도록 하는 내용입니다.

혜주   (2층 향해 크게) 수빈아! 나 먼저 나가 있을게- 문 잘 닫고 나와-

73 ...... 카페_ 안 (낮)

구석 자리. 커피 한 잔 시켜놓고 기다리는 기영.
기영, 핸드폰 꺼내 '남중도 영산' 뉴스 검색해보는데… 강순홍 투기 의
혹 폭로한 좀 지난 기사들이 상단에 보인다. (관련도순 정렬된)
쭉쭉 아래로 내려보는데, 다른 뉴스 제목 하나가 섞여 있다.

'자녀 상' 남중도, 강순홍 친인척 비리 의혹 조사 제 속도 못 내나

기영, '자녀 상'에 시선 머문다. 좀 놀란. 뉴스 누른다.

강순홍 보국보민당 최고위원의 친인척이 연루된 충북 영산의 토지 투기 의혹
을 제기하며 국회 임기 말 정국에 태풍을 예고했던 대한당 남중도 의원의 장
남 남 모씨(22)가 사흘 전 숨진 채 발견되었다. 현직 국회의원의 자녀가 사망
한 것은 처음이다….

기영   (마음 쓰인다) …….

기영, 뉴스 쭉 내려보는데… 갑자기 멈칫한다. 기사 중간에 크게 들어
있는 지훈의 빈소 사진, 혜주와 중도가 있다. 혜주를 알아보는 기영!

기영   !!

인서트 영산고등학교_ 복도 (낮. 20년 전)
복도 맞은편에서 오는 어린 혜주(19, 교복/명찰 안 보인다)를 보는 어린
기영의 얼굴. 혜주를 좋아한다. 친구와 이야기하며 웃는 어린 혜주.

중도(E)   (선행하는) 최기영 선생님이시죠?

현재

기영, 놀란 얼굴로 고개 들면… 기사 속 사진의 얼굴, 중도다. (우재와 함께 왔고, 중도와 우재는 기영이 핸드폰으로 뭘 보고 있었는지 보지 못한)

기영   !!

중도   (악수 청하는) 안녕하십니까. 남중도입니다.

74 ..... 혜주 집_ 대문 앞 (낮)

(혜주 집 대문 옆에 혜주 차 주차되어 있다)

얼음이 되어 있는 혜주(간식 든 비닐봉지 든 채다). 승희다!

승희   (미소) 안녕? 오랜만이야.

인서트 영산고등학교_ 복도 (낮. 20년 전. 신73의 기영 회상에 이어서)

어린 혜주, 친구와 웃으며 팔짱 끼고 가는데… 친구의 '진승희' 명찰 먼저 보이고.

어린 혜주의 명찰 보이면, '김재은'이다.

승희(E)   (넘어오는) 김재은.

현재

혜주   (얼어붙어 아무 말도 못 하는데)

승희   아니, 김혜주.

혜주   (크게 동요하는)

75..... 카페_ 안 (낮)

당황한 기영.

아무것도 모른 채, 악수 청하는 손 내밀고 있는 중도.

76..... 혜주 집_ 대문 앞 (낮)

승희   (서늘) 이… 살인자.

혜주   !!

서로를 마주 보는 혜주와 승희의 얼굴에서….

5회

조우(遭遇)

1 .... 혜주 집_ 마당 (낮. 4회 엔딩 직전)

현관을 나오는 혜주. 아이스박스 채울 간식 든 비닐봉지 들었다.

그때 대문 초인종 울린다. 누구지 싶은데 다시 울리는 초인종.

혜주, 대문 향해 "네, 가요-"하며 걸음 재촉해 대문으로 향하는.

혜주(Na) 모든 게 뒤틀려버리기 시작한 건

- **플래시백** 1회 신54. 한강 고수부지 (밤)

건져낸 시신의 얼굴이 눈에 들어오자 그만 황망히 주저앉던 혜주의 얼굴.

혜주(Na) 그날이 처음이 아니었다.

현재

혜주, 대문 열었고. 승희가 서 있다. 혜주, 순간 누구지? 싶은데,

혜주 (알아봤다) …!

인서트 영산보육원_ 근처 일각, 오솔길 (밤. 2002년 12월)

어린 혜주(19, 교복, 낡은 코트), 자꾸 뒤를 돌아보며 어디론가 허겁지겁 도망치던.

혜주(Na) 그때까지의 삶이 완전히 뒤틀려버리는 데는 그저 하루, 단 하루면 충분하다는 것을… 나는,

현재

승희 안녕.

혜주   !!

혜주(Na) …이십 년 전에 처음 배웠다.

2........ [몽타주] 20년 전 도망치던 혜주의 모습들

2-1.....영산경찰서_ 정문 앞 (밤. 2002년 12월)

어린 혜주, 정문 앞에서 망설이며 못 들어가고 있다. 머리 조금 흐트러졌고, 눈동자 불안한데. 그때, 영산 경찰(남, 20대 중반/제복 위 반코트), 다가온다.

영산경찰 (친절) 학생, 무슨 일 있어? 뭐 도와줄까? (다가오면)
어린혜주 ! (순간 흠칫, 뒤로 물러나는) …….
영산경찰 ? (어린 혜주 코트 앞섶 본다) 어, 학생, 그거…
어린혜주 ! (경찰 시선 따라 코트 앞섶 보면, 핏자국¹) !!
영산경찰 피 묻은 거 아니야? (다가오자)
어린혜주 !! (겁먹은 얼굴로 도망치는)

2-2.....영산 시외버스터미널 (밤. 2003년 2월)

작은 시골 터미널. 작은 짐가방 들고 '서울 강남'행 버스에 오르는 어린 혜주(같은 코트, 사복). 고개 푹 숙이고, 누가 자기를 알아보기라도 할까봐 서둘러 버스에 오르던.

혜주(Na) 그리고 오늘 나는

---

1   손바닥이 까져서 피가 난 손으로 코트 여미다가 묻은. 그러나 사람 죽이고 묻은 것처럼 보이기도 하는. // 이 오프닝 몽타주에서 스타킹 구멍(무릎)은 코트 자락에 가려 안 보이는 게 좋을 것 같습니다.

2-3.....서울. 강남 거리 일각 (밤. 2003년 2월)

어린 혜주, 짐가방 들고 정처 없이 걷고 있다.

밤의 화려한 거리가 낯설고, 춥다.

그때 길가 한쪽에 텐트처럼 쳐놓은 사주카페 보인다.

'사주' '궁합' 등 쓰여 있는데…

'개명'에 시선 머무는.

혜주(Na) 이십 년 만에

2-4.....지청동 주민센터_ 안 (낮. 2003년 2월)

개명신청서 서류 작성하는 어린 혜주. '개명 전: 김재은. 개명 후: 김혜
주' 적는.

승희(E) (선행하는) 오랜만이야. 김재은.

3.......[현재] 혜주 집_ 대문 앞 (낮. 4회 엔딩 + 보충)

혜주(Na) 그 이름을 다시 들었다.

승희 아니, 김혜주. (서늘) 이… 살인자.

혜주 …!

타이틀 IN.

4.......동 장소 (낮. 신3에 이어서)

승희 잘 지냈지? 아 참… 늦었지만 결혼 축하해. 국회의원 사모님이라니,
와아, 멋지다.

그때, 마당에서 대문으로 나오는 수빈 발소리 들리고.
삐그덕- 대문 열리는 소리!

혜주   !!

5....... **카페_ 안 [낮]**

마주 앉아 있는 중도와 기영. 우재, 중도의 옆에 조금 떨어져서 앉은.
각자 커피.
기영의 앞에는 중도가 건넨 명함(사진과 핸드폰 번호 있는)과 우재의 명
함(일반 텍스트 명함). 중도, 명함 속 사진처럼 여유 있고 자신감 넘치고.
반면 심란한 기영.

중도   저희 보좌관에게 연락 주셨는데 제가 선생님을 직접 뵙고 싶어서 나
        왔습니다.
기영   …….

6....... **혜주 집_ 대문 앞 [낮]**

혜주가 어찌할 새도 없이 대문 열리고, 수빈이 나온다. 혜주, 완전히
얼어붙었는데. 수빈, 혜주와 승희의 심상찮은 분위기를 느끼고. 승희
를 빤히 보는데.

승희   …니 딸이야?
혜주   ! (얼른 수빈 앞을 막아서며) 아니야….
승희   ? 그럼 누구?
혜주   …….

플래시백 3회 신45. 칼국수집_ 문 앞 [낮]

수빈	…그냥, '아는 애'라고 하세요.

현재

혜주	(얼른) 아는 애.
수빈	(순간 혜주 본다)
혜주	(얼른) 어, 그냥, 아는 애야. 아는 애.
수빈	…….
혜주	(다급) 저기 승희야. 오늘은 내가 바쁜 일이 좀 있어서, 우리 다음에, 다음에 얘기하자. 웅? (간절한 눈 맞춤)
승희	(수빈을 한 번 쳐다보고는 주머니에서 핸드폰 꺼내며) …그럼 니 번호 여기 찍어줘.

승희가 주머니에서 핸드폰 꺼낼 때 버스표가 땅에 떨어진다. (다들 못보는)

혜주	어어… 그래. (떨리는 손으로 번호 찍고 돌려주면)

승희, 핸드폰 받자마자 혜주 번호로 전화 건다. 혜주의 가방 속 핸드폰 울린다(벨소리). 혜주, 날카로운 벨소리에 움찔하고. 그런 혜주 보는수빈. 승희, 전화 끊는다.

승희	(미소) 내 번호 저장해. 전화할게. (갑자기 혜주를 꼭 끌어안는)
혜주	!
승희	(귓가에 작게) 정말 반가워.
혜주	!!
승희	(포옹 풀고, 미소) 보고 싶었어. …내 친구. 그럼… 또 보자.

승희, 간다. 그러나 혜주, 꼼짝도 못 하고 있고. 그런 혜주 보는 수빈. 혜주의 시선에서 승희의 모습 멀어지면, 그제야 수빈 목소리가 귀에 들어온다.

수빈   …아줌마.

혜주   어? 어어…. (겨우 보면)

수빈   (혜주를 빤히 쳐다보고 있는)

혜주   (겨우 정신 붙잡고) …어, 어… 저기, 수빈아. 우리… 지훈이한테… 오늘은 말구… 다음에 가자. 나 몸이 좀 안 좋아서 좀 들어가 쉴게.

혜주, 간식봉지 그대로 든 채 허둥지둥 들어가고. 수빈, 뭐지 싶은데, 발치에 떨어져 있는 버스표 본다. 주워 보면, 영산→서울강남행 일반 시외버스 좌석 티켓. 승희가 오늘 타고 온 것.

수빈   (혼잣말) 영산…?

수빈, 승희 간 쪽 보지만, 승희 모습 이미 보이지 않는다.

7....... 동_ 안방 (낮)

들어오는 혜주. 문 닫고 기대선다. 다리에 힘이 하나도 없지만 겨우 버티어 선.

인서트 동_ 안방 (밤. 4년 전 한겨울. 재선에 도전하던 총선의 3~4개월 전)
밤늦게 귀가한 중도(옷에 의원 배지). 안 자고 기다리던 혜주.

혜주   (중도의 말을 듣고 움찔해서) 응? 내 이름…?

중도   (옷 갈아입으며 대수롭지 않게 묻는) 어. 이번 총선 자금, 주택담보대출 받기로 했잖아. 근데 이 집이 우리 공동명의라 나랑 당신 초본을 뗐는데 당신 개명했다고 나와서. 김재은? 이름 예쁘던데 왜 개명한 거야?

혜주 (움찔, 그러나 표정 관리하면서 핑계 대려는데 생각이 안 난다) 그냥…. (긴장해 중도 보는데)

중도 (의구심 안 갖는, 욕실로 들어가며) 아, 늦었다. 먼저 자. 잘 자요, 김재은씨. (장난스럽게 웃고 욕실 들어가 문 닫는다)

혜주 (표정)

플래시백 1회 신14. 칼국수집_ 안 [낮/ 혜주 시점]

영선 고향이 어디예요?

혜주 아… 충북…이요.

영선 충청북도? 충북 어디요?

여진 (말 자르는) 거기 기름집에 국산 참기름도 있나 좀 물어봐.

혜주 (안도) 응. 알았어.

현재

괴로운 혜주. 쥐고 있던 가방과 간식 비닐봉지는
힘없이 발치에 떨어지고.
혜주, 바닥에 무너지듯 주저앉는다. 두 손에 얼굴을 묻는….

8……. 카페_ 안 [낮]

중도, 기영이 아무 말 없자 먼저 아이스 브레이킹을 시도한다. (옆에 우재 있다)

중도 …제가 찾아뵈었어야 하는데 먼저 연락 주셔서 감사합니다.

기영 지금 하시는 일, 그만두시라는 말씀 드리러 왔습니다. 저희 장모님은 잘못하신 게 없습니다.

중도	(당황 않고, 여유 있게) 그 껀은 찬찬히 말씀 나누시죠. 아, 원래 영산 분 이신가요? 제 아내도 고향이 영산입니다.
기영	!! (그러나 애써 무관심한 듯) …아, 네.

잠시 대화가 이어지지 않는다.

중도	(뭐야 싶지만 내색 않고 친근하게) 아내가 영산 살던 때의 좋은 기억들을 자주 이야기해서 저도 영산 분들 뵈면 제 고향 분들 같고 그렇습니다.
기영	(빤히 쳐다보다가 말 삼키는) ……
중도	그래도… 공과 사, 옳고 그름은 구분하려 합니다. (기영 똑바로 보는)
기영	(시선 피하지 않는) ……

9....... 혜주 집_ 2층 복도 (낮)

화장실에서 토하고 나오는 수빈. 힘들다.
입가 물기를 손등으로 닦으며 자기 방으로 가다가, 꽉 닫힌 안방 문 잠시 바라보는.

10...... 카페_ 앞 (낮)

카페 앞에 주차해놨던 기영의 차 떠나는 중.
중도와 우재, 깍듯이 인사한다.
기영의 차 떠나면,

중도	오늘 안면은 텄으니 조만간 식사 자리 좀 만들어줘. (우재 대답 없자 돌아본다) 뭐 해?
우재	(보고 있던 핸드폰에서 시선 떼는) 의원님. 지승규요.
중도	누구? 어 그 의대생? 왜.
우재	지승규 어머니가… 약을 먹었답니다.

중도   !

11 ...... 중도 의원실_ 사무실 (낮)

(중도와 우재가 돌아온 직후다) 민석, 빛나, 자영, 강호.
의원실 문은 굳게 닫혀 있고.
다들 문 닫힌 의원실 쪽의 눈치를 조금 보고 있는.

자영   (의원실 문 힐끔 보고, 작게) 의원님 최기영씨 만나시고 얘기가 잘 안 되
신 걸까요? 돌아오실 때부터 뭔가 좀…. (눈치 보면)

빛나   (작게) 그치. 대체 무슨 일이시지…. (걱정되는 얼굴로 닫힌 의원실 문 본다)

12 ...... 동_ 의원실 (낮)

중도와 우재. 가라앉은 공기. 중도, 창가에 서서 밖을 보고 있다. (꼭대
기 층이라 ㅁ자 건물 반대편 창문들 위로 하늘 보인다)

우재   위세척하고 현재 생명에는 지장 없다고 합니다.

중도   …이유가 뭐라는데.

우재   글쎄요. 뭐… 아들을 잃은 충격과 슬픔…이거나 악플을 본 충격이겠죠.
지승규 관련 뉴스마다 죽을 놈 잘 죽었다는 악플이 상당했으니까요.

중도   ……

우재   제가 악플이란 단어를 쓰긴 했지만 그게 여론입니다. 그러니 그 일이
나 이번 일이 의원님 책임이라고 생각하진 마십시오.

중도   (깊은 한숨 내쉰다) …….

우재   지훈이 생각하십니까.

중도   …어떻게 안 할 수 있겠어?

우재   ……

중도   …지훈이가 받은 악플이 몇만 개는 될 거야. 사고칠 때마다, 그리고…

마지막에도 그랬으니까. …지훈이가 잘못을 한 건 맞지. 그리고 잘못했음 혼나고 벌 받아야지. 그런데….

13...... [몽타주] 혜주와 지훈의 상처에 마음 아파하던 중도

13-1.....중도 의원실_ 의원실 (낮. 봄. 약 6개월 전)

(재선) 당선 직후의 사진 액자 있고. 중도, 핸드폰으로 트위터 글 보고 있다. 지훈의 음주폭행 관련하여 아버지인 중도의 의원직 박탈을 요구하는 트윗 하나가 게시된 지 9시간 만에 '4.6K개의 답글, 리트윗 229.1K회, 마음에 들어요 129.3K회'다. 괴로운 한숨 내쉬는 중도.

중도(E) 자식이 죄를 지으면 다른 부모들은 제발 선처해달라고 비는데…

13-2.....국회_ 기자회견장 (낮. 봄. 약 6개월 전. 앞 몽타주와 같은 날)

지훈 건으로 기자회견하는 중도. 옆에 수어통역인.

중도 (입장문 끝부분 읽는 중) …엄벌에 처해주실 것을 간곡히 요청드리며… 아비로서 아들을 올바로 가르치지 못한 점, 다시 한번 사죄드립니다. (깊이 허리 숙이고, 그대로 있다. 플래시 터진다)

중도(E) 난 오히려 반대로 했어….

13-3.....혜주 집_ 안방 (밤. 약 6개월 전. 앞 몽타주와 같은 날)

중도, 들어오면. 침대에 걸터앉아 핸드폰 보며 눈물 훔치던 혜주, 깜짝 놀라 눈물 닦으며 일어나는데… 혜주가 놓친 핸드폰이 중도 발치에 굴러온다.
중도, 핸드폰 줍는데… 오늘 낮에 한 기자회견 기사다. 지훈에게 험한 욕을 퍼붓는 악플로 도배된 댓글란. (베플 중 1개 정도는 중도를 칭찬하는 댓글도 있지만…)

중도, 혜주를 보면. 혜주, 깊이 상처받은 얼굴.

중도(E) …그래서 아내도 상처를 많이 받았고….

14...... [현재] 중도 의원실_ 의원실 (낮)

중도 (착잡한) …….

잠시 말 끊기는데.

우재 범죄자에 서사 주지 마십시오.

중도 (돌아서 우재를 본다) 뭐?

우재 범죄자에 서사 주지 말아라. 방금 의원님 하신 그런 말씀, 영화드라마에 나오면 요새 인터넷에서 하는 말입니다. 범죄자에 관련된 모든 것에 대해 일말의 연민이나 이해를 모두 배척하려는 거고, 그게 국민감정입니다.

중도 …….

우재 저도 지훈일 생각하면 마음이 편치 않습니다만 그게 현실입니다.

중도 …….

우재 그러니 지훈이나 지승규 부모에 대한 연민과 기타 등등 의원님의 사적인 감정은 댁에서, 사모님께만 보이십시오. 의원님은 지금 지훈이 아버지가 아니라 총선을 앞둔 국회의원이신 겁니다. 아까 최기영씨한테는 공과 사를 구분하겠다 하지 않으셨습니까?

중도 …….

우재 그러니 행여나 지승규 어머니 병원 찾아가실 생각은 마십시오. 지승규는 재고의 여지가 없는 범죄잡니다. 그러니 문병을 가셨다가 소문이라도 나면 의원님이 역풍 맞습니다. 범죄자에 서사 주신다고요.

중도   ···알아. 그리고 뭐 잘난 아들이라고 따라 죽냐며 그 가족한테 또 악플
        달리겠지.
우재   네.

        중도의 시선에 책상 위, 가족사진 액자 보인다.
        사진 속 지훈을 바라보는 중도인데.

중도   자식이 죽었다면··· 그래도 원인이 뭐인 게 제일 나을까. ···자살, 살해,
        ···그리고 사고 중에서.
우재   ···사고사인 게 마음이 제일 낫겠죠.
중도   ···역시 그렇겠지? (지훈 사진 다시 보는)
우재   (그런 중도를 보는) ···네. 부모··· 입장에서는요.

        책상 위, 가족사진 액자 속 지훈의 얼굴.

15...... 달리는 영산행 시외고속버스 (낮)

우등버스 타고 가고 있는 승희.

인서트 승희 회상. 혜주 집 근처 골목 일각 (낮)

승희, 주택가에 서 있다. 핸드폰 보면, 신양(갑)에 출마했던 후보자들
의 사진과 인적사항[2]이 나열되어 있는 블로그 글(3년 반 전, 4월 2일자
포스트로, 제목은 '이번 총선! 후보자 살펴보기: 서울 신양 갑')이다.

2   승희가 네이버에 넣은 검색어는 '국회의원 남중도 집 주소'이고, 선거 때 후보자의 집 주소는
     공개정보이기 때문에 인터넷에 검색하면 후보자 정보가 정리된 블로그가 꽤 나옵니다. 다만
     주소는 '길'까지만 공개됩니다. 네이버 라인프렌즈 캐릭터들을 중간중간 사용한 블로그 포스
     트("한번 알아볼까요~?" 톤의···)로, 국회의원 후보자 주소는 생년월일 등과 함께 공개정보라는
     문구가 같이 들어가면 좋겠습니다.

대한당 후보자인 중도의 주소, '서울특별시 신양구 수명로3길'까지 나
와 있고.

승희, 고개 들어 골목의 길 이름 표지판 보면, 수명로3길 1-16.

이 집들 중 어디일까 싶어 쭉 둘러보는데… 맞은편에서 유아차(보행보
조기) 밀면서 오는 동네 주민(여, 70대) 보인다. 승희, 가서 뭐라뭐라 물
으면. 동네 주민, 바로 앞의 혜주 집 가리키고 간다. 승희, 핸드폰 꽉
쥐고, 대문으로 다가가 초인종 누르는.

현재

승희, 카톡 열면 '새로 추가된 친구'에 혜주 있다. '김재은[3]'으로 저장한.
혜주의 프로필 사진 눌러보는데, 깔끔히 정리된 작업실 작업대 사진
이다. (반짝이는 가위 하나와 가죽 천 펼쳐져 있는: 직업 짐작은 가지 않는)

사진 뒤로 넘겨보면, 전부 작업실의 다른 사진들 대여섯 장인데 맨 뒤에
가족사진 있다. 지훈이 중학생 때 마당에서 찍은 혜주, 지훈, 윤서 3인의
사진.

젊고 생기 넘치는 혜주, 지훈과 윤서를 양팔에 안고 환히 웃으며 카메
라를 쳐다보고 있다[4]. 지훈과 윤서 역시 카메라를 보며 활짝 웃고 있
는, 화목한 가족의 사진.

승희   (혼잣말) …되게 행복하게 살고 있었구나, 너….

16...... 영산 근처 저수지 [낮]

인적 없고 고요한 저수지. 차 세우고 내려 바람 쐬는 기영.

주머니에 문득 손 넣는데, 중도의 명함 잡힌다. 꺼내 보는 기영.

---

3   승희는 의도적으로 계속 재은이라 부르다가 극 마지막 즈음에 이르러서야 혜주라고 부르게
     됩니다.

4   중도가 찍은 사진. 그래서 혜주가 중도를 보고 자연스럽고 환하게 웃는, 행복한 얼굴.

인서트 기영 회상. 승희 집_ 거실 (낮. 5년 전 결혼 직전. 봄)

기영, 승희와 함께 청첩장을 접다가 승호의 사연을 처음 듣고 너무 놀란.

기영	(너무 놀란) …승호가… 심장마비가… 아니었다고?
승희	…… .
기영	…전혀 몰랐어. 나는… 승호랑 아는 사이도 아니었어서….
승희	아는 사람들 거의 없어. 어쨌든 김재은도 도망갔고.
기영	…도망…?
승희	졸업하고 바로 이 동네 떠났잖아. 지은 죄가 있으니 도망간 거지.

청첩장 다시 접기 시작하는 승희. 뭐라 말을 잇지 못하는 기영의 복잡한 얼굴.

플래시백 신8. 카페_ 안 (낮)

중도 아내가 영산 살던 때의 좋은 기억들을 자주 이야기해서 저도 영산 분들 뵈면 제 고향 분들 같고 그렇습니다.

현재

기영, 중도가 혜주의 과거를 모르는구나 싶다. 답답하고 머리 아프다.

17...... 혜주 집_ 안방 (저녁)

해 질 무렵. 불 켜지 않아 어둡다. 혜주, 바닥에 앉아 무릎에 고개 묻고 있는데….
까똑! 혜주, 소스라치게 놀란다. 옆에 내려놓은 핸드폰, 카톡 메시지 알림 하나.

승희[5]님이 메시지를 보냈습니다.

혜주   ⋯!

쉽게 열지 못하는 혜주. 혜주, 겨우 메시지를 여는데⋯ 뉴스 링크다.
(혜주는 승희의 번호를 저장하지 않아서 카톡에 승희가 '저장하지 않은 사용자'
로 떠 있음)
뉴스 URL주소와 함께 뉴스 제목(중도의 뉴스 출연 캡처 사진이 썸네일)이
보이는데,

명문대 의대생, 남중도의 '공개 저격' 때문에 극단 선택?

혜주   !!

그때 바로 연이어 오는 승희의 카톡 메시지.

승희(E) (메시지 v.o.) 니 남편도 사람 죽였네?
승희(E) (메시지 v.o.) 근데 니 남편도 니 과거 아니?
혜주   !!

혜주, 얼굴이 창백해지는데, 승희의 전화가 바로 온다! (번호 저장 안 했
지만 승희인 줄 바로 아는) 계속 울리는 벨소리.

혜주   (겨우 받는다) ⋯어, 승희야.

---

5   내 핸드폰에 번호를 저장하지 않은 사용자가 카톡을 보내면 그 사용자가 설정한 이름으로 뜹
     니다.

승희(F)	(서늘) 뉴스 잘 봤어.
혜주	(통화, 얼어붙어서 겨우) …저기, 승희야//
승희(F)	(O.L.) 서울로 도망가서 이름 바꾸면, 평생 사람 안 죽인 척 살 수 있을 줄 알았어?
혜주	!!
승희(F)	근데 그럴려면 그냥 조용히 혼자 숨어 살았어야지. 국회의원 사모님으로 살면서 아무도 너 못 알아볼 거라고 생각한 거야?
혜주	(하얗게 질려서 아무 말도 못 하는) …….
승희(F)	영산 와.
혜주	!
승희(F)	우리, 오늘 못 한 얘기 해야지. 내일, 영산으로 와. 도망칠 생각은 꿈도 꾸지 말고. (바로 끊는)
혜주	승희야!! (하지만 전화 끊겼다, 참담한) …….

혜주, 핸드폰 액정에 시선 가면, 승희와의 카톡창. 뉴스 제목과 승희가 보낸 메시지들(위에서 보낸). 혜주, 미치겠다.

18...... 승희 집_ 대문 앞 (저녁)
전화 끊은 승희, 서늘한 얼굴.

19...... 동_ 거실 (저녁)
현관으로 마악 들어오는 승희.

승희	엄마 나 왔//어-
유신	(O.L. 히스테릭) 어딜 그렇게 싸돌아 댕기다 이제 와!!

승희, 깜짝 놀라 움찔. 보면, 승희 오는 소리에 거실로 나오는 유신.

승희	(순간 울컥 화나지만 꾹 참으며) 미안. 볼일이 좀 있었어.
유신	(승희 노려보다가 돌아서는데)
승희	…저기, 엄마.
유신	왜.
승희	나 내일… 엄마 땅 보러 가는 데 같이 가기로 한 거… 나는 안 가면 안 될까…?
유신	왜?
승희	내가 내일 일이 좀 있는데… 엄마 내일 어차피 저녁엔 계모임 가잖아.
유신	(싸늘하게 본다)
승희	내가 다음에 꼭 같이 갈게, 그러니까 내일만. 응? 어차피 나는 따라가도 아무것도 모르잖아.
유신	…….
승희	(유신이 대답 없자 불안, 화제 돌리는) 어, 근데 기영이 아직 안 왔어?
유신	(갑자기 화내는) 기영이? 너는 밖에서 하하호호 싸돌아 댕기다 이제 들어와서 처음 한다는 말이 니 서방 얘기야? 하루 종일 집에 혼자 둔 니 엄마 걱정은 요만큼도 안 했지? 이럴 거면 나 버리고 둘이 그냥 호주 가서 살지 뭣하러 여기 있어!
승희	(미치겠지만 달래는) 엄마… 호주 가란 소리 좀 이제 그만하면 안 돼? 내가 그때 호주 이민 소리 한 거, 내가 진짜 잘못했는데, 그래서 안 갔잖아… 그니까 이제 그 얘긴//((제발 그만해)
유신	(O.L.) 됐어! 승호 가고 자식이라곤 하나 남았는데, 너같이 정 없는 애랑 더 말하기 싫어. 내일 나 혼자 갈 거야!! 혼자 갔다가 거기서 그냥 콱 죽어버려서 우리 승호 따라가던지!
승희	엄마!!!
유신	(승희가 소리 지르자 깜짝 놀라 말 멈춘다)
승희	알았어, 내일 갈게! 내가 다 잘못했고 내일 엄마랑 같이 간다고!! 그러니까 제발, 그만 좀 해!!

승희, 현관 밖으로 뛰쳐나간다.

20..... 동_ 대문 앞 (저녁)

뛰쳐나온 승희. 격해진 감정으로, 혜주에게 카톡 빠르게 쓴다.

21...... 혜주 집_ 안방 (저녁)

승희가 방금 보낸 카톡을 보고 있는 혜주. 메시지 2개가 와 있다. (첫 번째 메시지는 아래, 두 번째 메시지는 식당 이름과 영산시 주소[6])

승희(E)   (첫 번째 메시지 v.o.) 내일 저녁 7시. 여기로 와.

그때 바로 오는 새 메시지.

승희(E)   (메시지 v.o.) 이 살인자.

혜주   …!

혜주, 답장을 쓰지 못하고 물끄러미 마지막 메시지를 보고 있다가…
마지막 메시지('이 살인자')를 삭제 선택한다. 상대방의 메시지 창은 해
당 안 되고 혜주의 카톡창에서만 삭제된다는 안내문 뜨고. 혜주, 확인
버튼을 누른다.
메시지가 삭제되지만 혜주, 괴롭다.

22 ..... 중도 의원실_ 의원실 (저녁)

중도, 우재, 민석, 빛나. 네 사람의 앞에 2023-2025년 정책 계획 문서

---

6   (충북) 영산시 정미물로2길 1. 승희가 직접 메시지에 주소를 텍스트로 써서 보냈다면 '충북'은
안 써서 보냈을 것 같아요.

가 각자 있다(동일한 문서를 4부 출력한 것7). 중도, 아무 일도 없다는 듯 평온하다.

빛나 (회의 끝, 중도에게) 그럼 오늘 말씀 주신 것들을 좀 더 보강해서 다시 보고드리겠습니다.

중도 그래요.

민석 (문서 표지의 '2023-2025년' 보며) 아아, 근데 2025년 얘기를 하니까 기분이 좀 이상하긴 합니다. 사실 전 2020년이 되면 우주를 여행할 줄 알았어요. 어렸을 때 2020(이공이공) 원더키디를 좋아해가지구.

우재, 빛나, 민석 같이 웃음 터진다. (중도는 세대가 달라 원더키디를 잘 모르는…)

중도 근데 솔직히 (문서 표지의 '2023-2025년' 보며) 총선 앞두고 다음 임기의 일들을 논하는 게 좀 너무 앞서간 건 아닌가 싶기도 한데. (*3선 당선을 가정한 장기 정책안을 논하는 것이 좀 조심스러운)

빛나 어우, 아닙니다. 당연히 멀리 보셔야죠. 저, 지난 임기 때 의원님 의정 활동이 사회적 약자들을 진짜 위하신다 생각해서 이번 임기에 여기 들어온 거잖아요. 그런데 딸랑 4년만 일하려고 온 건 아닙니다아~? 의원님, 앞으로도 정치 계속 하셔서 좋은 세상 만드셔야죠.

민석 그럼요! 이번 총선은 걱정 마십시오. 저희 다 열심히 뛸 겁니다. 저 운동도 시작했습니다!

일동 (웃고)

중도 모두 고맙습니다. 저도 열심히 하겠습니다.

빛나/민석 넵! 의원님 믿습니다! // 화이팅입니다!

---

7   「저소득층 생활지원 정책」 3개년 계획(案), (2023년-2025년) 2022.9. 국회의원 남중도 의원실

우재   (아무 일 없어 보이는 중도를 보는) ……

23..... 승희 집_ 근처, 달리는 기영의 차 안 (저녁)

기영, 운전해서 승희 집으로 향하는데(집이 저 앞이다. 서울 다녀오는 길)
근처에 나와 우울하게 앉아 있는 승희 보고 깜짝 놀라 차 세운다.

24..... 동_ 근처 (저녁)

승희, 우울하게 앉아 있는데.

기영(E)   승희야-

고개 들면, 기영이다.

승희   (애써 미소) 어, 기영아.
기영   …왜 나와 있어? (익히 짐작하지만 일부러 웃으며) 나 마중 나온 거야?
승희   (씁쓸한 미소) …어. 니가 안 와서. 나 버리고 도망간 줄 알았어.

기영, 마음 아프다. 승희의 옆에 앉는 기영.

기영   우리, 나가서 저녁 외식할까? 오랜만에.
승희   (가만히 기영 본다)

플래시백 4회 신64. 승희 집_ 차고 (오전)

기영   나 이 집에서 사는 게… 너무 힘들어. 행복하지가 않아.
승희   !!

현재

기영, (지쳐 있던 플래시백과 달리) 염려하며 승희를 바라보는, 다정한 눈빛이다.

승희 (울컥해 고개 돌리며) …다음에 가. 지금 엄마 집에 혼자 있어.

기영 …….

승희 (일어나며) 가자, 집에.

기영 …….

승희 (조수석에 타려다가, 운전석 문 여는 기영에게) 기영아.

기영 응? (보면)

승희 (뭔가 말하려다가 만다) …힘든 거… 이제 다 끝날 거야. (차에 탄다)

기영, ? 해서 승희 보면. 승희, 이미 차에 탄….

25..... 혜주 집_ 1층 부엌 [밤]

저녁 식사하러 내려온 수빈. 식탁에 밥공기 2개만 있는 것 본다.
여진은 흰죽 끓이느라 가스레인지 앞에 있는데, 수빈이 온 것을 본다.

여진 먼저 먹어. 혜주는 안 먹는대. 머리 아프다고. 감긴가.

수빈 …….

여진 너는 속 좀 괜찮니?

수빈 …네.

여진 (가스레인지 불 끄며) 먼저 먹고 있어. 죽 좀 갖다주고 올게.

수빈 제가 갖다드릴게요.

26..... 동_ 안방 문 앞 [밤]

수빈, 흰죽 그릇 쟁반(간장종지, 김 정도) 들고 왔다. 노크. 안에서 아무 소리 들리지 않는다. 다시 노크. 그러나 아무 소리 없자 문을 조용히 연다.

27 ..... 동_ 안방 (밤)

수빈 들어오는데, 방에 스탠드도 켜지 않아 어둡다. 욕실의 세면대 물
소리만 작게 들리고. 침대엔 누웠던 흔적 없다.
수빈, 화장대에 죽 쟁반 놓으려는데 화장대 끄트머리에 혜주 핸드폰
놓여 있어 밀려 떨어질 것 같다.
수빈, 핸드폰을 옮기려고 집어 드는데, 순간 전화가 오며 핸드폰 액정
이 밝아진다. (무음모드 / 발신자 이름이 화면에는 잡히지 않는)
수빈, 손에 든 핸드폰 액정을 반사적으로 보는데,

혜주(E) 너 여기서 뭐 하니?

수빈, 깜짝 놀라 보면. 욕실에서 나온 혜주다(세수해서 얼굴에 물기).
그때 혜주, 수빈이 쥐고 있는 자기 핸드폰에 전화가 오고 있어 액정에
불이 들어와 있는 것을 본다! (전화가 계속 오고 있는 중)

혜주 ! 이리 줘! 너 왜 남의 핸드폰을 니 맘대로//(핸드폰 뺏어 드는데)

전화 끊긴다. 혜주, 핸드폰 보면, 액정의 부재중전화(1). 발신인 중도다.

수빈 …….
혜주 (할 말 없고, 지쳐서 예민한) 허락 없이 니 맘대로 내 방 들어오지 마. 내
물건에도 손대지 말고.
수빈 …네. …죄송해요. (나간다)

수빈이 나가자 혜주의 눈에 죽 쟁반 보인다.

수빈이 왜 들어왔는지 깨닫는 혜주. 화낸 것이 미안해 한숨 나온다.
혜주, 침대 끝에 걸터앉아 망설이다가 잠긴 목소리 가다듬고 중도에
전화한다.

혜주   (통화, 중도가 받자) …어. 여보. 전화했었지. 미안. 왜…? 응? 아, 내 목소리? …아니야. 아픈 거 아니고. 그냥 조금… 감긴가봐. (눈물 왈칵 솟지만 꾹 참으며) …그냥 전화한 거지? …응. 이따 봐. …응. (끊는다)

28..... 광순대학교 부속병원_ 바로 앞, 거리 일각 [밤]

중도, 혜주와의 전화를 끊는다. 핸드폰을 주머니에 집어넣는데, 문득
옷깃의 의원배지를 보고. 배지를 떼서 주머니에 넣는다.
중도, 고개 들면. 병원 간판. 병원 앞(혹은 건물 출입구 앞)이다. 혼자 온
느낌.

29..... 혜주 집_ 안방 [밤]

혜주, 기운 없이 있는데 벌컥 방문 열리고, 윤서가 가방 멘 채로 뛰어
들어온다.

윤서   엄마아! 어디 아파아?

윤서, 혜주 품 파고들며 애교[8]. 혜주, 눈물 꾹 참는다. 다행히 어두워
보이지 않는.

30..... 동_ 지훈의 방 [밤]

[8]   "엄마 감기야? 어디 아파? 목? 머리? (이마 짚어보며) 열나?" "(애써 밝게) 괜찮아. 학원 갔다 왔어? 밥은." "먹었지. 엄마는? 죽 왜 안 먹었어? 약 사다줄까? 아프지 마, 엄마아. 응?" 등등.

방문 조금 열려 있고, 바로 앞(방 안)에 수빈 서 있다. 안방 문 활짝 열려 윤서의 폭풍애교("엄마" 여러 번)와 받아주는 혜주의 몇 마디가 작게 들린다.

수빈　　…….

수빈, 방문을 닫고 돌아서는데, 책상 한구석에 둔 립밤(립스틱형, 잃어버린 저가 로드숍 제품보다 훨씬 고가인 백화점 브랜드 제품) 보인다.
수빈, 입술 만져보면 말라 버석하다. 립밤 집어 바르려다가… 마는 수빈. 립밤 던지듯 내려놓고 겉옷 집어 들고 획 나간다.

지승규부(E)　(선행하는) 여기가 어디라고 와!

31......　광순대학교 부속병원_ 4인실 혹은 6인실 입원병실 앞 복도 [밤]
조용하던 복도. 소란에 다른 병실 여기저기서 사람들 나와 쳐다보는데, 열린 입원실 문 안에서 지승규부에게 밀쳐져 밖으로 떠밀려 나오는 중도.
우재 모습 보이지 않고 혼자다.

지승규부　(분노, 중도 마구 떠밀며 소리치는) 무슨 낯짝으로 여길 온 거야!!
중도　　(밀치는 대로 내버려두는) …….
지승규부　내 새끼 죽여놓고, 에미도 죽었나 구경하러 왔어?!! 니가 뭘 잘했다고 여길 와! 이 살인자 새끼야!! (중도 퍽퍽 치는)

병원 직원들 달려와서 지승규부 말리며 떼어내고. 지승규부, 중도를 계속 때리고.
중도, 아무 저항 없이 밀쳐지고 맞고 있다. (이 신에서 중도는 무릎 꿇지

않습니다)

지승규부 입이 있으면 무슨 변명이라도 해봐! 우리 아들한테 대체 왜 그랬어!

중도 …….

지승규부 니가 국회의원이면 다야!! (중도의 옷깃 본다) 뭐야, 그 잘난 배지는 어딨어? 어? 지은 죄가 있으니 사퇴하겠단 거야? 어?!

중도 (힘겹게) …저도 얼마 전에… 아들을 잃었습니다.

지승규부 (멈칫) …!

중도 …그래서 지금은… 국회의원이 아니라… 똑같이… 아이를 잃은 아버지로서… 왔습니다.

지승규부 (멈칫했다가) 쑈하지 마!

중도 …….

지승규부 니가 무슨 쑈를 해도 우리 아들은 못 돌아와! 말해봐! 우리 아들이 그렇게 죽을죄를 지었어?! 어?! 우리 아들은 너 땜에 죽은 거야!!

지승규부, 중도를 다시 때리고. 말리는 사람들. 아무 저항 없이 맞는 중도. 뛰어오는 안전요원(남, 30대). 아수라장인데.
근처, 핸드폰으로 동영상 촬영하고 있는 누군가. 우재다. (몰래 따라와 찍는 듯한)

32..... 책수선실_ 문 앞 복도 [밤]

깜깜한 복도. 수선실 도어록 비밀번호를 누르는 손, 수빈이다. 비밀번호 누르고 마지막 별표 누르려다가 멈추는 수빈. 잠시 망설이는.

혜주(E) (신27에서) 허락 없이 니 맘대로 내 방 들어오지 마.

그러나 수빈, 망설임 내려놓고 별표 누른다. 띠리릭, 잠금 풀리는 소리.

33..... 동_ 안 (밤)

립밤을 찾고 있는 수빈. 그러나 아무리 찾아봐도 없다.

수빈 (혼잣말, 동작 다시 재현해보며) 그때 분명히 이렇게 받아서 이렇게 가방에 넣었었는데…. (하지만 립밤 보이지 않자 짜증 확 솟구치는) 아, 어디있어어~~!

수빈, 짜증 폭발해 주변을 다시 샅샅이 살피는데, 구석의 비닐봉지를 본다. 뭐지 싶어 봉지 안을 보면, 들기름과 참기름병인데. 참기름병의 '영산' 글자를 보는 수빈.

플래시백 신6. 혜주 집_ 대문 앞 (낮)
버스표 주워 든 수빈. '영산' 글자를 보던.

현재
수빈 (영산?) …….

34..... 혜주 집_ 안방 (밤)

어두운 방. 침대의 혜주, 뒤척이다 창문 쪽으로 돌아눕는데 조용히 방문 열리고 중도 들어온다. 혜주, 자는 척 가만히 있는데.
중도가 어둠 속에서 겉옷 벗는 인기척, 욕실 들어가는 소리, 욕실에서 물소리 난다.
혜주, 돌아보면 협탁 위, 쌍화탕과 편의점 감기약. 혜주, 왈칵 솟는 눈물 겨우 참는.

35..... 동_ 안방 욕실 (밤)

세면대 물 틀어져 있고.

그 앞 중도. 세면대 짚고 물 흐르는 것만 가만히 보고 있는데 (폭행당한) 옆구리 쪽[9] 통증 느낀다. 옆구리에 손 짚고 고개 들어 거울 보면⋯ 좀 흐트러진 머리. 입술에도 살짝 터진 자국. (입술은 크게 티는 안 나는) 중도, 거울 속 자신의 얼굴을 가만히 바라보고 있는.

36..... 승희 집_ 부부 침실 (밤)

기영, 잠 못 이루고 있다. 가만히 승희 쪽을 보면, 기영에게 등 돌리고 모로 누워 있는 승희. 승희, 역시 잠 못 이루고 있는⋯.

37..... 혜주 집_ 안방 (밤)

잠 못 이루는 혜주. 중도 쪽으로 돌아누우면, 잠 든 중도.
혜주, 중도의 얼굴을 하염없이 바라보는⋯.

38..... 동_ 외경 (새벽)

어두컴컴하다. 카니발 와서 기다리고 있다.

39..... 동_ 부엌 (새벽)

녹즙을 다 간 혜주. 가라앉은 얼굴. 혜주, 녹즙을 보틀에 따르는데,

중도(E)　(실내계단 내려와서 부엌으로 오며) 여보-
혜주　(인기척 못 들어서 깜짝 놀라는) !

혜주, 순간 따르던 녹즙을 다 쏟는다(혹은 녹즙 보틀병을 놓쳐 떨어뜨리는: 플라스틱 보틀병이라 깨지진 않을 것 같습니다). 혜주의 옷을 적시고 바닥으로 쏟아진 녹즙.

9　자동차 핸들에 받혀 부상당하는 쪽과 다른 쪽이면 좋을 것 같습니다.

중도   (얼른 행주 집어서 혜주 옷을 슥슥 닦아준다) 아, 미안해. 내가 너무 갑자기
      불렀어?

혜주   …….

중도   (몸 숙여 바닥 닦는다)

혜주   …아니야. 미안해. 잠깐만 기다려, 금방 다시 갈아줄게.

중도   (일어나며) 괜찮아. 오늘은 그냥 갈게. (싱크대 물 틀어 손 닦는)

혜주   …….

중도   참, 오늘 윤서네 반, 국회 견학 와.

혜주   (잊고 있었다) 아… 맞다. 오늘이지.

중도   (그런 혜주 잠시 바라보다가 갑자기 손바닥으로 혜주 이마 짚는다)

혜주   (깜짝 놀라 저도 모르게 움츠리는데)

중도   (손 떼고, 자기 이마 짚어보고) 열은 없는 것 같은데…. 당신 어젯밤에도
      목소리 안 좋더니. 지금 얼굴 되게 안 좋아.

혜주   (애써 미소) 아니야, 괜찮아.

중도   괜찮다 하지 말고 이따 병원 가.

혜주   …알았어.

중도   (가만히 혜주 바라보다가) 그럼 갔다 올게.

      현관으로 가는 중도의 뒷모습을 보고 있는 혜주의 얼굴에서….

40..... 동_ 안방 (오전)

      협탁 위, 손대지 않은 쌍화탕과 감기약을 물끄러미 바라보고 있는 혜
      주의 얼굴.

혜주   …….

      혜주, 핸드폰 집어 승희의 카톡을 다시 연다. 7시까지 오라는 카톡.

혜주, 답을 뭔가 쓰려고 해보지만… 결국 아무것도 쓰지 못하는.

41...... 달리는 유신의 차 안 (오전)

아침 일찍 땅 보러 가고 있는 유신(조수석 뒷자리)과 승희(유신 옆). 운전
은 박 기사.
차창 밖은 이미 외곽이라 논밭과 야산.
승희, 살짝 유신을 보면, 유신, 차창 밖을 보고 있는데 기분은 보통 같다.
승희, 마음이 복잡하다.

42...... 혜주 집_ 지훈의 방 (오전)

수빈, 윗옷 좀 걷고 배를 살살 만지고 있다. 배가 좀 땅기는. (심한 것은
아님)
배를 만지는 수빈의 시선, 'JD' 타투에 머무는데… 노크 소리.
수빈, 얼른 옷을 내린다.

수빈   (문 쪽 향해) 네.

문 열리면, 혜주다. 외출 복장의 혜주, 들어오지 않고 문밖에서 말 건
네는. 혜주와 수빈, 좀 데면데면한.

수빈   왜요?
혜주   …저기, 너 아침하고 점심은… (하다가) …!

책상 위, 기름병이 든 봉지가 있다!

수빈   (혜주 시선 보고 얼른 일어난다) 아 맞다, 이거 잊어버리신 것 같아서//(갖
고 왔어요, 하며 봉지 건네려는데)

혜주	(O.L. 방 안으로 들어선) 이거 수선실에서 갖고 왔어?
수빈	네? 네. 아, 저 어젯밤에 립밤 찾으러 잠깐 갔었다가요.
혜주	립밤…?
수빈	네. 제 꺼요. 비밀번호는 저번에 문 여실 때 봐갖고….
혜주	……. (날카롭다) 수빈아. 내가 그랬잖아. 허락 없이 내 공간 들어가지 말라고. 응?

정적. 수빈, 혜주의 반응에 순간 좀 놀라지만 바로,

수빈	(좀 빈정대는) …네. 죄송해요. 그냥 '아는 애'가 아줌마 공간에 그냥 막 들어가서요. 근데요, 아줌마가 제 꺼, 립밤 찾다 준다면서 안 찾아다 줘서 그런 거거든요? (똑바로 쳐다보는)
혜주	…….

다시 침묵 흐른다. 혜주, 불편하다. 그냥 방을 나가려는데.

수빈	이거 안 가져가세요?
혜주	……. (돌아보면)
수빈	(봉지 다시 내민다) 제가 다시 갖다놔요? 아님 버려요?
혜주	(어쩌지 못하고 기름병 봉지와 수빈을 보는 복잡한 얼굴에서…)

43..... 국회의사당_ 외경 (낮)

44..... 동_ 일각 (낮)

견학 온 지청중 중2들(남녀 약 20명/교복)과 윤서 담임(여, 30대). 윤서와 다솜도 있다. 국회 처음 와보는 중2들, 신나서 눈 반짝. 윤서, 괜스레 뿌듯한 얼굴.

45..... 동_ 다른 일각 (낮)

마당 한쪽 정도. 중2들 모여 있고, 중도와 빛나가 나와 있다.
중2들 눈 반짝반짝. 윤서의 얼굴에 자랑스러움 가득.

중도   (학생들에게) 안녕하세요, 신양갑 국회의원 남중도입니다.

학생들   ("안녕하세요~" 환호성, 박수)

윤서   (누군가의 "와 나 국회의원 첨 봐!" 소리 슬쩍 듣고 뿌듯뿌듯)

중도   오늘 국회 와보니 어때요?

학생들   (반응 좋다) 완전 좋아요! / 재밌었어요! / 아저씨 멋있어요!

윤서   ("아저씨 멋있어요!" 소리에 뿌듯뿌듯)

46..... 책수선실_ 안 (낮)

(이전에) 작업하던 책들이 그 상태 그대로 있지만, 우두커니 앉아 있는
혜주.
그러다, 이렇게 넋 놓고 있으면 안 되지 싶어 일하려고 일어나는데,
책상 한쪽 구석에 쪼로록 있던 똑같은 잉크병(여러 색) 4~5개 중 하나
를 그만 팔꿈치로 건드린다!
탁! 떨어져 깨지는 잉크병! 바닥에 쫙 퍼지는 새빨간 잉크, 마치 피 같다.

혜주   …!

혜주, 놀라서 얼른 근처에 있던 흰 천(혹은 행주, 걸레, 키친타월)으로 바
닥에 쏟아진 잉크를 급히 닦아내는데… 문득 손에 쥔 천을 보는 혜주.
새빨간 잉크가 묻은 손바닥, 마치 피가 묻은 것 같다.

인서트 영산경찰서_ 공용화장실 (밤. 20년 전)

형광등 불빛 흐릿하고. 세면대 앞의 어린 혜주, 더플코트 앞섶에 묻은

피(피범벅은 아니고, 까져 피가 난 손바닥에서 묻은 핏자국)를 물로 닦아내고 있다. 물이 차서 손이 시렵고. 그러다 손바닥을 보면, 넘어져 까진 상처에서 피가 나고 있다.

피 나는 손바닥을 보는 어린 혜주의 얼굴에서.

현재

마치 피가 묻은 것 같은 손바닥과 천을 보는 혜주의 얼굴.

아직도 바닥에 흥건한 새빨간 잉크와 깨진 잉크병 조각.

47 ..... 칼국수집_ 앞 (낮)

만두 찜기 앞. 수빈이 기름병 봉지 가지고 왔고. 여진 있다. (그 옆으로, 만두 포장 기다리고 있는 1회 신12의 꼬마 있다) 여진, 수빈에게서 봉지를 받아 안을 들여다보면, 기름병 4개. 그중 하나 꺼내 보면, '영산' 참기름.

여진 혜주가 갖다주라고 했다고? 왜? 집에서 안 쓰고?

수빈 (어깨 으쓱) 글쎄요.

여진 (흠…) 그래, 알았어. 고마워. (봉지 내려놓고, 꼬마에게 생긋) 이제 다 됐겠다.

여진, 만두 찜기 뚜껑 열면, 김이 하얗게 올라온다.
여진, 포장용기에 능숙하게 만두를 담고. 고무줄로 감아서 비닐봉지에 넣는다. 미리 가지고 나온 김치와 단무지도 같이 넣는 여진.
수빈, 만두를 보니 배고프고. 여진, 그런 수빈을 본다. 수빈, 여진과 눈 마주치자 괜히 만두 안 보는 척 시선 돌린다.

여진 (꼬마에게 봉지 건네며) 여깄다~ 담엔 와서 칼국수도 먹구 가!

꼬마 (작게) …네. (꾸벅) 감사합니다. 안녕히 계세요. (하고 가려는데)

수빈 돈.

여진/꼬마   (수빈 본다)

수빈   돈 내고 가. 아줌마, 얘 돈 안 냈어요.

꼬마   (당황해 여진 쳐다보고)

여진   (당황, 수빈에게 뭔가 말을 하려는데)

수빈   (바로 꼬마에게) 야. 너 돈 내야지. 왜 그냥 갈라구 그래.

꼬마   (더 당황)

여진   (얼른 꼬마에게) 담에 꼭 칼국수 먹으러 와~ 그럼 조심히 들고 가~ (떠밀듯이 보내면, 꼬마 얼른 가고)

수빈   ? 아줌마 쟤 돈//(안 냈는데요)

수빈, 멈칫. 미닫이문 옆의 종이를 봤다. ('어린이 청소년 임신부 칼국수 만두 무료 (포장 가능) / 결식아동카드 안 보여줘도 됩니다 / 그냥 들어와서 맛있게 드세요.')

수빈   (좀 당황) …….

여진   …너 점심 먹었니?

48..... 국회의사당_ 일각 (낮)

학생들에게 깍듯이 인사하며 명함 나눠 주는 중도. 윤서와 다솜 차례.
윤서, 중도에게 활짝 미소 지으며 두 손 내밀면. 중도, 살짝 미소로 화답하며 명함 준다. 윤서의 얼굴에 뿌듯한 미소 번지고 눈 반짝.
중도, 윤서 옆의 다솜 앞으로 발걸음을 옮긴다.

중도   (다솜이 명찰 보고) 아, 니가 다솜이구나. 안녕.

다솜   안녕하세요.

중도   (다솜에 명함 주고 옆 학생에 명함 주는데)

학생1   (명함 보고는) 근데 이거 진짜 아저씨 핸드폰 번호예요?

중도　(미소) 네. 여기로 전화하면 제가 직접 받습니다.

학생들　("헐" "대박" "연애 상담하러 전화해도 돼요?" 등등)

윤서　(옆 학생들이 "남윤서네 아빠 짱 멋있다~" 속닥속닥하자 뿌듯뿌듯)

다솜　(그런 윤서가 좀 부러운) …….

49..... 칼국수집_ 안 (낮)

점심 피크 시간 지나 손님 없다. 미닫이문 너머로, 밖의 만두 찜기 앞
에서 다른 초등학생 손님(남, 10)에게 만두 싸주는 영선 보인다.
테이블에 앉아 있는 수빈. 앞에는 아직 손대지 않은 만두 접시.
여진, 겉절이를 접시에 담고 늘 쓰는 참기름 용기를 집다가, 멈추고.

여진　…….

비닐봉지 안에서 영산 참기름병 꺼내 겉절이 위에 쪼로록 뿌린다. (수
빈은 여진을 등지고 앉아 있어 못 보는)

여진　(겉절이를 수빈 앞에 놓아주며) 아까 너는 몰라서 그런 거니까 너한테 뭐
라고 하는 건 아닌데… 내가 애기한테 말을 잘 못 해줘서 맘에 걸리네.

수빈　…….

그때 가게 문 열리고, 영선 들어온다.

영선　(기분 좋다) 오늘은 애기들이 많이 다녀가네요?

여진　그래? (조금 떨어진 구석 테이블로 가서 앉는다)

수빈, 만두 먹기 시작하고. 여진과 영선, 같이 앉아 쉰다.

여진	그래도 애들 더 편하게 많이 오면 좋을 텐데.
영선	언니도 옛날에 윤서 할머니한테 만두 많이 얻어먹었댔죠?
수빈	(듣고 있는)
여진	어. 우리 엄마 장사하느라 집에 일찍 못 오시면 나 혼자 여기 와서 만두 주세요, 하고 먹었거든. 나중에 엄마가 알고 와서 막 죄송하다고 돈 내려고 하면 됐다고, 애들이 잘 먹어야 된다고, 그리고 이웃 사이에 뭘 그렇게 야박하게 계산하냐고. (웃는다)
수빈	…….
여진	나 이 동네 돌아왔을 때 이제 뭐 해서 먹고 사나… 싶었는데, 가게 와서 일하라고도 해주시고. 얼마나 고마웠는데. …….
수빈	(몰랐다)
영선	몇 년만 더 사셨어도 아드님 금배지 다시는 것도 보셨을 텐데. 그러고 보면 의원님 인품이 어머님을 쏙 빼닮았나봐요….
여진	…….
수빈	(듣다가 저도 모르게 피식. 같잖다) …….
여진	(순간, 그런 수빈을 보는데)
영선	(말 시킨다) 참, 언니. 그럼 저 기름. 내가 한 병씩 가져간다?
여진	어어, 그래.

여진, 다시 수빈을 보면. 수빈, 아무 일도 없었다는 듯 만두를 먹고 있다.

50⋯⋯ 중도 의원실_ 의원실 (낮)

중도, 우재, 빛나, 민석, 자영, 강호. 기존에 다른 국회의원들이 발의한 성범죄, 특히 디지털 성범죄 관련한 법 개정안 자료들과 각종 관련 자료들(뉴스 스크랩 등) 쌓아놓고 회의 중이다. 법 개정안 발의된 자료들 쭉쭉 넘겨 보는 중도.

빛나 의원님 법사위에 계시니까 아시겠지만⋯ 보시다시피 올해 발의된 성범죄 관련 형법 개정안 중에서 법사위를 통과해 본회의로 넘어간 법안은 없습니다. ⋯국회에서 발의되는 법안이 하루에도 스무 건이 넘으니 모든 게 심도 있게 논의되고 처리될 순 없는 거지만요.

중도 ⋯이제 몇 달 후면 국회 임기만료니 그때까지 통과 안 된 법안들은 모두 자동폐기되는 거고.

빛나 ⋯네. (조심스럽게) 솔직히 말씀드리자면⋯ 성범죄 관련해서 또 뭔가 사건이 크게 터져서 이슈가 되고 여론이 강력하게 형성되지 않는 이상은⋯ 반년 동안 뭔가를 추진하시고 성과를 보시긴 쉽지 않을 것 같습니다.

민석 저도 같은 의견입니다. 지승규 사건 때 성범죄 강력처벌을 외치는 여론이 형성되긴 했었지만⋯

우재 ⋯잠깐이었죠. 매일 새로운 사건사고가 터지는 다이나믹 코리아니까요.

일동 (강호는 '다이나믹 코리아' 소리에 큭 웃고 표정 관리) ⋯⋯.

중도 (깊이 생각에 잠기는데)

강호 (눈치 보다가) ⋯저, 의원님. 지역사무소 가실 시간입니다.

51⋯⋯ 칼국수집_ 안 (낮)

(손님 없고) 여진과 영선 없다. 다 먹은 수빈, 카운터 앞에서 여진을 기다리고 있는데. 카운터 안에 있는 사진 한 장을 본다. 어린 채은(여, 4)을 안고 있는, 환하게 웃고 있는 젊은 여진. 누구지, 혹시⋯? 싶은데, 주방에서 나오는 여진.

여진 안 가고 왜.

수빈 계산이요.

여진 (피식) 됐어. 가.

수빈 싫어요. 계산해주세요.

여진 우리 가게, 임신부도 공짜야. 밖에 써놓은 거 제대로 안 읽었구나?

수빈 (아…) ……

여진 (피식, 수빈이 밉지 않다) 너 그럼 저번에도 내가 돈 안 받은 거, 니가 우리 지훈이 애기 가져서 그랬는 줄 알았어?

수빈 (순간 표정)

여진 (수빈 표정 못 읽고, 정수기 앞 정리하는 등 수빈에게서 몸 돌려 일하며/그래서 수빈의 다음 표정 못 보는) 물론 그것도 맞지만. 암튼 입덧하는데 우리 집 만두는 잘 먹으니 다행이네. 아무 때나 먹고 싶음 와. 언제라도.

수빈 …네.

52..... 편의점_ 안 (낮)

담배 사는 수빈. 편의점 알바(여, 20대), 담배 하나를 꺼내 카운터에 올려놓는다.

편의점알바 (수빈 쓰윽 보더니) 신분증 보여주세요.

수빈 네? 아… 네.

수빈, 지갑(명품. 정대가 사준) 여는데… 지폐칸에 아무렇게나 접어서 넣어둔 혈액검사지 종이가 튀어나와 있다. 끄트머리에 볼펜으로 써놓은 '혈액검사' 글자 보인다.

수빈 (혈액검사지에 시선 머무는) ……

53..... 책수선실_ 안 (낮)

우두커니 앉아 있는 혜주의 눈에 문득, 고요한 수선실 풍경이 들어온다.
혜주, 가만히 수선실 풍경을 바라보고 있는데,
드르륵! 작업대 구석에 둔 핸드폰에 전화 온다(진동).

순간 움찔하는 혜주. 승희일까 무섭다. 하지만 안 받을 수도 없고.
혜주, 겁내서 핸드폰 집어 드는데… 안도한다. 여진이다.

혜주   (잠긴 목 가다듬고 받는다) …어어, 언니.

여진(F)   어, 혜주야. 난데,

54..... 칼국수집_ 안 + 책수선실_ 안 (낮. 교차)

여진   (통화) 기름 받았어. 근데 이거 가게에서 쓰라구? 왜? 집에서 안 쓰고?

혜주   (통화) …아니야. 그냥… 영선 언니도 드리구….

여진   (통화, 웃으며) 이미 줬//(지)

영선   (호들갑) 어머어머. 웬일이야.

여진   ? (TV 보면)

영선, 손님 없는 칼국수집 TV에서 나오는 뉴스를 보고 호들갑 떤 것.
여진, TV로 시선 옮기면, 뉴스 프로. 떠 있는 띠 자막 (화면은 OO경찰
서 외경) :

대한당 고지섭 의원 부인, 3일 전 교통 사망사고 낸 후 뺑소니

여진   (통화, 깜짝 놀라 혜주에게) 어머.

혜주   (통화) ? 왜?

여진   (통화, 시선은 TV에) 세상에. 대한당 고지섭 의원? 너 누군지 아니? 암튼
그 국회의원 부인이 차로 누구 쳐서 죽여놓고 도망갔대!

혜주   !

여진   (통화) 웬일이니. (자막 바뀐다: CCTV 추적에 덜미… 고지섭 의원은 연락두절)

55..... 책수선실_ 안 (낮)

여진(F)   지금 그 남편은 연락두절이래.

혜주	!!
여진(F)	에휴… 죽은 사람이 제일 안됐지만 그 유가족은 범인 잡았으니 그래도 마음이 조금은 나을 텐데, 저 남편은 어떡하냐… 정치하는 사람인데….
혜주	(얘기만 들어도 심란해 미치겠는!)

56..... 국회의사당_ 외경 (낮)

57..... 동_ 복도 일각 → 대한당 원내대표실 앞 (낮)

빠르게 걸어가는 진석. 긴급최고위원회의에 가는 길이다. 비상상황.
대한당 원내대표실 앞. 출입기자 7~8명(남녀 반반/20~30대/사진기자들 포함) 이미 모여서 웅성웅성.
복도 반대편에서 대한당 최고위원들 3명(남2, 50~60대/ 여1, 40대: 이수민 의원/ 모두 의원배지) 굳은 얼굴로 다급하게 걸어오다가 진석을 보고 "당대표님." "오셨습니까." 등등. 진석과 최고위원들 모두 원내대표실로 들어간다.

58..... 중도 의원실_ 의원실 → 사무실 (낮)

지역사무소 가려고 의원실에서 가방 들고 나가려는 중도. (혼자 간다)

강호	(의원실 문간으로 와서 방 안의 중도에게) 1층에 차 대기 중입니다.
중도	고마워요. (사무실로 나간다) 그럼 모두들 수고- (밖으로 나가려는데)

사무실 TV를 보고 있는 보좌진들. 수군수군대다가 중도 나오면서 멈추는 분위기.
중도, ? 해서 TV 보면. 뉴스 채널(음소거). 띠 자막:
[속보] 대한당 고지섭, 부인의 '교통사망사고 뺑소니' 논란 1시간 만에 초고속

탈당

중도　?!

중도, 잠시 멈춰 서서 뉴스에 귀 기울이면. 강호, 잽싸게 리모컨으로
소리 키운다.
사건 개요를 말하는 뉴스[10] 흘러나온다. 띠 자막 바뀐다:
고지섭 "아내의 일 알지 못했지만 도의적 책임 느껴 탈당 결정"

중도　……. (좀 보다가) 그럼 내일 봅시다. 수고해요- (나간다)

59..... 동_ 앞 복도 (낮)

중도. 엘리베이터 쪽으로 가는데, 문 굳게 닫힌 고지섭 의원실 앞 지
나간다. (바로 옆방은 아님/ 복도의 다른 의원실들 문은 모두 활짝 열려 있다)
중도와 반대쪽에서 오는 다른 의원 비서1, 2(여, 20대, 40대) 대화 소리
작게 들린다.

비서1　근데 의원님은 진짜 모르셨을까요?

비서2　그러게. 암튼 가족들 사고치는 거 진짜 조심해야 돼. 연좌제로 한 번
에 훅 간다니까?

중도　…….

비서 1, 2, 중도와 눈 마주치자 얼른 입 다물고 "안녕하십니까." 하고
얼른 간다.

10　3일 전 새벽 1시경, 서울 청담대교 진입로에서 외제차로 배달 오토바이를 치어 숨지게 한 후
　　달아났다가 경찰의 CCTV 추적 끝에 검거했다는 내용.

꽉 닫힌 의원실 문과 명패 한 번 더 보고 걸어가는 중도의 얼굴.

60..... 중도 의원실_ 사무실 (낮)

중도 나간 직후다. TV는 꺼져 있고. 우재, 민석, 빛나, 자영, 강호. (우재, 아래 대화 중간에 PC에서 프린트기로 문서 전송해 출력한다)

민석　(정수기에서 물 따르며) 에효, 고지섭 의원님 어뜩하냐. 쯧쯧. 그러고 보면 우리 의원님 사모님은 차라리 다행이야? 아~무것도 안 도와주시지만, 아~무 사고도 안 치시니까.

자영　(웃으며 농담) 근데 원래 조용한 사람이 한 번 사고치면 크게 치는 거 아시죵.

민석　어허이~ 부정 탄다! 그런 말 금지!

빛나　(웃으며) 그래도 우리 사모님이 그럴 분은 아니죠. (하다가 프린트기에서 문서 픽업하는 우재에게) 그쵸, 장 보좌관님.

우재　(크게 의미심장하게는 아닌) 아, 네. 뭐, 그러…길 바래야죠.

61...... 책수선실_ 안 (낮)

혜주, 초조하게 핸드폰으로 고지섭 의원 관련 뉴스를 보고 있다.
뉴스 제목들:
- 우진석, 탈당 고지섭에 "의원직 사퇴 안 하면 제명 등 검토"
- "외제차로 사람 치어놓고…" 고지섭 부인의 뺑소니 CCTV 영상
- 충격! '뺑소니' CCTV 영상 속 고지섭 부인 모습 보니…
- 보국당, "대한당 의원들의 연이은 가족 논란 참담해" 맹비난

그때, 저장 안 한 010 번호에서 전화 온다! (진동)
혜주, 순간 심장이 덜컥 내려앉는다. 승희다.
하지만 무서워서 쉽게 전화를 받지 못하는 혜주. 끊어지지 않는 전화

진동음 계속 이어지고. 숨 막히는 몇 초가 지나자 전화 끊어지는데.
바로 '승희'에게서 카톡 온다. (미리보기 기능으로 바로 보이는)

승희(E) (메시지 v.o.) 전화 왜 안 받니?
혜주   …!

혜주, 겨우 진정하려 애쓰며 전화 건다.
신호음 한 번 가자마자 받는 승희.

혜주   (통화) …어, 승희야.
승희(F) 방금 전화 안 받던데?
혜주   (통화) 어어, 그게… 받으려고 했는데… 끊어졌어.
승희(F) (침묵)
혜주   (통화, 불안하다) 저기, 승희야//
승희(F) (O.L.) 이따 영산 오는 거지?
혜주   (통화) …어.
승희(F) 그래. 문자에 답이 없길래, 안 온다는 줄 알았지. 그래서 나는, 얘가 또
       도망갔나? 일을 더 재밌게 만드네? 하고 있었거든.
혜주   (통화, 다급) 아니야! 영산, 가려고 했어! 이따 갈 거야, 가!
승희(F) (침묵)
혜주   (통화, 불안) …….
승희(F) 그래. 알겠어. 그럼 이따 보자? (끊는다)

혜주, 휘청. 작업대 짚으며 겨우 버티어 서는….

62..... 교외 (낮)
통화 마친 승희. 저쪽 보면, 부동산 중개업자(여, 40~50대)와 이야기 나

누고 있는 유신 보인다. 승희, 유신에게 다가간다.

유신   (불만) 도로가 날지 안 날지 확실치도 않은데….

중개업자 아이고, 여기 벌써 두 배 올랐다니깐요.

유신   도로만 난다면야 두 배가 문제야? (하다가 승희 보고 못마땅) 하도 안 오
길래 나 버리고 간 줄 알았네. 또 니 서방이랑 통화하고 왔니?

승희   (속 한숨) …아니야.

중개업자 (눈치) 아유… 우리 따님 부부가 금실이 아주 좋은가 봐요~

유신   그럼 뭐해! 둘이 짝짜꿍해서 늙은 에미는 나 몰라라 내팽개쳐놓는데!

승희   엄마아!

유신   애! 나도 너 필요 없어. 나도 내 친구들 만나러 갈 거야. 넌 니 서방한
테나 가!!

승희   (욱해서 혜주 일 말하려다가 꾹 참으며 한숨 푹…) …….

63..... 책수선실_ 안 (낮)

혜주, 하교 후 찾아온 윤서(책가방)와 대화 나누고 있다. 국회 견학을
다녀와 아직도 신나 있는 윤서, 아이스크림이나 음료수를 먹으면서
혼자 재잘재잘대고 있다.

윤서   그래서 아빠가 애들한테 한 명씩 다 명함 줬는데~ 애들이 그럼 전화
해서 연애상담해도 되냐구 그러더라? 아, 진짜 유치해~

혜주   (머리가 복잡해 윤서의 말이 제대로 귀에 들어오지 않는다, 얼굴 어두운) …….

윤서   (혜주가 안 듣고 있는 것 알아채고, 입 삐쭉, 투정) 엄마아~ 나 지금 말하구
있잖아아~

혜주   어? 어어, 미안.

윤서   (귀엽게 투정) 치이~ 암튼, 그래서 생각해봤는데, 엄마. 내년 봄에 아빠
또 선거잖아. 근데 내가 학교에서 학생회장 되면 아빠한테도 도움이

되겠지?

혜주   …학생회장…?

윤서   응! 저번 아빠 국회의원 선거 땐 애들한테 내가 아빠 딸이라는 거 말
       못 했지만 이제는 비밀이 아니니깐~ 내가 학교에서 계속 성적도 잘
       받구 중3 올라가서 학생회장도 하고 그러면 아빠한테도 당연히 좋을
       거잖아~

혜주   (뭐라 말을 못 하는데)

윤서   그래서, 학생회장 선거 나가려구. 헤헤. 엄마한테 뭐 도와달라곤 안 할
       테니까 걱정 마시고용! …아, 학원 늦겠다! (얼른 일어난다) 그럼 다녀
       오겠습니다~ 안뇨옹~ (나간다)

       윤서 나가면. 남은 혜주, 마음 복잡한….

64..... 칼국수집_ 앞 [낮]

       퇴근하는 여진. 영선에게 "그럼 내일 봐~" 인사 정도 하고 나오는.

65..... 지청역 사거리 [낮]

       집에 가는 여진, 문득 저 앞, 중도의 지역사무소 건물 앞 길가에 중도
       의 카니발이 정차하는 것을 본다.
       우뚝 멈춰 서는 여진. 차에서 혼자 내려 지역사무소로 들어가는 중도
       보인다.
       건물에서 나오던 시민 1(남, 60대), 중도 보고 반갑게 인사하면 중도,
       친근하게 인사하고 몇 마디 주고받더니 건물 안으로 들어가는.

여진   …….

66..... 중도 지역사무소_ 출입문 앞 [낮]

계단으로 올라온 중도. (혹은 엘리베이터에서 내리는)

지역사무소 출입문으로 향하는데, 건물 계단에 쭈그려 앉아 뭔가를 하고 있는 귀순의 뒷모습. 누군지, 뭘 하고 있는 건지 바로 못 알아보는데, 귀순이 아픈 허리 두드리며 몸을 펴자 중도, 귀순을 알아보고 깜짝 놀라고. 귀순도 중도를 보고 놀란다.

중도 …할머님! (얼른 귀순 일으키는데)

귀순 아이고, 의원님…. (허리 아파 겨우 일어나는데)

중도, 귀순이 걸레로 건물 계단 금속 신주를 광내고 있던 것임을 본다.

중도 할머님! 여기서 뭐 하세요! (하는데)

문규(E) 어, 의원님!

화장실에서 나오던 문규 (젖은 손을 털면서 나오는), 깜짝 놀라 뛰어온다.

문규 의원님! (난감, 귀순이 익숙하다) 아이고, 할머님. 오늘도 또 청소하세요? 오셨으면 그냥 들어오셔서 차나 한잔 하시고 가시지, 왜 또….

중도 …….

귀순 내가 우리 의원님한테 너무 고마운데… 뭘 좀 드리고 싶어도 아무것도 못 받으신다고 해서….

중도 …….

귀순 다른 건 할 줄 아는 것도 없고 그래서 그냥, 그냥 청소 좀 한 거니까 신경 쓰지 마세요! (중도 손 꼭 잡으며) 의원님, (하다가 손 얼른 놓는다) 아이고, 내가 손 더러운 것도 잊어불고… 의원님, 우리 의원님 덕분에 그 나쁜 놈이 죄 받아서 내가 이제 마음이 좀 편합니다, 편해요!

중도 (뭐라 해야 할지…)

귀순 (허리 연신 숙이는) 의원님 은혜는 내가 죽을 때까지 어떻게 해서든 갚을게요! 고맙습니다! 고맙습니다!

중도 (마음 복잡한) ……

67..... 동_ 건물 앞 (낮)

중도와 운규, 귀순을 배웅한다.
귀순, 자꾸 돌아보며 허리 꾸벅꾸벅 인사하며 가고.
귀순의 모습 멀어지자 운규, 한숨 내쉰다.

운규 에휴… 저 할머님은 아직 모르시잖습니까.

인서트 지승규의 집_ 지승규 방 안 (밤. 2회 엔딩 직전)
지승규, 핸드폰으로 인터넷 사이트에 파일 첨부 버튼을 누르는 손!

운규(E) 그 새끼가 뛰어내리기 직전에 손녀 동영상… 인터넷에 올린 거요.

현재

운규 구속영장 신청 때는 유포하겠다고 협박했던 것만 있었고 그놈 죽어서 공소권 없음으로 사건 종결되고 그래서, 동영상이 진짜로 뿌려진 건 한동안 몰랐잖습니까. 그런데 경찰이 음란물 사이트 단속하다가 발견한 거라… 할머님은 전혀 모르시고요.

중도 (유포 건에 대해 이미 알고 있다) …많이 퍼졌답니까?

운규 경찰에서도 재배포하는 놈들을 계속 추적 중이고, 의원님이 디지털 장의사 따로 고용해주신 곳에서도 열심히 작업하곤 있는데 이게 단기간에 싹 지우기가 쉽지 않답니다.

중도 ……

운규 그래도 그 사건이 더 이상 이슈가 되진 않고 있어서 그나마 다행입니

다. 그놈 죽어서 벌 받았다고 저렇게 기뻐하시는데… 손녀 영상 뿌려
졌다고 뉴스에서 보시기라도 하심 충격 받으시겠죠.

중도   …….

운규   할머님 위해서라도 후속 기사가 난다던지 해서 다시 이슈가 되지는
         말아야죠.

중도   (뭔가 생각하며 혼잣말로 곱씹는) …네. 이슈가… 되지 말아야죠.

68..... 혜주 집_ 대문 앞, 주차한 혜주의 차 안 (낮)

운전석에 타 있는 혜주. 괴롭다. 핸들에 엎드렸다가 겨우 고개 든다.
차량 시계, 4시 30분 정도.
혜주, 핸드폰 꺼내 승희가 보낸 카톡 다시 열어보면, 7시/영산시 주소
와 음식점 이름. 혜주, 주소의 '영산' 글자에 시선 머문다.
혜주, 주소를 내비에 입력하기 시작한다. (혹은 주소 누르면 지도앱이 바
로 뜨는)

69..... 동_ 지훈의 방 (낮)

수빈, 담배에 불붙이고 창문 여는데. 입에 대지 못하고 망설인다.
그러다 종이컵에 재만 털고, 다시 입에 대려다가 못 피우고, 다시 재
를 털다가 결국 짜증내며 비벼 끈다. 짜증난 얼굴로 창문 닫으려는데,
대문 밖에서 혜주의 차가 떠나는 모습이 보인다. 수빈, 어딜 가나 싶
어 쳐다보지만 혜주의 차 멀어진다.

70..... 골프레슨장_ 안 (낮)

기영, 매장 둘러보다가 뭔가를 잠깐 생각하고, 핸드폰 꺼내 전화 건다.

기영   (통화 중) 어, 승희야, 난데. 어, 오늘 어머님 저녁에 계모임 가시잖아.
         그래서 우리 밖에서 저녁 먹자구. // 아, 저녁 약속 있어? …친구? 어,

그래. 그럼 재밌게 놀고 밤에 집에서 봐. 어. 어- (끊고, 매장으로 들어가려다가 살짝 갸웃, 혼잣말) …친구?

71...... 달리는 혜주 차 안 (낮)

영산으로 운전해 가고 있는 혜주.

핸드폰 내비에서 '사랑과 행복이 넘치는 도시 영산에 오신 것을 환영합니다' 멘트 나오자 잠시 멈칫. 과거의 기억을 떠올린다.

72..... [혜주 회상] 영산보육원 근처 일각, 겨울 오솔길 (밤. 2002년 12월)

'← 영산보육원 1km' 표지판 보이고. 혜주(교복, 검은색 불투명 학생용 스타킹, 낡은 코트[11])와 승호밖에 없다. 혜주, 승호와 조금 사이를 두고 떨어져 서서 대화 중. 난감하고 방어적이지만 애써 친절하게 말을 건네는.

혜주	…승호야. 저번에도 부탁했잖아. 자꾸 이렇게 찾아오지 말아달라고….
승호	너는 내가 싫어? 왜?
혜주	! …승호야, 나는 너를… 승희의 가족 이상으로 생각해본 적이 없어….
승호	!!
혜주	(눈치 본다. 좀 불안, 주변 살피며) …그러니까 정말로… 부탁할게. 이제 오지 말아줘…. 그럼… 갈게.

혜주, 승호를 지나쳐 가려는데, 승호, 혜주 팔을 확 잡는다!

승호	김재은!
혜주	! (겁나서 주변을 둘러보지만 아무 인적 없다. 무서워서 달래듯) 승호야, 이것

11   이 신까지만 목도리를 두르고 있어도 좋을 것 같아요. 이 직후에 도망치다 흘려버린….

좀 놓고 얘기하자… 응?

혜주, 조심스레 승호 손 떼어내려 하지만 꽉 잡혀 되지 않고.
승호를 쳐다보는 혜주의 겁에 질린 얼굴에서….

73 ..... [혜주 회상] 영산경찰서_ 정문 앞 [밤. 2002년 12월. 신2-1 보충]

경찰서 앞에 온 혜주. 학생용 불투명 검은색 스타킹의 무릎에 커다랗
게 구멍이 나 있고, 넘어져 까진 무릎에서 피가 나다가 굳어 있는 상
처. 목도리도 없고, 손바닥과 손톱 밑에 흙 묻고 까진 상처. 옷 여기저
기에도 흙.
혜주, 겨우 정신 추스르지만 망설이며 못 들어가고 있다. 머리 조금
흐트러졌고, 눈동자 불안한데. 그때, 혜주를 본 영산 경찰(제복 위에 승
호와 거의 똑같은 반코트를 입고 있다), 다른 경찰과 이야기 나누다가 혜주
를 보고 "잠깐만." 하고 다가온다.

영산경찰 (친절) 학생, 무슨 일 있어? 뭐 도와줄까? (다가오면)

어린혜주 ! (흠칫, 젊은 남자라 저도 모르게 뒤로 물러나는)

영산경찰 ? (했다가 어린 혜주 코트 앞섶 본다) 어, 학생, 그거…

어린혜주 ! (경찰 시선 따라 코트 앞섶 보면, 핏자국!) !!

영산경찰 피 묻은 거 아니야? (다가오자)

어린혜주 !! (도망치는)

74 ..... [혜주 회상] 승희 집_ 거실 [밤. 2002년 12월]

혜주의 갑작스런 방문에 크게 놀라고 당황한 유신, 승호. (승희 없다)

혜주　사과해줘. 그리고… 다시는 나를 찾아오지 말아줘.

75 ..... [혜주 회상] 동_ 안방 (밤. 2002년 12월)

유신과 혜주.

혜주　!네??

유신　혈기왕성한 남자애가 누굴 좋아하다 보면 그럴 수도 있는 거야.

혜주　(말문이 막히는데)

유신　그리고 솔직히, 뭐 다른 일이 있었던 것도 아니고 겨우 손바닥하고 무릎 좀 까진 거잖니?

혜주　!! 아줌마! 그건 제가 도망쳐서 그런 거예요! 도망 못 쳤으면//(아마)

유신, 화장대의 작은 황금돼지를 혜주의 손에 쥐어준다.

유신　(O.L.) 이거 가져가, 웅? (혜주 손 꽉 잡는다) 지금 당장은 까진 데도 아프고 좀 속상하겠지만… 서울대 법대생이랑 잠깐 연애했다, 그렇게 생각하자, 웅?

혜주　(얼굴 확 굳는다! 손 비틀어 빼려 하며) 이거 놔주세요!!

혜주, 유신의 손아귀에서 겨우 손을 빼고, 황금돼지를 내려놓고, 나가려고 하는데.

유신　내가 너 경지대 장학금 꼭 받게 해줄게.

혜주　!

유신　우리 시고모님이 거기 이사장이거든.

혜주　!! (순간 갈등된다!)

유신　(혜주의 갈등 읽었다) 너 부모님도 없는데 대학 등록금 어떡할려구. 내가 장학금 꼭 받게 해줄게. 그러니까 이깟 일로 소란 일으키지 말자, 웅?

혜주　(갈등하다가) …그럼… 받을 수 있게… 부탁드릴게요.

유신   (눈이 반짝 빛난다!) 그래! 내가 꼭 약속할게, 장학금!

76 ..... [혜주 회상] 동_ 대문 앞 (밤. 2002년 12월)
혜주, 기운 없이 나오는데. 승호가 밖에서 기다리고 있다.
혜주, 멈칫하는데.

승호   김재은, 착각하지 마. 내가 너 같은 애가 진짜 좋아서 그런 줄 아냐? 야,
       돈 필요하면 솔직히 말해. 내 핑계 대지 말고. …거지 같은 고아 새끼.

혜주, 순간 얼굴 확 굳고. 뭐라고 쏘아붙이려는데, 승호, 들어가 버린
다! 대문 쾅!

77 ..... [혜주 회상] 영산 시내_ 일각 (밤. 2002년 12월)
휘청휘청 걷는 혜주. 그때 삼거리에서 인부 2명이 현수막 걸고 있는
것 본다.

(경) 서울대학교 법과대학 법학부 합격 (축)
영산고 3학년 진 승 호 (故진명섭 전 영산시의원 장남)

멈춰 서서 물끄러미 현수막 바라보는 혜주.

유신(E) (신75에서) 서울대 법대생이랑 잠깐 연애했다, 그렇게 생각하자, 응?
승호(E) (신76에서) 야, 돈 필요하면 솔직히 말해. 내 핑계 대지 말고. …거지 같
       은 고아 새끼.

혜주, 주먹을 꽉 쥐는.

78..... [혜주 회상] 영산경찰서_ 조사실 (밤. 2002년 12월)
혜주, 영산 형사1(남, 40대/사복)과 함께 있는데. 문 확! 열리고. 보면,
불려온 유신이다. 헐레벌떡 달려온 차림새의 유신, 혜주를 쳐다보는
당황한 얼굴.

현재혜주(Na) 이십 년 전 그날. 내 삶이

79..... [혜주 회상] 승희 집_ 승호 방 (밤 혹은 새벽 어스름. 2002년 12월)
어둡고 고요한 방. 책상 위에 빈 소주병 2개.
그 옆에… 움직임 없이 공중에 떠 있는 승호의 발.

현재혜주(Na) 처음으로 뒤틀려버렸던 그때,

(E)   찰싹! (따귀 때리는 소리)

80..... [혜주 회상] 영산보육원_ 정문 앞 (낮. 2002년 12월)
혜주   (뺨을 맞았고, 그러나 방금 들은 말의 충격이 훨씬 큰) !!
승희   니가 죽인 거야. …이 살인자.

현재혜주(Na) 내가 할 수 있었던 건

81...... [몽타주] 영산을 쫓기듯 떠나던 혜주 (겨울. 2002년 12월~2003년 2월)
- 승호 빈소. 오열하는 유신, 넋 나간 승희. 줄 서서 조문하는 학생들.
혜주만 없는.

- 승호의 영구차, 영산고 운동장을 한 바퀴 돌고 가고.

- 시내 교차로, 승호 서울대 합격 현수막 내리는 인부들.

- (신2-2) 영산시외버스터미널. 짐가방 들고 서울 가는 버스 타던 혜주. 사람들이 자기를 알아보고 수군대는 것만 같고. 고개 숙이고 얼른 버스에 올라타던.

- 서울 강남터미널. 버스에서 내리는 혜주. 어디로 가야 할지 모르겠다. 승객들 빠르게 흩어지는데 혼자 덩그러니 남아 있는 혜주. 목도리도 없다. 추워 옷깃 여민다.

현재혜주(Na) 도망치는 것뿐이었는데,

82..... [혜주 회상] 혜주 집_ 안방 (밤. 6개월 전. 신13-3의 혜주 시점 + 보충)

혜주, 핸드폰을 보고 있다. 낮에 있었던 중도의 기자회견 기사다.
음주폭행 사건을 일으킨 지훈을 향한 악플로 도배된 댓글란. 교도소 세금 아까우니 사형시키라는 댓글도.
혜주, 마음이 너무 아프다. 눈시울 붉어지는데… 방문 열리고 퇴근해 들어오는 중도.

혜주　어, 왔어? (얼른 눈물 닦으며 일어나는데)

혜주가 놓친 핸드폰이 중도 발치로 굴러간다. 혜주, 얼른 집으려는데… 중도가 먼저 줍고. 중도, 혜주의 핸드폰 화면을 잠시 동안 보고 있다.
그러더니 중도, 혜주를 바라본다. 혜주, 중도와 시선 마주치자 다시 울컥. 참으려 해도 눈물 쏟아지려 해 고개 돌리는데… 중도, 다가와 혜주를 가만히 안는다.

중도   (혜주 등을 천천히 토닥이며) …정말 미안해. 이런 일 겪게 해서. …당신 안 힘들게… 내가… 더 잘할게….

혜주   (중도 품에 얼굴 묻고 흐느끼는)

83..... [혜주 회상] 책수선실_ 안 (낮)

오늘 낮. 핸드폰으로 고지섭 의원 관련 뉴스를 보던 혜주의 얼굴. 뉴스 제목:

'잘 나가던' 고지섭, 부인이 재 뿌리나… 정치 인생 최대 위기

현재혜주(Na) 이렇게 돌아오게 될 줄은…

84..... [현재] 한정식집_ 주차장, 주차한 혜주의 차 안 (밤)

현재혜주(Na) …몰랐다.

도착해 주차한 차 안의 혜주.

시계 보면, 6시 57분. 이제는 가야 한다. 혜주, 차 문 열고 내린다.

85..... 동_ 출입구 앞 (밤)

도심 외곽의 마당 있는 큰 한정식집. 마당에 손님들 차량 적당히 있고. 무거운 마음으로 출입문을 향해 걸어가고 있는 혜주. 몇 걸음 앞인데…

혜주, 멈칫. 멈춰 선다.

출입문 앞, 승희다. 승희, 남성 두 명과 뭔가 대화를 나누고 있는데…

혜주, 순간 얼어붙는다. 남성 중 한 명, 뒷모습이지만 분명히 중도다!

혼란스러운 혜주, 저도 모르게 한 걸음 뒤로 물러나는데…

그때 승희, 혜주를 본다.

승희　(태연하게) 왔니?

혜주　!!

　　　승희의 목소리에 혜주 쪽을 보는 남성 두 명, 중도와… 기영이다!

혜주　!!

　　　혜주, 중도, 승희, 기영. 각자의 얼굴에서….

6회

통증 (痛症)

1 .... 충주 대한당 행사장_ 복도 (저녁)

'디지털성범죄 대응을 위한 방안 모색 세미나' 엑스배너[1].

2 .... 동_ 행사장 안 (저녁)

행사명 현수막. 낮은 단상 위에 의자 4개, 책상, 물(500ml 생수, 유리컵), 출력물 자료, 마이크. 뒤로 커다란 롤스크린(PPT용).

단상 위에는 중도와 진석, 이수민 의원(충주 지역구, 오늘 행사 진행/ 여, 40대, 의원배지), 손영균 의원(서울/ 남, 50대, 의원배지).

객석에는 총 참석자 30~40명(당원 참석자와 일반 참석자들은 20~30대 여성이 70% 정도). 2부 행사 끝나는 참이다. (현재 시각 저녁 6시)

이수민의원 (마이크) 네, 그럼 오늘 세미나는 여기에서 마치겠습니다. 오늘 이 자리를 위해 서울에서부터 와주신 대한당 우진석 당대표님, 손영균 의원님, 남중도 의원님께 큰 박수 부탁드립니다.

객석 (박수)

의원들 (인사)

객석의 사람들, 주섬주섬 짐 챙기기 시작하고. 의원들, 서로 악수하며 인사 나눈다.

이수민의원 (진석에게) 당대표님 오늘 정신없으셨을 텐데, 와주셔서 감사합니다.

진석 와야지요. 오늘 행사 준비에 수고 많았습니다.

손영균의원 (눈치 보며) 근데 고 의원 좀 안타깝습니다. 본인 잘못도 아니고, 그리고 운전하다 보면 내가 잘못 안 해도 사고가 날 수 있는 건데.

---

1   행사 시간은 '1부: 15:00~16:30 2부: 16:45~18:00' 디지털성범죄 대응을 위한 방안 모색 세미나 / 대한당 충청북도당 / 국회의원 이수민, 국회의원 남중도, 국회의원 손영균

중도   (O.L.) 뺑소니잖습니까. 게다가 3일이나 침묵하고 모른 척 일상생활을
       하고 있었다니…. 아무리 본인 잘못이 아니라고 해도 그냥 넘어가긴
       어렵죠. 정치인 가족도 공인인데, 이걸 지금 묵과하면 총선에 악재입
       니다.

진석   네. 고 의원은 탈당으론 안 되고 의원직을 사퇴하는 게 맞습니다.

이수민의원 네. 아이고오, 차암 보면은, 정치인은 천애고아 혈혈단신인 싱글이 최
       고겠어요. 친인척이 사고칠 걱정이 없으니. (웃는)

손영균의원 (웃고) 근데 싱글이래도 돌싱이면 안 되죠. 아무리 요즘이래도 정치인
       한텐 이혼이 최악이잖아요?

이수민의원 아니죠. 사고치는 자식이 최악이죠. 자기 자식도 제대로 못 가르친 사
       람을 보는 국민들 시선이//(중도와 눈 마주치고 아차 싶은)

중도   …….

진석   …….

손영균의원 (눈치 없이 맞장구) 하긴요. 자식이 사고쳐서 정치 인생 휘청한 이가 어
       디 한둘… (하다 덩달아 중도와 눈 마주치는) …아.

       이수민 의원과 손영균 의원, 중도 눈치 보다가 서로 바라보며 침묵한다.

진석   능력 있는 정치인이라면 그런 위기도 기회로 삼는 역량이 필요하겠지요.

이수민의원 그럼요. 아, 저는 잠시 뒷정리 좀 하겠습니다. (뻘쭘해 자리 피하는)

손영균의원 (급히) 저는 그럼 밖에서 뵙겠습니다. (얼른 간다)

중도   …….

진석   …결혼을 안 했으면 왜 안 했냐… 자식이 없으면 왜 없냐… 뭘 해도
       뭘 안 해도 욕을 먹는 게 이 직업의 숙명입니다.

중도   …네. 다… 제가 감내해야 하는 일이겠죠.

진석   …….

중도   …….

그때 당원들 다가와 진석에게 "당대표님 식사 가시죠." 하고.

중도에게도 당원들 다가와 인사 나누는데(오늘 의원님 발표 너무 잘 들었습니다 / 오늘 준비하시느라 고생 많으셨습니다 등등). 옆에서 당원들 몇의 대화 들린다.

당원1(여, 20대)　아~ 그럼 맨날 영산에서 출퇴근하시는 거예요?

중도　('영산' 소리에 시선 가는데)

당원2(여, 30대)　네. 가까워요. 차로 한 40분?

중도　…….

3........ **승희 집_ 부엌 [밤]**

중도의 전화를 받고 있는 기영, 마악 열어놓은 찬장 앞에 서 있다. 찬장 안, 양주병과 양주잔. 술 마시려던 참이었던. (양주병은 반 이상 비어 있는)

중도(F)　예, 갑자기 전화드려 죄송합니다만… 오늘 저녁식사 어떠십니까. 한 시간만 주시면 제가 영산으로 찾아뵙겠습니다.

기영, 거실 돌아보면 아무도 없다. 텅 빈 집. 고요한.

4....... **지방 국도 [밤]**

지방 국도 달리는 중도의 카니발(두섭 운전). 멀리 길 안내 표지판. 직진 혹은 좌회전이 서울 방향. 우회전하면 영산이다. 중도의 차, 우회전 깜빡이 넣는.

5....... **한정식집_ 출입구 앞 [밤. 5회 엔딩신 + 보충]**

중도, 차에서 내려 식당 출입구로 다가가는데(차는 주차장으로 떠나고),

택시 와서 서고, 기영이 내린다. 기영을 알아보고 다가가는 중도.

중도　최기영 선생님.

기영　(중도 본다) 아, 안녕하세요.

중도　갑자기 연락드렸는데 이렇게 시간 내주셔서 감사합니다.

기영　아닙니다. 혹시 찾아오시기 어렵진 않으셨는지….

중도　아닙니다. 그럼 들어가시죠. (먼저 들어가시라 손짓하는데)

기영　(중도 뒤쪽에 시선, 당황해서) …어, 승희야.

중도　? (돌아보면)

혜주 또래 여성이다. 중도, 누구지? 하는 순간,

승희　(기영에게) 니가… 왜 여기 있어? (하다가 중도의 의원배지 보고 중도 얼굴 본다)

승희, 중도가 누군지 바로 알아챈다.

승희　아, 남중도 의원님이시죠? 이렇게 뵙네요.

기영　(당황) !

중도　(승희가 누군지 아직 모르는)

승희　안녕하세요, 저는, (하다가 중도 뒤쪽으로 시선, 생긋 웃으며) 아, 잠깐만요. 저기 왔네요.

중도/기영　? (승희 시선 쪽 보는 순간)

승희　(혜주 향해, 태연하게) 왔니?

혜주다.

중도	!! …여보.
혜주	(완전히 얼어붙은)
중도	(이게 대체 무슨 상황이지? 혜주와 승희, 기영을 번갈아 보는)

잠시간 정적 속에 서 있는 네 사람에서… 타이틀 IN.

6....... 동_ 룸 안 (밤)

식사 중반. 빈 맥주병 3~4개. 중도와 기영이 주로 마셨지만 크게 취하진 않은. 승희는 한두 잔 마셨지만 완전히 말짱. 혜주는 전혀 마시지 않고. 살얼음판 걷는 기분.

중도	이 사람이 영산 사람인 줄 알면서 두 분, 아니 세 분이 동창이실 거라고는 상상도 못 했습니다.
혜주	…….
기영	…….
승희	…….

인서트 승희 회상. 동_ 로비 (밤. 조금 전)
직원(여, 40대) 안내 받으며 식당 안쪽(룸 방향)으로 먼저 가는 중도와 혜주.
남은 기영과 승희.

기영	어머님 토지 매입 건 문제 삼은 국회의원… 그게 저 사람이야.
승희	…!
기영	저번에 그 일로 잠깐 만났는데, 근처에 왔다고 갑자기 연락이 와서 나왔어. (하는데)
승희	(O.L.) 저 사람이 김재은 남편인 거 알고 있었어?

기영   (거짓말) …아니. 전혀 몰랐어.

승희   (빤히 보는)

현재

승희   저도 애가 국회의원님하고 결혼했을 줄은 정말 상상도 못 했어요. 근데 두 분은 어떻게 만나셨어요? 결혼은 언제….

혜주   …….

중도   아, 저희는 봉사활동 하다가 만났습니다. 결혼한 지는 이제… 십육 년 되었지? (사랑스럽게 혜주 보는)

혜주   (불편하지만 애써 미소로 화답하는데) …….

승희   아… 오래… 되셨네요. 근데 봉사활동이라니, 예전엔 무슨 일 하셨어요?

중도   동네에서 작게 변호사 일 했었습니다.

승희   …아, 변호사셨구나….

혜주   …….

중도   네. 그때 제가 먼저 반해서 쫓아다녔습니다.

승희   (의미심장) 아, 쫓아다니셨다고요…. 하긴, 얘가 옛날부터 인기가… 많았어요.

혜주   …….

기영   …….

중도   (웃으며) 그랬나요? 하하하.

중도, 미소로 혜주 보고. 혜주, 마지못해 살짝 미소 지어주는.
그런 혜주를 보는 승희. 그런 혜주와 승희를 보는 기영인데.

승희   재은이… 아, (하다가 중도에게) 이름 바꾼 거 아시죠?

혜주   …….

중도   (안다) 네.

승희   …졸업하고 연락이 끊겼다가 얼마 전 뉴스에서 봤는데 바로 알아보겠
       더라고요.

혜주   …….

중도   아… 뉴스요.

승희   네. 아드님… 뉴스요.

혜주/중도/기영   …….

승희   늦었지만… 명복을 빕니다.

혜주   …….

중도   …감사합니다.

       잠시 침묵 흐르는데.

승희   …예전에 책에서 그런 얘길 봤어요.

혜주   (승희 보면)

승희   사람이 살면서 느끼는 여러 가지 마음의 통증을 수치화해서 순위를
       매겨봤다는 내용이었는데… 법정 구속, 배우자의 부정, 이혼… 그런
       것들이 있었거든요. 그중에 뭐가 몇 등이었는지 다는 기억은 안 나지
       만…

혜주   …….

승희   사람들이 가장 고통스럽다고 느낀다는 1위가… 가족의 사망…이었어요.

혜주   …….

기영   …….

       다시 잠깐 침묵 흐르는데.

중도   …그걸 겪어봤으니 다른 건… 겪고 싶지 않군요.

혜주	…….
승희	…….
중도	(승희, 기영에게) 두 분은… 방금 말씀하신 일들을… 절대로, 단 하나도… 아무것도 겪지 않으셨으면 좋겠습니다.
승희/기영	…….
혜주	…….
승희	…저도 그러길 바래요. (혜주 보며) …더 이상은요.
혜주	…….
중도	…….
기영	…….

7....... 혜주 집_ 부엌 (밤)

저녁 먹는 여진, 수빈, 윤서. 소박한 상차림.

윤서, 재잘재잘 신나서 여진에게 떠들며 밥 먹고. (국회 견학 다녀온 이야기) 밥 깨작거리며 듣는 수빈. 수빈 옆에 보리차 컵 있고.

윤서	(기분 좋다) 근데 이모, 오늘 애들이 막 아빠 잘생겼다구 그러더라? 난 잘 모르겠는데. 이모, 아빠 어렸을 때 동네에서 인기 많았어?
여진	…글쎄. 기억이 안 나네.
수빈	…….
윤서	아니, 옆집 살았다며 왜 기억을 못 해. 그래도 뭐 그건 안 중요하고. 중요한 건, 아빠는 정의로워서 국민들한테 인기가 많단 거니까.
수빈	(불쑥) 니가 그걸 어떻게 알아?
윤서	뭐가? 우리 아빠 인기 많은 거?
수빈	아니. 정의로운지 아닌지 그걸 니가 어떻게 아냐구. …니가 봤어?
윤서	(어이없다) 왜 몰라? 저번에 그, 그 의대생 자살했을 때 댓글이 막, 우리 아빠 노벨정의상 줘야 한다구.

수빈	…….
여진	……. (밥 남았는데, 밥공기 들고 일어난다) 난 끝. 밥 다 먹으면 접시 좀 날라— (싱크대 쪽으로 간다)

윤서, "이모 나 다 먹었어~" 하며 남은 밥을 와구와구 먹고 밥공기 들고 여진에게 간다. 윤서가 애교 떠는 소리 들린다. ("이모~ 오늘 설거지 내가 할까?" 등등)

수빈	…….

8....... 한정식집_ 계산대 앞 (밤)

서로 계산하겠다 실랑이하는 중도와 기영. 제가 내겠습니다 등등 실랑이하는데,

승희	(카드 내밀며) 이걸로 해주세요.
중도/기영	(승희 보면)
매니저	네. (승희 카드 받아서 긋는다)
중도	(뭐라 말하려는데)
승희	(미소) 오늘은 제가 낼게요. 다음에 사세요.
혜주	…! (승희 보면)
승희	(혜주에게 미소) 우린 따로도 또 보구.
혜주	…….
중도	그럼 다음엔 꼭 저희가 대접하겠습니다.
승희	네, 꼭 또 봬요. 아, 국회의사당 구경도 가보고 싶네요! (혜주 보고 싱긋)
혜주	(표정)

승희, 중도의 옷깃에 달린 의원배지를 본다.

| 승희 | ……. (혜주 팔짱 끼며) 우리 화장실 가자. |

9........ 동_ 화장실 앞 복도 (밤)

여자화장실에서 손님1(여, 40대) 나온다. 복도에 다른 사람은 없이 조용한.

10...... 동_ 화장실 안 (밤)

손님1이 열고 나가 흔들리는 문이 이윽고 멈춘다.
세면대 앞의 승희와 혜주. 잠시 정적 흐르는데…
주저하다 먼저 말 건네는 혜주.

혜주	…승희야. …나는… 남편 일에 전혀 관여를 하지 않아. …그래서… 두 사람이 아는 사이인지… 전혀 몰랐고 무슨 일 때문인지도 몰라.
승희	…너 되게 열심히 변명한다. 왜, 뭐가 겁나니? 니 남편도 너처럼 사람 하나 죽게 만들었는데 니 일까지 터지면 골치 아파질 거라서?
혜주	!! 승희야, 그건//
승희	(O.L.) 너네 부부는 어떻게 이런 것까지 똑같니. 근데, 내가 지금 황당한 건 또 있어. 너 승호 일 있고 삼사 년 있다가 결혼한 거야? 그것도 연애결혼?
혜주	! 승희야!
승희	경찰서까지 갈 그런 일 내가 당했으면 난 최소 십 년은 연애도 결혼도 못 할 것 같아. 남자 손만 닿아도 몸서리쳐져야 정상 아니야? 근데 너는 어떻게 금방 다른 남자랑 연애하고 결혼할 수가 있었어?
혜주	승희야, 나는…//
승희	(O.L.) 우리, 좀 공평해지자.
혜주	!
승희	우리 집은 다 망가졌는데 너는 계속 행복하게 살고. 그건 너무 불공평

하잖아. 안 그래?

혜주 (하얗게 질리는데)

승희 (서늘) 내일 영산 다시 내려와. 내일 와서, 우리 엄마한테 사죄해. 너, 대학 갈 돈 없어서 승호 모함한 거, 그래서 승호 죽게 만든 거, 사죄해.

혜주 !!

승희 (O.L. 차갑다) 왜. 못 하겠어? 그럼 난 뭘 할까? 니가 무슨 짓을 저질렀는지 현수막 붙이고 전단지 뿌릴까? 아니다, 인터넷 놔두고 왜 귀찮게. 그치, 재은아. 마침 니 남편이 무려 국회의원이고 곧 선거인데, 어떻게 되는지 한번 해볼까?

혜주 (하얗게 질려서) ! 승희야… 우리 일은 우리 일이고, 남편은//

승희 (O.L.) 이번엔 도망갈 생각은 꿈도 꾸지 마. 내일 와서 사죄해. 우리 엄마한테 무릎 꿇고 사죄하라고. 김재은.

혜주 …!!

승희, 나가버린다. 화장실 문 흔들리고. 미치겠는 혜주….

혜주담임(E) (선행하는) 재은아.

11 ...... [혜주 회상] 영산고_ 교무실 안 [낮. 2002년 12월 4일 수요일2]

'영산고등학교' 이름이 보이고. (입시 현황 칠판이나 교사의 상담 서류 등)
'김재은' 명찰 단 교복 입은 어린 혜주(이하 '혜주'/19), 혜주 담임(여, 40대)과 대입 원서 상담 중. 혜주 옆에 어린 승희(19, 교복/이하 '승희')도 같이 앉아 기다리는 중.
담임 앞, 혜주의 수능 성적표와 2003학년도 대학 정시 배치표. '경지대(청주캠퍼스)'에 동그라미 쳐져 있다.

2 2003학년도 서울대학교 2학기 수시모집 최종합격자 발표일.

혜주담임 서울은 장학금 받는다 해도 물가가 비싸. 그러니까 여기 경지대 청주 캠 쓰자. 응?

혜주 (좀 아쉽지만 예상했다) …네. (하는데)

승호담임(남, 50대) (흥분) 예쓰!! 진승호 서울대 수시 합겨억~!!

혜주와 승희, 혜주 담임, 깜짝 놀라 승호 담임 쪽 본다. 교무실의 고3 담임들 여럿과 각자 담임들과 상담 중이던 고3 학생들(남녀/교복)도 모두 승호 담임 쳐다보는데.

승호담임 (유선전화기 든 채 만세) 우리 반 진승호 서울대 법대 수시 합격했습니다아~!

소란스러워지는 공기. 축하하는 교사들(환호성, "와, 축하드려요!" "최고다!" "와, 우리 학교에서 서울대 법대 첨이죠?" "올해 서울대 법대 수시 경쟁률 거의 6:1[3]이었다면서요" 등등), 상담 중이던 학생들은 그저 부럽고.
혜주는 부럽다기보다는 뭔가 미묘한 표정인데.

승희 (짜증, 한숨) 진승호 결국 서울댈 가네… (시니컬한 박수) 와우, 브라보.

혜주 …….

혜주담임 진승희. 니 쌍둥이 이제 서울대 법대생인데 넌 어떡할래?

승희 아, 선생니임~ 진승호랑 비교는 저희 엄마로 충분하거든요? (울상) 아, 근데 왜 하필 오늘 발표가 나~ 주말에 엄마랑 옷 사러 가기로 했는데~

혜주 (승희의 징징거림을 듣고 있는, 좀 복잡해 보이는 얼굴)

3 2003학년도 서울대 법대 수시모집은 358명 지원, 65명 합격해 5.8:1의 경쟁률.

12...... [혜주 회상] 영산 시내_ 떡볶이집 (밤)

연말 분위기, 매장에 크리스마스트리.
떡볶이 먹는 혜주와 승희. 승희가 주로 말하고, 혜주는 거의 들어주는.

승희 아, 진승호는 무슨 애가 서울대 법댈 붙냐아~

혜주 …….

승희 우리 엄마, 아들 땜에 죽고 못 살잖아. 그래서 진승호가 나중에 여자 한테 푸욱~ 빠져서 엄마는 나 몰라라 하고 지 여자친구만 싸고돌면 좋겠어. 크크. …어, 근데 그러면 우리 엄마 진짜로 쓰러질 듯?

혜주 …….

승희 (갑자기) 김재은. 너, 진승호 어때?

혜주 (화들짝) 뭐?

승희 아아니, 솔직히 진짜 소올~직히 진승호, 얼굴도 그만하면 봐줄 만하 고… 우리 엄마도 너 좋아하니까, 진승호 서울 가서 이상한 애 만나는 것보다 너랑 사귀면 엄마도 좋아할 거구. 그럼 나도 좋구//

혜주 (O.L. 정색) 싫어. 그런 말 함부로 하지 마.

승희 농담이야! 뭐 그렇게까지 정색이야. 하긴, 여자애들 다 진승호한테 헬 렐레 해도 너는 걔 재수 없어 할 줄 알았어. 흐흐. 역시 내 친구. 흐흐.

혜주, 복잡한 얼굴 애써 감추는데. 승희, 눈치 못 채고 재잘재잘한다.
(유신과 사이좋은 모녀 사이, 칭얼대는: "근데 나 엄마랑 주말에 서울 백화점이랑 미장원 가기로 했는데 그럼 진승호도 같이 가겠지? 우우 싫다~ 서울 가면 엄마 랑 별다방4도 가기로 했단 말이야아…. 근데 우리 엄마가 뭔 커피가 밥보다 비싸 냐고~ 크크" 등등)

---

4 스타벅스가 한국에 들어온 지 얼마 되지 않은 시기라….

13...... [혜주 회상] 영산 시내_ 길거리 일각 (밤)

혜주, 막 택시 뒷좌석에 타는 승희를 바로 옆에서 보고 있다.

승희　(기사에게) 아저씨, 읍내동이요. (혜주에게) 너는 마을버스?
혜주　응.
승희　그래 그럼 안녕~ (택시 출발하는데 차창 내리고 손키스 날린다) 내 싸랑 김
　　　　재은~ 내일 봐~
혜주　(웃으며 손 흔들지만 택시 멀어지면 표정 가라앉는) …….

14...... [혜주 회상] 영산보육원 앞 오솔길 (밤)

시골길. '영산보육원 1km' 안내판. 어둡고 인적 없다.
혜주, 춥다. 걸음 재촉하여 걷는데, 멈칫. 저 앞에 승호가 기다리고 있다.

15...... [혜주 회상] 영산경찰서_ 조사실 (밤. 5회 신78 직전)

혜주, 흐트러진 차림새. 다친 무릎과 손바닥. 영산 형사1 있다.

혜주　…영산고 3학년… 진…승호요. (말 잇지 못하는)

16...... [혜주 회상] 승희 집_ 승호 방 (밤 혹은 새벽 어스름. 5회 신79)

어둡고 고요한 방. 책상 위에 빈 소주병 2개.
그 옆에… 움직임 없이 공중에 떠 있는 승호의 발.

승희(E)　(선행하는) 니가 죽인 거야.

17...... [혜주 회상] 영산보육원_ 정문 앞 (낮. 5회 신80 + 보충)
승희　…이 살인자.

방금 뺨 맞은 혜주. 놀라고 슬프고, 뭐라 말하기도 전에 몰아붙이는 승희.

승희 너, 대학 등록금 뜯어내려고 승호 모함한 거잖아!!
혜주 ! 아니야, 승희야! 내가 왜 그런 모함을//(해)
승희 (O.L. 소리 지르는) 거짓말 그만해!!
혜주 !!
승희 …승호는, 니가 죽인 거야. (홱 돌아서 가버리는)

승희의 뒷모습을 보는 혜주, 마음이 무너지는 얼굴에서…

18...... [현재] 한정식집_ 화장실 안 (밤)
같은 얼굴의 현재 혜주 얼굴로 이어지는….

19...... 동_ 출입구 앞 (밤)
중도와 기영.
기영, 승희와 혜주가 오지 않자 불안해 자꾸 문 쪽으로 시선 가는데….

중도 학교 때 제 아내와 친하셨습니까?
기영 …아니요. 그냥 같은 반…이었습니다. 졸업하고 오늘 처음 봅니다.
중도 근데 바로 알아보셨네요. 이십 년 만이신데. (기영 보는)
기영 (중도 시선 피하지 않는다) …….
중도 …제 아내는…
기영 (보면)
중도 선생님과 제 사이의 일에 대해 전혀 모릅니다. 기본적으로 저희 부부는 제 일에 대해서 전혀 공유하지 않아서요. …이상하게 들리실지 모르겠습니다만.

기영   …….

중도   부인께서 제 아내를 뉴스에서 봤다 하셨는데… 저희 아들 일이 있기
          전에 아내는 한 번도 언론에 노출되거나 공식석상에 선 적이 없습니
          다. 선거운동도 하지 않았고요.

기영   (가만히 보면)

중도   그게 제 정계 진출을 허락해준 조건이었고, 저는 앞으로도 쭉 아내의
          의사를 존중하려 합니다. 그리고 반대로 아내가 제 의정 활동에 그 어
          떤 영향력을 갖는 일도 없을 겁니다.

기영   …네. 무슨 말씀이신지 알겠습니다. 제가 장모님 일로 재은이, 아니,
          부인분께 연락드릴 일은 없을 겁니다.

중도   …네. …그럼 조만간 다시 뵙죠. 연락드리겠습니다.

          그때 승희 나오는 인기척에 돌아보는 중도와 기영.

승희   죄송해요~ 오래 기다리셨죠.

          기영, 혜주는 왜 안 오지 싶어 안쪽을 슬쩍 쳐다보는.
          그런 기영을 보는 중도.

20 …… 동_ 출입구 안 로비 → 출입구 앞 (밤)

          화장실에서 나온 혜주. 출입구 쪽으로 가는 무거운 발걸음. 출입문 몇
          발짝 앞에서 멈춰 서면… 밖에 서 있는 중도와 승희, 기영이 보인다.
          뭔가 이야기를 나누고 있는 세 사람. 화기애애해 보이는 모습. 혜주,
          정말 미칠 것 같은데….
          중도와 눈 마주친다. 혜주, 애써 미소 지으며 문 열고 나간다.

중도	(다정한) 여보.
혜주	(애써 미소 지으며 중도 옆으로 간다)
승희	(중도와 혜주를 보다가 기영에게) 대리 불렀어?
기영	어? 어.
혜주	(중도에게 조용히) 박 비서님은⋯ (하다가 근처 카니발 보자) 아, 저기⋯.
중도	(O.L.) 저 차 아니야. 나 당신 차 타고 갈 거야.
혜주	!
중도	박 비서님 아까 식사 중간에 먼저 가시라고 했어. (기영과 승희에게, 깍듯) 그럼 저희 먼저 가보겠습니다. 오늘 즐거웠습니다.
기영	네.
승희	안녕히 가세요. (혜주에게 미소) 조심히 가. 또 보자!
혜주	⋯어. 그래. (기영과는 눈 마주치자 목례만) ⋯⋯.

21⋯⋯ 동_ 주차장, 주차한 혜주 차 안 (밤)

조수석의 중도가 안전벨트 매는 것 보고 있는 혜주.

혜주, 초조하고 불안하다.

중도	(벨트 매며) ⋯밤운전 시켜서 미안해. 술을 안 마시기가 좀 그래서.
혜주	⋯괜찮아. 나는 어차피 이 차 운전할 거였잖아.
중도	(웃는) 그러네.
혜주	피곤할 텐데 의자 젖히고 자. (서울 집 주소를 핸드폰 내비에 찍는데)
중도	⋯고향에 친구 만나러 오면서 왜 얘기 안 했어?
혜주	(핸드폰 만지던 것 멈춘다) ⋯당신 바쁘니까.
중도	⋯그래도 좀 섭섭하네. 난 지금까지 당신 친구 만난 적도 없는데.
혜주	⋯⋯. (일부러 살짝 웃으며) ⋯당신도 늦는다고만 했지, 지방 간다고는 말 안 했잖아.
중도	(툭,) 당신이 언제부터 내 일에 그렇게 관심이 있었다고.

혜주	(중도 본다) …그래. 그랬지, 참. …미안.

서로를 보는 혜주와 중도. 불편해진 공기. 그때, 핸드폰 진동음!(카톡 메시지)
혜주, 움찔 놀라서 보면, '승희'의 카톡이 왔다는 알림창 1줄 떠 있다.
중도에게 화면이 보이지 않게 카톡을 조심히 얼른 열어보는 혜주.

승희(E)	(메시지 v.o.) 내일 12시까지 와.
승희(E)	(메시지 v.o.) 영산시 백로3길 14.
승희(E)	(메시지 v.o.) 옛날하고 같은 집.

혜주, 어떻게 해야 할지 모르겠다. 일단 겁이 나 핸드폰 전원 끄는데,

중도	…내가 말을 잘못했어. 미안해.
혜주	…….

혜주, 대답 없이 핸드폰 보면, 전원 꺼지고 있다. 혜주, 핸드폰을 핸드백에 넣고, 차 내비에 집 주소 누른다. 130여 킬로미터. 예상소요시간 1시간 40여 분 안내 나온다.
그런 혜주 보는 중도, 얕게 한숨 쉬며 창밖으로 시선 옮긴다.
혜주, 그런 중도를 잠시 바라보지만… 지금 신경은 온통 승희다. 그냥 차 출발한다.

22..... 승희 집_ 부부 침실 (밤)

승희와 기영. 승희, 들어와 핸드백 내려놓고 있는데.

기영	친구 만난다며.

승희	아까 말했잖아. …뉴스에서 우연히 봤고, 그래서 만난 것뿐이야.
기영	…둘이 화장실 가서 무슨 얘기 했는데?

승희, 기영을 바라본다.

승희	…나, 식당 가기 전에 승호한테 갔었어. 가서… 약속했어. 반드시 억울한 거 풀어주겠다고. 그래서 재은이한테, 우리 엄마한테 와서 사죄하라고 했어.
기영	! 승희야!
승희	왜? 그럼 안 돼?? 김재은은 거짓말로 사람 죽여놓고도 국회의원 사모님 되어서 저렇게 잘 사는데, 우리 가족은 계속 이렇게 지옥에 살아야 해? 우리 엄마가 원래부터 저랬는 줄 알아?
기영	…승희야. …재은이가 정말로 승호를 거짓말로 모함한 거… 맞아?
승희	어! 승호가 그랬어! 그날, 나한테 그랬다구!!

23..... [승희 회상] 동_ 거실 (밤. 2002년 12월 4일 밤)

목욕한 승희(젖은 머리에 타월 둘둘, 맨얼굴, 목욕 오래 해서 볼 빨갛다), 거실로 나온다. 거실에 승호만 혼자 있다.

승희	(승호 신경 안 쓰고, 안방으로 가며) 엄마아~ 나 목욕 다 했어~ 오이팩 해줘~ (하면서 안방 문 여는데)
승호	…엄마 없어.
승희	(돌아본다) ? 왜? 어디 갔는데?
승호	…경찰서.
승희	? 경찰서? (농담) 너 뭐 사고쳤냐?
승호	…….
승희	(승호 표정이 심상찮음을 느낀다, 뭔가 쎄하다) 뭐야. 무슨 일인데.

승호	…김재은이 나를 신고했어. 내가 자길… 건드렸다고.
승희	(충격) …뭐?
승호	야, 나 오늘 서울대 붙었어! 근데 내가 미쳤다고, 왜 그런 짓을 해? (혼란스러워하는 승희 보더니) 진짜야!! 너, 지금 내 말 안 믿지!
승희	(대답을 쉽게 못 하겠다)
승호	진승희! 너 나 못 믿어? 지금 너, 니 가족을 못 믿는 거야?
승희	(승호와 시선 마주한 채 아무 말도 못 하는) …….
승호	…나는 결백해. 김재은이 거짓말한 거야. (자기 방으로 들어간다)

혼란스러운 얼굴로, 닫힌 승호 방문 바라보는 승희 얼굴.

24..... [승희 회상] 동_ 부엌 [2002년 12월. 승호 장례 직후]

식탁에 간단히 식사 차려져 있고.
승희, 초췌한 유신을 부축해와 억지로 앉힌다.

승희	…엄마, 뭐라도 좀 먹어야 돼. 응?
유신	…….
승희	…엄마아. (숟가락 들어 유신의 손에 쥐어주는데)
유신	…돈 때문이야.
승희	…응?
유신	돈 때문에 모함한 거야. 재은이 그년이 그날 우리 집에 와서, 자기 경지대 원서 쓴다고, 우리 고모님 거기 계시는 거 안다면서 자기 장학금을 해달라고 했어.
승희	!
유신	근데 내가 그건 어렵다고 했더니, 자기 옷 풀어헤치고 경찰서에 가서 승호 모함한 거야!! 그걸로 우리한테 합의금 받아내려고!
승희	!!

유신, "아이고, 승호야… 아이고 불쌍한 내 새끼… 내 새끼 억울해서 어떡해…" 하며 오열하고. 충격받은 얼굴로 유신을 보던 승희, 서서히 표정 굳는다. 승호에 가졌던 의구심은 사라지고 완전히 유신을 믿게 되는.

현재승희(E) 그런데도 우리 엄만…

25..... [현재] 승희 집_ 부부 침실 (밤)

승희 김재은을 무고죄로 고발 못 했어. 나는 무조건 하자고 했는데… 엄마가 재판하면서 남들 입에 성추행 같은 일로 승호 이름 오르내리는 건 생각만 해도 못 견디겠대서.

기영 …….

승희 그래서 주변엔 심장마비로 알린 거야.

기영 …….

승희 너무 늦었지만… 나, 뭐라도 해야겠어. 진작 했어야 했는데. …걔 남편이 들쑤시는 땅 문제는 나중 얘기야. 나는, 김재은이 거짓말로 우리 집 망가뜨려놓고 자긴 행복하게 사는 꼴은 도저히 못 보겠어.

침묵 흐른다. 기영, 승희를 본다.
승희, 대답 대신 기영의 시선을 마주하는데…
차고 문 열리는 소리, 차 들어오는 소리 작게 난다.

승희 …엄마 왔다. 엄마한텐 아직 아무 얘기하지 마.

기영 승희야.

승희 (바로 나가버린다)

기영, 거실 쪽으로 시선 옮기면. 승희가 닫지 않고 간 방문 틈으로, 거

실 장식장(승호 액자들) 보인다. 승희가 현관으로 나가는 문소리가 탁,
하고 들린다.

기영   …….

26‥‥‥ 달리는 혜주 차 안 (밤)

혜주와 중도, 모두 말 없다. 불편하고 좀 썰렁한데. 침묵 깨는 혜주.

혜주   (운전, 앞만 보며) …기영이하곤 무슨 일인데 당신이 여기까지 왔어…?
        (별일 아니라는 듯 표정 관리하지만 숨죽여 기다리는데)
중도   …별일 아니야. 일 때문에 잠깐 만난 적이 있는데, 충주에 세미나 왔
        다가 영산이 바로 옆이길래 한번 연락해본 거야.

        말 끊긴다. 혜주, 더 묻고 싶지만 묻지 못하겠는데.

중도   …미안해. 좀 전에 그런 식으로 말해서.
혜주   아니야. 나도… 미안. 장거리 운전해 와서 피곤해서 그랬나봐.
중도   …근데 또 운전을 시켰네. 미안해.
혜주   아냐. 왜 안 자. 피곤할 텐데 얼른 자. 한 시간은 더 가야 돼.
중도   …알았어. 고마워.

        중도, 의자는 젖히지 않고 그대로 좌석에 기대 눈 감는다.
        운전하는 혜주, 복잡한 얼굴. 둘 다 각자 생각이 많다.

27‥‥‥ 승희 집_ 차고 안 (밤)

차 2대 주차할 수 있는 차고. 기영의 차 주차되어 있고. 박 기사(남, 50대)
가 운전하는 유신의 차가 들어오고 있다.

차고 한쪽에 비켜서서 기다리고 있는 승희, 라이트 불빛에 눈부신.
유신, 승희 부축 받으며 차에서 내린다. 유신, 취해서 비틀.

승희   (부축하며) 엄마, 술 너무 많이 마셨다.

유신   (승희 보고 웃으며) 지금 엄마 걱정해주는 거야? 아이고~ 역시 하나밖
에 없는 내 딸~

유신, 휘청하더니 승희를 꼭 안고 웃음 터뜨린다.
승희, 울 듯 말 듯한 얼굴.

승희   (유신에 안겨서) 엄마… 술 안 취하고도 나 좀 이렇게 봐주면 안 돼? 응?
옛날처럼….

유신   (못 들었다) 응? 뭐라구우?

승희   …아니야. …엄마, 들어가자.

승희, 비틀거리는 유신을 "엄마, 쪼끔만 가면 돼, 응?" 등등 얼러가며
들어가는….

28..... 혜주 집_ 안방 (밤)

침대의 혜주와 중도. 자려고 불 껐고.
혜주, 그러나 잠 오지 않고 마음 복잡하다.

혜주   …여보.

중도   응?

혜주   그… 의대생… 말이야.

중도, 혜주 본다. 혜주, 중도와 눈 마주치지 않고 천장 바라보고 있는.

중도, 혜주가 지승규모의 자살시도 건을 아는지 싶다.

중도   …갑자기 왜.

혜주   만약에… 만약에 말이야… 시간을 되돌릴 수 있으면 당신… 뉴스에서
      그 의대생 얘기… 할 거야…?

중도   …당신이라면 어떻게 할 것 같은데.

혜주   …모르겠어, 난. 뭐가 옳은 건지, 뭐가 맞는 건지… 어떻게 했었어야
      하는 건지… 정말 모르겠어….

중도   …….

      잠시 침묵 흐르는데.

중도   …후회해?

혜주   (! 눈동자 흔들리는)

중도   …정치하겠단 사람이랑 결혼한 거… 후회해?

혜주   …….

29…… **[몽타주] 혜주가 정치인의 아내가 되면서 겪었던 괴로운 순간들**
    29-1…..인서트 4회 신7. 책수선실_ 안 (밤. 8년 전. 4회 신7 편집 + 보충)

혜주   (좀 당황해서 되묻는) …국회의원…? 비례…대표…?

      앞치마 입고 일하며 중도 이야기 듣던 혜주, 당황해 그대로 멈춰 중도
      쳐다본다.

중도   …어.

혜주   …!

중도   (차분히) 어제 저녁에… 대한당 우진석 최고위원 만나서 비례대표 공

천 제안을 받았어. …당선 안정권 번호로.

혜주, 말없이 중도를 바라본다. 중도 역시 혜주를 가만히 바라보는.

중도   …결혼할 때 내가 약속했었지. 언젠가 내가 정치를 하게 되더라도…
당신은 당신이 원하는 조용한 삶을… 계속 살게 하겠다고.

혜주   …….

중도   그 약속, 반드시 지킬 거야. 당신의 삶을 깨뜨리는 일, 절대로 하지 않
아. 약속해.

중도, 확신에 찬 얼굴로 혜주를 바라보다가 혜주를 포옹한다.

중도   …사랑해, 혜주야.

중도에게 안긴 혜주의, 애써 미소 지으려고 하지만 불안한 예감이 드
는 얼굴.

29-2.....**인서트** 책수선실_ 안 (낮. 3년 전, 4월 초)

실제본 바느질하는 혜주. 열어놓은 창문 밖에서 골목 지나가는 유세
차량의 확성기 소리가 들린다. 상대 당 후보가 지훈의 비행을 인신공
격에 가깝게 비난하는 소리.
혜주, 창문을 꽉 닫는다. 상처받은 얼굴.

29-3.....**플래시백** 2회 신40. 혜주 집_ 대문 앞 (새벽)

정경은 기자의 급습 취재로 아수라장이 된. 고통스럽게 소리치는 혜주.

혜주   우리 아들이 죽었어요! 남들이 뭐라건 우리한테는 소중한 아들이었

다구요!! 근데 지금 대체 무슨 소리가 듣고 싶어서 이러시는 거예요, 네? 네?!

29-4.....**플래시백 신6. 한정식집_ 룸 안 [밤]**

승희 　···졸업하고 연락이 끊겼다가 얼마 전 뉴스에서 봤는데 바로 알아보겠더라고요.

혜주 　·······.

현재중도(E) 후회···해?

현재

혜주, 중도 쪽으로 돌아눕는다. 촉촉하게 젖은 눈으로 중도와 시선 맞추는 혜주.

혜주(E) 　(속말) ···해. 후회. ···하지만··· 당신을 사랑하게 된 건···

혜주 　후회··· 안 해. ···절대로.

어둠 속에서 혜주의 눈을 가만히 바라보던 중도, 혜주를 끌어당겨 안는다.

중도 　···고마워. ···고마워, 혜주야.

혜주를 품에 안고 잠드는 중도. 그러나 잠 못 이루는 혜주.

30..... **혜주 집_ 대문 앞 [새벽]**

야쿠르트 카트 지나가는 새벽. 어둡다. 중도를 기다리고 있는 카니발 (두섭 운전).

31...... 동_ 안방 앞 복도 (새벽)

실내계단 아래 1층에서 녹즙기 소리 작게 윙윙 들린다. 출근하러 나오는 중도(검은 양복, 검은 넥타이). 내려가려는데, 화장실에서 나오던 수빈과 마주친다. 중도와 수빈, 잠시 그대로 서로를 마주 보고 있다가 수빈, 자기 방으로 들어가려는데.

중도 너 말이야.

수빈 (본다)

중도 (수빈 배 쳐다보고) …책임을 질 수 있을 거라고 생각해?

수빈 …아저씨가 할 말은 아닌 거 같은데요.

중도, 대꾸 대신 차갑게 수빈을 노려본다. 팽팽하게 시선 마주하는 중도와 수빈.
중도, 수빈을 노려보다가 내려간다. 수빈, 내려가는 중도를 싸늘하게 보고 있는.

32..... 동_ 지훈의 방 (새벽)

들어온 수빈, 표정이 좋지 않은데. 책상 위 검은색 볼펜이 눈에 들어온다.
수빈, 갑자기 볼펜을 집어 들더니 상의를 좀 걷어 올린다. 배 아래의 타투('JD').
볼펜으로 타투를 덧칠하기 시작하는 수빈!
맨살 위라 볼펜 덧칠이 잘 되지 않는데 마구마구 하다가 짜증내며 볼펜 집어던진다.
엉망으로 덧칠된 타투. (JD 글자를 거의 알아보기 힘들게 덧칠)

33..... 동_ 1층 부엌 (새벽)

혜주, 녹즙은 이미 보틀에 담아놨고. 어젯밤 일로 심란해 괴로운 한숨 내쉬는데, 중도가 실내계단 내려오는 인기척 들린다. 혜주, 얼른 표정 가다듬으며 거실 쪽으로 돌아서는데 중도가 부엌으로 들어온다.

중도	(다정) 여보 잘 잤어?
혜주	…응. 당신도? (중도의 검은 양복이 눈에 들어온다) 어디 조문 가?
중도	(조금 주저하다가) 나 오늘… 상주 좀 다녀올게.
혜주	상주? …아. 지훈이… 외가?
중도	…어. 오늘이 20주기라서….
혜주	(아 그렇구나…)
중도	…오후에 휴가 냈어. 미리 말한다는 걸… 잊었어. 미안.
혜주	아니야. 가야지. 뭐가 미안해. 잘 다녀와. 못 간 지 한참 되었지? 진작 말하지.
중도	…….
혜주	(중도가 미리 말하지 못한 마음을 아는…) …현금은. 있어?
중도	어.
혜주	…넉넉히 넣었겠지만 당신 생각보다도 더 넉넉히 드려. 아, 당신 국회 의원이라고 써 있는 봉투 있잖아. 거기에 넣어서 드리면 어르신들 좋아하실 것 같은데.
중도	(잊었다가 혜주의 언급에 깨달은) …아. 봉투. 어, 알았어. 이따 사무실에서 챙길게.
혜주	그러다 깜빡할라. 집에는 없어?
중도	봉투… (잠깐 생각하고서[5]) 서재에 있어. 서랍에.
혜주	그래? 내가 갖다줄게. 잠깐만. (하다가) 아니다. 당신이 찾아. 나 당신 서재 어디에 뭐가 있는지 하나도 모르잖아. 봉투 찾다가 괜히 당신 물

5 지훈이 죽던 날 서재에서 봉투를 찾은 기억이 있어서 금방 떠올리는.

건들 잘못 만질라.

중도   그래. 내가 가져올게.

중도가 부엌을 나가는 듯하자 혜주, 싱크대 쪽으로 돌아선다. 녹즙 보틀을 집으려는데… 혜주를 뒤에서 가만히 안는 중도.

혜주   (멈칫) …….
중도   여보. …총선 지나고 우리… 속초 갈까? 우리 신혼여행 갔던 길 그대로.
혜주   …….
중도   당신, 신혼여행 바다로 가고 싶어 했었잖아. 바다 가본 적 없다고…. 그래서 앞으로 매년 휴가는 꼭 바다로 가자고 해놓고… 윤서 학교 들어가고 나선 한 번을 못 갔네. …미안해.
혜주   (감정 꾹 누르는) …….
중도   총선 이제 금방이니까… 조금만 기다려줘. 봄에 우리 꼭 여행 가자.
        (혜주 놓고, 바라보며 미소)
혜주   (아무렇지 않은 듯 애써 미소) …그래. …그러자….

34..... 동_ 대문 앞 (새벽)

(녹즙 들고) 나오는 중도. 대기하고 있던 카니발, 뒷문 열린다. 두섭, 운전석에서 "안녕하십니까." 인사. 중도, "안녕하세요. 좀 늦었습니다." 하며 차에 타려는데 발에 전단지가 치인다. 중도, 별생각 없이 차에 타려는데 순간 뭔가 쎄하다.
발치를 내려다보는 중도, 얼굴빛 변하는! (전단지 내용 안 보임)

35..... 동_ 안방 (새벽)

혜주, 핸드폰 전원 켜고 있다. 카톡 열면 제일 위, 승희와의 대화창에 읽지 않은 새 메시지 1개 있다. 대화창 눌러보면… (신21에서) 승희가 보낸 카톡 메시지 3개 보이고, (신21에서) 혜주가 핸드폰 끈 후에 보낸 다른 카톡(새 메시지) 1개.

승희(E)   (새 메시지 v.o.) 와서 제대로 사죄해. 니가 모함해서 승호 죽인 거라고.

혜주, 괴롭게 승희의 메시지를 물끄러미 바라보고 있는데… 갑자기 방문 벌컥 열리며 중도 들어온다(가방과 녹즙은 차에 던져두고 온다).

중도   여보. 당신 차 키 좀.
혜주   (깜짝 놀라 핸드폰 감추듯 하며) 응? 차 키?

36..... 동_ 대문 앞 (새벽)

혜주보다 몇 걸음 빨리 나온 중도, 이미 혜주의 차 운전석 문을 열고 있고(혜주의 차 블랙박스는 초저전력 모드로, 상시녹화 상태는 아니지만 녹화 불빛이 아닌 블랙박스의 LED 불빛은 들어와 있다). 두섭, 골목 가득 뿌려진 전단지 줍고 있다.
실내복에 겉옷 급히 걸치고 놀라 뛰어나오는 혜주. 골목 여기저기 전단지가 뿌려진 광경이 눈에 들어오자 아연실색. 얼른 전단지 한 장 주워서 보는데, 얼어붙는다.
크고 굵은 글씨의 일곱 글자: 남중도는 살인자

37..... 동_ 대문 앞, 주차한 혜주 차 안 (새벽)

중도, 침착하게 혜주 차의 운전석에 타서 바로 블랙박스 조작한다.
(대문 방향 주차. 메모리카드를 빼지 않고 본체에서 바로 영상 확인)
'주차충격(Parking-shock) 폴더'를 열어 맨 위 파일을 눌러보면, 영상 재생된다. (오늘 새벽, 한 시간쯤 전의 영상이다)

블랙박스 영상

깜깜한 새벽, 가로등 불빛. 전단지를 뿌리는 지승규부, 잠깐 휘청해 혜
주의 차에 살짝 부딪히고(이 시점 기준 전후 10초씩 녹화됨). 지승규부, 혜
주의 집을 잠시 바라보다가 바로 또 전단지 뿌리며 멀어진다. (총 20초)
[영상 끝]

중도   …….

38..... 동_ 대문 앞 [새벽]

혜주, 두섭과 함께 전단지 급하게 줍고 있는데. 차에서 내리는 중도.

중도   (두섭에게) 박 비서님. 죄송한데 여기 정리 좀 도와주세요. 오늘 조찬
          회의는 제가 운전해 가겠습니다. //
혜주   (얼른) 아니야. 여보, 박 비서님하고 같이 가. 여긴 내가 할게.
중도   아니야, 내가 운전해서 가면//(돼)
혜주   (O.L.) 아니야. 금방 할 수 있으니까 걱정 말고 가. (두섭에게) 박 비서
          님, 운전 부탁드릴게요.
두섭   (이러지도 저러지도 못하는데)
혜주   가. 여보. 얼른. 늦었다며. 박 비서님, 조심히 운전 부탁드려요.
중도   …알았어. 미안해, 여보. 이따 연락할게.

두섭, 얼른 운전석에 타고. 중도, 뒷좌석에 타다가 혜주를 돌아본다.
혜주, 괜찮다는 듯 미소 지어 보이며 고개 끄덕. 중도, 미안함 가득한
얼굴.
차 문 닫히고, 바로 출발한다.

39..... 달리는 중도 차 안 [새벽]

뒷좌석의 중도, 서늘한 얼굴. 핸드폰 꺼내 우재에게 전화 건다.

40..... 혜주 집_ 대문 앞 [새벽]

카니발 멀어지면, 주운 전단지 뭉치를 보는 혜주. '남중도는 살인자'.
혜주 표정.

41...... 국회의사당_ 외경 [오전]

42..... 중도 의원실_ 의원실 [오전]

중도와 우재. 새벽 전단지 사건 여파로 분위기가 가볍진 않다. 중도,
책상에 기대서서 팔짱 낀 채 이야기하고 있다.

우재 고등학교 동창이요?

중도 어. 고향이 영산인 걸 알면서도 그렇게 아는 사이일 줄은 상상도 못
  했어.

우재 ·······.

중도 근데 그 진승희라는 사람 말이야. 이유신 외동딸.

인서트 한식당_ 룸 안 [밤]

여유 있어 보이는 승희, 애써 미소 짓지만 뭔가 불편하고 경직되어 보
이는 혜주.
그런 승희와 혜주를 보는 중도의 시선.

중도(E) 친한 친구였다는데 아무리 이십 년 만이라 해도 전혀 안 친해 보였어.
  오히려 반대가 아닐까 싶을 만큼.

인서트 한식당_ 룸 안 [밤]

혜주, 기영과 눈 마주치자 얼른 시선 피한다. 혜주를 보는 기영.
그런 혜주와 기영을 보는 중도. 묘한 기류를 눈치채지만 내색 않는.

중도(E)　그리고 최기영하고는 묘하게… 불편한 사이 같더군.

현재

우재　…….

중도　그러니 좀 알아봐줘. 아내의 개명 전 이름은 김재은이야.

우재　네. 알겠습니다. 강순홍 영감 쪽하고 이렇게 연결될 줄은 몰랐지만 영감을 확실하게 잡을 뭔가가 있다면 좋겠네요.

잠시 말 끊기는데.

중도　…장보는 스물두 살 때 뭐 하고 있었어?

우재　아… 스물두 살요. (잠시 생각) …낮엔 근로장학생, 밤엔 야학으로 정신없이 살다가 연말에 첫사랑한테 차이고 질질 짜면서 군대에 갔네요. 아아, 다 잊은 줄 알았는데. (웃으면)

중도　(피식하지만 웃음기 금방 가시고) …윤서 엄마, 스무 살에 혼자 서울 와서 스물두 살 때 날 만났어. 그리고 스물셋에 결혼했고. 장보도 알다시피 윤서 엄만 보육원에서 자랐고, 그 시절은 힘든 기억이 많아서 이야기하고 싶어 하지 않는 거라고 생각했어. 그래서 그동안 나도 굳이 묻지 않았던 거고.

우재　그런데 왜 지금은 굳이 알아내려고 하십니까? 뭘 의심해서서요?

중도　보호하려는 거야. 무슨 일이 생기더라도.

우재　…보호요. …사모님을요, 아님 의원님을요?

잠시 정적.

중도	…헷갈리지 마. 내가 알아보라고 하는 건, 국회의원으로서가 아니라 그 사람 남편으로서야.
우재	…네. 그럼 오늘 잘 다녀오십시오. 저도 다녀오겠습니다. (나간다)
중도	…….

43..... 승희 집_ 거실 (오전)

(오전 9시경이다) 승희 발 동동. 계속 유신에게 핸드폰으로 전화 걸고 있는데 신호만 가고 받지 않는다.

승희	(안달복달, 혼잣말) 아, 왜 안 받아! (하는데 유신이 받는다!)
유신(F)	여보세요?
승희	(통화) 엄마! 웰케 전활 안 받아!
유신(F)	나? 전화했었어?
승희	(통화) 어! 엄마 지금 어디야? 아침에 일어났더니 없어서 걱정하고 있었잖아! // 응? 어디? 제천?

44..... 달리는 중개업자 차 안 + 승희 집_ 거실 (오전. 교차편집)

지방 국도 달리고 있는 (5회 신62의) 부동산 중개업자의 차.
유신, 뒷좌석에서 핸드폰 통화하고 있다.

유신	(통화) 어. 제천에 좋은 땅이 나왔다고 해서 지금 가고 있어.
승희	(통화) 엄마 차 그냥 있던데?
유신	(통화) 부동산 차 타고 가고 있어. 근데 왜?
승희	(통화) …그럼 집에 언제 와?
유신	(통화, 슬슬 짜증) 글쎄? 몰라. 아직 제천 도착도 못 했어. 근데 왜애?
승희	(통화, 12시는 무리구나 싶고, 조심스럽게) …엄마, 땅은 담에 보고 오늘은 그냥 집에 오면 안 될까?

유신   (통화, 짜증) 아니 왜애! 나 여기 땅 오늘 봐야 된다니깐?!

45..... 승희 집_ 거실 (오전)

승희, 답답해 미치겠다. 막 뭐라고 하려다가 겨우 꾹꾹 누르는 승희.

승희   (통화) 엄마. 그러면… 땅 보고 볼일 다 보면… 집에 몇 시까지 올 수 있
       어? // 이따 오면 안다니까. // 4시? 알았어. // …그럼 엄마. 이따 4시
       까지 꼭 와. 알았지? 어. 어. (끊는다)

       승희, 숨 고르고 얼른 카톡 열어 혜주에게 카톡 쓰는데. '오늘 4시'까
       지 썼다가 4시를 지우고 3시 반으로 고쳐서 보낸다. ('오늘 3시 반에 와')

46..... 혜주 집_ 안방 (오전)

승희 카톡을 받고 메시지를 보고 있는 혜주. (3시 반까지 오라는 새 메시
지. 그 위로, 12시까지 오라던 어젯밤 메시지도 같이 보인다)
혜주, 어떻게 해야 할지 모르겠다…. 답장을 쓰지 못하는.

47 ..... 동_ 지훈의 방문 앞 (오전)

외출 차림의 혜주, 방문 노크하려는데… 망설여진다.

혜주   …….

       플래시백 혜주 회상. 5회 신42. 동_ 지훈의 방 (오전)
       수빈에게 예민하게 굴던 혜주.

혜주   (날카롭다) 수빈아. 내가 그랬잖아. 허락 없이 내 공간 들어가지 말라
       고. 응?

수빈　(좀 빈정대는) …네. 죄송해요. 그냥 '아는 애'가 아줌마 공간에 그냥 막 들어가서요.

수빈과 시선 마주하던 혜주.

현재

혜주　(얕은 한숨) …….

혜주, 그래도 용기 내 노크하려는 순간, 방문 확 열린다.

혜주　(깜짝 놀라 물러서며) 어, 수빈아.

수빈도 문 앞의 혜주를 보고 놀라 움찔. 두 사람 모두 어색, 데면데면 한데.

수빈　저한테 할 말 있으세요?
혜주　…아, 아니… 나 출근한다고.
수빈　네.

잠시 또 말 끊기고 어색한데.

수빈　그럼 전 화장실 좀…. (혜주를 비껴가려는데)
혜주　수빈아.
수빈　네? (보는)
혜주　…나 오늘은 아마 밤에 좀… 늦을 거야.
수빈　(혜주 빤히 바라보다가) 저한테 일일이 말씀 안 하셔도 돼요. 여기 아줌 마 집인데 저한테 허락받고 들어오실 거 아니잖아요?

혜주   …….

수빈, 혜주 옆으로 휙 지나가서 화장실로 들어가고, 화장실 문 닫힌다.
혜주, 마음이 편치가 않다. 하지만 어떻게 해야 할지 모르겠는….

48..... 동_ 대문 앞 [오전]

대문을 나오는 혜주. 기운 없이 수선실로 걸어가는데, 저 앞에 미처
못 주운 '남중도는 살인자' 전단지 1장 보인다! 혜주, 누가 볼세라 다
급히 주워 가방에 얼른 넣는다.

49..... 지청중학교_ 외경 [오전]

50..... 동_ 윤서 교실 [오전]

쉬는 시간. 윤서와 다솜, (택배기사용 아이스박스에서 꺼내온) 간식 먹고
있는데.

윤서   (문득) 아 맞다. 너 트롤리 딜레마 숙제, 했어?
다솜   아니. 아직….
윤서   나두. 뭐, 근데 간단한 거니까….
다솜   …넌 트롤리, 어느 쪽으로 가게 할 거야?
윤서   엉? 당연히 한 명 있는 쪽이지~ 그대로 직진하게 냅두면 다섯 명이
          죽는데, 레일을 바꾸면 한 명만 죽잖아. (간식 냠냠 먹는데)
다솜   …근데 그 한 명이 나한테 소중한 사람이면 어떡해?
윤서   응? 뭐라구?
다솜   예를 들어 그 한 명이 너네 아빠라면, 그래도 레일 바꿀 거야?
윤서   (자신 있게 뭐라 대답하려다가 갑자기 말문이 막히는) 어, 그럼 나는, …어…
          (하다가) 야아, 뭘 그렇게 복잡하게 생각해~ 그냥 숫자로만 생각해. 다

섯 명 대 한 명!

그때 학생1, 다가와서 "뭐 먹음? 나도 줘~" 하면 윤서, 간식 나눠 주면서 학생1과 수다 떤다. 윤서, 학생1과 수다 떨다 다솜을 보면. 다솜, 뭔가 생각에 잠겨 있다. 윤서, 다솜이 신경 쓰인다.

51...... 다온 산부인과_ 건물 앞 (오전)

건물 앞의 수빈. 건물 올려다보면, 다온 산부인과 간판 있다('여의사' '야간분만'). (산부인과 아래층엔 정신건강의학과와 피부과가 같은 층에 있다)

52..... 동_ 접수대 (오전)

배 안 나온 20~30대 여성 환자 2명과 만삭 임신부 1명 기다리는 중. 접수대에서 접수하는 수빈. 간호사1 (여, 30대 중반).

간호사1 처음 오셨어요? 누구 찾으시는 선생님 있으세요?

수빈 (별생각 없는) 아무나 상관없어요.

접수실 벽, 흰 가운 입은 원장 프로필 사진과 약력 적은 판넬 3개 있다 (여성 원장 3명⁶). 그중 하나, 사진 속 원장, 지수다.

53..... 동_ 지수 진료실 (오전)

지수 …네? 아… 인공임신중단이요.

지수 진료 책상의 명패, 산부인과 전문의 황지수. (책상 위 작은 액자, 지

---

6 판넬의 직함은 대표원장 2명(황지수, 이두리), 원장 1명(정다솔).

수와 다솜, 다솜부(40대)의 다정한 가족사진7. 지수 쪽으로 틀어져 있어 수빈에
겐 보이지 않는)

수빈 …네. 저번에 다른 병원에서 물어보니까 이제는 불법 아니라던데요.
여기… 그거 하세요?

54..... 영산보육원_ 정문 앞 [낮]

운전해 온 우재, 주차한다. 핸드폰 카톡 열면, 후배가 보낸 카톡8.

(후배 이름: 언론정보 04 김현우)

사진 서너 장인데… 웨딩스튜디오 사진이다. 그런데 신랑은 우재, 신
부는 혜주다!

우재, 사진 서너 장을 만족스러운 얼굴로 살펴보고 핸드폰에 저장한다.

그리고 카톡에 답장 쓰는 우재: 수고했어 땡큐

그 위로, 김현우가 합성한 사진들 보내고 나서 전송한 문자메시지 보
인다:

형 여기요~ 합성 진짜 잘 됐죠 ㅋㅋ 찐 웨촬 같음 ㅋㅋㅋㅋ

우재가 답장 보내자 바로 주르륵 오는 메시지:

뭐 그냥 간단한 포샵인데요~ // 형 다음 주 동문회 오세요? // 근데 이 여자분
누구예요?

우재, 답장 보내지 않고 합성 웨딩사진 하나를 핸드폰 배경화면으로

---

7   다솜이가 늘 교복을 입고 나오니, 누군지 알아보기 쉽게 사진은 지정중학교 입학식 사진(다솜
    교복)이면 좋을 것 같습니다.

8   이 메시지창 외에 카톡에 와 있는 (안 읽은) 메시지가 100여 건 표시되어 있는 카톡창. 우재는
    카톡 프로필 사진 없습니다(기본 눈사람 프로필 사진) // 사진 받기 바로 윗 대화로, 후배에게
    보낸 혜주 사진 여러 장과 우재 사진 여러 장 살짝 보입니다. 혜주 사진은 윤서와 함께 찍은 셀
    카 등(중도가 갖고 있을 만한 사진들)으로, 거기에서 혜주 얼굴만 따다 누군가의 웨딩사진에 합
    성한 것.

설정한다.

핸드폰 닫고 차에서 내리는 우재. 영산보육원 앞이다.

55..... 다온 산부인과_ 건물 엘리베이터 안 (낮)

수빈, 엘리베이터 타고 내려가고 있다. 표정 매우 좋지 않고 생각이
많은데, 땡! 엘리베이터 멈추는 소리. 문 열리자 1층인 줄 알고 보지도
않고 내리려다가, 타는 사람과 부딪힌다.

수빈 (제대로 보지도 않고) 죄송합니다. (하다가!)

여진이다. 여진의 뒤, 엘리베이터 바로 앞 복도의 '정유나 피부과/스
킨케어' 간판과 각종 레이저시술 광고 엑스배너 보는 수빈.

여진 (역시 좀 놀라서) 어, 수빈아.
수빈 어… 안녕하세요.

수빈, 피부과 간판 다시 힐끔 보고 여진을 힐끔 본다.
여진, 엘리베이터 타고 문 닫히는데. 그 뒤로, 복도에 '안영인 정신의
학과' 간판 있다. (수빈은 정신과 간판을 못 본)

56..... 거리 일각 (낮)

함께 집으로 걸어가는 여진과 수빈. 수빈, 데면데면한데, 표정이 좋지
않다.

여진 검진… 받았니? 입덧은 좀 어때?
수빈 …….

수빈, 갑자기 멈춰 선다. 여진, 수빈을 보는데.

수빈　(날 선) 남의 일 상관 마시고 아줌만 피부관리나 신경 쓰세요. (간다)

여진　(어이없다) 얘. 얘! 수빈아! 잠깐만! (수빈 앞을 막아선다)

수빈　……. (멈춰 선다) 왜요.

여진　…임신하면 호르몬 변화 때문에 기분이 오르락내리락 할 수 있어. 그래서 나도 최대한 너 이해해주려고 하는데, 지금 너는 예의가 없는 거야. 기분이 태도가 되지 않게 하란 말 못 들어봤니?

수빈　(빤히 처다보면)

여진　왜. 애도 없는 사람이 오지랖 부리는 것 같아? …나도 가져봤고, 낳아봤고, …키워봤어.

수빈　…!

플래시백 5회 신51. 칼국수집_ 안 (낮)

수빈, 카운터 안에 있는 사진 한 장을 본다. 어린 채은(여, 4)을 안고 있는, 환하게 웃고 있는 젊은 여진. 누구지, 혹시…? 싶은.

현재

수빈　(깨닫지만 표정관리) …안물안궁이란 말 못 들어보셨어요? (휙 간다)

여진　뭐?

여진, 수빈이 어이없다. 걸어가는 수빈, 얼굴 굳은.

57 ..... **책수선실_ 안 (낮)**

우두커니 앉아 있는 혜주. 앞에, 아까 주워온 '남중도는 살인자' 전단지 한 장.

혜주, 전단지 글자를 바라보는데… 갑자기 글자가 '남중도의 부인은

'살인자'로 보인다!

혜주, 소스라치게 놀라 다시 보면… 환상이다. 종이의 글자는 '남중도는 살인자'.

혜주, 갑자기 벌떡 일어나더니 약품코너에서 알코올성 약품을 갖고 와 글자를 마구 문지르기 시작한다! 전단지 글자가 지워지기 시작[9]하지만 깨끗하게는 안 되는데….

혜주, 마구마구 지우다가 다 지워지지 않자 갑자기 폭발해 전단지를 구겨 던진다!

구석으로 떨어진 전단지를 바라보는 혜주. 아직 알아볼 수 있는 '살인자' 글자.

혜주   (혼잣말) …그래… 내가 거짓말쟁이 좀 되면 어때….

58..... 기름집_ 안 (낮)

깨 볶는 기계 소리가 크고. 귀순, 기름을 병에 담는 등 바쁘다. 시름을 잊기 위해 바삐 일하는. 귀순, 허리 아프다. 두드리는데 기계 멈추고, 갑자기 조용해지는데.
틀어놓았던 TV 소리가 귀에 들어온다.

이슈기자(여/E)   자, 다음 소식 한번 살펴볼까요. 박영수 기자-
박영수기자(E)   네. 최근 온라인을 뜨겁게 달궜던 한 명문대 의대생 사건 기억하십니까. 헤어지자는 여자친구에게 성관계 동영상을 유포하겠다 협박해 결국 극단적 선택에 이르게 했지만 구속영장이 기각되었던 사건이었는데요.

---

9   글자가 완벽히 지워지는 것보다 좀 남도록 지워지는 게 좋을 것 같아요.

귀순, TV를 보면. YBS '투데이 이슈24[10]'. 패널은 기자 세 명(여2, 남 1/30~40대).

박영수기자 대한당 남중도 의원이 뉴스 생방송에서 이 사건을 공개언급하며 대중의 관심을 모았었죠. 결국 구속영장이 재신청되었는데, 그 직후 이 의대생이 극단적 선택을 했던 사건입니다.

이슈기자 그래서 이 사건은 피의자의 사망으로 인한 공소권 없음으로 사건 종결되지 않았습니까?

박영수기자 네. 맞습니다. 그런데 최근 그 의대생의 어머니가 극단적 선택을 시도했다는 이야기가 온라인에서 빠르게 확산되었습니다.

귀순 (좀 놀라, 혼잣말) 따라 죽을라고 했다고?

이슈기자 근거 없는 악성 루머는 아닐까요?

박영수기자 아니요. 취재 결과, 사실이었습니다.

귀순 !

박영수기자 사망한 아들에 대한 비난여론에 스트레스를 받았던 것으로 추측하는데요. 아, 다행히 목숨은 지장 없었다고 합니다.

귀순 (살았으니 다행이다 싶지만 복잡한 심경인데)

이슈기자 사건이 끝났지만 끝나지 않았네요.

박영수기자 네. 이 의대생이 극단적 선택 직전, 전 여자친구의 불법 촬영 동영상을 음란물 사이트에 실제로 유포한 사실이 최근에 밝혀지기도 했고요.

귀순 ?!! 뭐? 뭐라고? (손 벌벌 떨린다, TV 볼륨 허겁지겁 키우는데)

이슈기자2(남) 구속영장 신청 당시에는 실제로 유포하진 않고 협박만 한 혐의였죠?

박영수기자 네. 경찰은 피의자가 구속영장이 재신청되자 극단적 선택을 결심하고

---

10   낮 시간대 방송하는, 그날 이슈가 되고 있는 사건사고들을 가볍게 훑고 캐주얼하게 대화 나누는 프로그램.

보복성으로 온라인에 영상을 유포한 것으로 보고 있습니다.

귀순   !!

크게 충격받은 귀순. 기자들의 말 계속 이어지고 있지만 귀에 들어오지 않는다.

귀순   (휘청) 그놈이⋯ 뭘 어쨌다고??

귀순의 뒤, 벽에 외상 기록 등 메모 붙여놓은 사이에, 혜주가 전화번호와 집 주소를 적어준 간이영수증.

59..... 혜주 집 앞_ 대문 앞, 주차한 혜주 차 안 (낮)

혜주, 쉽사리 출발하지 못하고 있다.
핸드폰으로 승희가 보냈던 카톡 보고 있는 혜주.

혜주   ('옛날하고 같은 집'에 시선 머무는) ⋯⋯.

그때, 갑자기 핸드폰에 전화 온다. 벨소리. 움찔 놀라는 혜주. 뜨는 이름, 귀순이다.

혜주   ? (핸드폰 귀에 대고 받는) 여보세요– 네, 안녕하셨어요.
귀순(F)   (울먹울먹) 사모님⋯.
혜주   (통화) ?! 할머니, 무슨 일 있으세요? // 네? 동영상이요?? (크게 놀라서) 아니요, 저는 전혀 못 들었어요. 네, 네. 일단 진정하시구요. 저도 어떻게 된 건지 알아볼게요. 네. 네. (끊는다)

혜주, 마음 가라앉히려 애쓰면서 핸드폰 뉴스 검색 연다. 잠시 생각하고 '의대생 동영상 유포'라고 검색하면 뜨는 오늘 오전 뉴스 대여섯 개. 하나 눌러 읽어보면, 유포된 게 맞다. 아찔해지는 혜주. 어떡하지 하다가 핸드폰의 전화번호부 즐겨찾기[11]에 있는 중도 번호를 누르려 다가… 멈칫. 잠시 망설이다가 주소록을 열고 '장우재' 검색한다.

60..... 영산보육원_ 원장실 앞 복도 (낮)

핸드폰으로 혜주와 통화 중인 우재.

우재　(통화, 태연한 거짓말) 네, 사모님. 동영상 유포 사실을 저희도 엊그제 알 았습니다. 경찰과 별도로 의원님이 사비로 업체 고용하셔서 저희 쪽에 서도 삭제 진행 중이구요. 네. …근데 이게 뉴스에 날 줄은 몰랐네요.

61...... 혜주 집_ 대문 앞, 주차한 혜주 차 안 (낮)

혜주　(통화) …네. …네. 알겠습니다. …네. 수고하세요. (끊는다)

혜주, 심란하고 괴롭다.

62..... 영산보육원_ 원장실 복도 앞 (낮)

혜주와 통화 마친 우재, 핸드폰으로 뉴스 검색한다.
'의대생 자살' 키워드 넣으니 (신59에서) 혜주가 검색한 것과 같은 결 과 화면 나온다. 그중 제일 자극적인 뉴스 제목('충격!' 류의…)을 눌러 서 댓글로 화면 내려보면, 댓글 300여 개. 지승규 욕과 부모 욕(뭐가 잘 났다고 따라 죽냐/그 부모에 그 아들/콩콩팥팥이다)이 잔뜩. 지승규 투신을 코앞에서 목격한 유치원생이 자기 조카인데 아직도 정신과 치료 중이 라는 댓글도 베플 최상위권에 있다. 저 여대생 동영상 어디서 보느냐

11　즐겨찾기에 저장된 사람들: 남편/ 지훈이/ 윤서/ 여진 언니

는 댓글, (스팸이겠지만) 여대생 동영상 주소라며 URL을 올려놓은 댓글도 보이고. 어쨌든 대부분 지승규와 부모 악플에 간간히 중도를 찬양하는 댓글들.

우재, 댓글 분위기 예상했다는 듯 감흥 없는 얼굴로 쭉 내려보는데, 댓글 하나가 눈에 들어온다: 부모 면상 공개ㄱㄱ ㅋㅋㅋㅋㅋㅋㅋㅋㅋ

우재   (혼잣말) 차례차례 갑시다, 우리. …그러게, 왜 괜한 짓을 하셔서는. (핸드폰 닫고 방문 노크, 열며) 아, 죄송합니다. 통화가 좀 길어졌습니다.

우재가 들어가는 방, '원장실' 명패.

63..... 혜주 집_ 대문 앞, 주차한 혜주 차 안 (낮)
혜주, 어두운 얼굴로 귀순에 전화하는데 신호음만 가고 있다.

인서트 신양구 거리 일각 (낮)
넋이 나간 얼굴로 어디론가 허겁지겁 가고 있는 귀순. 손가방에서 핸드폰 계속 울리지만, 거리 소음도 있고 일단 정신없이 가고 있어 듣지 못하는.

현재
혜주, 전화 끊고 핸드폰의 시계를 본다. 1시 19분. 심란하지만 영산에 가야 한다.
한 번 더 귀순에게 전화하지만 안 받고. 결국 핸드폰 내비의 출발 버튼을 다시 누른다. 영산으로 출발하는 혜주. (내비의 예상 도착시각이 보인다면 3시 17분)

64..... 영산보육원_ 원장실 안 (낮)

원장 수녀(여, 70대)와 우재. 원장 수녀 앞, 합성한 웨딩사진이 보이는 우재 핸드폰.

우재　　재은이가 자세히 이야기를 안 하네요. 그래도 저는 앞으로 평생 재은이 곁에 있을 사람입니다. 옛날에 어떤 일이 있었는지 제가 알고 있어야 혹시 무슨 일이 생기더라도 보호…할 수 있지 않겠습니까. 그러니 말씀해주세요. 부탁드립니다.

원장수녀　(주저하는)

우재　　…진승희…라는 분과 관계된 일이지요?

원장수녀　(승희 이름에 경계 살짝 푸는) …재은이가 그 친구… 얘길 했어요?

우재　　네. 이름…만요.

원장수녀　(마음 흔들리는데, 웨딩사진 속 활짝 웃는 혜주 얼굴에 시선 한 번 더 가고) 영산고에서 처음으로 서울대 법대에 합격한 남학생이 있었어요.

65..... 승희 집_ 거실 (낮)

승희, 초조하게 있다. 아직 1시 25분경인데 자꾸 시계만 보게 되는.
승희, 핸드폰 열면, 혜주가 (신61 직후에) 보낸 카톡 답장. 아까 읽은 것: 그래, 3시 반까지 갈게.

승희, 초조한 얼굴로 유신에게 전화 건다. 그러나 받지 않는 유신. 승희, 짜증내며 전화 끊고, 유신에게 카톡 쓴다: 엄마 이따 4시쯤 오는 거지?

66..... 국회의사당_ 야외 일각 (낮)

점심 식사하고 커피 한 잔씩 들고 있는 민석, 빛나, 자영. 강호 기다리는 중.

자영　의원님 지금 처가 가셨다고요? 처갓집 없으시잖아요.

빛나　돌아가신 사모님 쪽. 오늘이 20주기시래.

자영　(몰랐다) 아아….

빛나　기일이랑 명절마다 고기랑 과일 보내시는 거 도와드리다가 알게 된 거야. 그러니까 그냥 모른 척해.

자영　네. 에효, 사모님도 일찍 돌아가셨는데 아드님까지… 참… 그르네요.

민석　그래도 솔직히 그런 아들은… (하다가 빛나 눈치 보고) 아, 아니다.

빛나　뭘 눈칠 봐요. 솔직히 똑같은 생각 하는 사람들 많을 텐데.

민석　(눈치) 그르…치? 애사(哀事)에 마음은 아프지만 총선 생각하면은 또….

빛나/자영　(동의하는 눈빛)

빛나　에휴, 뭐가 나은지 모르겠네요. 아무리 앞길 막는 아들이라도 살아 있는 게 나을라나…는 아니고. 그래도 살아 있는 게 낫겠…죠?

민석　낫다는 거야 아니라는 거야. 말을 똑바로 해.

그때 강호 오고. "왔어?" 하며 모두 건물 코너 돌아 의원회관으로 들어가는데.

이쪽으로 오는 비서 2명(남, 30대), 누군가에게 깍듯이 "안녕하십니까." 하고 온다.

보면, 진석과 경민이다. (민석과 빛나, 자영의 이야기를 다 들은 / 진석 "안녕하세요." 답하고)

진석　…백범일지에 이런 이야기가 있어.

경민　(보면)

진석　백범 선생의 삼촌이었던가… 집안에 망나니가 하나 있었던 모양이야. 선생이 어릴 때 조부 장례식에서 그 삼촌이 술을 먹고 사람들을 팼는데, 가족들이 회의 끝에 뒤꿈치를 칼로 끊어 못 걷게 만들어 집에 들어앉혔다더군.

경민 완전히 구제불능이었나 봅니다. (잠시 생각하다가) 혹시… 남 의원이 그
    랬을 거라 생각하십니까?

진석 그렇게 들렸나?

경민 설마요. 아무리 그래도 자기 자식인데요.

진석 …천륜이란 게 정치인한텐 세상에서 제일 중요한 게 아닐 수도 있어.

67..... 지훈 생모 집안 선산 (낮)

시골 마을 뒤편의 나지막한 선산. 중도(의원배지 달지 않음)와 지훈 외
조모(지팡이), 지훈 외삼촌. (복장이 잘사는 느낌 아니고, 가족 묘지도 묘 여러
기가 있지만 봉분과 작은 비석 정도만 있다)
지훈 생모(정수현)의 묘 앞, 단출한 제사상. 중도가 가져온 꽃다발. 술
뿌리는 중도.

jump
외조모는 앉아 마을 풍경 보고 있고, 근처에서 이야기 나누는 중도와
지훈 외삼촌.

지훈외삼촌 수혀이 가가 고집이 쎘던 건 알제?

중도 네.

지훈외삼촌 가가 어릴 때부터 그 고집 하나로 단디 잘 살던 아였다 아이가. 난 중
    학교배께 안 나왔는데, 가는 학교를 서울로 가디(만) 임용까지 딱 붙
    어가– 결혼한다꼬 사람까지 델꼬 왔는데 우리가 와 반대를 하게써.
    사법연수원생이라는데. (중도 보고 웃는)

중도 (마주 미소) …….

지훈외삼촌 근데… 그땐 반대할 수밖에 없었다 아이가. 암이란 소식도 기가 막힌
    데, 뱃속에 아 때매 치료를 안 해?

중도	…….
지훈외삼촌	아는 다시 낳음 된다꼬 암~만 말을 해보고 화를 내보고 캐싸도, 가시 나… 어찌나 고집이 쎈지….
중도	…….
지훈외삼촌	…지후이 낳고 한… 일 년도 몬 채우고 갔제?
중도	…네.
지훈외삼촌	…솔찌키 그땐 수혀이보다 매제를 더 원망해따 아이가. 근데 수혀이 보내고 생각해보니까… 그래 결정할 때 우리보다 매제가 더 힘들지 않았겠어. 그체.
중도	…….
지훈외삼촌	마 내는 그래가 지후이가 수혀이 몫까지 잘 살아주면 된다고 생각했다. 얼굴은 못 보고 살아도 아버지랑 새엄마랑 동생이랑 잘 살고 있겠지- 했는데… 뉴스에 안 좋은 일로 자꾸 나디만… 그래 갈 줄이야… (말 잇지 못한다)
중도	…다 제 탓입니다. 죄송합니다.
지훈외삼촌	…….

침묵 흐른다.

지훈외삼촌	마 이제 명절마다 고기… 과일… 이런 거 보내는 것도 고마하소. 그랄 필요 없따.
중도	(보면)
지훈외삼촌	(담담하게) 이 년도 같이 못 살고 죽은 마누라 처가 챙기는 거, 이십 년 이나 했음 마이 해따. 이제 고마 인연 끊자… 이 말이다.
중도	…….
지훈외삼촌	뭐 이제 궂은 소식 아이면 얼굴 안 바도 안 대겠나. 우린 뭐 딴 거 바라는 거 없다. 이제 여긴 다- 잊고, 나랏일이나 잘 하고 사소.

중도   …….

68..... 신양경찰서_ 사이버수사팀 사무실 앞 복도 (낮)

'사이버수사팀' 푯말. 복도 벤치에 넋을 잃고 앉아 있는 귀순. 귀순의
옆, 사이버수사팀 경찰(여, 30대/제복 아님).

사이버수사팀   최초 유포자는 이미 사망했지만… 새로 유포하는 사람들이… 있
습니다. 온라인 범죄 특성상 한 번에 다 검거하고 삭제할 수는 없
지만… 정말 최선을 다하고 있습니다. …저희를 믿어주세요. (귀순
의 손을 꼭 잡는)

귀순   (멍하다, 눈물조차 나지 않는) …….

69..... 지훈 생모 집안 선산 아래 (낮)

선산 아래 마을 공터 같은 곳.
중도와 지훈 외삼촌이 각자 주차해놓은 차(외삼촌은 낡은 국산 중형차)
있고, 중도, 지훈 외조모가 지훈 외삼촌 차 뒷좌석에 타는 것을 돕고
있다. 지훈 외삼촌도 곁에서 돕고. 외조모가 다 타면 조심스레 차문
닫는 중도.

지훈외삼촌   (중도에게) 카면, 집에서 보자.

중도   예.

70..... 영산 시내. 달리는 혜주 차 안 (낮)

(내비 없이 가고 있다/핸드폰은 끈 상태)
신호등 빨간불이라 멈춰 서는 혜주. 문득 창밖을 보는데… 영산고등
학교 정문 앞이다. 여학생 둘(교복) 보인다. 친구 사이.

혜주   (멀어지는 여학생들을 눈으로 좇는) …….

71...... 승희 집_ 대문 앞 (낮)

혜주의 차 와서, 대문 옆 담벼락에 멈춰 선다. (차고 문은 닫혀 있음)

72..... 동_ 대문 앞, 주차한 혜주 차 안 (낮)

혜주, 차량 시계를 보면 현재 시각 3시 26분.
혜주, 시동 끈다. 그러나 내릴 용기가 쉽게 나지 않는다.
마음이 무겁고 괴로운….

73..... 동_ 부엌 (낮)

승희, 초조함 달래며 컵에 물 따르는데, 초인종 울린다!
순간 물 흘리는 승희.

승희   !

승희, 벽시계 확 쳐다보면, 3시 30분 정각이다.

74..... 동_ 대문 앞 (낮)

서 있는 혜주. 덜컹! 대문 열리는 소리에 혜주, 보면. 무거운 대문이 열렸다.

75..... 동_ 거실 (낮)

혜주와 승희. 좀 떨어져 앉아 있다. 침묵을 깨는 승희.

승희   우리 엄마 곧 올 거야.
혜주   …….

승희	…너 핸드폰 꺼놨더라? 맘 변했을까봐 전화했었는데. 그래도 어떻게 잘 찾아왔네?
혜주	…옛날에… 자주 왔었잖아.
승희	……. (거실 둘러보며) 우리 집 하나도 안 변했지? 똑같아. 이십 년 전이랑.

혜주, 승희 시선 따라 거실로 시선 옮기면… 오래된 가구들. 장식장
보이는데.
승호 사진들을 알아보는 혜주. 순간 감정 동요한다.
혜주, 꾹꾹 누르는데. 그 모습 보는 승희.

승희	(냉정) 가서 세수해.
혜주	(보면)
승희	세수하고 눈물 닦고 와. 이따 우리 엄마한테 눈물로 동정심 얻을 생각은 꿈도 꾸지 말고. 알았어?

76 ..... 동_ 화장실 안 (낮)

세면대 앞 혜주. 세수한 얼굴로 거울을 바라보는, 무거운 마음.
문밖 어디선가 작게 띵동띵동 소리 들린다. 혜주도 듣고, 문 쪽으로
고개 돌리는.

77 ..... 동_ 거실 (낮)

혜주, 화장실에서 나온다. 거실에 울려 퍼지고 있는 초인종 소리.
승희, 인터폰 앞에 서 있는데(뒷모습), 초인종 인터폰을 받지 않고 있
다. 계속 띵동띵동 울리고 있는데… 갑자기 초인종 소리 멈추며 조용
해진다.

혜주	(무슨 일이지? 다가가며) 승희야, 무슨 일…(하는데) !!

쾅!!! 집 밖에서 큰 충돌 소리와 함께, 삐용-삐용!! 차량 도난경보음 크게 울린다!

크게 놀라는 승희와 혜주! 정원 쪽으로 시선 돌린다.

그때 다시 땡동땡동! 혜주와 승희, 동시에 인터폰 화면을 보는데.

소스라치게 놀라는 혜주. 화면 속, 대문 앞의 중도다!

7회

약속 (約束)

1 .... **혜주 집_ 대문 앞, 주차한 혜주 차 안 [낮. 6회 신63 + 보충]**

(마지막으로 귀순에게 전화했지만 받지 않자) 혜주, 전화 끊고 핸드폰의 시계를 본다. 1시 19분. 혜주, 더 이상 지체할 수 없다.

혜주, 승희가 보낸 카톡을 다시 본다. '옛날하고 같은 집' 위의 메시지, 집 주소다.

혜주, 주소를 누른다. 내비 앱이 열리는….

2 .... **승희 집_ 거실 [낮. 6회 신65 + 보충]**

승희, 초조하게 있다. 아직 1시 25분경인데 자꾸 시계만 보게 되는.

승희, 핸드폰 열면, 혜주가 (6회 신61 직후에) 보낸 카톡 답장. 아까 읽은 것: 그래, 3시 반까지 갈게.

승희, 초조한 얼굴로 유신에게 전화 건다. 그러나 받지 않는 유신. 승희, 짜증내며 전화 끊고, 유신에게 카톡 쓴다: 엄마 이따 4시쯤 오는 거지?

승희 (카톡 쓰면서 답답해 혼잣말) 아, 왜 전화 안 받아… (하는데 유신의 전화가 온다! 바로 받는) 엄마아!

유신(F) (버럭 짜증) 바쁜데 왜 자꾸 전화질이야!

승희 (통화, 움찔) 아니이… 엄마가 내 문자 답장도 안 하고 전화도 안 받아서… 엄마 이따가 집에 4시쯤 오는 거지? 응?

3 .... **제천 외곽 임야 + 승희 집_ 거실 [낮. 교차]**

유신 (통화, 짜증) 어, 간다고! 근데 왜 자꾸 보채? 어? 왜 그러는데?

승희 (통화) 어어. 그게 사실은… (말하려는데)

유신 (승희 말에 집중 안 하고) 어, 애, 잠깐만 있어봐! (크게 부르는) 최 서방!

승희 (핸드폰 너머로 들었다. 기영이가 같이 있어? 왜?) …!

유신에게서 좀 떨어진 곳에 있던 기영이 유신의 부름에 쳐다본다.

유신	최 서방! (옆의 땅 중개인에게) 사장님, 그건 저기 쟤한테 얘기하세요.
승희	!
유신	(땅 중개인이 기영에게 가자 다시 통화) 어. 승희야, 뭐라고?
승희	(통화) ! 엄마, 기영이가 왜 거기 있어? 아침에 출근했잖아.
유신	(통화) 이거 가계약할라구 내가 오라구 했어. 근데 나는 집에 왜?! 어?
승희	(통화, 당황) 아, 그게… (하다가) 아, 근데 엄마 거기 부동산 차 타고 갔으면 이따 집에 기영이 차 타고 와?
유신	(통화) 그래애! 왜! 니 남편 일 좀 시킴 안 되니? 근데 진짜, 너 왜 그러냐니까?!!
승희	(머뭇) …….

플래시백 6회 신25. 승희 집_ 부부 침실 [밤. 승희 시점]

승희 나는, 김재은이 거짓말로 우리 집 망가뜨려놓고 자긴 행복하게 사는
꼴은 도저히 못 보겠어.

침묵 흐른다. 기영, 승희를 본다. 승희, 대답 대신 기영의 시선을 마주
하는데…
기영의 표정. 승희를 완전히 지지하는 눈빛이 아닌….

현재

승희 (통화, 침착하게) …아니야. 그럼 엄마, 이따 기영이는 집에 엄마 내려주
고 바로 매장 가라구 해. 집에 같이 들어오지 말구. 집에는 꼭 엄마만
혼자 와, 알았지? // 응, 그럼 이따 4시… 응…. (끊는다)

승희, 안도도 되고. 한편으로는 떨리고, 마음 복잡하고. 핸드폰을 꼭

쥔다.

4....... 제천 외곽 임야 (낮)

유신   (전화 끊으며 혼잣말, 짜증) 왜 이렇게 들들 볶고 난리야!

땅 중개인 와서 유신에게 말 건넨다. ("매도자분 오실 때까지 차 한잔 하시면서 기다리시죠? 광주에서 오시느라 시간이 좀 걸리시네요." 등등)
조금 떨어진 곳. 기영, 내키지 않는 마음으로 온 거라 그냥 멀리 풍경이나 보며 시간 때우며 기다리고 있다. 이래저래 머리도 복잡한데.

유신   최 서방!

기영, 보면. 유신, 오라고 손짓. 기영, "네!" 하고 유신에게 간다.

5....... 상주. 주차한 중도의 차 안 (낮)

(지훈 외삼촌과 헤어져) 차에 타는 중도.
조수석에 고급 보자기로 싼 박스(한우 표시!)와 과일상자 있고.
중도, 밀린 카톡 보면서 안전벨트 매고 있는데, 우재의 카톡 보는 중이다. (이것 말고도 카톡 새 메시지가 70여 개 들어와 있다)

우재(E)   (메시지 v.o.) 사모님이 남궁솔 동영상 유포 건을 아시고 저한테 전화하셨습니다. 많이 놀라셨는데 일단 잘 설명드렸습니다.
중도   …….
우재(E)   (메시지 v.o.) 그리고 저 영산 일 끝났습니다.

중도, 바로 우재에 전화 건다.

중도   (통화) 어, 그래. 알아봤어? …왜. 뭔데. …뭐? (얼굴 굳는)

6....... 상주. 주차한 중도 차 밖 (낮)

주차해 있는 중도의 카니발. 짙은 선팅으로 안이 보이지 않는. (근처의 지훈 외삼촌 차, 아직 출발 전. 동네 사람 1명 정도 와서 지훈 외삼촌하고 이야기 나누는 모습)

7....... 달리는 혜주 차 안 (낮)

(핸드폰 내비 켜져 있고) 혜주, 운전 중.

혜주   (괴롭다) …….

8....... 영산보육원_ 정문 앞, 주차한 우재 차 안 (낮)

우재, 주차한 차 안에서 통화 중이다.

우재   (통화) …네, 의원님. 하지만 이유신씨 아들이 사망하면서 사건이 공소권 없음으로 수사 없이 종결되어서,

9....... 상주. 주차한 중도의 차 안 (낮)

우재(F)   여기 보육원 원장도 진실이 뭔지는 모르겠답니다.

중도   (통화, 굳은 얼굴로 듣고 있는) …….

우재(F)   (중도가 아무 말 없자) …의원님?

중도   (통화) …어. 장보 일단 수고했고. …잠깐만 생각할 시간을 줘. 다시 전화할게. …어. (끊는다)

중도. 혜주를 생각하니 괴롭고 충격이 큰….

10...... 제천 외곽 임야 근처_ 주차한 기영의 차 안 (낮)

운전석 기영. 조수석 뒷자리 유신. 땅 중개인, 유신의 차창 밖에서 배웅한다.

땅중개인 그럼 조심히 들어가십시오, 사모님!

유신 (기분 좋다) 네에, 사장님 오늘 수고하셨어요~ (차창 올린다)

기영, 땅 중개인 쪽으로 목례하고. 땅 중개인은 간다.
기영, 출발하려는데,

유신 (핸드폰을 건네며) 잠깐만. 이거 충전 좀 꽂아줘.

기영 네. (출발 안 하고, 핸드폰 받는다)

유신 지금 몇 시쯤 됐니? 나 승희한테 4시까지 간다고 했는데.

기영 (차에 연결되어 있던 충전선 잡으며 차량 시계 힐끔) 3시 10분이요.

유신 그래? 늦진 않겠네.

기영, 유신의 핸드폰을 충전선에 꽂는데, 선이 연결되자 핸드폰 화면이 켜진다. (배터리 1칸 정도지만 방전되었던 것은 아니고, 버튼 한 번 누른 효과처럼 켜지는)
그런데 첫 화면에 떠 있는 '승희 부재중(11)'과 카톡 메시지 5건 표시.
그때, 유신이 투덜대는 말 들린다.

유신 근데 승희가, 집에는 나만 오라데? 너는 말고.

기영 (크게 신경 안 쓰고, 자기 핸드폰 꺼내 내비 앱 열며) 어머님만요?

유신 어! 집에 4시까지 꼭 오라고 난리를 치더니, 지금 너랑 있다니까 집엔 또 나만 오라고.

기영 (순간 멈칫) ⋯?

유신	얜 왜 나 혼자 오래니?
기영	(쎄하다) …….

플래시백 5회 신24. 승희 집_ 근처 (저녁)

승희	(조수석에 타려다가, 운전석 문 여는 기영에게) 기영아.
기영	응? (보면)
승희	(뭔가 말하려다가 만다) …힘든 거… 이제 다 끝날 거야.
기영	?

기영, ? 해서 승희 보면. 승희, 이미 차에 탄….

플래시백 6회 신22. 신25. 승희 집_ 부부 침실 (밤)

승희	그래서 재은이한테, 우리 엄마한테 와서 사죄하라고 했어.
승희	너무 늦었지만… 나, 뭐라도 해야겠어.
승희	엄마한텐 아직 아무 얘기하지 마.

유신(E)	(비꼬는) 너네 둘이 나 몰래,

현재

유신	무슨 작당모의라도 했니?
기영	…어머님, 저 잠깐 전화 한 통화만 하고 오겠습니다.

기영, 유신이 대답하기 전에 얼른 차에서 내린다. (내리면서 유신의 핸드폰을 가져간다. 유신이 승희와 통화 못 하게) 기영을 아니꼽게 보는 유신.

11 …… 주차한 기영의 차 근처 (낮)

기영, (본인) 핸드폰으로 승희에게 전화 건다.

12...... 승희 집_ 일각 (낮)

승희, 핸드폰 액정화면에 갑자기 기영의 이름이 뜨며 전화가 오자 멈칫한다.

승희, 전화를 받으려고 하지만… 받지 못한다.

계속 울리는 전화. 승희, 복잡한 얼굴로 액정에 떠 있는 기영의 이름을 보고만 있는.

13...... 주차한 기영의 차 근처 (낮)

승희에게 전화 걸고 있는 기영. 신호음만 가고 받지 않는다.

'지금은 전화를 받지 않아…'가 흘러나오자 핸드폰을 귀에서 뗀다.

핸드폰 액정화면, 승희에게 3번 연속 걸었으나 모두 받지 않은 통화기록 보인다.

기영, 전화번호부에 얼른 '김혜'까지 입력하는데, '김혜원 세무사/김혜진 독일부동산'만 뜨고. 그 순간, 자신에게 혜주의 번호가 없다는 것을 깨닫는다.

기영   …!

기영, 지금 드는 예감이 틀리길 바라지만… 맞는 것 같은데!

유신   (차창 열고 소리치는) 뭐 해! 안 가고! 근데 내 핸드폰 어디 갔니?

기영   (미치겠다, 어떡하지! …하는 데서!)

14...... 상주. 주차한 중도의 차 안 (낮)

중도, 우재와 통화 중이다. 굳은 얼굴.

중도   (통화) 그래. 그럼 오늘 만나서 얘기하고 조심히 올라와. 어. (끊는다)

끊은 핸드폰 액정화면, 방금 통화 마친 우재 이름이 떠 있다.
중도, 괴로운 한숨 내쉬고.
차 출발하려고 파킹 푸는데… 전화가 온다. 보면, '최기영(영산)'.

중도 (뭐지?) ……. (받는다) 네. 남중도입니다. …네?

차량 내비, 현재 위치로 잡혀 있는 지도에 '상주시' 북서쪽으로 붙어
있는 '영산시[1]'. (차창 밖으로, 지훈 외삼촌의 차가 출발하는 모습 보인다)

타이틀 IN.

15...... 달리는 혜주 차 안 (낮)

혜주, 핸드폰 내비 켜고 운전해 가고 있다. 그때 핸드폰에 전화 온다
(벨소리).

혜주 (갑작스런 벨소리에 놀라서 흠칫) …!

혜주, 핸드폰을 보면… 중도다!

16...... 지방 국도, 달리는 중도 차 안 (낮)

(고기와 과일은 지훈 외가에 줘서 없고)
운전하는 중도, 핸드폰 스피커폰으로 혜주에 전화하고 있는데 받지
않고 신호만 간다. 중도, 초조한.

17...... 달리는 혜주 차 안 (낮)

---

1   영산시의 위치는 충북 보은과 괴산 사이. 대한당 행사가 열렸던 충주와도 가깝습니다.

중도의 전화 계속 오고 있어서 벨소리 계속 울리고. 초조한 혜주.
이윽고 중도의 전화 끊긴다. 혜주, 얼른 핸드폰 전원을 끈다.

18...... 달리는 중도 차 안 (낮)

중도, 혜주에 다시 전화 거는데, 이번에는 '지금은 전원이 꺼져 있
어…'가 나온다.

중도   !!

기영(E)   만약 혜주가 온다면 4시쯤일 겁니다.

초조한 중도, 엑셀을 세게 밟는데, 내비에서 전방에 과속단속 카메라가
있다는 음성 경고 메시지 나온다. 내비 경고 사운드 띠링띠링 나오고.
중도, 순간적으로 속도를 확 줄였다가 초조한 얼굴로 차량 내비를 본다.
내비의 목적지는 승희 집 주소. 남은 시간 31분, 예상 도착 시간 3시
44분.

19...... 지방 국도, 달리는 기영의 차 안 (낮)

기영, 신호등 빨간불로 멈춰 서는데. 옆 차선(혹은 뒷차, 혹은 갓길)에 경
찰 순찰차 본다. 기영, 어떤 생각이 든다. 룸미러로 뒷좌석을 보면, 졸
고 있는 유신.
차량 시계 보면 현재 시각 3시 20분. 내비 보면, 집 예상 도착 시간 3시
47분.
기영, 갑자기 불법 유턴한다!

20...... 영산 시내. 달리는 혜주 차 안 (낮. 6회 신70)

(내비 없이 가고 있다/핸드폰은 끈 상태)
신호등 빨간불이라 멈춰 서는 혜주. 문득 창밖을 보는데… 영산고등

학교 정문 앞이다. 여학생 둘(교복) 보인다. 친구 사이.

혜주   (멀어지는 여학생들을 눈으로 좇는) ······.

21...... 승희 집_ 대문 앞 (낮. 6회 신71)
혜주의 차 와서, 대문 옆 담벼락에 멈춰 선다. (차고 문은 닫혀 있음)

22..... 동_ 대문 앞, 주차한 혜주 차 안 (낮. 6회 신72)
혜주, 차량 시계를 보면 현재 시각 3시 26분.
혜주, 시동 끈다. 그러나 내릴 용기가 쉽게 나지 않는다.
마음이 무겁고 괴로운….

23..... 동_ 부엌 (낮. 6회 신73)
승희, 초조함 달래며 컵에 물 따르는데, 초인종 울린다!
순간 물 흘리는 승희.

승희   !

승희, 벽시계 확 쳐다보면, 3시 30분 정각이다.

24..... 동_ 대문 앞 (낮. 6회 신74)
서 있는 혜주. 덜컹! 대문 열리는 소리에 혜주, 보면. 무거운 대문이 열렸다.

25..... 동_ 거실 (낮. 6회 신75)
혜주와 승희. 좀 떨어져 앉아 있다. 침묵을 깨는 승희.

승희	우리 엄마 곧 올 거야.
혜주	…….
승희	…너 핸드폰 껐더라? 맘 변했을까봐 전화했었는데. 그래도 어떻게 잘 찾아왔네?
혜주	…옛날에… 자주 왔었잖아.
승희	……. (거실 둘러보며) 우리 집 하나도 안 변했지? 똑같아. 이십 년 전이랑.

혜주, 승희 시선 따라 거실로 시선 옮기면… 오래된 가구들. 장식장
보이는데.
승호 사진들을 알아보는 혜주. 순간 감정 동요한다.
혜주, 꾹꾹 누르는데. 그 모습 보는 승희.

승희	(냉정) 가서 세수해.
혜주	(보면)
승희	세수하고 눈물 닦고 와. 이따 우리 엄마한테 눈물로 동정심 얻을 생각은 꿈도 꾸지 말고. 알았어?

26..... 동_ 대문 앞, 달리는 중도의 차 안 (낮)
도착하는 중도의 차. 중도, 대문 앞 담벼락에 세워진 혜주의 차를 본다!

중도	!!

중도, 차량 시계를 보면 3시 37분이다. 혜주가 일찍 온 건가!
중도, 차를 대문 앞에 대충 세우고 뛰어내리듯 내리고.
대문 초인종 마구 누른다.

중도	혜주야!!

27..... 동_ 거실 (낮)

초인종 울린다. 승희, 혼자 있다가 엄만가? 싶어 얼른 인터폰 화면 보
는데… 중도다!

(밖에서 소리치는 소리는 안 들림. 마당이 넓고, 거실 새시는 이중유리)

승희, 크게 당황하지만 화장실 쪽 힐끔 보고, 침착하게 인터폰의 통화
버튼 눌렀다가 (중도 목소리가 들리기도 전에) 곧바로 종료 버튼 누른다.

28..... 동_ 대문 앞 (낮)

인터폰을 누가 받았다가 바로 끄는 딸깍 소리.

중도, 안에서 누가 받자 "진승희씨!" 하려는 찰나 바로 꺼지는 소리가
나자, 안에 사람이 있는 것을 확신한다.

중도   (다시 초인종 마구 누르며) 진승희씨!! 문 여세요!! 당장!!

29..... 동_ 화장실 안 (낮. 6회 신76)

세면대 앞 혜주. 세수한 얼굴로 거울을 바라보는, 무거운 마음.

문밖 어디선가 작게 띵동띵동 소리 들린다. 혜주도 듣고, 문 쪽으로
고개 돌리는.

30..... 동_ 거실 (낮)

초인종 계속 띵동띵동 울린다.

인터폰에 중도 비치지만 승희, 외면하는.

31...... 동_ 화장실 → 거실 (낮. 6회 신77)

혜주, 화장실에서 나온다. 거실에 울려 퍼지고 있는 초인종 소리.

승희, 인터폰 앞에 서 있는데(뒷모습), 초인종 인터폰을 받지 않고 있
다. 계속 띵동띵동 울리고 있는데… 갑자기 초인종 소리 멈추며 조용

해진다.

혜주   (무슨 일이지? 다가가며) 승희야, 무슨 일…(하는데) !!

쾅!!! 집 밖에서 큰 충돌 소리와 함께, 삐용삐용!! 차량 도난경보음 크게 울린다!
크게 놀라는 승희와 혜주! 정원 쪽으로 시선 돌린다.
그때 다시 땡동땡동! 혜주와 승희, 동시에 인터폰 화면을 보는데.
소스라치게 놀라는 혜주. 화면 속, 대문 앞의 중도다!

32..... 동_ 대문 앞 [낮]

중도, 자기 차로 혜주 차를 박았다. (혜주의 차가 훨씬 심하게 부서짐)
혜주 차, 요란하게 도난경보음 울리고 있고.
중도, 차에서 내리는데 늑골에 통증이 훅! 느껴진다. 운전대에 받혀 다친.
그러나 통증 참으며 다시 대문 앞으로 간다.

중도   (초인종 누르며 소리치는) 혜주야!! 여보!!!! 진승희씨!! 문 여세요!!

33..... 동_ 거실 [낮]

혜주, 초인종 요란하게 울리는 인터폰 앞에 얼어붙은 채 서 있다.
화면 속, 인터폰을 향해 뭐라고 고함을 치고 있는 중도. (통화 버튼 누르지 않아 목소리는 안 들림)

34..... 동_ 대문 앞 → 중도 차 안 [낮]

중도   진승희씨! 당장 문 열어요! 당장!!

그러나 대답 없다. 중도, 다시 차에 탄다. 다른 방법이 없다.
중도, 대문을 향해 돌진하는데… 철컹! 대문 열린다.

중도   …!

대문 충돌 직전에 멈추는 중도의 차.

35..... 동_ 거실 (낮)
들이닥치는 중도. 혜주와 승희.

중도   혜주야!!

승희   (서늘하다) 안녕하세요.

혜주   (너무 놀란) …여보.

중도   (막상 혜주를 보니 잠시 말을 잃었다가) 당신이 왜 여깄어, 나와! 얼른! (들어와 혜주 팔 잡는데)

혜주   ……. (중도 팔 떼어낸다)

중도   ! 여보!

승희   !!

혜주   당신은 가. 이건 내가 해결해야 될 일이야. 그러니까 그냥 제발 가줘. 응?

중도   !! 당신이 해결해야 될 일 같은 거 없어! 당신이 지금 여기 와 있는 것 자체부터가, 아닌 일이라고!!

승희   아니긴요. 뭐가 아닌 일인데요?

중도   진승희씨, 경고하는데 당신 한 번만 더//(이 사람한테 연락하면)

혜주   (O.L.) 여보. 제발… 나, 사과하러 온 거야. 그러니까….

중도   사과를 왜 해! 당신이 대체 무슨 잘못을 했는데!!

승희   (비아냥) 의원님이 제일 잘 아실 텐데요.

혜주/중도	(보면)
승희	의원님 때문에도 사람 하나 죽었다면서요. 그 의대생이요.
혜주	!!
중도	!! (표정 굳은)
혜주	(그 이야기가 들춰지는 게 괴롭다) 승희야. 그건 다른 일이고, 우린 우리 얘기만 하자. …응?//
중도	(O.L.) 불운한 사고였습니다. 이 사람(혜주) 일도 마찬가지고요.
승희	하, 사고요? 그래요. 직접 칼 들고 찌른 건 아니니까 백번 양보해 사고 라고 하죠. 그런데요, 의원님이 티비에서 떠들어대지만 않았어도 그 사람 안 죽었어요. 그러니까 그 의대생은, 의원님이 죽인 거라고요!

잠시 정적 흐르는데….

혜주	…승희야.
승희	(본다)
혜주	…그날 나는… 승호가… 그런 선택을 할 거라곤… 상상도 못 했어. 그 건… 아무도 원하지 않은 사고였어. 하지만….

36.....[혜주 회상] 영산경찰서_ 조사실 [낮. 20년 전]
영산 형사1과 혜주만 있다.

혜주	(멍하니 되묻는) …네? 왜요…?
영산형사	(사무적) 왜냐니. 한국 법이 그래. 피의자가 사망하면 공소권 없음으로 더 이상 수사가 진행되지 않는 거야.
혜주	…….
영산형사	그럼 이제 가봐. 다 끝났으니까. (나가려는데)
혜주	…끝…이요?

영산형사   (돌아본다)

혜주   (겁에 질려서) 그럼 저는… 어떡…해요…?

영산형사   뭐가?

혜주   (겁에 질린 채) 여기서 그냥 끝이면… 저는… 계속… 거짓말쟁이로 살아가야 하는 거예요…?

영산형사   …학생. 지금, 사람이 죽었잖아. 저 집 어머니 아까 넘어가는 거 못 봤어? 근데 뭘 더 어쩌자는 거야? 아들 죽은 집 완전히 풍비박산 내고 싶은 거야?? 어??

혜주   …!!

37 ..... [현재] 승희 집_ 거실 (낮)

혜주   …나도… 그 불행한 사고의… 피해자야.

중도   !

승희   피해자?? 너 지금 그딴 소리 하려고 여기 온 거야?

혜주   (담담하게) 승호가 죽어서 나는… 진실을 밝힐 기회를 잃었고… 진실을 밝혀달라고 말할 수도 없었어. 그러니까… 나도 피해자야.

승희   야!! 김재은!!

혜주   하지만… 내 의도와는 전혀 상관없는 일이 벌어져버렸고… 그 결과로 너희 가족에게 끔찍한 일이 생겼고… 거기에 대해서… 어머니 오시면 사과하고, 사죄하고, 무릎 꿇으라면 꿇고, 다 할게. 내가 그렇게 해서 너희 어머니 마음이 나아지실 수만 있다면//

승희   (O.L.) 그리고 세상 사람들한테도 알려야지, 네가 살인자라고! 네가 우리 가족 인생 다 망쳤다고!

중도   진승희씨!! 그게 지금 말이 됩//(니까!)

혜주   (O.L.) 그건 못해.

중도/승희   !

혜주   그건 할 수 없어, 승희야.

승희	못하겠다고? 왜?? 우리 엄마한테는 사죄하겠다며, 왜 다른 사람들한 테는 말 못 하겠다는 건데?!
혜주	…나는 거짓말하지 않았으니까.
승희	!
혜주	나는 승호가 사랑받는 아들이자 최고의 우등생, 모범생이었다는 거, 부정하지 않아. 그건 사실이니까. 하지만 그런 아들이자 학생이었던 승호는, 나를… 추행했어. 그것도 사실이야.
승희	김재은!!
혜주	나는… 거짓말을 하지 않았어.

잠시 정적 흐른다.

승희	사과하지 마라, 너.
혜주	!
승희	그런 마음으로 온 거라면 니 사과 따위 필요 없어. 우리 엄마가 지금 니가 하는 소리 못 들은 게 너무 다행이네. 그러니까 우리 엄마 오기 전에 그냥 가라.
혜주	!
승희	그리고, 이제부터 내가 무슨 짓을 하더라도 나 원망하지 마. 다 니가 자초한 일이니까.
혜주	! 승희야//
승희	(O.L.) 근데 말이야. 나 진짜 이해가 안 간다. 너도 아들 죽었잖아. 근데 어떻게 우리 가족 맘을 그렇게도 모르니? 아아, 너는 니 친아들이 아 니었어서 그런 거야?
중도	진승희씨!!
(E)	짝! (뺨 때리는 소리)

정적. 혜주가 승희의 뺨을 때렸다. 승희도 놀랐고, 중도도 놀라 잠시 정적 흐르는데.

혜주   함부로 말하지 마…!

승희   왜? 그것도 사실이잖아. 니가 지금 그렇게 부르짖는 '사실'.

혜주   …….

승희   (혜주에게 다가서며) 그럼 어디 한번 '사실'대로 얘기해봐. 니 말이 다 사실이면, 그럼, 승호는 죽어도 싼, 그런 애였단 소리야?!

혜주   ! 승희야, 아니야… 지금 그런 말이 아니잖아…!

승희   그럼 뭔데! 그럼 승호를 왜 죽게 만든 건데, 김재은!!//

중도   (차갑게) 김혜주입니다.

혜주   !

승희   (보면)

중도   김재은 아닙니다. 그 이름으로 부르지 마십시오.

혜주   !

승희   !

중도   앞으로 뭘 하시든 그건 진승희씨 자유입니다. 하지만 다시 제 아내에게 연락해서 오늘처럼 함부로 대하면, 저는 절대로 가만히 있지 않을 겁니다.

혜주와 중도, 승희 각자의 표정에서.

38..... 동_ 대문 앞 → 주차한 중도의 차 안 (낮)

나오다가 부서진 차들을 보고 흠칫 얼어붙는 혜주.
중도, 카니발 조수석 문 연다.

중도   …타.

| 혜주 | (그대로 굳어 있다) |
| 중도 | (부드럽게 혜주 어깨 감싸 차로 데려가 태운다) …다른 방법이 없었어. |

중도, 혜주 태우고 차 문 조용히 닫는다.
중도, 운전석으로 가는데 잠시 잊고 있던 늑골 통증 다시 느껴진다(혜주는 모르는). 중도, 운전석 문 열기 전 우재에 전화 건다.

중도	(통화) …어, 장보, 여기 영산인데 (운전석에 타며) 내가 주소 하나 보낼 테니까 여기로 폐차 견인 좀 불러줘. …어. 윤서 엄마 찬데, 명의는 내 꺼고. 보상금 필요 없으니까 그냥 빨리 처리해줘. 어. (끊는다)
혜주	(중도 본다, 폐차 소리에 조금 놀란[2])
중도	(혜주 가만히 바라보다가) …그냥… 여기에 다 버리고 가.
혜주	…….

39..... 동_ 대문 앞 (낮)

(4시 07분) 급히 와서 대문 앞에 서는 기영의 차. 운전석에서 내리는 기영, 부서진 혜주의 차를 보고 크게 놀란다. 혜주의 차라는 것을 안다. 유신, 놀라 따라 내린다.

| 유신 | 세상에, 이게 뭐야? 누구 차야?? |

기영, 놀란 유신을 뒤로하고 급히 대문 열고 뛰어 들어간다.

40..... 동_ 거실 (낮)

승희, 거실에 있는데. 기영, 들어오고. 바로 뒤따라 유신 들어온다.

| 2 | 폐차 소리 나올 만큼 혜주 차가 부서지진 않은…. |

기영	(들어오자마자) 승희야//(유신이 바로 뛰어 들어오자 입 다무는)
유신	(동시에) 승희야! 밖에 저거 뭐니?
승희	…….
유신	저 차 니가 박은 거야? 그래서 나보고 빨리 오라고 한 거야?
승희	…아니야, 그런 거.
유신	그럼 저 찬 뭔데?
승희/기영	…….
유신	(짜증) 진짜 뭔데 그래? 너 뭐 잘못했니?
승희	아니야! 아니라구!!
유신	아니면 아닌 거지, 왜 화를 내!
승희	(울컥, 나간다)
유신	애! 어디 가!
기영	승희야! (급히 따라 나가는)

41...... 동_ 대문 앞 (낮)

나오는 승희. 기영, "승희야!" 하며 뛰어나와 승희 앞을 가로막는다. 멈춰 서는 승희.

기영	(뭔가 말하려는데)
승희	(먼저 막 쏟아내는) 그래! 저거 재은이 차 맞아! 내가, 와서 다 빌고 사죄하라고 불렀어! 이제 됐지? (가려는데)
기영	너 어디 안 다쳤어?
승희	!!

승희, 순간 울컥한다. 전혀 예상하지 못한 말이다.

| 기영 | 괜찮은 거지? 넌 다친 데 없는 거지? |

승희   …어. …괜찮아.

기영   다행이다….

잠시 침묵 흐르고.

기영   근데 그럼 혜주는 지금 어디//(있어?)

승희   (O.L. 피가 차갑게 식는) 재은이야.

기영   !

승희   승호 죽게 만든 애 이름, 김혜주 아니고 김재은이라구! (홱 돌아서 간다)

기영   승희야! (따라가려는데)

승희   (갑자기 멈추고, 서늘하게) 따라오지 마.

기영   !

승희   걱정 마. 죽으러 가는 거 아니니까.

기영   !!

승희, 빠르게 걸어간다. 기영, 승희의 뒷모습을 망연히 바라보고 있는.

42..... 달리는 우재 차 안 (낮)

폐차 때문에 승희네 집으로 가고 있는 우재인데.

차창 밖, 빠르게 걸어오는 승희 스쳐 지나가고 (우재는 못 본).

저 앞, 승희의 집 보이는데 앞에 혜주의 차 있다.

우재, 저거군, 하고 차 몰고 가까이 다가가는데, 서 있는 기영을 본다.

43..... 승희 집_ 대문 앞 (낮)

기영, 멀어져가는 승희를 어쩌지 못하고 보고 있는데, 다가오는 차 한
대. 신경도 안 쓰고 있었는데 옆에 멈추더니, 운전석에서 우재 내린다.
기영, 우재를 못 알아봤다가 바로 알아보고 깜짝 놀라는데.

우재   안녕하세요, 최기영 선생님. 여기 계셨네요.

부서진 혜주의 차 앞, 마주 선 우재와 기영에서.

44..... 달리는 중도 차 안 (저녁)

운전하는 중도. 조수석의 혜주, 차창 밖만 바라보고 있다.
무거운 차 안의 공기.
창밖으로 해가 지고 있다.

45..... 영산고_ 운동장 (저녁)

벤치에 앉아 있는 승희. 교복 입은 학생들 삼삼오오 보이는데. 옆 벤치, 뭐가 그렇게 재밌는지 장난치며 깔깔 웃는 여학생 1, 2(교복/19). 승희, 여학생들을 바라보는데….

여학생1   (애교) 야아~~ 우리 친구잖아아~ 나 못 믿나아~?
여학생2   (깔깔 웃으며) 믿지이~~

여학생1, 2, 까르르 웃는다.

승희   …….

플래시백 6회 신23. 승희 집_ 거실 (밤. 20년 전)
승호   지금 너, 니 가족을 못 믿는 거야?

현재
승희   (서늘해지는 얼굴. 혼잣말) …아니, 믿어.

46..... 지청동 거리 일각 (저녁)

번화가. 수빈, 명품 지갑을 당근마켓 거래로 팔았다. 거래자(여, 30대)가 준 현금 5만 원권 6장 받아 세어보는 수빈. 6장 맞다.

거래자   (세는 것 보고) 삼십, 맞죠?

수빈   네. (지갑 건넨다) 여기요.

거래자   (지갑에 대만족) 완전 쎄 건데, 이 가격에 고마워요. 잘 쓸게요~ (간다)

수빈, 지폐 접어 주머니에 넣는데. 문득 입술이 아프다. 손 대보면, 갈라진 입술에서 피가 살짝 묻어난다.

수빈   …….

그때, 저쪽에서 오던 (5회 신47의) 꼬마를 보는 수빈.
수빈과 꼬마, 서로 눈 마주치는데… 꼬마, 움찔하더니 들고 있던 봉지를 얼른 등 뒤로 숨긴다. 여진의 가게에서 방금 받아온 만두 봉지. (흰색 봉지라 안이 좀 비치거나, 가게 이름이 쓰여 있는 봉지)
수빈, 만두 봉지를 봤다.

플래시백 5회 신47. 칼국수집_ 앞 (낮)

수빈   돈 내고 가. 아줌마, 얘 돈 안 냈어요.

꼬마   (당황해 여진 쳐다보고)

여진   (당황, 수빈에게 뭔가 말을 하려는데)

수빈   (바로 꼬마에게) 야. 너 돈 내야지. 왜 그냥 갈라구 그래.

꼬마   (더 당황)

여진   (얼른 꼬마에게) 담에 꼭 칼국수 먹으러 와~ 그럼 조심히 들고 가~ (떠밀듯이 보내면, 꼬마 얼른 가고)

수빈   ? 아줌마 쟤 돈//(안 냈는데요)

수빈, 멈칫. 미닫이문 옆의 종이를 봤다. ('어린이 청소년 임신부 칼국수 만두 무료 (포장 가능) / 결식아동카드 안 보여줘도 됩니다 / 그냥 들어와서 맛있게 드세요')

수빈   (좀 당황) …….

현재
꼬마, 수빈이 무서운 듯 눈치 보며 옆으로 슬슬 가려는데….

수빈   …야.

수빈이 서 있는 곳, 화장품 가게(로드숍 체인, '지청1동점') 앞이다.

47..... 화장품 가게_ 안 (저녁)

립밤(잃어버린 것과 같은 제품) 1개 사는 수빈. 5만 원 내고 받은 거스름돈을 그냥 주머니에 넣는다.

점원(여, 20대)   감사합니다~

수빈, 립밤 받아서 옆을 보면, 좀 겁먹은 얼굴로 서 있는 꼬마.

수빈   (립밤 내민다) 이거 가져. 너 줄려고 산 거야.
꼬마   …저요? 왜요?
수빈   …요새 공기 건조해. 건조하면 입술 트고. 그럼 아프잖아. (꼬마 손에 립밤 쥐어준다) 잘 바르고 다녀.

433

그러나 꼬마, 수빈이 쥐어준 립밤을 받아도 되나 싶은 얼굴인데.
수빈의 입술이 갈라져 피가 좀 나 있는 것을 본다. (아까 나서 굳은)

꼬마   (우물쭈물) 언니는 안 사요?

수빈   …….

48….. 동_ 밖 (저녁)

수빈과 꼬마 나온다. 꼬마, 가지 못하고 수빈의 눈치 보고 있다.

수빈   …너 근데 왜 칼국수 안 먹고 또 만두야.

꼬마   (우물쭈물) 칼국수 낮에 먹었는데요… 아줌마가 저녁 때 와서 만두 갖고 가라고 해서요….

수빈   왜 낮에 안 주고?

꼬마   우리 언니가 알바하고 집에 밤에 와서요… 그럼 언니 올 때 따뜻한 거 가져가라고 해서요…. (눈치 보는)

수빈   …….

꼬마   (눈치 보다가 꾸벅) 그럼 안녕히 계세요. (다시 꾸벅 하고 가려는데)

수빈   …그 아줌마.

꼬마   네?

수빈   칼국수집 아줌마, 너무 믿지 마. 다 가식이야.

꼬마   (못 알아듣는) 네? 가식이 뭔데요?

수빈   겉하고 속이 다른 사람이라고.

꼬마   (알쏭달쏭) 네?

수빈   착한 일 한다고 다 좋은 사람 아니거든?

꼬마   네? 왜요?

수빈   (한숨) …됐어. 그래도 가서 만두랑 칼국수는 계속 먹어.

꼬마   네.

수빈	그럼 가- 안녕.
꼬마	네. (꾸벅) 안녕히 계세요. (몇 걸음 가다가 뒤돌아보고) 이거(립밤) 감사합
	니다. (꾸벅, 간다)

수빈, 꼬마가 멀어지자 집(반대 방향) 쪽으로 천천히 걸어가기 시작한다.
문득 입술에 다시 손가락 대어보는 수빈. 아무것도 묻어나지 않지만
입술이 갈라져 아프다. 입술에 침 바르고 앙 다물어보는 수빈.

수빈	(혼잣말) …필요 없어, 그딴 거.

수빈, 다시 걸어간다.

49..... 정차한 우재 차 안, YBS 방송국 건물 앞 [밤]
운전석 우재, 정차해놓고 누군가를 기다리면서 핸드폰 통화 중이다.

우재	(통화) 네. 폐차 보상비는 필요 없고 물건들만 택배로요. 네. 네, 수고하
	세요. (끊고, 짜증의 혼잣말) 사모님은 가만히 좀 계시지… 남편이 어련
	히 알아서 다 정리하고 있는데….

50..... [우재 회상] 승희 집_ 대문 앞 [낮. 신43 직후]
대화 나누는 우재와 기영.

우재	이유신씨 쪽에서, 과거 김혜주씨가 우등생 아들을 죽음으로 몰고 갔
	다…고 폭로한다고 가정해보겠습니다. 그럼 김혜주씨를 비난하는 사
	람들이 생기겠죠. 그런데 그럼 저희는 무얼 할까요.
기영	…….
우재	저희는 진승호씨가 성범죄 가해자라고 주장할 겁니다. 그럼 이번엔

어떻게 될까요?

기영   …….

인서트 영산보육원_ 정문 앞 + 상주. 주차한 중도의 차 안 (낮. 교차. 신14 직
전)

중도(F) 어떻게 되겠어?

우재   (중도와 핸드폰 통화 중) 이유신씨 쪽에서 명예훼손으로 고소하겠죠.

중도   (우재와 핸드폰 통화 중) 당연히 그러겠지. 그런데 우리나라에서 죽은 사
       람에 대한 명예훼손죄는 허위사실일 때에만 성립하잖아? 그런데 이
       사건은 진승호가 죽어버린 바람에 수사가 진행되지 않았어. 정확히
       는, 사건의 실체를 밝힐 기회가 없어졌던 거지. 그래서 진승호의 성폭
       력이 사실인지 허위사실인지 여부조차도 다툼의 소지가 있는 거라고.

우재   (통화) 진흙탕 싸움이 되겠군요.

중도   (통화) 그렇지. 그런데 서울대 법대에 합격한 날 안타깝게 심장마비로
       사망한 자랑스런 아들한테, (다음 신 우재 대사로 이어지는)

회상 시점 현재

우재   성범죄 논란이 생기고 사람들이 떠들어대는 걸 반길 부모가 있을까요.

기영   (미처 생각 못 해본 일이다!)

우재   그러니까 똥물을 저희만 뒤집어쓰는 건 아니라는 겁니다. …그리고
       말입니다. 김혜주씨 사건은 증거도, 증인도 없으니 지저분한 비방전
       이 되겠지만… 장모님 땅투기 껀은 과연 어떨까요? 저희가 정말 아무
       증거도 갖고 있지 않을까요?

기영   …!

기영의 흔들리는 눈빛을 보는 우재. 이겼다고 확신한다.

기영	지금… 각자 가진 걸 같이 조용히 묻자고 거래를 하잔 겁니까?
우재	거래…요. 거래는 양쪽이 가진 게 비슷할 때 성립하는 게 아닐까요?
기영	!
우재	저는 지금 상황을 '설명'해드리고 있는 겁니다. 잘 모르시는 것 같아서.

51...... [현재] 정차한 우재 차 안, YBS 방송국 앞 [밤]

| 우재 | ……. (차창 밖 누군가를 보고, 차창 내리며) 선배! |

퇴근하는 박영수 기자, 반가운 얼굴로 우재의 차로 다가온다. 우재가
차를 정차하고 있던 곳, YBS 방송국 앞이다. 박영수 기자, 우재의 차
조수석에 탄다.

박영수기자	많이 기다렸어?
우재	음… 적당히요? (웃고) 근데 오늘 바로 방송 나갈 줄은 몰랐어요.
박영수기자	(웃으며) 좋은 아이템 있다고 꼭두새벽부터 이 하늘 같은 선배한테 전화해 자는 거 깨우더니, 빨리 내보내도 불만이야?
우재	네, 너무 빨라서요.
박영수기자	(웃고) 암튼 그 의대생 엄만 좀 안됐긴 한데… 그래도 그 아들 한 짓은 진짜 너무 심하던데? 자긴 이제 죽을 거라고 뛰어내리기 전에 진짜로 동영상을 뿌리냐…. 암튼… 아, 배고파.
우재	뭐 드실래요?

52..... 두부전골 식당_ 앞 [밤]

강순홍, 50~60대 남성들 4명(양복)과 술 마시고 식당에서 나왔다. 형
태는 강순홍이 두부 포장한 쇼핑백이나 봉지 들고 있고.
강순홍, 남성들의 깍듯한 배웅("최고위원님" 연발) 받으며 차에 오르려
는데, 같은 식당에서 나와 50대 여성 2명 배웅 받으며 차에 타려는 진

석(혼자)과 눈 마주친다. 깍듯이 목례만 하고 차에 타려는 진석인데.
강순홍, 자기를 배웅하던 사람들에게 인사하고 진석에게 다가간다.

강순홍   아이고, 이게 누구십니까.

진석   …안녕하세요.

강순홍   두부요리 좋아하십니까? 당대표님 판사 하시던 시절에, 덕분에 두부
먹은 사람들이 기천 명은 될 텐데요. 하하하.

진석   ……

강순홍   저기 청와대 뒤편에 조용한 손두부 전골집이 하나 있는데 제가 언제
한번 모시겠습니다. (하고는 바로) 아, 그런데 저 같은 사람하고 겸상하
실 분이 아니신데… 당대표님과 제가 통하는 게 있다는 게 너무 기뻐
그만 마음이 앞섰습니다. 부디 혜량하여 주십시오. 하하하. (하는데)

진석   좋습니다.

강순홍   예?

진석   공통된 목적이 중요하지 마주 앉는 얼굴이 중요하겠습니까. 어차피
전골은 혼자선 못 먹습니다. 좋은 때가 있다면 거기서 뵙지요.

강순홍   (뜻밖이다) 아, 예. 예.

진석   그럼 먼저 들어가 보겠습니다. (목례, 차에 탄다)

53..... 영산고_ 교문 앞 (밤)

(승희 뒤에서 학교 경비원(남, 60대), 교문 닫고 있고)

나온 승희, 핸드폰 보고 있다. 잠금화면에 떠 있는 기영의 부재중전화
(9). 어디냐고 전화 좀 해달라는 카톡 6건. 승희, 기영의 문자들을 물끄
러미 바라보다가 어디론가 전화 걸려고 하는데. (마치 기영에게 거는 것
같은)

54..... 달리는 강순홍 차 안 (밤)

기사 운전. 형태는 조수석. 강순홍은 뒷좌석. 형태, 두부집에서 두부 포장해온 쇼핑백(혹은 비닐봉지)을 소중히 무릎 위에 얹고 있다. (강순홍이 사가지고 가는 것)

강순홍 (형태 무릎 위 두부를 흘낏 보고) 그거, 뇌물이다.

형태 (두부 본다) 네?

강순홍 그 영산 땅 때문에 처제가 집사람한테 맨날 징징거려서 아까도 전화로 시달렸단 말이야. 그러니 집에 빈손으로 들어가서 되겠냐?

형태 남중도 의원이 조용한 걸 보면 해프닝으로 끝날 것 같습니다.

강순홍 아니야. 그렇게 쉽게 물러날 놈이 아닌데…(하는데)

핸드폰 전화 온다. 꺼내 보는 강순홍.

강순홍 (? 하며 전화 받는) 어, 승희야. 니가 웬일이고? 그래 잘 지내나. …뭐?

55..... 달리는 중도 차 안 (밤)

지친 얼굴로 말없이 차창 밖만 보고 있는 혜주, 중도를 보면, 앞만 보며 운전하고 있는 중도. 혜주, 다시 창밖으로 시선 옮기면.
중도, 혜주에게 시선 옮기는데. 창밖만 보고 있는 혜주.
중도, 그런 혜주를 잠시 보다 다시 정면으로 시선 옮기고 운전한다.

56..... 영산고_ 교문 앞 (밤)

강순홍과 통화하는 승희. 표정 굳은.

강순홍(F) (냉정) 허튼짓 말고 일단 가만있어라.

승희 (통화) 이모부!!

강순홍(F) 증인도 증거도 없는데 섣불리 터뜨렸다간 남중도한테 오히려 당해!

57..... 달리는 강순홍 차 안 (밤)

강순홍 (통화, 서릿발) 그러니 어설프게 건드리지 말고 일단 가만히 있으란 말이다!! 알았나?! 왜 대답이 없어!! …어, 그래. 그럼 들어가라. 내 다시 연락하마. (끊는다)

58..... 영산고_ 교문 앞 (밤)

전화 끊은 승희, 강순홍의 반응이 답답하지만… 말을 들어야 한다. 괴롭다.

59..... 달리는 강순홍 차 안 (밤)

강순홍 (전화 끊고, 잠시 생각에 잠겼다가) 형태야.

형태 (돌아본다) 예?

강순홍 옛날 니 그 친구들은 잘들 지내고 있나?

형태 (거짓말, 얼버무리는) 저, 누구… 말씀이신지….

강순홍 (빤히 보다가) 내가… 판검사 될 뻔한 처조카 얘길 한 적이 있나?

60..... 혜주 집_ 대문 앞 (밤)

와서 멈추는 중도의 차. (혜주 주차 자리 비어 있고)

61...... 동_ 대문 앞, 정차한 중도 차 안 (밤)

중도 공영주차장에 차 대고 올게. 먼저 들어가.

혜주 (중도 바라본다)

중도 (마주 보는)

혜주 …왜 아무것도 안 물어봐…?

중도 …당신은 왜 안 물어봐? 내가 어떻게 알고 온 건지.

혜주 …….

중도 상주에 갔다가 최기영씨 전화 받았어. 당신이 영산에 오고 있는 것 같다고.

혜주　(그렇구나…) …….

잠시 침묵 흐르는데.

혜주　…미안해.

중도　…뭐가.

혜주　나 때문에 이제 당신… 선거 앞두고 복잡해질 수도 있지…?

중도　어. 아마도.

혜주　!

중도　나한테 미안하면 지금이라도 가서 사과할래?

혜주　!!

중도　못하겠지? …당신이 그런 거짓 사과를 할 수 있는 사람이면 내가 아무리 말렸어도 아까 했겠지. 그러니까 나한테 미안해하지 마. 잘했어.

혜주　(아무 말도 하지 못하는)

중도　그리고, 사과했어도 거기서 끝냈을 사람들 아니야.

혜주　…….

중도　그러니까 앞으로 저쪽 연락 받지 마. 이 일은 내가 정리할게.

혜주　(걱정) 어떻게 하려구….

중도　이제 생각해봐야지. 그래도 당신은 아무것도 하지 말고, 아무 걱정도 하지 마. 나 믿지? 당신은 그냥… 다 잊어. 그것만 해.

혜주　…….

중도　…그리고, 혜주야. 옛날 일… 나한테는 설명할 필요 없어.

혜주　…!

중도　그 사람이 자살해서 공소권 없음으로 경찰수사도 안 했지만… 다른 증거, 증인 같은 거 없어도… 나는 너 믿어. 왜냐면… 너니까.

혜주　! (울컥)

62..... 동_ 대문 앞 (밤)

대문 앞에 서 있는 혜주. 혜주, 멀어지는 중도 차 뒤꽁무니를 보다가 돌아선다.

대문 여는데, 대문에 끼워져 있던 전단지 한 장이 떨어진다.

순간 움찔하는 혜주. 겁먹은 얼굴로 전단지 얼른 주워 드는데…

'지청 식자재마트' 할인행사 전단지다. 급 안도하는 혜주.

그런데 전단지랑 같이 끼워져 있다가 함께 떨어진 흰 규격봉투 하나가 바닥에 있다.

집어 드는 혜주.

우표도 없는 봉투인데, 겉봉에 쓰인 손글씨: '남중도 국회의원님 귀하'.

혜주의 불안해진 눈빛에서….

63..... 기름집_ 앞 (밤)

중도의 카니발 서 있다. 가게 안은 어둡고. 혜주, 문 두드리며 "할머니! 할머니!!" 하는데 인기척 없다. 혜주, 손에 편지봉투 든 채로 발 동동.

중도는 경찰서장과 전화 통화[3]하고 있다.

그때 경찰차와 119구조대 차량이 동시에 도착한다. 차에서 내리는 경찰들(남, 30대 중후반, 경사 제복/여, 20대 중반, 순경 제복)과 구조대원들(남녀 수 명) 내린다. (모두 중도를 알아보지 못한다. 중도 배지 착용X)

구조대원1 (혜주에게) 신고하신 분이세요?

혜주 네.

---

3   예, 서장님, 늦은 시간 죄송합니다만 급한 일이 있어서요. 저번에 투신한 의대생 사건 말입니다. 예. 그때 피해자였던 신양구 여대생 주소가 급히 필요해서 전화드렸습니다. 유가족이 지금 정신적으로 좀 위험한 상태셔서요. 네, 사건기록 조회 급히 좀 부탁드리겠습니다. 네, 감사합니다.

구조대원I 자살의심자분이 이 안에 계신가요?

중도 (전화 끊고 와서) 모르겠습니다. 여기는 가겐데 집 주소는 현재 파악 중입니다. 그래도 일단 여기부터 확인해주십시오.

구조대원I (난감) 안에 계신지 확실치가 않은데 무조건 문을 강제 개방하기는 좀…(하는데)

남자경찰 (중도 얼굴이 낯익다는 생각이 들고, 여자 경찰에게 속삭이는) 근데 저기 저 분, 혹시 그 국회의원…//(하는데)

중도 (구조대원에게 명함 꺼내 내민다) 신양갑 국회의원 남중도입니다.

경찰/구조대원 네?!

혜주 (중도가 신원을 밝힐 줄 몰랐다!)

중도 문제 생기면 제가 다 책임지겠습니다. 그러니까 어서 개방해주십시오, 어서요!!

혜주 !!

짧은 jump

문 뜯고 있는 구조대원들. 소란에 동네 사람들 서넛 정도 나와서 구경하고.
혜주, 초조하게 구조대원들 보고 있고. 옆에 중도, 경찰들 있는데.

경찰1 (혜주 옆, 핸드폰에 걸려온 전화 받는다) 여보세요! 네! 핸드폰 최종 기지국 위치 조회됐습니까?

혜주 !! (경찰1 쳐다본다)

경찰1 (통화) 아! 이 위칩니까? (하는 순간)

그 순간, 문이 뜯겨나간다!

64..... 동_ 안 (밤)

깜깜한 가게. 구조대원들 뛰어 들어가고, 그 뒤로 혜주도 뛰어 들어간다.

혜주　　할머니!!

구조대원들, 가게 안쪽 방문 여는데…! 쓰러져 있는 귀순 보인다! (그 옆에 알약을 다 까서 뺀, 편의점에서 파는 종합감기약 빈 껍데기 여러 개 흩어져 있다)
구조대원들, 심폐소생술 등등. 심각하고 분주한 공기. 혜주, 애가 타는 데….

구조대원1　호흡 돌아왔습니다!
혜주　　!!

들것 들고 방으로 뛰어가는 구조대원들. 비키세요! 등등.
들것에 실리는 귀순이 보이자 혜주, 안도하고… 순간적으로 다리에 힘이 풀려 휘청. 그때, 누군가 혜주를 잡아준다. 중도다.
중도와 눈 마주치자마자 눈물 쏟아지는 혜주. 중도의 품에 얼굴 묻고 운다.
중도, 혜주를 꼭 안고 천천히 등을 토닥여주는….

65..... 정순의료원_ 외경 (밤)

66..... 동_ 응급실 출입구 앞 (밤)

119 구조차량 떠나는 것을 보고 있는 중도. 차 멀어지고, 응급실 안으로 들어가려는데 잠시 잊고 있던 늑골 통증. 그러나 바로 떨치고 들어간다.

67 ..... 동_ 실내 일각 (밤)

중도, 혜주를 찾아왔다. 혜주, 미동도 없이 혼자 앉아 있다.

중도   여보.

천천히 고개를 돌려 중도를 보는 혜주. 손에 쥔 귀순의 유서. 그 위로,

귀순(E) (유서) 존경하는 국회의원님,

인서트 서령대 의대_ 행정실 (낮. 6회 신68 직후)

찾아온 귀순. 사무적인 행정실 직원(여, 40).

행정실직원 학생 집 주소는 개인정보라서요.

귀순   제발 부탁해요. 그놈 때문에 우리 손녀가 죽었는데, 내가 너무 억울해
서 가서 따지려고 그래요. 그러니까 제발 알려주세요….

행정실직원 정말 안 됩니다. 그만 가세요, 할머니.

인서트 동_ 건물 현관 앞 (낮)

귀순, 힘없이 나오는데… 멈칫. 구석에 테이블로 작게 마련된 추모공
간이 있다!

귀순   !!

흰 국화 몇 송이, 지승규 사진이 든 큰 액자 있고. 친구들과 찍은 사진
들이 붙은, 롤링페이퍼 같은 큰 종이도 함께 있다. 귀순, 충격으로 움
직일 수가 없는데….
지나가는 학생들(남녀 각1, 20대 초반) 대화가 들린다.

서령대학생1 솔직히, 걔가 막 몰래 동영상 찍고 협박하고 그럴 애는 아니었잖아.

서령대학생2 그치. 그 여자, 혹시 꽃뱀 같은 거//(아니었을까?)

귀순 아니야!

서령대학생1,2 네? 누구세요?

귀순 아니야! 아니라고! 그런 말 함부로 하지 마요!! 저놈, 죄 지어서 감옥 간다니까 죽은 거야! 그리고 결국엔 사람들한테 다 뿌려버렸다고!!

귀순, 울며 추모공간 마구 쓸어버리는데. 지승규의 영정사진 액자를 들고 힘껏 던지려다가… 차마 던지지 못하고 오열하는 위로,

귀순(E) 제 죽음이 꼭 뉴스에 나게 해주세요. 그래서 세상 사람들이 우리 손녀 억울한 거, 저놈 나쁜 악행들, 다 알게 해주세요. 부탁드립니다, 존경 하는 국회의원님… 저는…

현재

귀순(E) 그 나쁜 놈이 죄짓고 죽은 게 억울해서 죽습니다.

혜주, 귀순의 편지를 꼭 쥔다. 눈물 차오르지만 참으며 말한다.

혜주 나 아까… 대답을 못 했어….

플래시백 신37. 승희 집_ 거실 [낮]

승희 그럼, 승호는 죽어도 싼, 그런 애였단 소리야?!

순간, 혜주의 표정.

혜주(E) (선행하는) 나는…

446

현재

혜주 　승호가 미웠고… 벌을 받아야 한다고 생각해서 경찰서에 갔었던 거지만… 그때도, 그 후에도… 죽어도 싸다는 생각은 정말 해본 적이 없어… 나는… 오히려… 승호가 그렇게 되어서… 너무 괴로웠어.

중도 　…….

혜주 　근데 한편으로는 나도… 억울했어… 거짓말쟁이로 몰렸으니까… 하지만 나… 억울하단 말… 한 번도 못 했어… 왜? …사람이… 죽었으니까….

중도 　…….

혜주 　그런데 왜… 또… 같은 일이… 반복되는 걸까, 여보…. (말 못 잇는데)

중도 　내가 할게.

혜주 　(보면)

중도 　국회의원의 첫 번째 일은 헌법과 법률을 제정, 개정하고 의결하는 일이야.

혜주 　…!

중도 　앞으로는 더 이상 억울한 사람들이 생기지 않게… 내가 반드시, 어떻게든 방법을 찾을게. 믿어줘.

　　　중도, 혜주를 안는다. 혜주의 뺨에 조용히 흐르는 눈물 한 줄기.

68..... 혜주 집_ 외경 (밤)

69..... 동_ 안방 (밤)

　　　마악 들어온 혜주와 중도.

중도 　오늘 밤은 아무 생각 하지 말고 좀 쉬어. 오늘… 너무 많은 일이 있었다.

혜주 　…….

중도   난 서재에서 일 좀 할게. 먼저 자. 푹 쉬어.

중도, 혜주를 가만히 안더니 이마에 가볍게 입 맞추고 나간다.
중도 나가면. 혜주, 침대에 쓰러지듯 앉는다. 오늘 하루가 너무 길고
힘들다.

70 ..... 동_ 안방 앞 복도 (밤)
중도, 1층으로 내려가려고 실내계단으로 가는데. 수빈의 목소리 들린다.

수빈(E)   아줌마 어디 아프세요?

중도, 보면. 수빈, 지훈의 방에서 나와 말을 건.
중도, 수빈을 빤히 보다가 대꾸 않고 내려가려고 한다.
그러나 멈추는 중도. 다시 수빈을 본다.

중도   (싸늘) 저 사람 함부로 건드리거나 상처 주면, 그 이후는 니가 감당할
수 없을 거다. (내려간다)

수빈, 내려가는 중도를 노려보다가 안방 문으로 시선 옮긴다. 혜주가
걱정되는.

71 ...... 승희 집_ 부부 침실 (밤)
침대의 승희, 기영. 승희, 기영을 등지고 누워 있다. 기영, 그런 승희를
본다.

인서트 동_ 대문 앞 (신50 + 보충)
우재   저는 지금 상황을 '설명'해드리고 있는 겁니다. 잘 모르시는 것 같아서.

기영	…….
우재	예전의 김혜주씨는 가족 없이 혼자였지만 지금은 아닙니다. 그 차이는… 결코 작지 않죠.
기영	…!

현재

기영	…승희야.
승희	피곤해. 잘 거야.
기영	…….

승희, 괴롭지만 기영과 이야기 나누고 싶지 않다. 뜬눈이고.
기영, 그런 승희의 뒷모습을 보는….

72 ..... 혜주 집_ 서재 (밤)

중도, 밤새 법률 관련 책과 자료, 출력물들 잔뜩 쌓아놓고 쭉쭉 줄을
긋고 메모하고 자료를 찾으며 집중하고 있다. (자료들 언뜻언뜻 보이면,
성범죄 관련 법률 자료들이나 뉴스 기사들이다)
그러다가 멀리 있는 자료를 집으려 팔을 뻗는데, 순간 느껴지는 늑골
통증. 많이 아프다. 중도, 아픈 곳을 손으로 누르며 통증이 지나가길
기다리는.

73 ..... 동_ 1층 복도 (밤)

자다가 나와서 부엌에서 물 한잔 마신 여진.
조용히 복도 끝 자기 방으로 돌아가다가… 멈칫.
꼭 닫혀 있는 서재 문. 그러나 문틈으로, 서재 안에서 불빛이 새어 나
오고 있다.
잠시 그대로 서서 서재를 바라보는 여진. 표정.

74..... 동_ 안방 (새벽)

혜주, 무릎을 모아 세우고 침대 헤드에 기대 앉아 있다.
마음이 너무 복잡하다. 창밖에 동터온다.

75..... 승희 집_ 외경 (오전)

76..... 동_ 부엌 (오전)

아침 식사하는 유신, 승희, 기영. 기영은 출근 복장.
유신, 부동산 중개업자와 핸드폰 통화 중.
승희, 유신이 아침 밥상머리에서 계속 땅 얘기하는 게 지겹고.
기영도 입맛 없다.

유신   (통화) 아니 내가 저번에 말했잖아. 거기 도로가 난다는 소문.이 아니
라, 확실한 뭐가 있어야 된다구. // 알았어요. 어. 네. 네. (끊고 승희에게)
저번에 너랑 나, 땅 보러 간 거, 니 핸드폰으로 거기 사진 찍었지? 좀
보내줘봐.

승희   (속 한숨) ···밥 먹고 보낼게.

유신   (짜증) 아, 지금 보내애~! 그거 보내는 데 얼마나 걸린다고!

승희   (한숨) ···알았어.

승희, 식탁 구석에 둔 핸드폰 집어 패턴잠금 여는데. 기영, 의도치 않게
패턴을 본다. 승희, 카톡 열고 유신에게 (5회 신62의) 임야 사진 10여
장을 보내는데···.

유신   (승희가 못마땅, 혼잣말) 이렇게 나 무시할 거면 캐나다에 눌러앉지 그랬
어? 아님 니 서방하고 호주를 가버리던가!

승희   (얼굴 확 굳는) 엄마아!!

기영	(얼굴 굳지만 승희 보고 참으라는 듯, 승희 팔이나 어깨를 가만히 잡는)
승희	(기영 때문에 꾹 참는데)
유신	(까똑! 핸드폰에 사진 오자 얼른 반색하며 열고, 임야 사진 넘겨보며 혼잣말) 그래그래, 이 땅이 도로만 나면 참 괜찮은데….

승희, 더는 못 참겠다. 기영 팔 뿌리치며 핸드폰 탁 내려놓고 벌떡 일어난다!
유신과 기영, 깜짝 놀라 처다보면. 승희, 부부 침실 문 쾅! 닫고 들어간다.

유신	아침부터 밥상머리에서 저게 뭐하는 짓이야?
기영	…….
유신	(핸드폰으로 부동산에 전화 걸며 일어나 안방으로 간다, 기영 들으라는 혼잣말) 남을라면 승호가 남았어야지, (안방 문 열며) 어쩌다 저런 게 남아가지고는!
기영	(순간 터진다) 어머니!
유신	(O.L., 그 순간 부동산이 전화 받는다) 응, 김 사장! 지금 사진 다시 봤는데 그래도 너무 비싸~ (기영 말 못 듣고, 안방으로 들어가 문 닫는다)
기영	(미치겠다)

[기영 회상] 승희 집_ 부부 침실 (낮. 3년 전)
어학연수를 혼자 가겠다고 기영에게 통보한 승희.

기영	캐나다 어학연수? 혼자?
승희	…어. 나… 엄마랑 더 이상 같이 있다가는… 정말 미쳐버릴 것 같아… 근데 엄말 혼자 두긴 너무 불안하구….
기영	…승희야, 그래도 우리 부부잖아. 너 혼자 가면 나는 어떻게….
승희	기영아. 우리 결혼하고 호주 간댔을 때, 엄마가 그러면 연 끊고 가라

고 해서… 내가 부탁했었잖아. 우리… 영산에서 살자구.

기영   …….

승희   근데… 나 이번 딱 한 번만 더 부탁하자, 응…?

기영   …….

승희   나 정말 잠깐이라도 숨 좀 쉬고 싶은데… 엄마 혼잔 못 두겠어. 그러
          니까 잠깐만… 엄마랑 있어주라. 나, 금방 갔다 올게… 응?

기영   (뭐라 말을 쉽게 하지 못하는)

그러나 기영, 승희의 마음을 안다. 승희를 가만히 당겨 안으면. 흐느끼
는 승희.
조금 열려 있는 방문 밖으로, 기영의 시선에 거실 장식장과 승호 액자
들이 보인다.

현재

기영, 답답해 한숨 쉰다. 출근하려 일어나다가 식탁의 승희 핸드폰을
본다.
기영, 신경 안 쓰고 현관으로 가려다가… 승희의 핸드폰을 다시 본다.
잠시 갈등하다 부부 침실 쪽 보면, 닫혀 있는 문.

기영   …….

기영, 승희 핸드폰의 패턴잠금을 푸는 데서.

77 ..... 혜주 집_ 지훈의 방 앞 (오전)

혜주, 지훈의 방으로 다가간다. 잠시 망설이다 조심스레 노크. 그러나
조용하다.

혜주   (다시 노크하고) 수빈아―

그러나 조용하다. 혜주, 잠시 망설이다 방문을 끼익, 여는데,

수빈(E)   (혜주 등 뒤, 화장실에서 나와 뛰어오며 날카롭게) 뭐 하세요!
혜주   !

혜주, 깜짝 놀라 방문 손잡이를 놓는다. (방문 열려서 침대 살짝 보이는. 혜주는 제대로 안을 못 본) 화장실에서 나온 수빈, 혜주의 앞을 가로막으며 방문 쾅! 닫는다.

혜주   (당황) 아, 화장실에 있었구나//
수빈   (날카롭다) 저 없는데 맘대로 들어가지 마세요!
혜주   …그래, 미안해.
수빈   …….

마주 서 있는 두 사람. 데면데면하고 불편한 공기 흐른다.

혜주   …나 출근한다고 얘기하러 왔어. …그럼 갔다 올게.
수빈   …네.

78 ..... 동_ 지훈의 방 (오전)

들어오는 수빈. 방문 바로 닫는다. 혜주에게 싫은 소리 해서 마음이 편치 않은데.
수빈의 눈에 침대 위에 두고 간 구형 핸드폰(충전줄이 침대 옆 벽 밑으로 연결된)이 보인다. 핸드폰을 들킬까봐 혜주가 방문을 연 것에 날카롭게 반응했던.

수빈   …….

수빈, 핸드폰을 집어 들고 누르면, 화장실 가기 전에 보던 사진첩의 사진이다. 수빈을 사이에 두고 지훈과 정대(남, 20대 중후반)가 양쪽에 있는 세 명의 셀카인데, 생일풍선과 케이크 등의 그래픽 효과 있는 앱으로 찍은 사진이다. 사진 속, 펜으로 '남지훈 생일 추카4' 쓰여 있고, 지훈의 머리에만 앱 스티커로 생일 고깔 씌워져 있다.

수빈   …….

그때, 전화가 온다! (무음모드) 액정에 뜬 발신자명, JD!
움찔 놀라는 수빈. 전화를 받지도, 전원을 끄지도 못하고 그대로 얼어붙어 있는.
이윽고 전화가 끊어지자 수빈, 얼른 핸드폰을 침대 아래로 밀어 넣는다. 핸드폰을 넣은 수빈, 아직도 심장이 쿵쾅쿵쾅 뛴다.

79 ..... 정순의료원_ 귀순 입원실 안 (오전)

6인실 정도. 입원해 있는 귀순, 기운 없다. 면회 온 혜주.

혜주   병원비는 걱정 마시고 빨리 회복하세요.
귀순   (눈물 글썽) 고마워요, 정말 고마워요 사모님….
혜주   (귀순 손 꼭 잡고 눈으로 안심시키는)

80 ..... 동_ 1층 로비 앞 (오전)

병원에서 나오는 혜주. '주차장' 표시된 쪽으로 걸어가면.

---

4   날짜가 입력되는 앱이라면, 지훈이 음주폭행 사건 일으키기 전. 즉, 현재 시점보다 약 8개월 전.

로비 앞에 와서 멈추는 중도의 차5! 중도 내린다! (혜주와 엇갈린. 중도 배지 착용)

81...... 동_ 응급실 (낮)

침대에 앉아 있는 중도(재킷만 벗어놓은/배지 안 보임), 레지던트(여, 30/ 중도가 누군지 모름)의 설명 듣고 있다. 레지던트, 촬영한 중도의 흉부 엑스레이 사진 설명 중.

레지던트 여기 지금 실금이 갔거든요. 움직일 때 통증이 좀 있으셨을 텐데.
중도 ······.
레지던트 아무튼 이건 그냥 자연적으로 낫길 기다려야 해서요. 당분간 과격한 운동은 피하시고… 진통제 약 처방해드릴게요. 통증 심하실 때 드세요.
중도 …네. 감사합니다.

82...... 영산. 정신과 대합실 (낮)

유신을 데리고 온 승희. (정신과에 정기적으로 오지만 올 때마다 실랑이를 해야 하는) 유신을 달래 상담실에 들여보내고 다시 대합실 소파에 깊이 몸을 묻는다. 옆의 잡지 집어 들고 넘겨보지만 별로 재미가 없다.
핸드폰 꺼내 습관적으로 뉴스 란에 '남중도' 이름 넣고 검색버튼 누르는데… 이미 다 본 뉴스들이다(제목들이 보라색으로 바뀌어 있는). 승희, 닫으려다가… 보면, '관련도순' 정렬이다. '최신순'을 눌러보는데… 제일 위의 뉴스 제목이 눈에 확 들어온다!
[단독] 극단적 선택한 의대생! 어머니도 같은 선택?!6

---

5   기존 차량은 수리 보냈고, 새로 렌트한 다른 카니발입니다. (다른 번호판) / 우재 없이 중도 혼자 왔습니다.

6   6회 신58의 YBS 투데이 이슈24, 지승규모 관련 꼭지를 텍스트화한 기사. 제목에는 중도 이름이 없지만 본문 텍스트의 박영수 기자 발언에 중도 이름이 있으니 검색되었을….

승희   …?!

83..... 영산. 골프레슨장_ 밖 (낮)

(잠깐 나온) 기영, 핸드폰 메모장에 '혜주 010-xxxx-xxxx' 써놓은 것을
물끄러미 보고 있다. 결심한 듯, 번호를 누르는 손가락에서,

84..... 책수선실_ 안 (낮)

작업대 위, 컬러 잉크병들과 테스트 해본 색깔들, 색연필들, 여러 개의
세밀화용 붓과 연필들 있고. 표지에 그림이 일부 찢겨나갔거나 사라
진 책이 있다. 복원 작업을 하다가 마악 기영의 전화를 받은 혜주.

혜주   (통화, 기영일 것이라고 예상 못 해 좀 당황한) …어, 기영아.

85..... 중도 의원실_ 의원실 (저녁)

중도, 우재, 민석, 빛나, 자영, 강호. 모두 중도의 말을 경청하는.

중도   모두 알다시피 현재는, 고소를 당한 피의자가 사망한 경우 검사가 공
소권 없음으로 불기소 처분하여 수사가 더 이상 이루어지지 않게 되
어 있습니다. 그런데 성범죄의 경우, 피의자가 극단적 선택을 해서 사
건이 종결되어버리면 그로 인해 사건의 진실이 규명되지 못하고 피해
자에 대한 2차 가해가 다수 발생하고 있는 게 현실이죠.

일동   …….

중도   그래서, 성범죄의 피고소인 또는 피의자가 자살 등으로 인해 사망하
더라도 공소권 없음으로 사건을 종결하지 않고 고소 사실에 대해 조
사를 진행한 후 사건이 처리되도록 법률 개정을 추진하고자 합니다.

잠시 침묵 흐르는데.

빛나 (조심스럽게) 저… 그런데 지난 국회 때도 비슷한 개정안을 발의한 의원님들이 계셨지만 법사위를 통과 못 한 걸로 알고 있습니다.

민석 네. 그때 법사위 전문위원이, 개정안의 취지는 공감하나 법리적으로 문제가 있다는 검토의견을 줬구요.

중도 맞습니다. 그 말은 즉, 이 개정안의 법사위와 본회의 통과가 결코 쉽지 않을 거란 뜻입니다. 하지만… 피고소인 혹은 피의자의 자살이 성범죄 사건의 진실 규명과 피해자의 명예회복에 걸림돌이 되지 않아야 한다고 생각합니다.

모두 잠시 말이 없다. 뜻은 알겠지만 현실적으로 쉽지 않을 것이라고 생각하는데.

우재 좋습니다. 해보시죠.

일동 (우재 본다)

우재 국회 통과는 안 되더라도 사회적인 공감대를 형성해 논의의 장을 이끌어낸다면, 그것만으로도 큰 의미가 있겠죠.

중도 …아니요. 이 개정안 발의의 목표는, 사회적인 의미를 찾자는 게 아닙니다. 나는 이 개정안을 반드시 통과시킬 겁니다.

일동 …….

86..... 승희 집_ 부부 침실 (저녁)

승희의 핸드폰 화면, 신82의 뉴스 기사다. 마음속으로 갈등하는 승희.

강순홍(E) (신57에서) 어설프게 건드리지 말고 일단 가만히 있으란 말이다!!

하지만… 못 참겠다. 승희, 어디론가 전화한다.

승희 (통화) 어, 성창아. 난데. 잘 지내지? 동창회 또 못 가서 미안해. 저기 내가, 뉴스에 나온 어떤 사람 연락처를 좀 알고 싶은데… 너 처형이 기자라고 했었지?

87 ..... 중도 의원실_ 의원실 (저녁)

중도 기존에, 법리상 논쟁이 있던 법률 개정안들이 통과된 사례들이 있습니다. 그게 가능했던 이유는, 입법 취지에 공감한 막강한 여론이었죠. …모두 알겠지만 국회가 가장 두려워하는 게 바로 여론입니다. 그래서 나는 지금부터 여러분과 함께 여론을 움직이고 등에 업을 계획입니다.

중도, 자신을 주목하는 모두와 시선 한 번씩 맞추고 입을 뗀다.

중도 그 전에, 먼저 말하고 싶은 것이 있습니다.

88 ..... 카페_ 안 (저녁)

최대한 눈에 띄지 않는 구석 자리의 혜주, 손대지 않은 커피 한 잔.
누군가를 기다리고 있다.

인서트 혜주 회상. 영산고등학교_ 일각 (낮. 20년 전 겨울)
어린 혜주와 어린 기영. (둘 다 동복 교복, 명찰/'김재은')

기영 좋아해. 김재은.
혜주 (흔들리는 눈동자)

현재기영(E) 재은아.

현재

혜주, 보면. 기영이다.

기영   아니, 혜주야.

혜주   …안녕.

기영   …안녕.

서로를 마주 보고 있는 혜주와 기영.

89..... 중도 의원실_ 의원실 (저녁)

일동   (? 뭘까… 모두 중도 말 기다린다)

우재   (무슨 말을 할지 안다)

중도   …제 아내에 대한 이야깁니다.

최선 (最善)

1........ 카페_ 안 (저녁)

최대한 눈에 띄지 않는 구석 자리의 혜주, 손대지 않은 커피 한 잔.
누군가를 기다리고 있다.

2........ [혜주 회상] 영산고_ 교무실 안 (낮. 2002년 12월 4일. 6회 신11 + 보
충)

수능 성적표 들고 혜주 담임과 정시 원서 상담 중인 혜주와 승희. 승희,
징징거리며 상담 중. 혜주는 이미 상담 마치고 옆에서 듣는 중인데.

혜주담임 진승희. 니 쌍둥이 이제 서울대 법대생인데 넌 어떡할래?

승희 아, 선생니임~ 진승호랑 비교는 저희 엄마로 충분하거든요? (울상)
아, 근데 왜 하필 오늘 발표가 나~ 주말에 엄마랑 옷 사러 가기로 했
는데~

혜주 (승희의 징징거림을 듣고 있는, 좀 복잡해 보이는 얼굴)

승희 근데요, 혹시 최기영은 어디 써요? 가나다라 다 서울 쓰죠?

혜주 ('기영' 이름에 반사적으로 혜주 담임 본다)

혜주담임 기영이? 응.

승희 히잉… 역시 서울 가는구나….

혜주담임 왜 갑자기 울상이야. 어머, 너(승희) 혹시 기영이한테 관심 있니?

승희 (펄쩍 뛰며) 아니요? 절대 아닌데요? 우리 반에서 걔 좋아하는 애 한 명
도 없어요. 그치, 재은아~ (혜주에게 그렇다고 해달란 간절한 눈빛)

혜주 어? 어어… 응….

혜주담임 이상하네. 재은아, 너 기영이 짝이지? 애 참 순하고 착하지 않니?

혜주 (당황) 아, 저는 잘//(모르겠어요)

승희 (O.L., 웃으며) 둘이 말 한 마디도 안 해봤을걸요?

혜주 담임과 승희, 웃으며 대화 계속하는데. ("느네가 아직 어려서 사람 보는

눈이 없어 그렇다! 암튼 승희 너도 그럼 경지대 청주캠 쓰고 싶단 얘기지?" 등등)

혜주, 마음이 복잡한.

3....... [혜주 회상] 동_ 교무실 앞 복도 [낮. 2002년 12월 4일]

문 열고 혜주 나오는데. 교무실 안에서 승희가 혜주에게 소리치는.

승희(E) 재은아, 나 금방 끝나니까 가지 말구 기다려~

혜주, 교무실 안 쳐다보며 살짝 미소, 고개 끄덕. (교무실이라 크게 말 안
하려는)

혜주, 복도를 걸어가는데 멈칫. 기영이 있다. 혜주를 기다리고 있던.

기영 ···재은아.

4....... [혜주 회상] 동_ 일각 [낮. 2002년 12월 4일]

기영 좋아해.

혜주 ···!

기영 좋아해. 김재은. 알고 있었지?

혜주 (눈동자 흔들리는)

잠시 침묵. 혜주, 사실은 기영을 좋아하지만··· 말할 수 없다.

혜주 ···미안해.

기영 !

혜주 나는··· 너를··· 우리 반 친구 이상으로 생각해본 적이 없어. ···미안해.

애써 당황함 감추려 하지만 잘 되지 않는 기영.

기영을 바라보는 혜주의 얼굴 위로,

현재기영(티) 재은아.

5....... [현재] 카페_ 안 (저녁)

혜주, 보면. 기영이다.

기영 아니, 혜주야.

혜주 (어색) …안녕.

기영 …안녕.

서로를 마주 보고 있는 혜주와 기영에서… 타이틀 IN.

6....... 카페_ 안 (저녁)

마주 앉은 혜주와 기영. 커피 한 잔씩.
혜주, 커피 잔만 만지작거리고 있는데….

기영 이 동네… 살아?

혜주 아니. …일부러 다른 동네에서 보자고 했어. 괜히 좀… 그래서.

기영 …그래, 잘했어.

혜주 …늦었지만… 결혼 축하해. 둘이 잘 어울려.

기영 …고마워.

혜주 …….

기영 니 전화번호… 승희 핸드폰에서 몰래 본 거야. 우리 만난 건 말하지
말아줘.

혜주 …그럴게.

잠시 침묵 흐른다.

기영 　···재은아. 아니, 혜주야.

혜주 　(기영 본다)

기영 　···승호 일 말이야··· 사과··· 해줄 수 있을까?

혜주 　!!

7....... 혜주 집_ 지훈의 방 [저녁]

진공청소기로 바닥 밀고 있는 수빈. 방은 다 했고, 문 열고 나간다.

8....... 동_ 2층 거실 [저녁]

수빈, 거실도 청소기로 밀고 있는데. 2층 계단을 올라온 여진을 보고
깜짝 놀라 멈춘다. 청소기 소리가 시끄러워 여진이 계단 올라온 것도
몰랐던.

여진 　혜주인 줄 알았네. 니가 웬일로 청소 다 하니?

수빈 　······.

여진 　하는 김에 다른 방도 좀 해줘- (내려가려는데)

수빈 　(안방 보면, 방문 꽉 닫혀 있다) ···싫은데요.

여진 　싫다구? 얘, 혜주가 너를 얼마나 생각해주는데, 그 정도도 못 한다고
　　　그래? 가뜩이나 요새 혜주 얼마나 힘든데//

수빈 　(O.L.) 그럼 아줌마나 통수 치지 마시던가요.

여진 　(잘 못 들었다) 뭐?

수빈 　안방은 아줌마가 하세요. 남윤서 방은 했어요.

수빈, 청소기 그대로 놓고 방으로 휙! 들어가서 문 쾅 닫는다.

여진　(어이없다) 쟤가 진짜…!

9........ 동_ 지훈의 방 안 (저녁)

방문 닫고 들어온 수빈. 밖에서 여진이 청소기 미는 소리 윙윙 들리기 시작한다.

수빈　(혼잣말) 허락 없이 들어가지 말라잖아요. …….

10....... 중도 의원실_ 의원실 (저녁)

중도와 우재.

중도　옛날 영산 일이 그런 거일 줄은 상상도 못 했어. 아내가 무슨 일을 겪었을지 생각하니… 기분이 더러워.

우재　…….

중도　아무튼. 저쪽이 영원히 입 다물고 있을 거라곤 생각 안 해. 그러니 다른 일이 벌어지기 전에 우리가 먼저 움직여야 하는데… 하필 지승규 껀이 있어서 골치네. 그쪽에서 두 갤 엮으면 상당히 지저분해질 거라.

중도, 생각에 잠긴다. 무의식적으로 손가락 까딱까딱. 기다리는 우재. 중도, 생각 끝났다. 까딱거리던 손가락 멈춘다.

중도　…인터넷 세상의 좋은 점이 뭔지 알아?

우재　(보면)

중도　먹잇감 하나만 던져주면 알아서들 덤벼든다는 거야.

11 ...... 버스정류장 (저녁)

버스들이 오고 가고, 사람들이 타고 내리는데.

혼자 앉아 있는 혜주. 심란하고 마음 무겁고, 괴로운데… 가방 안에서 핸드폰 문자 알림음(띠링)! 흠칫 놀라는 혜주. 그때 다시 띠링!

혜주, 떨리는 손으로 겨우 핸드폰 꺼내 액정 보면, 은행 앱의 자동이체 출금 알림(혹은 은행 대표번호에서 오는 문자메시지). 출금 2건 목록이 알림으로 떠 있는데.

바로 여러 건이 추가로 연이어 온다. (오늘이 자동이체일이다/각 5~10만 원/모두 성폭력피해자 관련 단체와 저소득층 청소년 후원 단체들)

(사)한국성폭력피해지원센터 / 서울성폭력상담센터 / (사)신양구여성쉼터 / 신양구립여성청소년쉼터 / 서울시립성폭력피해상담소 / 해바라기지역아동센터 / 디딤씨앗통장 / 햇님여성청소년단기쉼터 / 늘푸른청소년중장기쉼터 / 새봄여성청소년단기쉼터

혜주   …….

그때, (앞의 연속 문자들과 조금 간격 두고) 띠링! 다시 한번 오는 알림.
혜주, 다시 움찔하는데…. (사)자살유가족희망센터 20만 원.

혜주   …….

12...... 혜주 집_ 1층 현관 (밤)

조용한 집 안. 거실 등 하나 정도만 켜놓았고.
외출 차림의 여진, 조용히 현관을 나간다.

13...... 승희 집_ 부부 침실 (밤)

승희, 자려고 누웠지만 잠 오지 않는다. 뒤척이는데 현관문 소리 작게 들린다. 기영이 귀가한 것. 승희, 얼른 자는 척 눈 감는다. 방문 열리고

기영 들어온다.

기영   (자는 듯한 승희 본다) …승희야. 나 왔어.

승희   (자는 척) …….

기영   …자?

승희, 자는 척하는데… 기영, 침대 모서리에 앉는다. 승희, 계속 자는 척하고.
기영, 승희를 물끄러미 바라보다가 일어나 욕실로 들어간다.
욕실 문 닫히면, 눈 뜨는 승희. 기영이 들어간 욕실 문 쪽 바라보는.

14…… 동_ 욕실 [밤]

기영, 거울 속 자신을 지친 얼굴로 바라보는.

15…… [과거] 카페_ 안 [저녁. 신6에 이어서]

기영   …승호 일 말이야… 사과… 해줄 수 있을까?

혜주   !!

침묵 흐른다. 혜주, 예상 못 한 기영의 말에 아무 대답도 못 하고 있는데.

기영   …승호 일… 승희랑 니 말 중에 누가 진실인지… 나는 몰라. 승호가 죽는 바람에 경찰 수사도 전혀 진행 안 됐다면서. 나 그래서… 너한테 물어보고 싶어서 만나자고 한 거야. 뭐가 사실이고 진실인지 알고 싶어서.

혜주   !

기영   근데… 니 얼굴 보니까… 알겠다. 너… 거짓말 아니라는 거.

혜주   (울컥)

기영	하지만 혜주야. …그래도 사과해줄 수 있을까…?
혜주	!
기영	니가 잘못한 일이 아니라 해도… 자식 잃고 가족 잃고 남은 사람들의 고통… 너도… 잘 알잖아….
혜주	(눈동자 흔들리는)
기영	장모님… 정신적으로 너무 불안정해서 승희가 늘 조마조마해하거든….
혜주	…….
기영	장모님하고 승희의 지금 상황을 조금이라도 나아지게 할 수 있는 건 니 사과밖에 없겠다는 생각이 들어. 그래서… 부탁하고 싶다. 사과… 해줄 수 있을까?
혜주	(괴롭다, 무슨 말을 해야 할지)

어쩌지 못하는, 괴로운 혜주의 얼굴에서….

16...... [현재] 달리는 버스 안 (밤. 비)

좌석에 앉아 가고 있는 혜주의 괴로운 얼굴로 이어진다. (적당히 붐비는 버스)

혜주, 문득, 여성 승객(30대)과 남자아이(6~7세)가 바로 앞에 서 있는 걸 본다.

혜주	(얼른 일어난다) 아, 여기 앉으세요.
여성승객	감사합니다.
남자아이	고맙습니다.

여성 승객, 남자아이를 무릎에 앉히며 같이 앉는다. 그 좌석 앞에 서는 혜주.

여성승객 (혜주에게) 아우, 감사해요. 근데 한참 가시는 거 아니세요?

혜주 아니에요. 저 지청초에서 내려요.

그때 혜주, 여성 승객과 남자아이의 젖은 우산을 본다.

혜주, 창밖을 보면, 비다. 버스 안 승객들 다 젖은 우산. 혜주, 비 오는 걸 몰랐던.

혜주, 핸드폰으로 수선실 습도를 체크해보는데, 괜찮다. 핸드폰 다시 넣는데, 빗줄기가 갑자기 거세지고 천둥번개. 퍼붓는 폭우다. 비를 보는 승객들(혹은 남자아이의 감탄사 "엄마, 밖에 샤워기 같다~")의 말들. 혜주, 순간 수선실이 걱정되는데.

안내방송(E) 이번 정류장은 지청동 우체국입니다.

혜주, 부저 누른다.

17...... 달리는 중도 차¹ 안 [밤. 비]

두섭 운전. 중도 혼자 뒷좌석.

중도 (차창 밖 보더니) 박 비서님. 저 여기서 내리겠습니다.

두섭 여기서요?

중도 네. 그럼 퇴근하시고 내일 봬요.

차 멈추고, 문 자동으로 열린다. 중도, 우산 쓰고 내리는. (밖. 번화가다/ 지청역 느낌)

1   새로운 카니발이라 예전 차와 내부가 약간 다르면 좋을 것 같아요.

18...... 책수선실_ 근처 골목 일각 (밤. 비)

거센 빗속, 책수선실 건물이 저 앞이다. 혜주, 비바람 때문에 걸음 내딛기가 힘들다. 편의점 비닐우산은 뒤집어질 것 같고. 바람이 세서 우산 써도 별로 소용이 없다.

겨우 걸음 내딛는데, 저 앞에서 이쪽으로 오는 누군가(우산 쓴)를 본다! 혜주, 순간 놀라 우뚝 멈춰 선다. 전혀 예상 못 한 사람이다. (마치 중도인 듯!)

혜주   …!

그때 그 사람의 우산이 뒤집어지고! 얼굴 보이면, 수빈이다!
놀란 얼굴로 수빈을 보고 있는 혜주. 쟤가 왜 이 시간에 여기에? 하는데.
우산이 뒤집어진 수빈, 순식간에 흠뻑 젖고, 우산을 다시 펴려고 낑낑대는.
혜주, 얼른 뛰어간다.

혜주   수빈아! (우산 씌운다)
수빈   (이미 다 젖은, 깜짝 놀라서) 어, 아줌마!
혜주   이것 좀 들고 있어봐! (우산을 손에 쥐어주고 자기 겉옷 벗기 시작하는)
수빈   (당황) 아, 아니에요//
혜주   (옷 덮어주며) 너 이 시간에 밖에 왜 나왔어? 응? 일단 잠깐 안에 들어가자. (수빈을 감싸 안듯이 하며 수선실 건물로 향하려는데)
수빈   …비가 와서요.
혜주   (비바람에 펄럭이는 겉옷을 여며주느라 잘 못 들은) 응? 뭐라고?
수빈   비가… 많이 오길래요.
혜주   (우뚝 멈춰 선다, 수빈 보는)
수빈   …….

수빈, 선잠이 들었는데 창문을 때리는 거센 빗소리에 깬다. 수빈, 아무 생각 없이 누워서 창문 보고 있다가… 갑자기 무슨 생각이 난다. 일어나는 수빈.

플래시백 3회 신38. 책수선실_ 안 (낮)

혜주   밤에 갑자기 비가 많이 오면 와서 살펴보고 가긴 해. // 내가 직접 보고 확인하고 싶어서. // (살짝 미소) 아무래도 직접 보면 확실히 믿을 수 있잖아.

수빈(E)   (선행하는) 아줌마가….

현재

수빈   (추워 덜덜 떨린다) 밤에 비 많이 오면 와서 확인한다고 하셨잖아요.

혜주   !!

수빈   비가 엄청 오는데… 집에 안 오셔서… 수선실에 계신가 했는데… 그래도 혹시 몰라서 와봤는데 불이 꺼져 있어서요… 그래서 안에 들어가서 제습기 봤어요….

혜주   !!

수빈   아줌마 공간에 허락 없이 들어가지 말라고 하셨는데… 제가 계속 버릇없게 굴어서 아줌마 마음 상해 계시니까… 들어가도 되냐고 전화하기가 좀 그래서… 제 맘대로 들어갔어요. 죄송해요. 다시는 안 그럴게요.

혜주   !! (눈물 왈칵 솟는다)

혜주, 아무 말 못 하고 있다가… 수빈을 와락 안는다.

수빈   !!

수빈, 그 바람에 우산을 놓친다. 강풍에 날아가는 우산.

혜주	(수빈 끌어안고, 떨리는 목소리) 그러지 마… 다신 그러지 마….
수빈	!!
혜주	약속해… 다신 그러지 않는다고….
수빈	(혼내는 줄 알고) 네, 다신 안 그럴게요. 다시는 아줌마 허락 없이//
혜주	(O.L.) 나 때문에 누가 잘못되는 거… 다신… 바라지 않아….
수빈	…!
혜주	잘못되면 안 돼… 수빈이 너도, 니 애기도….
수빈	!!

인서트 다온 산부인과_ 진료실 (낮. 6회 신53 직후)

지수	아기 심장이 멈췄어요. 계류유산입니다.
수빈	!!

현재

혜주	그러니까… 다시는 나 때문에 비 맞지 마….

혜주의 품 안, 수빈, 울컥하지만 아무 말도 못 하고 있는. (수빈은 울지는 않습니다)

19...... 칼국수집_ 안 (밤. 비)

지청전통시장 영업시간 종료 이후다.
문 잠근 가게 안. 어둠 속, 출입문 등지고 혼자 앉아 있는 실루엣. 여진이다.
그때 주방 쪽에서 인기척. 여진이 기다리던 사람이 왔다.
여진, 그쪽으로 시선 향하면. 주방 뒷문으로 들어와 여진 쪽으로 오는… 남자!

20..... 일식당_ 룸 안 (밤. 비)

중도와 진석. 술 한 잔씩 곁들인, (늦은 시간이라) 사시미류의 거하지 않은 음식.

진석 …성범죄 사건 피의자가 사망해도 공소권 없음으로 수사가 종결되지 않고 계속되게 하는 형법 개정안이라… 법리적으로 문제가 있는 거, 당연히 알고 계시지요?

중도 네. 형벌을 받을 대상자가 사망해 없어졌는데도 수사를 계속 한다는 건 형사사법체계의 전제와 충돌하는 얘기니까요.

진석 (가만히 본다)

중도 하지만 '법리상 문제' 운운하는 말은 저희같이 법을 공부한 사람들이나 이해하지 국민들의 법 감정은 다릅니다.

진석 …국민의 법 감정과 입법은 다른 이야깁니다. 그것도 잘 아시겠지만요.

중도 …….

진석 저도 판사로 재직하던 시절, 가해자가 자살해버린 성범죄 피해자들이 2차 가해를 당하는 모습… 많이 봤습니다. 하지만 법은 법이고, 이 개정안은 국회통과가 어려운 게 아니라 불가능합니다. 남 의원님이 여론을 움직여 등에 업는다 해도 결국엔 논란만 남을 겁니다.

중도 논란은 환영입니다. 그 논란이 가져올 국민의 관심이, 방금 말씀하신 불가능을 뒤집을 힘이 될 거니까요. 그게 제가 지난 7년 반 동안 목도하고 체득한 여의도의 생리입니다. 제가… 틀렸습니까.

진석 …….

중도 8년 전 이곳에서 제게 비례대표 출마를 권하실 때, 정치는 혼자 하는 게 아니라 여론과 당론이 전부라고 하셨죠. 여론은 제가 반드시 만들어낼 터이니, 이 개정안에 당대표님 휘하 우리 당의 강력한 지지 부탁드립니다.

진석   (중도를 가만히 마주 보는)

21...... 칼국수집_ 안 [밤. 비]

여진, 주방 쪽에서 들어오는 남자를 본다.

그때 탁! 형광등 켜진다. 여진, 눈 부셔 순간적으로 눈 감았다가… 뜬다. 우재다.

여진   오셨어요?

우재   아니, 왤케 껌껌하게 계세요. 전기세도 못 낼 정도로 장사가 안 돼요?

여진   (웃으며 일어난다) 걱정되심 와서 좀 팔아주세요. (하는데)

여진, 우재가 들고 온 비닐봉지를 본다. 봉지 속에 보이는 소주 1병과 맥주 2병, 마른안주 약간. 여진, 우재가 술을 사올 줄은 몰랐다. 우재를 쳐다보면.

우재   (웃으며) 저한테 뭐 하실 말씀이 있으시다는데 여기서 보자 하시니…이 정도 외부음식 반입은 봐주시는 거죠?

22 ..... 칼국수집_ 안 [밤. 비 / *보충신 있음]

여진과 우재. 테이블에는 계란말이, 마른안주, 소주와 맥주.

가게에 있는 탄산음료 유리잔 2개에 이미 소주는 조금 따라져 있고.

우재, 맥주병 딴다. (소맥 만드는 것. 폭음 분위기 아님)

우재   (맥주를 잔에 따르며) 지훈이 일도 그렇고… 이래저래 정신없으셨죠.

여진   저보다 혜주가 힘들었죠. 그래도 기운 많이 차린 것 같아서 다행이에요.

우재   …….

여진 (우재를 가만히 바라보다가, 딴 얘기) 근데 보좌관님은 처음 뵀을 때랑 하나도 안 달라지신 것 같아요.

인서트 YBS 방송국 로비 카페 (낮. 16년 전)
테이블을 사이에 두고 마주 앉은 과거 여진과 우재로 겹쳐지며 화면 전환된다.
두 사람의 첫 만남. 여진의 앞, 우재의 명함. YBS 보도국 사회부 기자 장우재.

우재 남중도 변호사님과 함께 최선을 다하겠습니다.

우재의 앞, 여진의 사건[2]이 작게 소개된 뉴스 기사와 여진의 전남편이 고법에서 7년 형을 선고받았다는 뉴스, 고법 판결문을 출력한 인쇄물들. 그리고, 여진의 국회의사당 앞 1인 시위[3] 사진.

현재
서로를 보는 여진과 우재로 다시 겹쳐진다.

여진 그때 헌법소원 청구했을 때, 보도 많이 되게 애써주시던 모습, 잊지 못해요. 정말… 감사했어요.

우재 …하지만 헌법소원이 각하되었으니 결국 아무것도 바꾸지 못했습니

---

2   경기도 의정부시 임 모씨의 딸 살해, 부인 살해미수 사건을 보도한 짤막한 기사. 뒤 시위 장면의 패널에 '친족 살인 후 자살을 '가족 동반자살'이라 부르지 말라'는 문구가 화면에 선명하게 보인다면 이 뉴스 제목은 '일가족 동반자살을 시도한 가장'으로 선명하게 보여도 좋겠습니다.

3   피켓: '비속살해도 존속살해처럼 가중처벌하라' // 채은이 사진, '이 아이를 살해한 친아버지, 고작 7년 형 선고!' // 자녀가 부모를 살해(존속살해)하면 일반살인죄+가중처벌 vs 부모가 자녀를 살해(비속살해)하면 일반살인죄! 왜 처벌에 차별을 두는 것인가!! 비속살해도 존속살해처럼 가중처벌하라!

다. 죄송합니다.

여진   아니에요. 어차피 결과를 알고 시작한 싸움이었잖아요. 그리고… 그래도 그 싸움 하면서 내 편이 많다는 걸 알게 되어서 힘을 낼 수 있었어요.

우재   …….

여진   …기자 그만두고 국회 들어가신 거 후회 안 되세요?

우재   하죠, 후회. 기자는 정규직이었고 지금은 별정직 공무원이라 의원님 말 한 마디면 당장 내일 짤릴 수도 있거든요.

여진   (웃는) 짤리시면 여기 취직시켜 드릴게요.

우재   (웃는) 약속하신 겁니다.

여진   네.

우재   …저는 세상을 바꾸고 싶어서 기자가 된 거였습니다. 그러다 입사 초기에 취재로 의원님 알게 되고, 채은이 사건으로 가깝게 곁에서 보면서, 이 사람에게 제 인생을 걸어봐도 좋겠단 생각을 했죠. 그래서 7년 반 전에 의원님 처음 국회 들어오시며 같이 가자 제안 주셨을 때 고민 없이 사표 쓴 겁니다. …그러니 이번 총선도 잘 넘고, …더 멀리 가야죠.

여진   …….

잠시 말 끊긴다. 우재, "한잔 하시죠." 정도. 여진과 살짝 잔 부딪히고 한 모금씩 마시고 내려놓는다. 여진, 뭔가 할 말이 있는데… 입이 잘 떨어지지 않는다.

여진   (망설이다가) …저… 보좌관님. (뭔가 말을 이으려는데)

우재   (말 자르듯이) 의원님께 제 인생을 건 건 최선의 선택이었고,

여진   …….

우재   (여진에게 확신 주듯이, 눈 맞추며) 반드시 최고의 선택이 될 겁니다.

여진   (가만히 우재 마주 보고 있는) …….

우재	그런데 오늘 저한테 하실 말씀 있으셨잖아요? 뭔가요? 말씀하세요.
여진	(망설이는) …….
우재	…의원님 얘긴가요?
여진	…아니에요. …별 얘기 아니었어요.

23..... 혜주 집_ 안방 욕실 (밤. 비)

욕조[4]에 쏟아지고 있는 온수. 혜주(비 맞아 머리와 옷이 좀 젖었다), 물 온도 확인하고 돌아본다. 갈아입을 마른 옷을 들고 온 수빈이 욕실 문밖(안방)에서 머뭇거리고 있다. 수빈은 옷이 많이 젖었고 머리카락은 흠뻑 젖은 상태.

| 혜주 | 들어와. |

그러나 못 들어오는 수빈. 혜주, 부부욕실이라 그런가 싶어 수빈 팔 잡아 이끈다.

| 혜주 | 집에 욕조가 여기밖에 없어. 지훈이 아빠 늦게 오니까 신경 쓰지 말구. 따뜻하게 몸 녹이고 천천히 편하게 씻어. |

혜주, 수빈에게 따뜻한 미소 지어 보이고 나간다.
문 닫히면, 욕실 한가운데에 덩그러니 서 있는 수빈. 머리카락과 옷에서 욕실 바닥으로 똑똑 떨어지는 물방울. 욕실 창문을 때리는 빗소리 (비 거의 그쳐가는).

24..... 동_ 2층 복도 (밤)

4   욕조는 안방 욕실에만 있습니다. 1층과 2층의 화장실에는 간단한 샤워부스만.

안방 나오는 혜주. 1층으로 내려가려다가 윤서 방문 본다. 문은 닫혀 있지만 틈새로 불빛이 새어 나오는. 혜주, 다가가서 노크한다.

25..... 동_ 윤서 방 (밤)

혜주, 문 열고 들어가면 책상에서 공부하고 있던 윤서, 혜주를 쳐다본다.

혜주   윤서 안 자?

윤서   인제 잘라구. 왜애?

혜주, 윤서를 가만히 바라보다가 다가가 안는다. 혜주 허리춤에 윤서 얼굴 안기는.

윤서   ? 왜? (혜주 허리 끌어안으며 애교) 갑자기 왜애~

혜주   우리 딸 언제 이렇게 컸어….

윤서, 헤헤 웃으며 혜주 허리에 얼굴 부비며 애교. 혜주, 그런 윤서 머리 꼭 끌어안는다. 혜주, 애틋하게 윤서를 잠시 안고 있는데, 책상에 펼쳐진 노트에 시선 간다.

혜주   숙제하고 있었어? (윤서 놓아주고 노트 내려다보면)

노트에 쓰여 있는 건 트롤리 딜레마 그림과 간단한 설명을 메모해놓은 몇 줄.

윤서   응. 아, 엄마, 트롤리 딜레마라구 알아?

혜주   트롤리 딜레마?

윤서   어, 그게 뭐냐면… (그림 가리키며 설명) 여기 이게 트롤린데, 브레이크가 고장나서, 그대로 가면 여기 다섯 명이 죽거든. 근데 엄마가 여기서 레일을 바꾸면 트롤리가 이쪽으로 가서 한 명만 죽어. 그럼 엄마는 어떻게 할 거야?

혜주   나? …글쎄… 어려운 문제네.

윤서   아니야, 안 어려워. 다섯 명 대 한 명이잖아. 당연히 레일을 바꿔야지.

혜주   …….

윤서   근데 권다솜이, 저 한 명이 내가 사랑하는 사람이면 어떡할 거냐구 그러더라? 으아, 만약에 저게 엄마나 아빠라면… 으으으….

혜주   (그런 윤서가 귀엽다) 그럼 어떡할 건데?

윤서   아, 몰라. 난 도망갈래. 내가 안 해도 누가 대신 결정하겠지, 뭐~ 히히~

그때 혜주, 윤서 책상 앞 메모보드에 붙여진 중도의 명함(사진과 핸드폰 번호 있는)을 본다. (명함에 볼펜으로 작게 하트그림 그려놓음 / 메모보드에는 명함 외에도 학교 시간표, 공부 관련 명언, 연예인 사진, 다솜과 찍은 인생네컷 등)

혜주   ? 근데 아빠 명함은 왜 여기 붙여놨어?

윤서   그으냥. 헤헤헤.

윤서, "엄마 우리 오늘 같이 자자." 등등 애교 부리며 다시 앵기고. 윤서를 안아주는 혜주. 혜주는 보지 못하지만 책상 메모보드 한쪽, 다른 부착물들 사이에 지훈의 졸업식에서 찍은 가족사진[5]이 붙어 있다.

26..... 한강 고수부지 [밤]

늦은 시간이라 인적 별로 없다.

지훈이 발견된 곳 근처에 혼자 앉아 있는 중도. 쓸쓸하게 강물 바라보

---

5   이 사진에서 지훈만 크롭한 것이 지훈의 영정사진.

고 있는데, 어디선가 공 통통 튕기는 소리와 남자들 목소리가 작게 들린다. 소리 나는 쪽으로 고개 돌려보면, 길거리 농구장에서 중도 또래 남자와 10대 중반 남자아이 한 명이 농구를 하고 있다. 웃음소리 계속 터지는, 사이좋은 부자의 모습.

중도, 농구하는 부자를 물끄러미 바라보다가 문득, 재킷 옷깃의 의원 배지를 본다.

배지를 떼서 손바닥 위에 올려놓는 중도. 물끄러미 배지를 바라보다가… 손바닥을 가만히, 그러나 꽉 주먹 쥐는. (혹은 옷깃의 배지를 내려다보다가 고요하게 흐르는 강물을 가만히 바라보는…)

27 ..... 혜주 집_ 외경 (오전)

28 ..... 동_ 지훈의 방 앞 (오전)

노크하는 혜주(외출 차림, 가방). 아무 소리 없다.

혜주   (다시 노크하며) 수빈아-

수빈(E)   (방 안에서) 네-

혜주, 문 여는데. 수빈, 안에서 문을 열려다가 멈추는. 둘이 동시에 열려던.

혜주   수빈아 일어났네?

수빈   네. 안녕히 주무셨어요?

혜주   응. 너도 잘 잤어? 저기, 나 잠깐 어디 좀 갔다가 바로 출근할 건데, 이따 혹시 수선실로 올래? 점심 밖에서 맛있는 거 먹자.

수빈   …저 점심약속 있어요. …친구랑요.

혜주   (전혀 예상 못 한) 아… 그렇구나. (하는데)

수빈	(바로, 묻지 않았는데 변명처럼) 남자 아니에요.
혜주	…!
수빈	남자 만나는 거 아니에요. 오늘 약속.
혜주	(어떻게 반응해야 할지 모르겠다) …어, 그래….

잠시 말 끊기고.

혜주	…그럼 갔다 올게. (가려는데)
수빈	갈게요.
혜주	(본다)
수빈	수선실 갔다가 약속 갈게요. 어차피 할 일도 없어요. 몇 시까지 가면 돼요?

29..... 기름집_ 안, 내실 (오전)

혜주, 막 퇴원한 귀순을 데리고 온. 혜주, 바닥 구석구석을 손걸레질
하고 있다.
옆에 반찬 싸가지고 온 락앤락 반찬통 3~4개 들어 있는 종이쇼핑백
있고.

귀순	아휴, 사모님… 퇴원한다고 아침 일찍부터 와서 병원비도 내주시구… 이 은헬 어떻게 다 갚지요….
혜주	은혜라니요. 일단 푹 쉬시고 건강 빨리 회복하세요.

30..... 동_ 앞 (오전)

나오는 혜주. 수빈에게 전화한다.

혜주	(통화) 어, 수빈아. 미안, 좀 늦었지. 나 이제 한 15분 정도면 가. // 아,

벌써 왔어? 그럼 문 열고 들어가 있어. // 응, 얼른 갈게. (끊는다)

혜주, 핸드폰 넣으려다가 멈추고. 수빈의 전화번호를 즐겨찾기**6**한다.

31...... 책수선실_ 문 앞 → 안 (오전)

문 열고 들어가는 수빈. 불 켜면, 단정히 정리된, 조용한 공간.
한 바퀴 둘러보는 수빈, 담담한 얼굴. 문득 어린 지훈의 카드에 시선 머문다.
가까이 가서 보는 수빈. '엄마 아빠 사랑해요' 글씨.

수빈 …….

32...... 골프레슨장_ 안 (오전)

(기영의 매장과 다른 곳) 강순홍, 타석에서 스윙 두 번 정도 하는데. 주머니 속 핸드폰에 전화 온다(진동). 꺼내 보는 강순홍, 얼굴 찌푸리고, 전화 받는다. 유신이다. 친절하게 대답하지만 표정은 짜증이 여실한. (뒤에 형태, 대기하고 있다)

강순홍 (통화) 네, 여보세요. 처제. 이 아침부터 어쩐 일로. (듣고) 처제, 남중도한테 물린 게 나도 기분이 좋진 않지만 어차피 시간 지나면 사람들다 잊는다니깐 그러네…. 지금 일정이 있어서 그만 끊어요. 네. (끊고)이건 내가 한가한 동네 노인넨 줄 아나? 아침부터 전화해서 징징거리게!

형태 (눈치 본다)
강순홍 넌 왜 아직 소식이 없어! 니 옛날 친구들 뭣하고 있나!

---

6 중도, 지훈, 윤서, 여진밖에 없던 즐겨찾기.

형태 …죄송합니다. 남중도 의원, 그나마 아들이 유일한 약점이었는데 이 젠 아들도 없어서….

강순홍 (심기불편)

형태 (조심스레) 그 조카분 일… 그냥 폭로하시죠. 충분히 타격 입힐 수 있으 실 것 같습니다만….

강순홍 내가 몇 번을 말하냐! 나는 그놈의 영산 땅 문제 꺼뜨리는 게 우선이 지 그 일 폭로해서 남중도한테 타격을 입히는 게 먼저가 아니야! 그리 고 잘못 터뜨렸다간 나도 골치 아파져! 처조카 성범죄자 논란이 생기 는 게 나한테 이득이겠냐?

형태 (깨갱)

강순홍 그러니 확실한 패가 하나 있어야 돼. 그래야 남중도와 거래를 하지!

형태 (기 죽어서) 예. 더 찾아보겠습니다.

강순홍 (스윙 자세 잡으며) 그 죽은 아들놈.

형태 네?

강순홍 그놈을 파봐라. 히로뽕을 산 놈이 다른 짓을 안 했을까. (스윙한다)

33..... 승희 집_ 거실 (오전)

강순홍과 통화 마친 유신, 핸드폰 손에 꼭 쥐고 히스테리 부리는 중. 옆에 승희.

유신 아우, 짜증나! 형부는 왜 이렇게 남 일 얘기하듯 해!

승희 (지친다) 엄마, 그럼 지금이라도 그 땅 팔면 안 돼?

유신 내가 미쳤니?!

그때 기영이 출근 복장으로 부부 침실에서 나온다. 기영을 보자마자 짜증내는 유신.

유신	(기영에게) 너 그 남 뭐시기인가 하는 국회의원 만났어 안 만났어?!
승희/기영	! (동시에 서로 시선 마주친다)
유신	안 만났지? 너는 대체 시키는 일 하나도 제대로 못하고//
승희	(O.L.) 엄마, 아침부터. 나중에 얘기해, 나중에! (기영에게) 얼른 출근해. 늦겠어. 얼른.

유신, 계속 기영에 짜증내지만 승희, 기영을 밀며 같이 현관으로 나간다.

34..... 동_ 차고 (오전)

기영과 유신의 차 각각 주차되어 있고. 기영과 승희, 잠시 말 없다. 승희, 기영을 보면 지친 얼굴의 기영. 승희, 마음이 너무 안 좋다.

기영	(뭔가 할 말이 있다) …승희야.
승희	(O.L. 얼른) 미안해. 아침에 이모부랑 통화하고 엄마가 기분이 안 좋아. 내가 대신 사과할게. 미안해.
기영	…….

잠시 침묵 흐른다. 승희, 기영이 무슨 말을 할지 불안한데.

기영	저기, 승희야. 어머니가 저렇게 땅 가지고 저러시는데 그러니까 우리… 당분간만이라도 재은이 쪽 건드리지 말자. 재은이 남편이랑 얽힌 일이잖아.
승희	(얼굴 굳는) 그래도 엄마한테 승호가 얼마나 중요한 일인데//
기영	(O.L.) 승호 일, 잘못 폭로하면 승호 명예도 실추돼. 어머니도 그래서 무고죄로 고소 못 하신 거라며.
승희	…그래도…//
기영	(O.L.) 어머니 지금 땅 문제에 승호 일까지 겹치면 더 스트레스 받으실

거야. 그러니까 당분간… 이모부님이 땅 문제 해결해주실 때까지만이
라도 승호 일로 재은이 건드리는 건 자제하자. 응?

승희 하지만….

기영 재은이 남편… 평범한 사람 아니잖아.

승희, 기영을 본다. 지친 기영의 얼굴. 승희, 더 이상 뭐라고 말을 못
하겠다.

승희 …알았어.

기영 …그래. …그럼 갈게.

기영, 차에 타고 시동 건다. 한 걸음 물러나는 승희의 복잡한 얼굴.

35..... YBS 방송국_ 로비 혹은 방송 스튜디오 복도 (오전)

중도, 박영수 기자와 인사 나눈다. 옆에 우재.
중도와 박영수 기자, 명함 주고받는.

중도 안녕하십니까, 남중도입니다.

박영수기자 안녕하세요. 일단, 이동하시면서 말씀 나누실까요?

중도 네.

복도를 걸어가기 시작하는 중도와 우재, 박영수 기자.

36..... 책수선실_ 안 (낮)

혜주, 파손된 책을 조심스레 작업대 위에 놓고.
DSLR 카메라의 설정을 세팅하기 시작한다.
수선 전의 책 사진을 찍으려는 것.

그 모습을 물끄러미 보고 있는 수빈[7].

37 ..... [수빈 회상] 동 장소 [낮. 3회 신34 보충]

수빈   근데 책을 어떻게 수리하세요?

혜주   (잠깐 말을 고르다가) 나는 '수리'보다는 '수선'이라는 말을 쓰는데….

수빈   ? 두 개가 뭐가 다른데요?

혜주   음…. (노트북 열며) 여기 이것 좀 볼래?

노트북의 DSLR 사진 저장 폴더를 여는 혜주. 여러 폴더 중 하나를 열면, 수선 전 파손된 책 사진 몇 장. 사진을 넘기면 그 책이 낱낱이 분해된 사진들이 몇 장 나오고. 이윽고 수선이 완료된 책 사진 몇 장이 마지막이다. 수선 완료된 책은, 처음 맡긴 책과 다른 색상과 재질의 새 커버를 입었고, 내지의 얼룩들도 말끔히 제거되고 가름끈이 추가되는 등 작은 변화가 있다.

혜주   수리는 기계 같은 걸 고칠 때 더 어울리는 말 같고, 옷이나 구두같이 천 재질을 고칠 때는 수선이라고 하거든. 그런데 종이도 엄밀히 보면 실로 직조한 천과 비슷한 거라서 내 생각에 책은 수선이라는 말이 더 맞는 것 같아.

수빈   …….

혜주   파손된 걸 고치는 거니까 '수선'이 아니라 '복원'이 아니냐는 사람들도 있는데… 나는 내 일을… 파손되기 이전 모습을 그대로 복원해내는 작업에 한정 짓고 싶지 않아. (수선 후 책의 사진 보여주며) 여기 봐봐.

수빈   …….

혜주   아예 새로운 표지를 만들기도 하고, 없던 가름끈을 넣기도 하고… 수

---

7   수빈은 수술 전 금식이라 지금 물 포함한 음료 마시지 않습니다.

선을 의뢰하신 분과 이 책에 얽힌 기억 같은 이야기도 나누면서 책을 다시 튼튼하게 만들어나가는 거니까… 나는 수선이라는 말이, 아주 많은 열린 가능성을 가지고 있는 단어라고 생각해.

수빈　(와 닿는다) …….

혜주　(좀 쑥스러워 살짝 웃는다)

수빈　(수선 후 책 사진에 가만히 시선 머무는) …….

(E)　(선행하는, 카메라 셔터음) 찰칵!

38..... [현재] 책수선실_ 안 [낮]

혜주, DSLR 카메라로 책 사진을 찍었다. 카메라 액정으로 찍은 사진을 확인하고 세팅값 다시 만지는데.

수빈　근데 사진을 왤케 공들여 찍으세요? 그냥 기록용 아니에요?

혜주　아, 이거… 기록용이기도 한데, 이렇게 수선 전 모습을 찍어뒀다가 사진 인화해서 나중에 책 돌려드릴 때 같이 드리거든.

수빈　아~ 수선 전후를 비교해서 보라고요?

혜주　음… 그런 이유도 있지만… 나는, 수선 전 파손된 책에는 이 책을 아끼고 사랑하는 책 주인의 마음이 담겨 있다고 생각해. 그런 마음이 없었다면 굳이 수선을 맡기지 않고 버렸을 테니까. 그래서 내가 느낀 그 마음을 사진으로 기록했다가 함께 돌려드리고 싶어서 찍는 거야. 그래서 사진 찍는 데 정성을 들이는 거고.

수빈　……. (일부러 관심 없다는 듯) 네에….

혜주　(수빈을 잠시 바라보다가 다시 카메라 만지는데)

수빈　저도 찍어주세요.

혜주　응? (수빈 보면)

수빈　찍어주세요, 사진.

jump

수빈, 어색하게 혜주 보고 있다. (소품을 들거나 따로 포즈를 취하진 않는. 버스트 숏이나 얼굴 사진)

혜주 그럼⋯ 찍는다. (카메라 올리고) 여기 봐봐. 하나, 두울,//

수빈 (O.L.) 잠깐만요.

혜주 응? (카메라 내린다) 왜?

수빈 웃어야 돼요?

혜주 ⋯너 하고 싶은 대로.

수빈 ⋯네.

혜주 ⋯그럼 진짜 찍는다- (카메라 든다) 하나, 두울, 셋!

찰칵, 사진 찍히는 수빈. (활짝 웃지는 않는)

39⋯⋯ 지청중학교_ 교실 (낮)

쉬는 시간. 윤서 자리. 윤서, 핸드폰으로 아이돌 영상 보고 있고. 옆에서 다솜, 영상을 같이 보고 있다가 윤서를 힐끔 보며 뭔가 말을 걸 타이밍을 보고 있는.

다솜 (불쑥) 있잖아.

윤서 응?

다솜 만약에 아주 만약에⋯(하다가) 아니야, 됐어.

윤서 (동영상 정지한다) 아, 뭔데~ 말을 꺼냈음 끝까지 해~

다솜 (망설이다가) ⋯만약에 너네 아빠가⋯ 바람을 펴.

윤서 엥. 우리 아빠 바람 안 피는데.

다솜 아아니, 그러니까 만약에. 만약에라고.

윤서 알았썽.

다솜	…근데 그걸 니가 알게 됐어. 그럼 넌 엄마한테 말할 거야?
윤서	엄마한테? 왜 엄마한테만 말해?
다솜	응?
윤서	바람핀 건 엄마만 배신한 게 아니라 가족의 신뢰를 몽땅 배신한 거고, 그러니까 엄마는 당연하고 온 세상에 다 알려서 망신 줘야지!
다솜	…근데 다른 사람들이 니네 아빠 바람핀 거 알게 되어도… 괜찮아?
윤서	무슨 상관이야. 내가 잘못한 것도 아닌데.
다솜	…….
윤서	암튼, 나라면 진짜! 최선을 다해 공개처형할 거야. 아빠? 다 필요 없어. 극혐! 불륜 완전 극혐!
다솜	…….
윤서	(다솜 표정 보고) …근데 너 표정 왜 그러냐? (농담) 이거 니 얘기야?
다솜	…어.
(E)	(다솜의 대답과 동시에, 수업 종 치기 시작한다. 학생들 제자리로)
윤서	?!!
다솜	(종소리 이어지는데, 차분하게, 작지만 또렷) 우리 아빠 바람피워.
윤서	!!

다솜, 바로 자기 자리로 간다.
윤서, 충격 받은 얼굴로 다솜 보면.
다솜, 무표정으로 교과서 꺼내고 있는.

40..... 책수선실_ 안 (낮)

노트북 앞 혜주, 카메라에서 노트북으로 사진 옮기고 있다. 사진 데이터가 옮겨지기 시작하는데, 혜주의 눈에 노트북 화면의 여러 폴더 중 '지훈이'라는 폴더가 보인다.
혜주, 폴더를 물끄러미 바라보다가 클릭해 연다. 핸드폰으로 찍은 지훈의 사진 40~50장이 큰 섬네일로 한 화면에 보인다. 1, 2년 내에 집에서 찍은 사진들인데 거의 다 흔들렸거나 어둡고. 카메라를 보고 웃으며 포즈 취한 사진은 한 장도 없는[8].

혜주, 수빈을 보면. 수빈, 핸드폰으로 게임 중.

혜주   …수빈아.

수빈   네? (본다)

혜주   (조심스레) 혹시… 너… 지훈이… 사진 좀 있니?

수빈   지훈이… 사진이요?

혜주   응… 근데 핸드폰 잃어버려서 없지…?

수빈   …네. 없어요. …근데 왜요?

혜주   어, 내가 지훈이 사진이 별로 없어서… 혹시 너는 좀 있을까 했어. 아, 근데 이따 만나는 친구 혹시… 지훈이도 아는 친구야…?

수빈   …아니요.

혜주   …아, 그렇구나. 그럼 나중에 다른 친구들한테 한번 물어봐줄래? 지훈이 사진 혹시 갖고 있나…. 부탁할게.

수빈   …네. 그럴게요.

잠시 침묵 흐른다. 수빈, 혜주 어깨 너머 모니터의 지훈 사진들을 본다.

수빈   근데요. 왜 안 물어보세요?

혜주   …뭘?

수빈   애 낳을 건지, 안 낳을 건지요.

혜주   ! …물어봐도… 돼?

수빈   제가 어떻게 했음 하세요? 솔직하게요.

8   영정사진으로 쓸 만한 사진은 없는.

혜주, 조심히 말 고른다.

혜주 나는… 지훈이 엄마니까… 솔직히… 애기 안 보고 싶다고 하면 거짓말이겠지.

수빈 ……

혜주 하지만… 그 전에 나는… 모두에겐 각자의 사정과 상황이 있고… 모두 자기의 최선을 선택하는 거라고 생각해.

수빈 ……

혜주 지나고 나면 그때의 결정이 최선이 아니었다고 생각하게 될 때도 있지만… 그래도 그 순간엔 그게 최선이었던 거고. 나는 수빈이 니가… 어떤 결정이든 너를 위한 최선을 선택했으면 해. …진심이야.

잠시 침묵 흐르는데.

수빈 (갑자기 일어난다) 저 약속 늦었어요. (문 쪽으로 간다)

혜주 수빈아//

수빈 (O.L.) 갈게요. (쌩하니 나가버린다)

수빈을 잡지도 못하고 문가에 서서 수빈의 모습이 계단 아래로 사라지는 것을 바라만 보고 있는 혜주의 얼굴. (혹시 시계가 보인다면 11시 10분 쯤입니다)

41...... **동_ 건물 앞 (낮)**
나온 수빈. 마음이 복잡하다.

42...... **책수선실_ 안 (낮)**
노트북 앞에 앉아 있는 혜주. 인터넷으로 사진 인화서비스 홈페이지

(이하 '프린트포토')에 접속한다. 사진 업로드 버튼을 누르고 방금 데이터를 다운받은 책 사진 폴더를 선택, 통째로 사진을 올린다. 업로드가 금세 완료된다.

혜주, '다음 단계'로 가려다가 멈추고, 지훈의 사진이 저장된 폴더를 본다.

혜주　　…….

혜주, 지훈이 폴더를 통째로 선택한다. 사진 데이터가 업로드 중이라는 표시를 보면서 생각에 잠긴다. 그러다 핸드폰으로 '다솜이 언니'에게 전화한다.

혜주　　(전화) 어, 언니. 잠깐 통화 괜찮아? 병원 출근했지?

43..... 혜주 집_ 1층 거실 (낮)

아무도 없는 집 풍경. 시계, 정오 직전이다. 고요한 공기.

44..... 동_ 지훈의 방 (낮)

(구형) 핸드폰을 물끄러미 바라보고 있는 수빈. (핸드폰 열지 않고 보고만 있는)

혜주(E)　(신40에서) 혹시… 너… 지훈이… 사진 좀 있니? 핸드폰 잃어버려서 없지…? 내가 지훈이 사진이 별로 없어서….

수빈　　…….

그때, 옆에 둔 (혜주가 사준) 핸드폰에 맞춰둔 알람 울린다.
움찔하는 수빈. 12시 정각이다.

인서트 다온 산부인과_ 진료실 (낮. 6회 신53 보충)

지수 태아가 유산되었지만 안에 남아 있기 때문에 수술을 받으셔야 해요. 예약 잡아드릴 테니까 3시간 전에 약 넣고 오세요.

현재

수빈 …….

45‥‥‥ 칼국수집_ 안 (낮)

오후 1시 50분쯤이다. 가게 안에 영선과 손님 1명(여, 50대) 있다. 퇴근하는 여진.

여진 (영선에게) 나 갈게- 내일 봐- (칼국수 손님에게, 아는 사이) 드시고 가세요.
칼국수손님 네~
영선 들어가세요~

여진, 나가려는데 가게 안에 틀어놓은 TV에 시선 간다. YBS 투데이 이슈24 프로그램. 박영수 기자와 (6회 신58의) 이슈 기자1, 그리고 중도다! 여진, 멈춰 서서 보는. (아까부터 방송 중이었는데 몰랐던 것)

박영수기자 그러니까 그 의대생이 극단적 선택을 하기 직전에, 전 여자친구한테 협박했던 사적인 동영상을 실제로 유포했고, 그 여성분의 할머니께서 그 사실을 알고 또 극단적 선택을 시도했다는 말씀이신 거죠?
중도 네. 할머니께선 다행히 목숨은 구하셨지만, 동영상 유포 협박을 받고 극단적 선택을 한 손녀의 동영상이 실제로 유포되었다는 사실에 큰 충격을 받으신 상태입니다. (이어지는[9])

9   박영수 기자: 그런데 제가 지금 잘 이해가 안 가는 것이요. 그 동영상을 불법으로 촬영하고 유

영선	(칼국수를 칼국수 손님 앞에 놓는데 중도 알아본다) 어머, 저기, 저기네?
칼국수손님	(TV 보고, 중도를 알아본다) 아, 남중도가 인물이 진짜 좋아~?
여진	…….
칼국수손님	근데 동영상을 진짜로 뿌렸음, 진짜 썩을 놈의 새끼 아니야?
영선	(TV 보다가) 근데 솔직히… 다 끼리끼리 만난 거 아니겠어요?
여진	?! (보면)
영선	내가 이런 말까진 안 하려고 했는데 저런 남잘 만나는 여자애도//
여진	(O.L.) 지금 무슨 소릴 하는 거야?!
영선	(움찔) 네?
여진	여자앤 피해자야! 그렇게 말 함부로 하면 안 되지!!
영선	(O.L. 민망) 아유~ 알았네요. 내가 말 좀 잘못했네! 어서 들어가세요~!
여진	…….

46..... 혜주 집_ 지훈의 방 (낮)

(오후 2시 10분쯤이다) 수빈, 누워서 핸드폰 게임 하면서 병원 예약시간 기다리며 시간 죽이고 있는데, 아랫배가 살살 아프기 시작한다.

지수(E)	약 넣으시면 열감이나 복통이 있을 수도 있거든요. 그러면 빨리 오세요.

수빈, 이런 복통을 말하는 건가, 대수롭지 않게 여기며 다시 핸드폰 만지는데.
순간 날카로운 복통! 수빈, 헉! 한다. 얼굴이 순식간에 하얗게 질리는!

포함 당사자, 그 의대생은 지금 극단적 선택으로 사망한 상태가 아닙니까? 그런데 그 동영상이 어떻게 유포가 되고 있다는 것이죠? // 중도: 말씀하신 대로 최초 유포자는 이미 사망했지만 온라인에서 그 동영상은 음란물 사이트를 이용하는 다수의 제3자들에 의해 계속 재배포되고 있는 상황입니다. (등등)

47 ..... 다온 산부인과_ 지수 진료실 (낮)

혜주와 지수. 커피 잔 하나씩.

지수   (조금 놀라) 윤서 동생…?

혜주   (커피 잔 만지작거리며) …어… 근데… 아기 갖기에 나… 너무 늦었을까?

지수   (기다리는) …….

혜주   …사실… 원래 나는 결혼하고 그렇게 빨리 애기 가질 생각은 아니었다? 갑자기 유치원생 아들이 생긴 거니까 지훈이랑 먼저 시간을 충분히 갖고 싶었어. 지훈이 입장에서도 새엄마가 생겼는데 동생까지 생기면 혼란스러워할 것도 같았고. 근데… 생각보다 지훈이랑 빨리 친해졌고….

인서트 책수선실_ 안 (낮)

(3회 엔딩의) 어린 지훈이 손으로 쓴 카드, 뒷면 보이면.

어린 지훈의 손글씨: 동생 나아주새요

혜주(E)   지훈이가… 매일 졸랐어. 동생 갖고 싶다고.

현재

혜주   …그래서 윤서를 금방 가진 거야.

지수   …….

혜주   근데… 지훈이 그렇게 되고… 이런저런 일… 겪으니까… 윤서 동생… 지훈이 동생을 낳으면 어떨까 하는 생각이 들어. (붉어지는 눈시울)

지수   윤서 아빠랑은 얘기해봤어?

혜주   아니. 아무 말 안 했어. 나도 아직… 확실하게 마음먹은 것도 아니구….

지수   (혜주의 마음을 알겠다) …안 늦었어.

혜주   (지수 본다)

지수   물론 윤서 때보단 쉽지 않겠지만, 그래도 빨리 시도할수록 좋지. 오늘
       온 김에 검사 좀 하고 가. 다음에 윤서 아빠도 한번 내원//(하시라고)

그때 급한 노크 소리 들리고, 바로 문 열린다.

간호사 원장님, 3시 예약 환자분이 좀 일찍 오셨는데요. 얼른 보셔야 될 것 같
       아요.

지수   3시 환자분? (PC 모니터 얼른 보고, 바로 안다) 아… 알았어요. (일어나며
       혜주에게) 미안, 나 가봐야겠다. 자긴 검사받고 가.

혜주   (따라 일어나며) 아니야. 오늘은 일도 많이 밀렸고. 다음에 다시 예약 잡
       고 올게. 고마워, 언니.

48⋯⋯ 동_ 엘리베이터 앞 → 회복실 (낮)

산부인과에서 나오는 혜주. 엘리베이터 호출 버튼 누른다.
혜주의 등 뒤, 산부인과 출입문(유리문) 안으로, 간호사1과 함께 복도
안쪽으로 급히 가는 지수 모습 보인다.
카메라, 지수를 따라가면. 회복실 문 여는 지수. 안에, 베드에 누워 있
는 수빈!

49⋯⋯ 승희 집_ 거실 (낮)

부부 침실에서 나오는 승희. 집 안이 조용하다.

승희   엄마-

대답 없다.

승희   엄마- (대답 없자 혼잣말) 나갔나? (부엌으로 들어가려는데 멈칫!)

조금 열려 있는 안방 문틈 사이로, 바닥에 흩어진 알약 수십 개가 보인다!

승희   !! 엄마!!! (달려가 문 열며) 엄마아!!!

승희, 달려가 안방 문 활짝 열면. 침대 아래에 흩어져 있는 알약들이 눈에 먼저 들어오는데. 침대에서 자고 있던 유신, 잠에서 깨서 몸 일으킨다.

승희   (유신에게 와락 달려든다) 엄마!! 괜찮아?!!
유신   (자다 깨서 좀 짜증) 왜 그래? 갑자기 놀랐잖아.
승희   (너무 놀라고 동시에 안도감 들며 아무 말도 안 나오는데)
유신   왜 그래? (바닥에 흩어진 알약들 보고 깜짝 놀란다) 어머, 이거 뭐니?

침대 밑 바닥. 협탁 위에서 바닥으로 굴러떨어진 약통, 뚜껑 열려 있다. 승희, 놀란 마음 가라앉히며 약통 줍는데… 멈칫. 무슨 약인지 알았다.

승희   …엄마 이거 밤에 먹는 안정제 아니야?
유신   (딴소리) 자다가 팔로 쳤나? 니가 좀 줏어 담아봐라. 그게 아까 뚜껑이 잘 안 닫기던데.
승희   !! 엄마 오늘 이 약 먹었어? 의사가 하루 한 번, 밤에만 먹으랬잖아!
유신   오늘은 안 먹었어!! (흡, 말실수했다!)
승희   !! 오늘은?? 그럼 계속 낮에도 먹었단 소리야? 엄마아!!
유신   시끄러!! 그럼 어쩌란 말이야!! 이십 년째 시도 때도 없이 가슴이 벌렁벌렁하는데 그럼 어쩌라구!!

승희   (속상하고 화나는데)

유신   내가 그렇게 걱정되면 말만 하지 말고 뭐라도 좀 해봐!! 아픈 엄마 팽
         개치고 혼자 외국 도망가더니, 왜 이제 와 걱정하는 척이야!

승희   (마음 무너진다) 엄마아!!

유신   시끄러! 그만 나가!! (확 침대에 드러눕는데, 등 돌리고 눕는)

승희   (표정)

50..... 동_ 부부 침실 (낮)

성창이 보낸 카톡을 보고 있는 승희.

성창(E)   (메시지 v.o.) 미안. 처형이 남의 개인정보는 절대 안 된대.

승희   …….

51...... 혜주 집_ 외경 (저녁)

52..... 동_ 여진의 방 (저녁)

여진, 핸드폰으로 통화 중이다.

여진   (통화) 네, 거기 부동산이죠? 저… 가게를 좀 내놓고 싶은데요. (하는데)

혜주(E)   (문밖에서 작게 들리는, 막 귀가해 거실로 들어서며) 언니- 나 왔어-

여진   (혜주 목소리 들었다) !! (통화, 급히) 아, 저 다시 연락드릴게요. 네. (얼른
         끊는다) ……. (핸드폰 놓고 방 나가며) 왔어?

53..... 동_ 부엌 (저녁)

혜주(맨발), 저녁 차리는 중. 단출한 밑반찬에 생선 한 마리, 밥.
혜주, 밥 두 공기 푸고 있고(자기 밥은 입맛이 없어 반만 담고, 여진의 밥은
보통의 양으로). 여진, 수저 두 벌 놓고 있다.

혜주	(밥공기 놓으며) 수빈인 낮에 과식해서 저녁 안 먹는다고 아까 문자 하더니. 방금도 노크했는데 자나봐.
여진	…….
혜주	(걱정) 언니 오늘 집에 온 다음에 수빈이 봤어? 컨디션 안 좋은가?
여진	…배고프면 일어나겠지. 걱정 마. (자리에 앉는다)

혜주, 수빈이 걱정되어 2층 쪽 한 번 올려다보며 식탁 자리에 앉는다.

54..... 동_ 지훈의 방 [저녁]

누워 있는 수빈. 힘들고 배도 아프다. 얼굴 찡그리며 베개 옆에 놓아둔 500미리 생수병을 더듬더듬 집어 드는데, 다 먹은 빈 병이다.

| 수빈 | ……. |

55..... 동_ 부엌 [저녁]

입맛 없어 깨작대고 있는 혜주. 마음이 복잡해 눈치채지 못하지만 여진도 마찬가지로 입맛 없어 깨작대는 중인데. 혜주, 기운이 없다.

| 혜주 | …언니 나 먼저 일어날게. 배가 안 고파서…. (밥이 거의 그대로 남아 있는 밥공기와 수저 챙겨 일어나는데… 밥공기를 떨어뜨린다) …! |

픽! 혜주 발밑에서 깨져 조각나는 밥공기! 혜주, 깜짝 놀라는데.

여진	(벌떡 일어나서 혜주 발부터 살피며) 혜주야, 괜찮아? 안 다쳤어?
혜주	(놀랐다) 어어, 괜찮아. (얼른 싱크대로 가서 행주 집는데)
여진	(손 내밀며) 행주 주고 넌 거기 있어. 다칠라.
혜주	(울컥)

여진	? 행주 줘- (하는데 혜주가 울컥한 것 보자 놀라서) 너 왜 그래? 무슨 일 있어?
혜주	(겨우) …언니. 있잖아, 나… (힘겹게) 옛날에… 영산 살 때….

56..... 동_ 실내계단 (저녁)
물 마시러 내려오던 수빈, 부엌에서 들리는 혜주 말에 크게 놀란.

혜주(E)	…내 친구… 오빠가… 죽었어….
수빈	…!

57..... 동_ 부엌 (저녁)
혜주	내가… 성추행을 당해서… 경찰에 신고했는데… 그날 밤에… (말 못 잇는)

58..... 동_ 실내계단 (저녁)
혜주(E)	자살…했어….

수빈, 혜주와 여진의 대화[10]를 듣고 있는….

59..... 동_ 외경 (밤)
시간 경과.

60..... 동_ 여진의 방 (밤)

---

10   혜주: (여진이 안아주자 울음 터진다) 언니… 나는 정말로… 그렇게 될 거라곤 상상도 못 했어…. // 여진: 괜찮아, 아무 말 안 해도 돼. 아무 말 안 해도 돼, 혜주야…. 세상에… 진작 말하지… 그렇게 힘든 일 혼자서 끌어안고 지금까지 어떡했어…. (흐느끼는) // 바닥에 조각난 채로 흩어져 있는 밥공기와 밥.

들어와서 얘기 중인 혜주와 여진.

혜주, 감정 좀 가라앉았지만 울어 눈 부은.

혜주   …결국 아무것도 해결된 게 없어….

여진   …….

혜주   윤서 아빠 이제부터 자기가 다 알아서 할 테니 나는 아무것도 하지 말
       래. 근데… 결국 내가 어머니께라도 사과를 하는 게 모두를 위해 최선
       이 아닐까 하는 생각이 들어….

여진   아니야, 혜주야! 니 남편 공인이야. 니가 사과하면 그거 빌미로 또 다
       른 거 협박할 거야! 더 난리 칠 거라고!

혜주   …그래도, 언니… 그 어머니… 내 친구… 아들 잃고 오빠 잃고… 무
       슨 마음으로 살아왔을지… 내가 우리 지훈이 잃어보니까… 더 알겠어
       서… 너무 괴로워, 언니….

눈물 참는 혜주. 말 잇지 못한다. 여진, 괴로워하는 혜주를 보니 마음
미어진다.

여진   …그래… 자식 잃은 마음 나도 알지… 왜 몰라….

혜주   …….

여진   그래도 사과는 아니야. 이럴 땐 사과 사죄가 아니라, 유감이라고 의사
       전달하면 그 이상은 아닌 거야. 그건 사고였잖아. 니 잘못 아니야.

혜주   …….

여진   에휴… 참… 남은 사람들만 힘들지…. 그 기름집 할머니도 손녀 따라
       가려고 하셨다며. 손녀 동영상 뿌려진 거 알고 충격 받으셔서….

혜주   응… (하다가 멈칫) …언니. 그 얘기 어디서 들었어…?

여진   응? 무슨 얘기?

혜주   방금 말한 그… 할머니 일….

여진	그거 오늘 낮에 중도가 티비 나와서 얘기했는데?
혜주	…! 티비…?!

61...... 승희 집_ 거실 (밤)

승희, 불도 안 켜고 혼자 거실 한 켠에서 핸드폰으로 뉴스 검색해보고
있다.

낮에 중도가 출연한 뉴스(YBS 투데이 이슈24 프로그램의 중도 출연 꼭지가
영상 클립+텍스트로 올라온 기사)의 댓글란이다. 댓글 수 3천여 건.

승희, 굳은 얼굴로 스크롤 쭉 내려본다. 다 지승규와 지승규 부모 욕
뿐이다.

승희, 답답한 한숨 쉬며 핸드폰 닫으려다가… 멈칫. 욕 댓글 사이, 다
른 댓글 하나.

그 의대생 부모가 하는 식당 여기임. http://식당인스타그램주소

승희	!

승희, URL을 눌러보면 인스타그램 앱 열리며 '승규네 식탁'이라는 작
은 식당의 계정이 뜨는데…. (소박한 가정식 식당, 포스트는 거의 음식 사진)
계정의 프로필 사진 바로 밑에 식당 주소[11] 쓰여 있다!

62...... 혜주 집_ 안방 (밤)

자정 넘었다. 혜주, 핸드폰으로 (신61에서 승희가 보던 것과 같은) 중도가
출연한 뉴스 기사의 댓글을 보고 있는데, 자살 기도했던 지승규모 욕
이 대부분.

[11]   서울시 마포구 금미산로 54길 17 1층

스크롤 내려보는데, 남궁솔과 귀순에 대한 악플[12]도 보이는데 은근히 추천 수도 많다. 혜주, 심란한데, 방문 열리고 중도 귀가해 들어온다.

중도   어, 안 자고 있었네. 늦었는데.

혜주   …….

중도   (웃으며) 왜 아무 말도 안 해, 무섭게. 나 뭐 잘못했어?

혜주   …여보.

중도   응?

혜주   당신 오늘 낮에 티비 출연한 거… 있잖아.

중도   아, 봤어?

혜주   …어… 근데… 티비에 나가서… 할머니 얘길 안할 순 없었을까, 여보.

중도   그게 무슨 소리야?

혜주   …이것 좀 봐. 댓글이 다 그 의대생 부모 욕이야. (핸드폰 보여준다)

중도   (본다, 별 표정 없다, 다시 혜주 본다) …이게 뭐가 왜.

혜주   ! 저번에 이 엄마 자살 시도한 게 뉴스 나버려서 악플이 진짜 많았어.
        근데 당신이 오늘 티비에서 할머니 얘기하니까 이 집 부모 다시 또 악
        플 받잖아….

중도   …….

혜주   (눈시울 붉어지는) 그 의대생은 정말 큰 잘못한 거 맞아. 하지만 그 집
        엄마, 아들 악플 보고 괴로워서 죽으려고 한 거라는데… 다시 악플 쏟
        아지는 거 보니까 나 진짜… 너무 걱정돼.

중도   다 할머니랑 손녀 생각해서 한 거야.

혜주   할머니랑 손녀한테 욕하는 사람들도 있어! 꽃뱀이다, 합의금 노린 쑈
        다! 별별 소리들 많아! 할머니가 이거 아시면 얼마나//

12   꽃뱀짓 하다 ㅈ돼서 인생 망한 거임 // 할머니 자살 시도한 거 쌩쑈한 거 같지 않냐 // 의대생
      네 준재벌이라던데 합의금 노리고 쑈한 거 // 입금되면 퇴원각 // 손녀 코인 탑승 등등 (*지승
      규가 금수저라 합의금 노리는 거라는 댓글 잘 보이게 꼭 넣어주세요)

중도   (O.L.) 그건 걱정 마. 할머니도 이미 알고 계셔.

혜주   ! 할머니가? 어떻게?

중도   내가 병원 찾아가서 할머니 일 공개하는 거 허락 구하고, 어떻게 될
       거라고 설명도 해드렸어.

혜주   !!

인서트 정순의료원_ 1층 로비 앞 (오전. 7회 신80 보충)

혜주와 엇갈려 카니발에서 내리는 중도. 병원으로 들어간다.

인서트 동_ 귀순 병실 (오전)

귀순을 문병 온 중도(혼자 옴/병음료 상자, 롤케이크 상자). 병실 안 다른
환자와 보호자들, 중도의 의원배지를 보고 수군수군, 부럽기도 하고
신기해하기도 하는. 귀순, 기운 없던 과거 모습과 좀 달라진, 눈빛에
희망과 힘이 생긴 모습.

귀순   (중도 손 꼭 잡고) 이 늙은이, 얼마든지 이용하세요. 나는 욕먹어도 돼요.
       우리 솔이 억울한 거 세상에 알릴 수만 있으면….

현재

혜주, 뭐라 할 말이 없다. 하지만….

혜주   …그래도… 나는 할머니 손녀 일이 자꾸 들춰질 때마다 그 의대생 부
       모도 너무 걱정돼….

중도   (냉정) 가해자 쪽에 왜 이입을 해?

63..... 동_ 안방 앞 복도 (밤)

수빈, 방문 아주 조금 열고, 복도로 새어 나오는 혜주와 중도의 목소

리를 듣고 있다.

혜주(E) 이입하는 게 아니야!!

중도(E) 이입이 아니면 지금 이게 뭔데?

혜주(E) 그게 아니라 나는!!

수빈 …….

수빈, 그때 깜깜한 복도에 윤서 방문에서 새어 나오는 불빛 줄기를 본다. 보면, 윤서도 방문 좀 열고 듣고 있던. 수빈과 눈 마주치는 윤서, 순간 표정 굳고. 문 닫는다.

수빈 ……. (다시 안방 쪽으로 시선 가는)

64…… 동_ 안방 (밤)

혜주 (소리치려다가 바깥 의식해 목소리 낮춘다) …그래, 이입한 거 맞아. 근데… 가해자가 아니라 그 엄마한테야. 그 의대생은 명백한 범죄자지만 그 가족은 남아서 고통받고 있잖아… 이러다 누가 또 잘못되면 남은 사람은 또 어떡해….

중도 …혜주야.

혜주 여보, 나는… 비극이 또 반복될까봐 너무 무섭고… 두려워. 그래서… 당신이 이 일을 언론에서 더 키우지 않았으면 좋겠어. 그러니까 제발… 멈춰줘. 부탁이야.

중도 …미안해. 이 일은 더 커질 거야. 전 국민이 알게 될 만큼.

혜주 ! 여보!!

중도 나, 형법 개정안을 발의할 거야. 성범죄자가 사망해도 수사가 중단되지 않고 계속되도록 하는 개정안.

혜주 !!

중도	그러니 앞으론 그런 악플들이 더 많아져야 돼. 그게 이 개정안을 지지하고 통과시켜줄 민심이니까.
혜주	!!
중도	나는 가해자의 자살로 고통받는 사람들이 또 생기는 걸 막으려는 거야. 그게 당신도 바라는 일 아니야?

혜주, 아무 말도 하지 못한다. 양가감정에 마음이 복잡한데….

중도	애초에 법이 이랬다면 당신이나 그 가족이 이십 년 동안이나 고통받고 있을 일도 없었다고.
혜주	…….
중도	그러니까… 내 계획을 지지해줘. 지금 나는 다른 그 누구보다도 바로 당신, 내가 사랑하는 내 아내의 지지를 받고 싶어.

중도, 혜주 눈을 똑바로 바라보다가 다가와 혜주를 안으려는데…
혜주, 시선 피하며 몸 비틀어 포옹 푼다. 마음이 너무 복잡하다.

중도	…먼저 자. 다음에 다시 얘기하자. (방 나가려는)
혜주	…….
중도	(나가려다가 멈추고) 더 큰 것을 위해선 어쩔 수 없잖아. 작은 쪽을 희생시킬 수밖에.
혜주	(아무 말 못 하고 보는)
중도	……. (나간다. 방문 탁, 닫히는 소리)
혜주	(표정)

65..... 동_ 서재 [밤]

중도, 예상 못 했던 혜주의 반응에 마음이 복잡하다. 답답해 한숨 내

쉬는데 늑골에 통증이 느껴진다. 중도, 아픈 곳을 지그시 누르며 다시
깊은 한숨 내쉬는.

66..... 동_ 안방 (밤)

혜주, 너무 심란하다.

67..... 동_ 지훈의 방 (밤)

(조금 전까지 엿듣다가 닫은) 문에 기대서 있는 수빈, 가만히 생각에 잠겨
있다.

68..... 동_ 외경 (오전)

69..... 동_ 1층 현관 (오전)

기운 없고 심란한 얼굴로 출근하는 혜주. 문 열려는데,

수빈(E)   아줌마!

혜주, 돌아보면. 수빈이다.

혜주   (수빈 걱정) 일어났어? 몸은 좀 괜찮아?
수빈   ···네.
혜주   아침 꼭 먹어. 어제 저녁도 안 먹었는데.
수빈   ···저 밥, 이제 안 차려주셔도 돼요.
혜주   (힘들지만 애써 미소) ···알았어. 근데 오늘은 여진 언니가 차렸어. 고마
우면 이따 언니한테 말해.
수빈   ···네.
혜주   그럼 간다~ (현관문 여는데)

수빈	(뒤에서) 아줌마!
혜주	(돌아본다) 응?
수빈	…아니에요.
혜주	(미소) 들어가, 밥 먹어- (나간다)
수빈	(닫힌 현관문 보고 서 있는) ……..

70 ..... 동_ 대문 앞 (오전)

대문 나오는 혜주, 수빈과 대화할 때 잠깐 반짝했던 힘 다 빠지고 다시 지친 얼굴. 혜주, 수선실로 걸어간다.

혜주 멀어지면, 택배 차 와서 선다. 택배기사(여, 50대), 좀 큰 안전봉투 13를 우편함에 꽂는다. 그리고 아이스박스에서 간식 하나 꺼내고는, 조수석에서 본인이 사온 간식들을 꺼내 아이스박스에 잔뜩 채워 넣고 간다. (아이스박스 뚜껑 겨우 닫히는)

71 ...... 혜주 집_ 부엌 (오전)

수빈, 식탁을 물끄러미 바라보고 있다. 랩으로 위를 싸놓은 밥그릇, 반찬그릇, 국그릇. 미역국(소고기, 산모 미역이라 국물이 맑기보단 걸쭉한)이다.

72 ..... 칼국수집_ 안 (오전)

좀 넋이 나간 듯한 얼굴로 앉아 있는 여진.

인서트 여진 회상. 혜주 집_ 1층 현관 (낮)

복통 심한 수빈을 부축해서 나가다가 수빈에게서 무슨 말을 들은 여진.

여진	(얼굴이 하얗게 질려서 수빈 보는) !!

---

13   4x6(인치) 인화 사진이 들어갈 사이즈. 일반 사이즈 규격 편지봉투보다 폭이 넓습니다.

수빈 그러니까 이거, 아줌마한테 말하지 마시라구요. 아시겠어요?

현재

여진 ·······.

73..... 혜주 집_ 부엌 (오전)

미역국을 물끄러미 바라보다 발치로 시선 떨어뜨리는 수빈.
바닥에, 겉옷과 에코백(1회 엔딩과 똑같이, 옷가지를 욱여넣은)이 있다.
수빈, 옷과 에코백 집어 들고 현관으로 나간다. 탁, 닫히는 현관문.

74..... 동_ 대문 앞 (오전)

나오는 수빈. 몇 걸음 가다가 대문 한 번 돌아보지만… 간다.
수빈을 보고 있는 누군가의 시선. 수빈 멀어지면, 누군가 우편함으로
다가가 택배봉투를 꺼내는데(40대 남자 손)… 프린트포토 택배봉투다!

75..... 책수선실_ 안 (오전)

작업대 위에 부직포나 펠트 천이 깔려 있고. 혜주, 아기 사진 끼워진
하드커버 책(1회 신5의 책, 수선 완료)의 사진 프레임의 홈 파진 부분을
마른 면봉으로 살짝 닦다가 (책손님의) 전화를 받는 중.

혜주 (통화) 아… 내일 말고 오늘요? (좀 곤란한데, 책 한 번 보고) 그럼… 오후
에 한 3시쯤 오실 수 있으세요? 지금 마무리 작업 중이어서요. // 네,
그럼 이따 뵐게요. 네. (끊는다)

혜주, 책 표지 글씨('사랑하는 내 아기 - 이지환 육아일기 -')와 아기 사진
을 물끄러미 바라본다. 그러다 얼른 일하자 싶어 다시 면봉을 집어 드
는데… 멈칫.

혜주   (혼잣말) 아… 맞다. 책 사진 인화한 거 오늘 오는데.

혜주, 얼른 핸드폰 문자메시지함 열어보면, 좀 전에 택배 배송 완료 문자가 와 있다. ('프린트포토'에서 보낸 택배를 우편함에 배송 완료했다는 내용)

76 ..... 혜주 집_ 대문 앞 (낮)

바삐 걸어온 혜주, 우편함에 삐죽 나온 프린트포토 택배봉투를 뽑는다. 대문 앞에 선 채로 택배봉투 뜯는 혜주. 인화한 사진들이 한 뭉텅이 나온다.
책 사진들을 빠르게 넘겨보며 확인하는 혜주, 이제 안심이다.
그런데… 책 사진에 이어 지훈이 사진이 나오기 시작하자 혜주의 얼굴, 가라앉는다. (사진 뭉치 맨 뒤에 수선실에서 수빈을 찍은 사진 한 장도 얼핏 보인다)
가만히 지훈의 사진들을 한 장씩 넘겨보던 혜주, 문득 드는 생각이 있다. 핸드폰 꺼내 주소록에서 '지훈이 외할머니' 검색하면, 주소 칸에 '경북 상주시 양춘면 소담길 36' 쓰여 있다. (지훈 외가의 주소를 갖고 있나 확인한 것)

혜주   (혼잣말) 사진 보내드릴 생각을 못 했네….

77 ..... 동_ 2층 복도 (낮)

뜯은 프린트포토 봉투 들고 계단 올라오는 혜주. 지훈의 방으로 곧장 가 노크한다.

혜주   수빈아- 나 잠깐 왔어- (조용하자 혼잣말) 자나? (안방으로 간다)

78 ..... 동_ 안방 (낮)

혜주, 협탁 서랍 열고 봉투 찾는데 (인화사진보다 작은) 일반 규격 편지 봉투 1개뿐.

혜주 (다시 뒤지며 혼잣말) 저번에 봉투 큰 거 샀었는데… (하고 다시 찾다가, 중도의 말 떠올린다)

중도(E) (6회 신33에서) 봉투… 서재에 있어. 서랍에.

79 ..... 동_ 서재 (낮)

서재 여기저기를 조심스레 살피며 봉투 찾는 혜주. 중도의 물건들을 흐트러뜨리지 않으려 조심하는 손길. 여기저기 보이는 서류 봉투들을 조심스레 들춰보지만 모두 서류나 자료 뭉치가 든 봉투들이다.

책상 서랍 하나씩 열어보기 시작하는 혜주. 서랍 안을 뒤질 때도 조심스러운 손길.

서랍 하나 여는데, 다른 사무용품이나 서류들과 함께 사용감 낙낙한 도장 인주가 있다.

혜주 (작게 혼잣말) 어머, 이게 여깄었네.

혜주, 인주 꺼내지 않고 다시 서랍 닫고. 그러나 다른 서랍에도 봉투는 없다.

마지막 서랍을 여는데, 정리 안 된 어지러운 서류들과 함께 각종 새 봉투들이 뒤섞여 있다. 봉투들을 다 꺼내면, '국회의원 남중도'와 지역 사무소 주소 찍힌 봉투들이 여러 사이즈로 많고, '국회의원 남중도'가 인쇄된 경조사 봉투가 꽤 많다. 서랍 안이 잘 정리된 상태는 아닌.

혜주, 그중 지역사무소 주소와 중도의 이름이 인쇄된 갈색 서류봉투 하나 고르고. 나머지는 다시 집어넣고 서랍 닫는 찰나… 서랍 안, 어지럽게 뒤섞여 있는 각종 서류와 편지 등등 사이에 뭔가 보인다. 납작한 빨간색 플라스틱.

혜주, 대수롭지 않게 서랍 다시 닫다가… 순간 멈춘다. 얼어붙는 혜주!

플래시백 1회 신58. 달리는 혜주 차 안 (낮)

운전하는 혜주, 조수석의 지훈을 힐끔 보면. 지훈, 핸드폰 충전하며 카톡 보고 있다. 빨간색 케이스의 핸드폰.

현재

혜주 !!

지훈의 본인 명의 핸드폰이다! 혜주, 서랍 다시 열고 떨리는 손으로 핸드폰을 꺼낸다.

인서트 혜주 집_ 안방 (밤. 2회 신14와 같은 날)

중도의 말을 힘겹게 듣고 있는 혜주.

중도 경찰이… 지훈이 쓰던 핸드폰은 결국 못 찾았대.

현재

혼란스러운 혜주인데. 마음 진정시키려 애쓰며 전원 버튼 누르면… 전원 켜지기 시작한다! 전원이 켜지는 액정을 응시하는 혜주의, 흔들리는 눈동자에서….

80..... 동_ 서재 앞 복도 (낮)

서재 문 열려 있는데… 툭! 뭔가 바닥에 떨어지는 소리 난다.

81...... 동_ 서재 (낮)

혜주가 놓친 핸드폰, 저만치 굴러가 있고. 하얗게 질린 혜주. 휘청, 하다가 책상 모서리 겨우 짚는다. 책상 위에 쌓아뒀던 책과 자료들이 바닥으로 밀려 떨어지고.

혜주   …!!

혜주, 방금 본 것을 믿을 수 없다. 큰 충격과 혼란스러운 혜주의 얼굴.
카메라, 굴러간 핸드폰 액정화면 비추면, 지훈과 수빈의 카톡 창.
보이는 두 사람의 메시지. (아래는 핸드폰 액정화면에 보이는 만큼)

지훈: 헤어지잔 소리 절대 하지 마
지훈: 왜 자꾸 그래
지훈: 너 진짜 죽고 싶어??
보이스톡 통화 0:21 (지훈이 수빈에게 걸었고 통화 됨)
지훈: 죽어버릴거야

충격받은 혜주, 겨우 정신 붙잡으며 조각난 기억을 맞추려 애쓰는….

인서트 혜주 집_ 안방 [밤. 2회 신14와 같은 날]

중도   지훈이… 부검결과 나왔는데… 면허취소 수준의 혈중알코올농도가 나왔어. 다행히… 다른 약물반응은 없었고… 그래서…

혜주   …….

중도   처음 예상대로… 만취해 실족한 걸로 오늘 수사 종결되었어….

현재

혜주, 실신할 것 같은 정신 겨우 붙잡으며, 벌벌 떨리는 손으로 핸드폰 줍는다.

82..... 공원 벤치 [낮]

벤치에 앉아 있는 수빈. 옷 들어 있는 에코백 그대로 갖고 있다. 갈 데가 없는.

수빈, 손에 쥔 뭔가를 보고 있는데… 윤서 책상 메모보드에서 훔쳐온 중도의 국회의원 명함(윤서의 낙서가 있는 명함)이다. 크게 인쇄된 중도의 핸드폰 번호!

중도(E)   (선행하는) …지훈이가,

83..... 중도 의원실_ 의원실 [낮]

책상 위 가족사진 액자. 사진 속 지훈. (의원실에 중도와 우재만 있다)

중도   (가족사진 속 지훈에 시선, 서늘한) 걔 때문에 죽었잖아.

우재   (우재도 알고 있는 얘기다)

84..... 혜주 집_ 서재 [낮]

혜주, 주운 핸드폰의 화면을 다시 보는데…
순간 아찔해 저도 모르게 눈 감았다가… 다시 뜬다.
선명하게 보이는 핸드폰 액정의 채팅창.
지훈의 마지막 메시지. '죽어버릴거야'[14]
(이 메시지만 전송 실패 표시가 되어 있지만 혜주는 아직 모르는)

인서트 한강 고수부지 [밤. 비]

지훈, 핸드폰으로 수빈에게 카톡을 쓰고 있다.
제정신이 아닌 듯 보이는 지훈.

---

14   지훈이 카톡 메시지에 띄어쓰기는 되어 있지 않습니다.

뭔가 급하게 쓰고, 전송버튼을 누르는 지훈의 손가락. 거센 빗소리.

지훈(E) (분노에 찬) 죽어버릴 거야!

현재

혜주 !!

죽어버릴거야. 여섯 글자를 보는 혜주의 아득한 얼굴 위로,

혜주(E) (속말) 사고가… 아니었어…?

2권으로 이어집니다.

트롤리 1 : 류보리 대본집

초판 1쇄 인쇄 2023년 3월 6일
초판 1쇄 발행 2023년 3월 15일

지은이 류보리
펴낸이 이승현

출판1 본부장 한수미
라이프 팀장 최유연
편집 최유연
디자인 하은혜

펴낸곳 ㈜위즈덤하우스 **출판등록** 2000년 5월 23일 제13-1071호
주소 서울특별시 마포구 양화로 19 합정오피스빌딩 17층
전화 02) 2179-5600 **홈페이지** www.wisdomhouse.co.kr

ⓒ 스튜디오S 주식회사, 2023

ISBN 979-11-6812-588-9 04680